RACHEVIRUS

Von Allan Rexword

Impressum

1. Auflage Februar 2024
Erschienen bei 8280-edition.ch

ISBN 978-3-03977-002-1

8280 Kreuzlingen - Schweiz

Lektorat: Stephan Militz

Umschlaggestaltung: Ria Endelegende

Druck und Bindung: Online-Druck GmbH & Co. KG,
Printed in Germany

Es ist besser, für etwas zu kämpfen als gegen etwas.

Amos Bronson Alcott

Inhaltsverzeichnis

Prolog

Der kräftige Außenborder brummte unablässig und trieb sie zuverlässig in Richtung Süden vorwärts. Die Batterien des Motors würden mindestens weitere sechs Stunden halten. Könnte Matías es sich aussuchen, wären er und sein jüngerer Bruder heute nicht die rund neunzig Kilometer vom spanischen Almería über das Mittelmeer gefahren.

Aber der Funkspruch mit der Positionsangabe von Jawaria, ihrer algerischen Auftraggeberin, war eindeutig: 13-APR-2095 13:00:00 UTC+2 / 36°22'57.1"N 1°33'28.1"W.

Die Koordinaten waren nichts Neues. Sie lagen in der Mitte zwischen der algerischen Hafenstadt Oran sowie Cabo del Gata, einem Kap an der europäischen Südküste. Für diese Tour erhielten sie eine anständige Bezahlung. Wenig Arbeit, gutes Geld, aber nicht ohne Risiko.

Im Flackern der Blitze durchstachen in der Entfernung die ersten langen Spitzen die Wellenkämme und zerteilten die Wellen. Die kritische Phase begann. Wollten sie nicht von einer Wachdrohne erwischt werden, durften sie sich maximal fünfzehn Minuten in diesem Abschnitt aufhalten.

»Langsamer, Lorenzo!«, rief Matías. »Wir wollen uns nicht selbst aufspießen!«

»Ja, ja. Wir machen die Tour nicht zum ersten Mal, oder?«, kam die Antwort seines jüngeren Bruders. In unveränderter Geschwindigkeit raste er weiter auf die todbringenden Spitzen zu.

Erneut zuckte ein Blitz über das brodelnde Firmament. Zerriss die Wolkentürme, als würde Zeus jeden Moment persönlich hervorstürmen. Das erratische Flackern brach sich auf den blank polierten Spitzen eines ganzen Waldes unterschiedlich langer Stacheln. Der »Wall«.

Die zwischen fünf und sieben Metern im Durchmesser großen Kugeln zogen sich wie eine dichte Kette aufgespießter Seeigel über den Horizont. Dutzende Blitze zuckten hervor und spiegelten sich auf den nassschwarzen Metallflächen. Als wolle das Gewitter jeden Gedanken an deren Überwindung im Keim ersticken.

Für Matías war es unvorstellbar, wie man bei diesem Seegang nahe genug an das menschenverachtende Bollwerk aus Stahl herankam, ohne das Boot aufzuschlitzen. Nicht nur das. Die Flüchtlinge kletterten wie Ameisen durch die Spitzen hindurch und über die glatten Stahlkugeln hinweg. Idealerweise, ohne sich aufzuspießen oder Gliedmaßen an den scharfen Kanten zu verlieren. Aber das war zum Glück nicht sein Problem.

»Matías, schau da vorne, bei den ersten Spikes!«, hörte er Lorenzos Stimme über den Sturm.

Er sah sie. Fünf orangene Punkte in dreihundert Metern Entfernung, die immer wieder zwischen den Wellen sichtbar wurden. Das war ihr Ziel. Dieses Mal waren die Koordinaten ungenau. Ihre Zeit lief ab.

»Mierda!« Das würde knapp. Sein Bruder fuhr weiterhin mit Vollgas in die neue Richtung.

»Langsamer, Lorenzo! Willst du uns umbringen? Idiota!«

Längere Stacheln durchbohrten die Wellen in maximal fünfzig Metern Entfernung. Viel zu nah für diese Bedingungen bei Sturm und Seegang. Die orangenen Schwimmwesten kamen endgültig in Sichtweite.

Noch dreißig Meter. Es waren anscheinend drei Frauen, ein Mann und ein Kind. Wenn sie die Flüchtlinge nicht gleich herausfischten, würde der Wind sie zurück in den Wall drängen. Aufgespießt wie Schmetterlinge, die auf den Tod warten, verreckten sie dann elendig. Matías überlief eine Gänsehaut bei der Vorstellung. Er sähe diese Tragödie nicht zum ersten Mal. Endlich fuhr Lorenzo langsamer.

Kurz darauf kamen sie bei den verlorenen Seelen an. Nasse Köpfe schrien Worte auf Arabisch, das er nicht beherrschte.

»Lorenzo, vorsichtig!«, mahnte er erneut.

Die Frau, die ihm am nächsten war, holte er sich mit dem Enterhaken heran. Matías hievte ihren nassen Körper an Bord. Schreiend und mit gestikulierenden Armen stürzte sie an die niedrige Reling. Ein Blick klärte, was sie meinte: Das Mädchen trieb auf eine nahe Spitze zu. Er wollte seinem Bruder Bescheid geben, da sprang die Frau zurück ins Wasser. Der zurückschwingende Rumpf warf ihn schmerzhaft auf den harten Plastikboden in der Bootsmitte.

Verdammt! War die verrückt? Er rappelte sich wieder auf und schaute sich um. Mit letzter Kraft hatte sie das Mädchen in Richtung des Bootes gestoßen, nur wenige Meter vor den tödlichen Spitzen. Dafür trieb die Irre selbst unaufhaltsam auf den nächsten Dorn zu. Die panischen Schreie des Mädchens übertönten die dröhnenden Wellen und den rollenden Donner. Nun zog Matías das Mädchen mit dem Enterhaken heran und hievte es an Bord.

»Hadi, hadi, ruhig, ruhig«, sagte er, um sie zu beruhigen. Neben »jalla«, schneller, das einzige, arabische Wort, das er kannte. Die Kleine zitterte und schaute ihn mit schreckensweiten Augen an. Sie hatte es geschafft.

Sein Enterhaken rutschte immer wieder an der Frau, die sich für das Mädchen in das Wasser gestürzt hatte, ab. Der Seegang schob sie davon und ihre Zeit verrann. Erneut versuchte er, sie heranzuholen. Endlich hakte er sich unter ihre Schwimmweste ein. Die Wellen schaukelten sie nicht mehr auf und ab. Eine vierkantige schwarze Spitze, auf der sich Blut und Wasser mischten, ragte aus ihrer Brust. Ein letztes Aufflackern des Gewitters spiegelte sich in ihren starren Augen und dem vor Überraschung aufgerissenen Mund. Als könne sie es selbst im Tod nicht glauben, das neuste Opfer des Walls geworden zu sein.

»Mierda«, fluchte Matías nicht zum ersten Mal auf dieser Fahrt.

Ohne einen weiteren Gedanken zu verschwenden, holte er die anderen beiden Frauen an Bord und zum Abschluss den Mann. Alle waren jung – wie immer.

»Lorenzo! Gib Gas, wir müssen hier weg, ehe die Drohne auftaucht«, brüllte er über die Wellen. Das Boot bewegte sich kurz rückwärts und entfernte sich in einem engen Bogen mit Vollgas von dem Wall.

Zumindest die vier hatten es geschafft. Was auch immer das wert sein mochte. In Matías und Lorenzos Heimat Spanien wartete auf die meisten von ihnen nichts Gutes. Jawaria war die Einzige, die an diesem Arrangement verdiente – und natürlich ihre Helfer, wie sie beide.

Das Mädchen zupfte an seiner Jacke. Er schaute sie an. Mit kaum wahrnehmbarer Stimme fragte sie ihn: »*´ayn*

´umi? ... mumya´?«

Ihm war klar, wen sie suchte: Das Wort »Mama« klang in den meisten Sprachen ähnlich.

Erde zu Erde, Staub zu Staub

Die Sonne brannte unbarmherzig auf das Festmahl. Eine fette Made fraß sich mit Hunderten Geschwistern genüsslich durch totes Gewebe. Dutzende grünviolett schillernde Fliegen umschwirrten den Leichnam und taten sich an den verwesenden Überresten gütlich. Der süßliche, faulige Geruch lockte ganze Heerscharen roter Ameisen aus den tiefen Rissen des trockenen Lehmbodens hervor. Sie nutzten ihre seltene Chance, den Nachwuchs mit ausreichend Nahrung zu versorgen.

Währenddessen lauerte ein dunkelgrau gefiederter Rabengeier auf einem Pfahl darauf, seinen gebogenen Schnabel in das köstliche Fleisch zu schlagen. Näher heran traute er sich nicht, denn ihm gegenüber stand ein Mensch, der sich ebenfalls für die Mahlzeit interessierte.

Jacques

Das heiße Holz des dornigen Gatters brannte sich in Jacques´ verkrampfte Hände, während er die gruselige Szenerie schweigend betrachtete. Die in ihm aufsteigende Übelkeit ließ sich nicht mehr herunterschlucken. Statt sich zu übergeben, konnte er nur bittere Galle aus seinem leeren Magen auf den Boden würgen. Die kläglichen Reste des Gerstenbreis hatte er bereits gestern Mittag gegessen. Gleichzeitig durchzog eisige Kälte seine Glieder bei dem Gedanken, was der Anblick für die Zukunft bedeutete.

Die drei braun-weiß-gefleckten Ziegen ihrer Familie lagen tot im Wüstensand. Sie schauten ihn aus anklagenden, trüben Augen an. Ein bestialischer Gestank zog über die Ebene. Es waren nicht die ersten Kadaver, die er sah. Das machte es aber nicht besser, verflucht! Was war hier passiert? Heute Morgen waren sie noch bei bester Gesundheit.

Und ohne ihre Ziegen würden sie ... würde er ... erneut verdrängte er den Gedanken. Nochmals atmete er durch den Mund ein, schluckte und riss sich zusammen.

»Maman?!«, rief er nach hinten.

Seine Mutter stand gebückt auf ihrem Feld. Mit der Hacke versuchte sie eine Furche in den ausgetrockneten Lehmboden zu ziehen. Die dürren Gerstenhalme ließen traurig ihre Ähren hängen. Es schien, als wüssten sie, was das Schicksal der Ziegen für ihre kleine Familie bedeutete. Alarmiert von seinem Tonfall hob Annabelle ihren Kopf. Sie wischte sich den Schweiß von der Stirn und marschierte mit zügigen Schritten zu ihm herauf. Mit einer Hand schob sie ihre Locken nach hinten und starrte auf die von Fliegen umschwirrten Kadaver.

»Merde!« Das war das Einzige, was sie mit versteinertem Gesicht dazu zu sagen hatte.

Da musste er ihr zustimmen. Durch den Tod der Tiere hatten sie ein massives Problem. Ohne die Ziegen, deren tägliche Milch und Käse sowie das sehnlichst erwartete Lämmchen, würden sie einen Großteil ihres Einkommens verlieren.

Langsam trat Annabelle an die Kadaver heran und schob die toten Körper mithilfe eines Stocks zur Seite.

»Zut!«, knurrte sie, zeigte auf eine Stelle am Boden und wandte sich halb zu ihm um. »Schau dir das an.«

Sie presste ihre Lippen so fest zusammen, dass sie eine helle, ernste Linie bildeten. Alles in ihm sträubte sich. Trotzdem folgte er ihrer Bitte und kam mit langsamen Schritten näher. Und dann sah er, was sie meinte: Ein größerer Haufen grünlich-roter gezackter Blätter lag im Gehege - Rizinus.

»Was?! Sie wurden vergiftet?«, fragte er fassungslos und schüttelte seinen Kopf, als könne er damit den Anblick wie den eines Albtraums verscheuchen. »Warum?«

»Man will uns loswerden«, antwortete Annabelle knapp. »Diese Botschaft ist eindeutig. Meinst du nicht auch?«

»Aber ... aber, wir haben niemandem was getan!«, rief er und warf seine Arme in die Luft. Er konnte nicht glauben, dass einer ihrer Nachbarn zu so einer Tat fähig wäre. Oder doch – er hielt inne und versteifte sich. Einer Person würde er das definitiv zutrauen: Youssef.

Bei dem Gedanken an den Halbstarken verkrampfte er sich. Glühender Zorn zog brodelnd durch seine Adern. Der siebzehnjährige Youssef lehnte ihn ab, seit sie vor Jahren hier im Dorf angekommen waren. Vermutlich aus Eifersucht. Jacques war mit dessen Schwester Kara zusammen. Heimlich. Die Ablehnung des Bruders war in regelrechten Hass umgeschlagen, als er die beiden vor einigen Monaten abends abseits des Dorfes erwischt hatte. Youssef war der festen Überzeugung, dass Jacques nicht gut genug für Kara war.

»Lass es gut sein, Jacques«, holte seine Mutter ihn aus den Gedanken. Sie hatte offenbar nicht mitbekommen, wie sehr es in ihm kochte.

»Non! Nichts ist gut!«, fuhr er sie unwirsch an. Er hob seine Schultern und ballte die Hände zu Fäusten. »Das war Youssef. Ganz sicher. Sagen wir es Idir! Jetzt!«

Schweigend schaute sie ihn für einen Moment an. »Das kann ich mir kaum vorstellen. So niederträchtig ist der Junge nun auch wieder nicht. Aber, selbst wenn – wie willst du es beweisen? Und falls wir mit haltlosen Vorwürfen zu seinem Vater gehen? Ohne etwas in der Hand zu haben, stehen wir deutlich schlechter da als jetzt. Und, wir müssen ihn um einen weiteren Aufschub der Pacht bitten.«

Jacques Mund klappte auf und wieder zu. Ihm fiel spontan keine passende Erwiderung ein. Ihre Logik war bestechend klar und er musste ihr leider recht geben. In einem irrte sie sich: Youssef war das definitiv zuzutrauen und er durfte damit auf keinen Fall durchkommen.

Als er nichts sagte, setzte sie zögerlich hinzu: »Aber, ... vielleicht«, sie stockte erneut, »gibt es eine andere Möglichkeit. Auch wenn es uns die Ziegen nicht zurückbringt.«

»Was meinst du?«, hakte er irritiert nach und kapierte kein Wort.

»Lass uns später drüber reden.« Stöhnend richtete sich seine Mutter auf und legte ihm sanft die Hand auf die Schulter. »Ich versteh dich ja, Jacques. Mir passt das auch nicht. Aber zunächst müssen wir Ordnung schaffen. Kümmerst du dich um die Kadaver? Ich spreche währenddessen mit Idir – wegen der Pacht. Wir schauen heute Abend, wie es weitergeht. Einverstanden?«

»Wollen wir nicht wenigstens jemandem diese Sauerei zeigen?«, wunderte er sich. Wenn sie jetzt alles wegräumten, könnten sie nie beweisen, dass Youssef die Ziegen vergiftet hatte.

»Nein«, kam ihre entschiedene Antwort und sie schüttelte vehement den Kopf. »Das bringt nichts als Ärger. Schau dich doch um. Auf dem Trampelpfad neben dem Gatter kommt am Tag ein Dutzend Nachbarn vorbei. Jeder von denen kann es gewesen sein. Man könnte sogar behaupten, dass wir es selbst waren, weil wir beim Pflücken der Blätter einfach nicht aufgepasst hätten.«

»Ich ... Aber ...« Er knirschte mit den Zähnen und starrte sie an.

»Merde!«, entfuhr es jetzt auch ihm lautstark und er trat wutentbrannt nach einem Stein, der im weiten Bogen davonflog.

Das war eine zum Himmel schreiende Ungerechtigkeit und das wusste Annabelle. Youssef oder sonst wer zerstörte ihr Leben und sollte ungeschoren davonkommen? Das widersprach allem, an das er glaubte. Allem, dass seine Mutter ihm beigebracht hatte. Sie war es, die immer Rückgrat zeigte und meinte, dass man für eine gerechte Sache einstehen musste. Aber es war auch sie, die immer einen kühlen Kopf bewahrte. Sie wusste, wann man bei einer aussichtslosen Schlacht besser den Rückzug antrat. Nur dank dieser Mischung hatten sie ihre Flucht von der Elfenbeinküste bis hierher nach Algerien überlebt. Und nur dank ihres ruhigen und selbstbewussten Auftretens hatte man sie hier im Dorf aufgenommen. Daher beugte er sich für den Moment ihrer bestechenden Logik und Erfahrung. Aber ausgestanden war die Sache damit noch lange nicht.

Am Ende machte er sich, weiterhin innerlich kochend, an die Arbeit.

Kurz vor Sonnenuntergang war sein grausiges Werk vollbracht. Die Kadaver hatte er in weiße Planen gerollt und seine Fracht über einen flachen Hügel geschleift. Dahinter eine tiefe Grube im Sand ausgehoben, die sterblichen Überreste ihrer Tiere hineingeworfen und mit Kalk bestreut.

Die körperliche Arbeit hatte ihn ausgelaugt und seiner Wut ein Ventil geboten. Inzwischen breitete sich eine dumpfe Leere in ihm aus. Während er sich auf die Schaufel stützte, blickte er im letzten Sonnenlicht von seinem erhöhten Standpunkt auf die Dächer ihres Dorfes: ein paar Dutzend eckige sandsteinfarbene Blöcke. Als hätte ein Riese mit Bauklötzen gespielt und die Reste achtlos im Sand liegengelassen. Hinzu kamen verstreute Wellblechhütten der Zugezogenen am Dorfrand. Zu denen zählten auch seine Mutter und er selbst. Auf der anderen Seite erhob sich ein einzelner Berg, der die wesentliche Versorgungsgrundlage ihres Dorfes darstellte. Er stand als einsamer Wächter in der Wüste und sammelte das lebenswichtige Wasser. Seine Hänge boten fruchtbarere Böden als die restliche Steppenlandschaft. Außer vertrockneten Büschen und knorrigen Bäumen waren die Felder das einzig Grünliche in all dem Braun und Gelb.

Erst vorgestern war Kara hinter einem der Häuser hervorgesprungen und hatte ihn mit einem selbst gebastelten Kranz aus lila Blumen überrascht. Anstelle des traditionellen Kopftuches hatte sie diesen wie eine altertümliche Göttin auf ihr Haupt gelegt und Jacques hinter eine unbeobachtete Ecke gezogen. Bei der Erinnerung musste er grinsen. Seine Kara, die sich insgeheim nicht um die Traditionen scherte und immer versuchte, das Beste aus ihrer Situation zu machen. Sie war es, für die er alles auf sich nehmen würde, um mit ihr ein gemeinsames Leben führen zu können. Und vielleicht hatte seine Mutter ja wirklich eine geniale Idee, die ihnen aus dieser Misere helfen konnte. Diese Gedanken gaben ihm neue Hoffnung und Energie. Bisher hatten sie immer einen Ausweg gefunden, egal wie aussichtslos ihre Situation auch schien.

Auf dem Rückweg verwendete er etwas kostbare Flüssigkeit, um sich sowie seine Ausrüstung gründlich zu waschen. Zum Abschluss brachte er sie Familie Mohammed zurück, von der er sie geliehen hatte, und bedankte sich brav.

Es war bereits Abend, als er die knarzende Brettertür ihrer Wellblechhütte öffnete. Das obere Scharnier war hinüber, aber für einen Ersatz fehlte ihnen das Geld.

»... in Ordnung ... Ja, bringe ich mit ... *mai alslama.*« Als seine Mutter ihn bemerkte, legte sie hastig, beinahe schuldbewusst ihr Handy zur Seite und schaute ihn von unten an. »Alles erledigt?«

»Uff. Ja. Was für ´ne Plackerei.« Erschöpft fiel er neben ihr auf sein Bett aus Styropor und löchrigen Decken. »Hast du mit Idir gesprochen?«

Nickend ließ sie ihre Schultern hängen: »Ja, ich habe ihn vorhin zu Hause besucht. Er gibt uns keinen Aufschub. Wir sind bereits sechs Monate im Rückstand und müssen die Pacht jetzt begleichen. Er hat zwar Verständnis für uns, muss aber seine Familie auch versorgen. Entweder wir zahlen – oder er verpachtet das Feld an jemanden anderes.«

Verflucht. Damit bewahrheitete sich seine schlimmste Befürchtung. Der Täter – Youssef – hatte sein Ziel erreicht: Ihre Lebensgrundlage zu zerstören, um sie zu vertreiben. Ein anderer Gedanke zupfte am Rockzipfel seiner Wahrnehmung und drängte sich nach vorne.

»Ähm ... Wenn du selbst bei Idir warst«, sprach er ihn laut aus, »mit wem hast du dann eben telefoniert ...?«

»Kannst du dir vorstellen, aus dem Dorf wegzuziehen?«, stellte sie eine Gegenfrage, statt zu antworten. »Ich meine: richtig weg. Ein komplett neues Leben anfangen?«

Wollte sie so schnell aufgeben? Warum? Und nein! Natürlich wollte er das nicht. Um jeden Preis musste er bleiben – wegen Kara! Für seine Freundin, seine Liebe, würde er jegliche Qual in Kauf nehmen. Selbst wenn er dafür betteln gehen müsste.

Seine Gedanken standen ihm offenbar deutlich ins Gesicht geschrieben, denn sie sagte mit betont ruhiger Stimme: »Jacques. Wir sind hier am Ende. Es sind nicht nur die Ziegen und die Pacht. Auch der Arbeitsvermittler nimmt dich jeden Monat seltener mit. Und der jährliche Regen scheint ebenfalls auszubleiben. Uns bleibt keine Wahl. Ich habe eben ...«

»N'importe quoi! Man hat immer eine Wahl, das hast du mir selbst beigebracht!«, unterbrach er sie barsch und sprang auf. »Und du weißt genau, warum ich hierbleiben will!«

»Natürlich«, sie schaute ihn von unten an, »aber mach dir keine Illusionen, selbst wenn das mit den Ziegen nicht passiert wäre. Kara ...«

»Was ist mit ihr? Glaubst du auch, ich bin nicht gut genug für sie?«

»Nein, das habe ich nicht gesagt ...« Sie brach ab.

Aber gemeint, vervollständigte er den Satz in Gedanken, während ihm das Blut ins Gesicht schoss.

»Offenbar doch«, fuhr er sie an. »Sogar meine eigene Mutter hält mich für ´nen Versager, mit dem noch nicht mal der Arbeitsvermittler was anfangen kann. Trotzdem lass ich mich nicht vertreiben. Nicht von Youssef oder sonst wem.«

Sie öffnete den Mund, um etwas zu entgegnen. Hielt inne und schüttelte den Kopf, als wolle sie ein lästiges Insekt loswerden.

»Im Gegenteil, Jacques. Kara könnte froh sein, einen Mann wie dich zu bekommen«, erwiderte sie nach ein paar Sekunden und sah ihn direkt an. »Aber so einfach ist das nicht. Wir reden morgen darüber, wie es weitergeht, ja?«

»Von mir aus«, grummelte er, obwohl er ihr die versöhnlichen Worte nicht ganz abkaufte.

Frustriert und unzufrieden zog er die fadenscheinige Decke eng um seine Schultern und drehte ihr den Rücken zu. Was war nur los mit seiner Mutter? Auf ihrer Flucht aus dem Süden war es immer sie gewesen, die wie eine Löwin für sie beide eingestanden war. Eine Kämpferin, die sich mit keiner noch so ausweglosen Situation abfand. Das heutige Verhalten passte nicht zu ihr.

Egal. Morgen würde er als Erstes mit seiner Freundin sprechen und versuchen, die Dinge selbst in die Hand zu nehmen. Irgendeine Lösung würde es geben. Er musste sie nur noch finden ...

Es war kurz vor Sonnenaufgang und sein Rücken schmerzte. So wie jeden Tag, den er auf der dünnen Unterlage aus alten Decken und nach Öl stinkenden Plastikresten übernachtete.

»Maman? Ich hol schon mal Wasser«, informierte er sie gähnend.

Eine Antwort erhielt er nicht, zuckte mit den Schultern und war nicht traurig drum. Das gab ihm die Chance, als Erstes mit Kara zu sprechen. Außerdem würde das Fortsetzen der gestrigen Diskussion anstrengend werden. Egal, mit wem seine Mutter noch telefoniert hatte und was für eine Idee sie vorschlagen wollte.

Die Brettertür knarzte und er trat in die klare Morgenluft. Kühler Sand knirschte unter seinen dünnen Sohlen. Der erste Schimmer der Morgenröte zeigte sich über dem niedrigen Berg. Gezielt griff er sich die zwei leeren Plastikkanister und marschierte in Richtung Dorfplatz. Vorbei an den sandfarbenen Kastenhäusern der Nachbarn, heruntergebrannten Müllhaufen und Wäschestücken, die vergessen auf den Leinen hingen. Das Geschrei von Kleinkindern und Bellen der Hunde verkündete vom langsamen Erwachen des Dorfes. Weitere Einwohner jeden Alters traten in traditioneller Leinenkleidung oder ausgewaschenen modernen Klamotten aus ihren Häusern und strebten in die gleiche Richtung. Auf dem staubigen, von kantigen Bauten umringten Platz war er einer der Ersten, der sich in die Schlange vor den mannsgroßen Frischwassertanks am Rande der Fläche stellten. Im Hintergrund brummte ein Elektromotor und pumpte das kühle Nass aus den Tiefen hervor. Falls es nicht bald regnete, wären sie wieder auf den Tanklaster angewiesen, der ihnen wöchentlich aushelfen müsste.

Der Wasserstrahl sprudelte aus dem Rohr, das aus dem rostigen Container ragte, und füllte seine Kanister. Kurz darauf trat sie dicht neben ihn: Kara! Endlich. Sie war der grüne Spross im Zentrum seines ausgedorrten Daseins, den er nicht verlieren durfte.

Ihre braunen Augen leuchteten und sie lächelte, als sie ihn grüßte. Die widerspenstigen dunklen Locken verbarg sie nur unzureichend unter dem Kopftuch, das man hier traditionell erwartete. Beim Befüllen der Behältnisse streichelte ihre Hand wie zufällig über seine. Elektrisierte Gänsehaut kroch seinen Arm hinauf. Sie ignorierten beide die Rufe aus der Schlange, weil sie sich neben ihn vorgedrängelt hatte. Für heimliche Treffen abseits des Trubels, so wie vorgestern, gab es kaum Gelegenheiten. Ihre Familie, vor allem Youssef, hüteten sie inzwischen wie ihren Augapfel.

Nachdem ihre Kanister gefüllt waren, setzten sie sich auf ein paar verfallene Betonblöcke neben den Tanks. Frisches Gras sprießte überall, wo das Wasser aus undichten Stellen in den Staub tropfte.

»Kara? Denkst du, es gibt Europa wirklich?«, fragte er, um die schlechten Nachrichten noch etwas aufzuschieben und ihre Nähe zu genießen. »Also, das mit grünen Wäldern und Menschen, die nicht arbeiten müssen und so, meine ich.«

Wenn er sich in der kargen Steppenlandschaft umschaute, schien ihm das eine seltsame Vorstellung. Hier regnete es maximal zweimal im Jahr. Vor Jahrzehnten, zu Zeiten von Karas Großeltern, kam der Regen deutlich öfter und der Tanklaster wurde fast nie benötigt.

»Ach, ich weiß nicht«, antwortete sie leichthin und warf ihre Haare nach hinten. »Kann schon sein. Du kennst die Gerüchte. Und neulich meinte Ali, der Händler, der hier war, dass er einen Schwager hätte, der auf einem Schiff arbeitet und drüben war. Im Hafen, wo sie Waren ausgeladen haben, gab es keine Menschen. Nur Roboter. Stell dir das vor! Irre. Drum herum war es wohl grün und voller Pflanzen.«

»Roboter? Echt?« Er beugte sich vor. »Wow. Und? Hat er sich umgesehen?«

»Nee, vergiss es. Keine Chance. Auf dem Schiff wurden sie streng bewacht. Aber uns geht es hier doch auch nicht schlecht.« Sie schaute ihn an und legte ihre Hand unauffällig auf seine. »Machen wir das Beste aus dem, was wir haben.«

Das war einer ihrer häufigsten Sprüche. Kara war deutlich pragmatischer veranlagt als er. Mit dieser Haltung hatte er sich nie angefreundet. Ihn drängte es, die Dinge zu verändern. Gestern Nachmittag hatte jemand die zarte Pflanze seiner begrenzten Möglichkeiten brutal zertreten.

»Du bist witzig«, meinte er missmutig und warf einen Stein auf den leeren Platz. »Ihr habt große Felder am Hang und verdient damit ordentlich Geld.«

»Ach komm«, sie stupste ihn an, »auch für euch kommen bessere Zeiten.«

Schön wäre es. Er wollte gerade antworten und ihr von den Ziegen erzählen, da lief Youssef quer über den Dorfplatz direkt auf sie zu. Karas Hand zuckte zurück, als hätte sie sich verbrannt. Ihr zwei Jahre jüngerer Bruder war ein bulliger Jugendlicher mit kurz geschorenen schwarzen Haaren.

»Hey Jacques, hab gehört, euch sind die klapprigen Zicklein verreckt? Tolle Leistung. Verschwindest du jetzt endlich aus unserem Dorf und lässt meine Schwester in Frieden?«

Sein Puls schoss in die Höhe und er sprang auf. Das war der Beweis! Ihr Bruder musste es gewesen sein, der die Ziegen vergiftet hatte. Woher sonst sollte er davon wissen?

»Connard! Salaud! Du warst es!«, brüllte er und wollte sich auf ihn stürzen.

Kara hielt ihn an beiden Schultern zurück: »Jacques! Nein!«

Youssef grinste breit, stand mit verschränkten Armen vor ihnen und setzte hinzu: »Und selbst eure mickrige Pacht könnt ihr nicht zahlen. Am besten packst du gleich mal deine Sachen. Ach, nee. Du hast ja nichts. Du kannst dich also direkt aus dem Staub machen.«

»Ta gueule!« Genug war genug. Er sprang vor und wollte sich auf den Kerl stürzen, aber seine Freundin klammerte sich erstaunlich kräftig an ihn, sodass seine Füße nur über den Sand rutschten.

»Lass es. Das will er doch nur«, flüsterte sie und wandte sich direkt an ihren Bruder: »Verzieh dich, Youssef! Sofort. Sonst erzähle ich Idir später, wie unmöglich du dich benommen hast.«

»Pah. Mir egal.« Er spuckte ihm vor die Füße und rempelte ihn im Vorbeigehen an.

»Hey, was ...?« Mit einem Schwinger versuchte Jacques, dem Halbstarken eine zu verpassen, verfehlte jedoch, da Kara sich weiterhin an ihn klammerte.

»Lass es, Jacques. Das ist es nicht wert.«

Feixend schritt ihr Bruder an ihm vorbei und verschwand um die Ecke.

»Aber er hat unsere Ziegen vergiftet!«, schrie er und deutete mit zitterndem Zeigefinger in die entsprechende Richtung. »Er!«

»Ist ja gut. Jetzt beruhig dich erst mal und lass uns von hier verschwinden. Die anderen gucken schon.«

Vor Wut schwer atmend schleppte er gemeinsam mit Kara die Kanister um die nächste Ecke. Dort lehnten sie sich im Schatten gegen eine kühle Lehmwand.

»Stimmt es, was er erzählt hat?«, fragte sie ihn mit Besorgnis in der Stimme.

»Ja, verdammt.« Mit der Hand fuhr er sich durch die Haare. »Sie sind tot. Alle drei. Ich bin überzeugt, dass er es war. Jemand hat gestern giftige Blätter ins Gatter geworfen. Sonst weiß davon niemand.«

»Blödsinn. Das mit den Ziegen haben doch mit Sicherheit eure Nachbarn mitbekommen, das ist kein Beweis. Und von Gift hat Youssef kein Wort gesagt.« Sie hielt inne. »Was sagt denn deine Mutter dazu?«

Er holte tief Luft. »Sie will wegziehen. Hat irgendeine krude Idee. Erzählt mir aber erst später, was genau. Und wovon sollen wir leben? Betteln gehen? Außerdem ...« Er verstummte.

»Außerdem, was ...?«

Schnell schaute er sich um, ob es keine Lauscher gab, und flüsterte: »Außerdem könnte ich dich nicht mehr treffen. Kara! Das geht nicht!«

»Dann rede endlich mit meinem Vater. Über uns meine ich.«

Bei dem Gedanken wurde ihm übel und er rückte ein Stückchen von ihr fort. »Wozu? Wenn ich ihn frage, jagt der mich vom Hof. Wir sind Zugezogene, die noch nicht mal eure Sprache richtig sprechen. Lästige Bettler, genau wie Youssef sagt. Der hat die Ziegen vergiftet! Damit wir die Pacht nicht mehr zahlen können – an euren Vater, wohlgemerkt. Aber das kann ich nicht beweisen, wie du selbst bemerkt hast. Über was, bitte schön, sollte ich also mit ihm reden?«

Sie hob beschwörend ihre Hände. »Idir ist nicht so, wie du denkst. Ihr lebt bereits seit elf Jahren hier im Dorf und er weiß, was ihr durchgemacht habt. Wir haben euch damals geholfen, schon vergessen? Wenn du mit ihm sprichst, ...«

»Non. Impossible!« Entschieden sprang er auf und hob abwehrend seine Hände. »Zuerst muss ich ordentlich verdienen – für uns. Dann kann ich mit ihm sprechen. Über uns.«

»Von wegen *Impossible*.« Sie stemmte ihre Fäuste in die Hüften und funkelte ihn an. »Das einzige Unmögliche ist, hier in diesem Kaff ohne eigenes Feld und Vieh Geld zu verdienen! Da hat deine Mutter leider recht!«, hielt sie ihm entgegen.

»Ich ... ach, verdammt. Ja. Lass uns nachher weiter darüber reden, vielleicht hat sie ja wirklich eine Idee, die uns hilft.«

Um der weiteren Diskussion aus dem Weg zu gehen, verabschiedete er sich knapp und kam wenige Minuten später mit seiner schweren Fracht zu Hause an.

Seine Mutter schien bereits unterwegs zu sein. So ein Mist. Einerseits wüsste er gerne, mit wem sie gestern telefoniert hatte und was ihre Idee war, andererseits musste er sich jetzt selbst um das Wässern der Gerste kümmern. Und deswegen würde er heute erneut den Arbeitsvermittler verpassen. Verdammt! Offenbar hatte sich die ganze Welt gegen ihn verschworen.

Grummelnd packte er erneut die Kanister und schleppte sie in Richtung der Felder, während eine kräftige Böe ihm den Sand um die Knöchel peitschte.

Ferngesteuerter Spinnenkasten

Vier Monate zuvor

Diego

Kühler Wind wehte einzelne Sandkörner über den gepflasterten Bürgersteig. Die Mondsichel und Straßenlaternen tauchten die schlichten Fronten der Mietskasernen in fahlen Schein. Dunkelgraue Türen und hellgraue Wände mit herabgelassenen Jalousien dominierten das Bild. Nur aus wenigen Fenstern drang das blaue Flackern eines Displays. Die meisten Menschen bevorzugten es, direkt in die virtuellen Welten einzutauchen, statt sie nur von außen auf einem 3-D-Fernseher zu betrachten. Schwärme schwarzer Drohnenschatten huschten brummend durch den sternenklaren Himmel. Hin und wieder tauchte einer von ihnen hinab wie ein Seevogel zu seiner Beute. Jedoch nicht, um zu jagen, sondern um eine Lieferung an einen der faulen Städter abzugeben, zu denen auch er zählte. Ein typisches Vorstadtviertel in Almería.

Aber Diego war nicht wegen der romantischen Stimmung hier. Und außerdem war Eile angesagt. Sobald er loslegte, blieben ihm maximal zehn Minuten. Normalerweise verbrachte er die Abende lieber in seinem gut gesicherten Haus in einem Spiel in der virtuellen Realität. Dort wartete ein Trupp Orks im Elbenwald darauf, dass er sie abschlachtete. Heute Nacht hatte er einen anderen Plan.

Er schaute vorsichtig um die Ecke der Hauswand und strich sich eine lästige Strähne aus den Augen. Das Areal vor ihm war von einer drei Meter hohen Betonmauer umgeben. Gewickelter Klingendraht bildete den unfreundlichen Abschluss und sorgte dafür, dass niemand das Gelände unerlaubt betrat. Zumindest kein Mensch.

Die einspurige Straße war menschenleer. Nicht nur wegen der Uhrzeit. In diesem künstlich errichteten Stadtteil am Rande von Almería mit seinen uniformen, zweistöckigen Betonbauten, verließ kaum jemand die Wohnung. Lebensmittelgeschäfte, Restaurants oder Büros hatten die Stadtplaner gar nicht erst vorgesehen. Wozu auch?

Zur Sicherheit trat er trotzdem ein paar Schritte zurück in die unbeleuchtete Gasse. Über den angrenzenden Häuserblöcken spannte sich schwarzer Nachthimmel. Er hockte sich zwischen zwei blecherne Müllcontainer. Der Gestank von fauligen Eiern und vollgeschissenen Windeln stieg ihm in die Nase. Hier wäre er vor einer zufälligen Entdeckung geschützt. Um diese nachtschlafende Zeit brachte hoffentlich keiner der Nachbarn seinen Müll zur Tonne.

Aus dem geöffneten Rucksack holte er seine grau lackierte Drohne. Eine überdimensionale Roboter-Spinne mit eingeklappten Beinen. Das von ihm modifizierte Gerät hatte die Grundfläche eines A4-Blattes und wog rund zwei Kilogramm.

Geübt setzte er sich ein spezielles Headset auf. Die federleichte Brille bedeckte seine Augenpartie und Ohren vollständig. Im Inneren erzeugten zwei winzige Projektoren Videobilder direkt auf die Netzhaut. Anschließend zog er die passenden Controller-Handschuhe an, mit denen steuerte er das Gerät. Über der Drohne schwebte ein virtueller grüner Button. Nochmals durchatmen – und los!

Zehn Minuten, ab jetzt. Mehr hatte er nicht.

Flink fuhren acht Beine sowie vier flexible Greifarme aus. Der Roboter war bereit für seine kritische Mission. Diego setzte sich auf den feuchten Boden und lehnte sich zurück. Der kühle Asphalt und die Wand in seinem Rücken ließen ihn frösteln. Seine Sicht wechselte auf die der Drohne. Ihre hochauflösende 3-D-Optik gab ihm das Gefühl, die Spinne selbst zu sein.

Aus einer bodennahen Perspektive sah er sich wie einen Riesen an der Betonwand sitzen. Das war ungewohnt, aber er hatte lange genug geübt, um sich davon nicht mehr irritieren zu lassen. Was folgte, entsprach einem normalen Spiel in der virtuellen Realität, der VR. Nur, dass sich das schwarze Gerät nicht in der VR bewegte, sondern ganz real zügig von ihm wegkrabbelte.

Zunächst schaute er sich kurz um. Die Gasse war menschenleer. Ohne zu zögern, trippelte er über die unbelebte Straße auf die andere Seite zur Steinmauer. Seine acht Beine waren mit mikroskopischen Widerhaken und winzigen elektronischen Krallen ausgestattet. Problemlos kletterte er damit senkrecht am groben Putz hinauf. Oben angekommen drückte er seinen mechanischen Körper unter den scharfen Kanten des Zauns hindurch.

Zitternd und zerrend blieb er hängen. Verdammt, das kostete Zeit. Mit Fingerspitzengefühl bediente er die vier Greifer und entfernte das lästige Stück Draht, das sich auf seinem Rücken verhakt hatte. Hoffentlich war das kein schlechtes Omen.

Um die diversen Kameras und Sensoren sorgte er sich nicht. Heutzutage guckte kein echter Mensch mehr auf die Bilder. Naïn, einer seiner Mitstreiter, hatte die hiesige Sicherheits-KI, eine künstliche Intelligenz, gehackt. Das Computerprogramm wachte über dieses Areal. Heute Abend würde es dank des Hacks fette Metallspinnen ignorieren. Allerdings nur für besagte zehn Minuten – jetzt noch acht.

Auf der anderen Seite orientierte er sich kurz auf dem detaillierten 3-D-Plan von dem Gebäudekomplex. Diesen hatte er vor einer Woche mithilfe einer Flugdrohne erstellt. Zügig krabbelte seine Spinne über den glatten Asphalt an den unbeleuchteten Gebäuden vorbei. Aus dem virtuellen Augenwinkel nahm er eine Bewegung wahr. Shit! Da kam ein größeres Gefährt von der Seite auf ihn zugerast!

Und jetzt? Ohne zu zögern, krabbelte er ein paar Schrittchen rückwärts und drückte sich in den Schatten zwischen Wand und Straße. Alle Systeme auf Stand-by. Beine einklappen und abwarten. Ich bin nur ein unscheinbarer schwarzer Kasten, nichts weiter. Bitte ignorier mich. Ja, ja, nur ein Kasten. Mit klopfendem Herzen wartete er ab, was dort kam.

Ein dunkelgrau lackierter Roboter rollte auf sechs fetten Gummirädern heran. Das Modell kannte er – leider. Es basierte auf einem seiner eigenen frühen Entwürfe. Diese Version war für die militärische Überwachung ausgelegt. Das kantige Gerät verfügte über eine autonome Steuerung. Damit war es kaum zu hacken. Hinzu kamen kräftige Greifarme sowie zwei Maschinenpistolen. Nichts von dem hatte er etwas entgegenzusetzen.

Das Gefährt blieb unmittelbar vor ihm stehen. Mist. Der Scan des Roboters durchdrang kribbelnd seinen Körper. Ach, Blödsinn. Er saß rund zweihundert Meter entfernt zwischen stinkenden Müllcontainern.

Oh, verdammt. Er schluckte. *Spinnen* wurden von der KI ignoriert – *Kästen nicht*! Schnell die Beine wieder raus. Spinne. Ich bin eine Spinne, kein Kasten.

Bange Sekunden später setzten sich die Reifen vor seiner Nase in Bewegung und das Teil führte seine Patrouille unverrichteter Dinge fort. Es hatte vermutlich seine Entdeckung an die Sicherheits-KI des Geländes gemeldet. Diese hatte strikte Anweisung ihn zu ignorieren. Das schien in diesem Fall funktioniert zu haben. Diego war erneut heilfroh, dass hier keine Menschen involviert waren. Denen hätte man diesen Blödsinn nicht auftischen können.

Noch sechs Minuten.

Wenig später erreichte er sein Ziel: ein unscheinbarer Wellblechcontainer. Aus seiner Perspektive war die Metalltür ein gigantisches Lagerhaustor. An dem Metall hinaufzuklettern war unmöglich. Ein kurzer Funkimpuls mit dem richtigen Code ließ das Schloss aufspringen. Das war das Werk von Loris, eines weiteren Mitstreiters ihrer eingeschworenen Truppe. Schnell öffnete er mit zweien seiner Arme die Tür.

Innen war es zwar stockdunkel, die Restlichtverstärkung seiner Kamera zeigte ihm dennoch alle Details. Zügig krabbelte er hinein und schaute sich um. Plastikkästen voller alter Tablets, Smartphones, Headsets und anderem Gerät. Dazu Tische zur Bearbeitung und ein schwarzes Wanddisplay. Vor sich erkannte er einen voluminösen Elektronik-Schredder, dessen breites Froschmaul darauf wartete, den Schrott aus den Containern zu zerhäckseln. Was wichtiger war: Am Boden vor ihm stand eine hohe Box mit Altgeräten, die gelöscht, aber noch nicht zerstört waren.

Mühelos kletterte er hinauf und durchwühlte die oberste Schicht in der Kiste mit seinen Greifern. Tiefer kam er nicht. Die meisten Geräte waren äußerlich intakt. Blöd. Welche Möglichkeiten gab es? Eines nach dem anderen herauszuklauben würde Stunden dauern.

Ihm blieben nur noch vier Minuten. Mehr als die Hälfte der Zeit war rum!

Er brauchte einen Hebel, um die längliche Box umzuwerfen. Dort! Auf einer Werkbank neben ihm lag ein fünfzig Zentimeter langes flaches Metallstück. Seine Spinne krabbelte an den Rand und streckte langsam ihre Vorderbeine aus, um an die Tischkante heranzukommen. Eine wackelige Angelegenheit. Mit allen vier Hinterbeinen stand er auf der Kistenkante und reckte sich. Gleich würde er sie erreichen.

Die Kante verschwand aus der Sichtweite. Die ganze Box kippte unter dem Gewicht seines Roboters. *Rums!* Mit einem massiven Krachen und Scheppern landete der Container gemeinsam mit ihm auf der Seite. Hunderte Smartphones, Tablets und Computing-Einheiten verteilten sich als weiter Fächer auf dem Betonboden.

Beine 7 und 8 bewegungsunfähig! Die Schrift leuchtete rotblinkend im Gesichtsfeld. Verdammt! Seine hinteren Gliedmaßen waren unter der Kante der Kiste verklemmt.

Ein schriller Alarmton hallte über das Gelände. Die Security-KI war ihm gegenüber blind, aber nicht taub. Wenn er hier nicht zügig wegkäme, wäre er gleich Teil des

Elektroschrotts. Mit seinen oberen Greifern hob er die Kante der nun leeren Box und kam frei.

Beeil dich, Diego! Noch zwei Minuten!

Kurz darauf fand er ein dünnes Tablet, das den Eindruck erweckte, als wäre es von einem Auto überrollt worden. Vorder- und Rückseite waren komplett zerschrammt. Der ID-Chip, sein Ziel, sollte trotz der massiven Beschädigung intakt sein. Auch der äußere Inventar-Code war unleserlich zerkratzt. Die Chancen standen gut, dass sich die Geräte-ID noch im System des Unternehmens registriert war. Perfekt.

Er klemmte sich das Tablet mit seinen Greifern fest auf den Rücken und begab sich auf den Rückweg. Aus der Tür spähend erschien am Ende der Gasse die Silhouette des Sicherheitsroboters, der Vollgas auf ihn zuhielt. Oh, oh. Rüber auf die andere Straßenseite. Das fette Teil hatte ihn garantiert gesehen, aber klettern konnte es mit seinen Rädern nicht. Rauf auf das Gebäude! Seine Füße krallten sich fest in das Mauerwerk. Das Gewicht des Tablets verlangsamte seine Spinne. Gleich würde ihn der Roboter erreicht haben.

Noch eine Minute.

Das fette Sicherheitsgerät ignorierte ihn erneut, während er sich seitlich an der Wand entlangbewegte. Es inspizierte zunächst den Recyclingraum, dessen Tür offenstand. Ein Meter, dann wäre er an der Ecke und verschwände aus dem Sichtfeld.

Mehrfaches peitschendes Knallen hallte über das Gelände. Putz platzte links und rechts von ihm aus der Wand. Shit! Die Zeit seines Hacks war abgelaufen. Er verlor die zwei Beine endgültig und ignorierte den roten

Schriftzug, der vor seinen Augen blinkte. Kurz darauf war er außer Sichtweite. Sicher nicht lange. Ohne zu zögern, kletterte er senkrecht die Mauer hinauf. Zu langsam? Nein. Er schwang sich über die Dachkante.

Sobald die Sicherheitskräfte ankämen, bräche hier die Hölle los. Die Außenmauer war nur eine Straßenschlucht weit entfernt. Riskant, aber machbar. Ohne einen Gedanken an den Wachroboter zu verschwenden, krabbelte er auf der anderen Seite hinunter, ließ sich den letzten Meter fallen und rannte über den Asphalt. Auf der gegenüberliegenden Mauer ging es wieder hinauf. Das war seine einzige Chance. Mit etwas Glück ... Erneutes Knallen. Die Spinne verlor einen Greifer und kam auf der Mauerkrone an. Jetzt noch ...

Krachen. *Connection Lost.* Nein!

Diego saß schweißbedeckt, zitternd und außer Atem zwischen den stinkenden Müllcontainern.

Fuck, Fuck, Fuck! Schmerzhaft hieb er mit der Faust gegen die Betonwand.

Keine Zeit nachzudenken. Wie einer Feder sprang er auf und griff seine Sachen. Eine zweite Chance erhielte er nicht.

Kurz schaute er sich um und warf einen Blick in den Himmel. Noch keine blinkenden Lichter. Im Sprint hetze er in Richtung Absturzstelle. Das waren maximal hundert Meter. Die Sirenen waren bereits deutlich zu vernehmen. Auf dem Gehweg lagen einzelne verkrümmte Spinnenbeine und Teile des Chassis im weiten Radius verstreut. Die Schüsse hatten das Gerät zerfetzt. Das Tablet! Eine Kugel hat ein Loch hineingestanzt, aber ansonsten war es komplett. Er stopfte die Überreste in den Rucksack. Rotorengeräusche näherten sich.

Nichts wie weg. Diego rannte in die finstere Gasse gegenüber.

Peter

Eiskalter Regen prasselte auf seine Kapuze. Lange Wasserfäden tropften seitlich herunter und vermischten sich mit dem dünnen Film auf dem Gehweg. Einzelne vermummte Gestalten kamen ihm mit eingezogenen Schultern entgegen. Ein Regenschirm schrammte nur Millimeter an seinem linken Auge vorbei.

»Hey, du Depp ...!« Peter drehte sich erbost um, aber der anonyme Passant ignorierte ihn und verschwand im grauen Nass zwischen den Plastbetonbauten. Auf der einen Seite die hohen Glasfronten der Regierungsagenturen, auf der anderen schlichte Betonklötze mit winzigen Fensterschlitzen.

Als er vor dreißig Jahren noch auf Streife war, wäre ihm das nicht passiert. Damals hatten die meisten Menschen noch Respekt vor Polizisten. Wobei davon auszugehen war, dass neunundneunzig Prozent der Leute hier auf dem Bürgersteig für eine Behörde tätig waren, ähnlich wie er. Ansonsten würden sie genauso von zu Hause arbeiten oder spielen wie der Rest Europas.

Die Tür zum 24/7 Kiosk öffnete sich. Pitschnass trat er in den winzigen Raum und kümmerte sich nicht um die Pfütze, die er hinterließ. Der schwarze Klotz eines Fast-Food-Printers sowie das mannshohe Display eines Getränke- und Kaffeeautomaten begrüßten ihn. Die Zeiten, in denen Menschen in kleinen Läden wie diesem arbeiteten, waren schon seit seiner Jugend vorbei. Und die Zeiten, in denen kleine Läden existierten, spätestens, seit man sich sprichwörtlich alles per Drohne liefern ließ.

»Soja-Kaffee, groß, schwarz«, gebot er dem stummen Diener, der sein Verlangen mit fröhlichem Blinken quittierte.

Peter hob seine Hand vor die Scanner-Fläche und war in dem Moment zwei Centraleuro ärmer sowie ein bitteres Gebräu reicher. Das war immer noch deutlich besser als das klumpige Pulver der Dienststelle. Schöne neue Welt. Kurz zögerte er.

»Zwei CaramelMax-Riegel. XXL«, wies er den Automaten an und wartete ein paar Sekunden auf die Produktion.

Wie jeden Tag nahm er sich vor, gesünder zu leben und endlich abzuspecken. Trotzdem brachte er diese fiesen Kalorienbomben direkt mit an den Arbeitsplatz. Egal. In der VR suchte man sich einen Avatar aus und in der Real-Welt interessierte sich niemand für seinen Körper – außer das schlechte Gewissen. Und der lästige Robo-Doc, dessen Untersuchung er jedes halbe Jahr über sich ergehen ließ. Dienstvorschrift.

Platschend lief er auf die andere Straßenseite, ohne den Verkehr eines Blickes zu würdigen. Von rechts rauschte ein gelber Umriss durch den Regen heran, bremste rechtzeitig ab und wartete, bis er vorbei war. Durch die breite Frontscheibe nahm er aus den Augenwinkeln wahr, wie ihm ein Passagier im Businessanzug genervt nachblickte.

Vor ihm erhob sich ein zwanzig Stockwerke messendes, finsteres Gebäude mit verspiegelter Glasfront. Es hatte sicherlich schon dreißig Jahre auf dem Buckel. Neue

Büros baute niemand mehr. Und hier in Pullach bei München wurden diese ausschließlich von Polizei- und Überwachungsbehörden genutzt.

Tropfend trat er durch die äußere Sicherheitsschleuse in die Dienststelle der Bundespolizei. Der weite, mit beigem Marmor geflieste Empfangsraum war bis auf die ankommenden Kollegen und fünf Fahrstuhltüren leer. Wie alle Häuser war auch dieses komplett automatisiert. Unbefugte kamen gar nicht erst ins Gebäude. Und so etwas wie physische Besucher existierten in der heutigen Welt ohnehin nicht mehr.

Nach dem automatischen Check-in beim Betreten hörte er die androgyne Stimme der lokalen KI im Ohr: »Guten Morgen, Peter. Ich habe dir Platz fünfunddreißig im zwölften Stock reserviert. Bitte nimm Lift Nummer drei. Ich wünsche dir einen erfolgreichen Tag!«

Ja, ja. Er schenkte sich die Antwort.

Der Fahrstuhl katapultierte ihn und ein paar ihm unbekannte Kollegen, in wenigen Sekunden nach oben. Der weite Raum mit der gedimmten Beleuchtung erinnerte eher an eine Motorenfabrik als an ein Büro. In fünf Reihen zu je zehn Geräten standen die VR-Seats. Vier armdicke Stahlrohre bildeten jeweils eine Kugel. In deren Mitte befand sich ein freischwebendes Drahtgeflecht, das an vielen dünnen Drähten aufgehängt war. Es hatte die grobe Form einer menschlichen Gestalt. In der Ausgangsposition war es wie ein Sitz geknickt. Man konnte sich bequem in ihm niederlassen, um dann mit dem ganzen Körper in die virtuelle Realität einzutauchen. Daher der Name: »VR-Seat«.

Er setzte sich und tauschte das private VR-Headset, das er ständig trug, gegen ein dienstliches. Kurz darauf aktivierte sich sein Gerät. Wie beim Eintauchen in eine lauwarme Badewanne umhüllte aktiver Schaumstoff seinen Körper und richtete ihn auf. Wenige Augenblicke später stand er in seinem gewohnten virtuellen Arbeitszimmer. Die Umgebung hatte er einem klassischen Kreativ-Raum nachempfunden. Mit Whiteboards und Pinnwänden sowie Wänden in Beton-Optik. Keine Fenster oder Türen. Beides brauchte es in der VR nicht. Ihm gefiel es, wenn er sich nur auf seine Arbeit konzentrieren konnte. Andere Kollegen hatten ihren Arbeitsplatz am Strand oder im Dschungel eingerichtet. Das war für ihn nicht nachvollziehbar. Die dauernde Ablenkung würde ihn nerven. Und frische Luft gab es in der VR eh nicht.

»Guten Morgen, Peter. Ich habe einen potenziellen Fall hereinbekommen, willst du ihn anschauen?«, begrüßte ihn die sanfte Stimme Janas, seiner virtuellen Assistentin, aus dem Off.

Das ständige Duzen der KIs nervte, war aber kaum vermeidbar, da diese Ansprache aus dem Englischen übernommen wurde. In der VR wurden alle Gespräche in Echtzeit in die jeweilige Zielsprache des Nutzers übersetzt. In seinem Fall war es Deutsch, da ihm seine Muttersprache noch immer am leichtesten über die Lippen ging. Trotzdem wäre ihm etwas mehr Respekt und Abstand dieser vorlauten Automaten lieber.

»Schieß los.« Die 3-D-Darstellung eines Industrieareals in Süd-Spanien nahe Almería materialisierte sich vor ihm.

»Dies ist eine Recycling-Anlage für Elektroschrott. Hier werden Geräte von Behörden, Militärs sowie deren Dienstleister sicher verschrottet.«

»In Ordnung, das kann ich selbst lesen. Scheinbar gab es einen Einbruch. Wurde was gestohlen?«

»Hier liegt das Problem. Das weiß ich nicht.« Wow, eine besserwisserische KI, die mal etwas nicht wusste. Das versprach ein interessanter Tag zu werden. »Zunächst wurde der Einbruch nicht bemerkt. Erst bei einem regulären Audit der Sicherheitsprotokolle fielen Unstimmigkeiten auf. Die Datenforensik ist davon überzeugt, dass die Sicherheitssysteme manipuliert wurden, um die Straftat zu verdecken.«

Das war ungewöhnlich.

»Handelt es sich um eine behördliche Einrichtung? Sprich: Wurde hier tatsächlich das GovNet angegriffen?« Schwer vorstellbar.

»Nein, natürlich nicht. Es ist ein privater Betreiber, der die öffentliche Cloud nutzt«, kam die erwartbare, hochnäsige Antwort.

»Verstehe. Und warum landet die Akte jetzt bei mir und nicht bei der lokalen Polizei?«, hakte er nach.

»Im Wesentlichen, weil die Altgeräte sensible Daten enthalten und aufgrund des komplexen Einbruchschemas.«

»Inwiefern komplex? Muss man dir jedes Wort aus der Nase ziehen, du Habberle?«

»Nein Peter, ich habe keine Nase.«

Interessanterweise ignorierte sie den bayrischen Dialekt, den er von seiner Großmutter – Gott hab sie selig – übernommen hatte. Mit der fortschreitenden Digitalisierung seit den 2020er-Jahren und dem Einsatz von KIs im Schriftwesen war im Grunde jegliche Mundart verloren gegangen. Vermutlich war das Schimpfwort daher zu alt, um von heutigen KIs noch als solches erkannt zu werden. Das musste er sich unbedingt merken. »Neben der Manipulation der Sicherheits-KI«, setzte sie ihre Erklärung fort, »wurde eine kleine, autarke Bergungsdrohne eingesetzt. Das ist erst bei der Durchsicht des Überwachungsvideos durch einen Menschen aufgefallen. Die KI hatte diese Drohne nicht wahrgenommen.«

Sie spielte ihm den 3-D-Stream der Überwachungskameras ein. Darauf war deutlich zu erkennen, wie der spinnenartige Krabbler zunächst das Gelände betrat. Komplett unbehelligt. Faszinierend. Erst am Ende warf die Drohne eine größere Box um, was die Aufmerksamkeit der Sicherheits-KI erregte. Der Sicherheitsroboter erkannte daraufhin den mechanischen Eindringling und hat das Feuer eröffnet. Dieser entkam schwer beschädigt über die Mauer.

»In dem Raum lagerten vermutlich Geräte des Militärs?«

»Nein, Peter. Die Geräte eines behördlichen Dienstleisters: der PeaSecur SE.«

Oha. PeaSecur SE stand für »Peace and Security Societas Europaea«, dem größten Sicherheitskonzern in der ZEU, der Zentralen Europäischen Union. Das war für eine Hackergruppe sicherlich ein attraktives Ziel.

»Okay. Und die Tür war unverschlossen?« Was für eine Schlamperei.

»Nein, natürlich war sie verschlossen.« Hörte er da eine gewisse Arroganz heraus? »Aber die Drohne hat den korrekten Öffnungscode übermittelt.«

Wow. Da war eine geschickte Truppe am Werk.

»Es wurde nichts gestohlen?« Er wunderte sich.

»Es fehlt nichts aus dem Inventarverzeichnis. Jedoch trug die Spinne ein zerstörtes, kleines Tablet auf ihrem Rücken aus dem Raum.«

Das erklärte es. Ansonsten wäre das Gerät verzeichnet.

»Konntest du die Steuerung der Drohne über eine Cloud-Verbindung rückverfolgen?«

»Nein. Jemand steuerte sie mithilfe einer lokalen Funkverbindung. Das ist für autonome Bergungsdrohnen nicht ungewöhnlich, da diese für den Einsatz ohne Cloud-Verbindung konzipiert wurden.«

»Ja, das ist mir klar. Dann muss die Person, die diese Spinne gesteuert hat, in der Nähe gewesen sein.«

»Korrekt. Die reguläre Reichweite des Modells beträgt maximal fünfhundert Meter.«

»Ja und? Hast du den Piloten, der das Ding steuert, in der Umgebung auf irgendwelchen Überwachungsvideos gefunden?«

Er hasste es, diesen KI-Dumpfbacken tausend Rückfragen zu stellen.

»Ja, als er die Reste des Tablets aufgesammelt hat.«

… und wenn sie unausweichliche Folgefragen nicht sofort beantworteten.

»Und? Wer ist es?«, hackte er genervt nach.

»Die Person konnte nicht identifiziert werden, da sie ein Headset im Offline-Modus trug sowie einen Mundschutz und Handschuhe. Es wurden auch keine DNA-Spuren gefunden.«

»Gibt es dafür eine Erklärung? Stopp – vergiss diese Frage, da bekomme ich von dir eh keine brauchbare Antwort. Welche weiteren Faktoren hast du überprüft?«

»Die infrage kommenden Überwachungskameras weisen keine Manipulationen auf. Jedoch gibt es weite Bereiche in diesem Teil der Stadt, die nicht überwacht werden.« Jana blieb weiterhin höflich-neutral. Klar. KIs schmollten nicht.

»Das bedeutet, jemand, der sich in der Gegend gut auskennt, hätte den Kameras problemlos ausweichen können.«

»Das hast du richtig erkannt.«

Dreck, verdammter.

»Okay, dann wollen wir mal. Akteneintrag: Peter Hessler übernimmt den Fall.«

Tiefe Krater im Wüstensand

Jacques

Zurück von den Feldern folgte er dem Trampelpfad durch die Ansammlung blecherner Hütten, vorbei an Unrat, Plastikfetzen und einzelnen verkrüppelten Sträuchern. Seine Gedanken wanderten erneut zu seiner Mutter.

Nach der Flucht vor seinem Vater und wochenlanger Irrfahrt waren sie hier im Dorf angekommen. Kara war genauso jung wie er und kam als Erste auf ihn zu, um ihm alles zu zeigen. Der damals herzliche Empfang der Bewohner, deren Hilfe beim Bau ihres Hauses und nicht zuletzt das Feld, das ihnen Idir verpachtet hatte, bewegten sie zum Bleiben. Inzwischen sprachen sie passabel Arabisch und er war damals noch klein, sodass ihm die Anpassung leichtfiel. Sie waren längst nicht mehr die einzigen Zugezogenen im Dorf. Trockenheit und Kriege vertrieben immer mehr Menschen aus den südlichen Ländern in Richtung der Nordküste Afrikas und weiter ins grüne Europa.

An seinen Erzeuger erinnerte er sich nur schwammig – zum Glück. Das Klatschen des Gürtels auf seiner nackten Haut, den Alkohol im Atem des Vaters. Ständige Prügel und Gebrüll. Bis heute kapierte er nicht, warum. Eines Tages hat der Kerl nicht mehr von ihm abgelassen. Schläge und Tritte bis zur Besinnungslosigkeit. Sein Körper war im Anschluss ein einziger Schmerz. Erst Wochen später erholte er sich. Während der Mistkerl mal wieder seinen

Rausch ausschlief, packte Annabelle das Nötigste und sie schlichen davon. Das war die beste Entscheidung ihres Lebens – und seines.

Als er die Tür zu ihrer Hütte öffnete, wallte ihm brachiale Hitze entgegen, die sich wie jeden Tag dort staute. Seine Mutter war immer noch nicht zu Hause und auf den Feldern hatte er sie ebenfalls nicht gesehen. Trotz der Wärme zog Eiseskälte in seine Knochen und ließ ihn frösteln. Was, falls sie das Dorf bereits verlassen hatte, wie angekündigt? Aber sie hätte doch mit ihm darüber gesprochen. Oder nicht?

Innerlich rief er sich zur Ruhe. Atmete tief durch und fuhr sich durch die Haare, während er sich in ihrer Kammer um die eigene Achse drehte. Eventuell gab es eine simple Erklärung. Vielleicht besuchte sie eine kranke Nachbarin oder erledigte Besorgungen auf der anderen Seite des Dorfes.

Da bemerkte er es: Ihr Rucksack. Er fehlte. Verflucht. Im grellen Keil, den die Mittagssonne in die Kammer warf, fiel er auf die Knie und durchwühlte hastig ihre Habseligkeiten. Nach wenigen Sekunden war die Sache klar. Sie hatte zwei Trinkflaschen, ihr Handy und den Schlafsack mitgenommen. Alles, was für eine längere Wanderung notwendig war. Das zerknickte Foto von Annabelles Mutter und ihrer drei lachenden Schwestern vor ihrem damaligen Haus, sowie die Zigarrenkiste mit ihren wichtigsten Erinnerungsstücken, lagen noch dort.

Befreit atmete er durch und legte mit Bedacht alles an die angestammten Plätze zurück. Einerseits war er erleichtert, da sie offenbar plante, zurückzukommen. Anderseits hatte sie, wie es schien, mitten in der Nacht oder früh am Morgen heimlich das Dorf verlassen. Nur wohin? Und warum hatte sie ihm nicht Bescheid gegeben?

Schlagartig waren die Eisklumpen zurück. Ihm fielen das seltsame Handygespräch und ihre schuldbewusste Miene ein. Mit wem hatte sie telefoniert? Hatte es mit dieser Idee zu tun, von der sie ihm erst heute erzählen wollte? Plante sie, ihn mit vollendeten Tatsachen zu konfrontieren? Vermutlich. Hoffentlich war ihr nichts passiert. Aber wenn sie gestern Abend annahm, ihm heute davon berichten zu können, hatte sie doch zumindest damit gerechtet, im Laufe des Tages wieder zurückzukehren.

Um sicherzugehen, dass sie wirklich fort war, klapperte er sämtliche bekannte Familien des Dorfes ab, erntete aber nur Schulterzucken. Später umrundete er die Felder am Hang, schaute in die tiefen Wassergräben sowie die verfallenen Schuppen – ohne eine Spur zu finden. Schlussendlich war er zumindest sicher, dass sie keinen Unfall in unmittelbarer Nähe gehabt hatte.

Als er am Abend in ihre Hütte zurückkam, hatte er immer noch keine Spur seiner Mutter gefunden. Ihr Handy war abgeschaltet und niemand hatte sie gesehen. Kara, mit der er nur kurz hatte sprechen können, tröstete ihn. Sie sah es wie üblich positiver. Sicherlich hätte Annabelle einen Grund gehabt, ihn nicht mitzunehmen, und würde bestimmt früher oder später mit guten Nachrichten zurückkehren.

Am Abend allein zu Hause drehten sich seine Gedanken in den immer gleichen Kreisen. Seine Schritte hatten sich bereits in der Mitte ihrer Hütte am Boden abgezeichnet. Zerrissen zwischen Sorge um seine Mutter und Wut auf Youssef, den er noch immer für den Täter hielt. Ihn kribbelte es in den Händen, etwas zu unternehmen. Selbst loszuziehen und sie zu suchen oder den Halbstarken Youssef ungespitzt in den Boden zu rammen. Aber beides war gleichermaßen sinnlos.

»Maudit!«, schimpfte er lautstark, einfach um seine eigene Stimme zu hören. Dann kickte er hilflos die Bettdecke gegen die Wand und ließ sich kraftlos auf die Matten fallen. Mit zuckenden Schultern vergrub er den Kopf zwischen seinen Armen.

Von Annabelle hatte er gelernt, eine Situation erst dann verloren zu geben, wenn es nicht mehr anders ging. Bisher war sie nur einen Tag fort. Keine lange Zeit in einer Region, in welcher der Fußmarsch zur nächstgrößeren Stadt einen ganzen Tag benötigte. Er sollte sich einfach gedulden und das beste Hoffen, genau wie Kara es ihm geraten hatte. Aber bei Allah, Untätigkeit und Abwarten waren die zwei Dinge, die er am meisten hasste.

Am Ende rollte er sich mit knurrendem Magen unter seinen Decken zusammen. Zum ersten Mal seit Jahren schlief er allein ein, ohne die beruhigenden Atemzüge Annabelles an seiner Seite zu hören.

Seine Mutter tauchte nicht wieder auf. Weder am nächsten Tag noch am darauffolgenden. Auch nicht an den nachfolgenden und denen danach.

Er hatte es sich angewöhnt, jeden Abend zum Sonnenuntergang auf den Hügel zu klettern, von dem er die würfelartigen Gebäude des Dorfes überblicken konnte. Auf einem der Findlinge hockend hoffte er, dass sich ihre winzige Silhouette auf einer der flachen Kuppen oder der staubigen Zufahrt in den letzten Strahlen abzeichnete. Jeden Tag wurde er aufs Neue enttäuscht.

Karas Eltern erlaubten es ihr trotz allen Bittens nicht, dass sie ihm dort Gesellschaft leistete. Allein mit einem Mann bei einbrechender Dunkelheit abseits des Dorfes – das war undenkbar. Ihre gemeinsame Zeit mussten sie sich weiterhin während der täglichen Arbeit oder beim morgendlichen Wasserholen stehlen. Das einzig Positive war, dass Youssef ihm aus dem Weg ging. Ob er es einfach aufgegeben oder Idir ihn zurechtgewiesen hatte, konnte er nicht sagen. Aber wäre ihm der Halbstarke nochmals über den Weg gelaufen – er wüsste nicht, was er mit ihm angestellt hätte. So saß er jeden Abend dort, hoffte und brütete mutterseelenallein über seinen Gedanken.

Die Tage flossen wie einheitlicher, finsterer Brei dahin. Aufstehen, Wasserholen, Felder bewirtschaften. Hin und wieder, falls ihn der Arbeitsvermittler mitnahm, etwas extra Geld. Durchbrochen wurde das Einerlei nur von den winzigen Sonnenflecken gemeinsamer Zeit mit Kara.

Auch zwei Wochen später hatte er noch immer die Hoffnung, seine Mutter irgendwann wiederzusehen. Hoffte weiterhin jeden Abend darauf, dass sich ihre Silhouette am Horizont abzeichnete oder er ein anderes Lebenszeichen erhielte. Vielleicht einen Brief, in dem sie ihm mitteilte, dass sie sich in einer weit entfernten Stadt ein neues Leben aufgebaut hatte.

Die Hoffnung ist wie ein Licht in der Dunkelheit. Solange du noch Hoffnung hegst, leuchtet sie und weist dir den Weg durch die Finsternis. Das war einer der Sprüche, die Kara gerne bemühte. Er klammerte sich daran, auch wenn ihm unklar war, wie dieser Weg aussehen könnte.

Allein kam er mit den kargen Erträgen des Getreides sowie der sporadischen Tätigkeit als Lohnarbeiter klar. Sogar die letzte Pacht zahlte er vollständig an Idir, der ihn das Feld vorläufig behalten ließ. Vielleicht tat dieser aber auch nur seiner Tochter einen Gefallen, die ihn sicherlich darum gebeten hatte. Er sollte mit ihm darüber sprechen, ob er Kara heiraten dürfte, fürchtete sich aber weiterhin vor dessen Antwort. Falls ihr Vater es ablehnte, bliebe ihm nicht mal dieser winzige Hoffnungsschimmer.

Heute war Freitag, der traditionelle Ruhetag im Land. Einer der seltenen Lichtblicke, während der er mit Kara im Schatten am Rande des Dorfplatzes die wenige, gemeinsame Zeit genoss.

Ein Händler fuhr die staubige Piste herunter und erregte damit die Aufmerksamkeit, der umstehenden Nachbarn. Einige Sekunden später parkte er seinen klapprigen alten Lkw in der Mitte des Platzes. Auf der Ladefläche des hellblauen Gefährts stapelten sich Kisten mit Waren des täglichen Bedarfs. Besen, Toilettenpapier, Taschenlampen, Reiniger, usw. Gegenstände wie leere Wasserkanister und Arbeitsgeräte für die Felder waren ebenfalls zu sehen.

Zur nächsten Stadt Saida mit dem größeren Markt war es mindestens ein strenger Tagesmarsch. Niemand in ihrem Dorf war in der Lage, sich ein Auto oder Laster zu leisten. Selbst Karas Eltern, die definitiv die wohlhabendste Familie waren, hatten ihren alten Elektro-Transporter, um ihre fruchtbaren Felder halten zu können, während der letzten Dürre verkaufen müssen.

Gemeinsam mit Kara und einigen der anderen Nachbarn erhob er sich und schlenderte zur Mitte des Dorfplatzes. Sie schauten dem Händler neugierig zu, wie er seine Waren aufbaute. Wie immer stand die alte Razika mit krummen Rücken auf einen Stock gestützt als erste neben ihm, um den neuesten Klatsch und Tratsch zu erfahren.

»... etwa eine halbe Stunde in Richtung Stadt«, erzählte ihr der bärtige Händler, als sie in Hörweite kamen, und stellte klappernd ein paar Töpfe auf einen Tisch ab, »habe ich eine halbverweste Frauenleiche im Graben gefunden. Kannst du dir das vorstellen? Wollte nur kurz austreten, da ist mir dieser Gestank aufgefallen. Wirklich übel. Trotzdem habe ich neugierig nachgeschaut. Hätte ich besser nicht getan. Im Straßengraben lag sie dann, die arme Frau. Ich hoffe, ihr vermisst niemanden ...?«

Bei den Worten setzte sein Herz einen Schlag aus und er stürzte auf den Händler zu: »Ma mère! Meine Mutter ist verschwunden! Wie sah sie denn aus?«

Überrumpelt schaute ihn der alte Mann an, ließ sich nicht aus der Ruhe bringen.

»Hm … lass mich überlegen.« Sich aufrichtend strich er über seinen weißen Bart. »Nicht mehr ganz jung, mit tiefschwarzen welligen Haaren. Trug eine rote, verblichene Bluse und blaue, ausgewaschene Jeans.«

Wie ein Schraubstock schloss sich ein tonnenschweres Gewicht um Jacques Brust und quetschte jegliche Luft heraus. Erschüttert und nach Sauerstoff schnappend sank er mitten auf dem Platz zu Boden und vergrub sein Gesicht in den Knien. Das winzige Fünkchen Hoffnung, dass ihn bis zu diesem Augenblick erfüllt und durch den Tag getragen hatte, wurde mit den letzten Sätzen des Alten brutal erstickt. Er merkte noch, wie Kara, trotz all der Umstehenden, ihre warmen Arme um seine Schultern schlossen. Ihr Haupt senkte sich neben seinem und sie murmelte sanfte Worte, die seinen leer gefegten Geist nicht erreichen konnten.

Erst eine unendliche Ewigkeit später waren seine Tränen versiegt. Nur langsam tauchte er aus Finsternis, Schmerz und Trauer wieder auf. Noch immer harrte seine Freundin neben ihm aus. Tröstete ihn allein durch ihre Nähe und ignorierte die Welt um sie herum. Er ergriff ihre Hand und drückte sie.

»Danke«, war das Einzige, das er mit heiserer Stimme herausbrachte. Ihr Blick zeigte, dass es keiner weiteren Worte bedurfte.

Inzwischen hatte sich die Menge zerstreut. Die Sonne neigte sich dem Horizont zu und der Händler packte bereits seine Sachen.

Wie von der Tarantel gestochen, sprang Jacques auf, sodass Kara mit einem überraschten Keuchen zurückschreckte.

»Bitte. Ich brauche Gewissheit. Sie ist meine Mutter. Falls sie tot ist, will ich sie wenigstens würdig bestatten.«

Der Bärtige warf ihm einen langen, mitleidigen Blick zu und sprach langsam: »Besser nicht, Junge. Ist kein schöner Anblick. Behalte sie einfach in guter Erinnerung. Helfen kannst du ihr nicht mehr.«

»Bitte. Ich brauche Gewissheit. Sie ist meine Mutter. Falls sie wirklich tot ist, will ich sie wenigstens würdig bestatten.«

Sekunden verstrichen, während der Händler ihn durchdringend betrachtete.

»In Ordnung. Steig hinten auf – aber Hände weg von meiner Ware!«, ermahnte ihn der Alte mit erhobenem Zeigefinger. »Außerdem fahre ich dich nicht ins Dorf zurück und kann dir bei der Bestattung nicht helfen. Für mich geht es dann weiter nach Saida. Nach Hause musst du laufen.«

Das ließ er sich nicht zweimal sagen. Er nickte nur stumm und sprang auf die Ladefläche. Es rumpelte. Kara war ebenfalls auf den Laster gesprungen. Erstaunt sah er sie an.

»Du glaubst doch nicht, dass ich dich jetzt allein lasse?«, meinte sie auf seine unausgesprochene Frage.

»Aber was ist mit deinen Eltern?«

»Ach, die merken nichts«, meinte sie mit einer wegwerfenden Geste. »Wir fahren bestimmt nur ein paar Minuten und sind noch vor Sonnenuntergang zurück.«

Während Kara und er auf der Ladefläche des Lasters aus dem Dorf hinausfuhren, rannte Idir mit den Armen gestikulierend auf den Dorfplatz. Einen Moment später verschluckte ihn die Staubfahne.

»Kara?«, wandte er sich an seine Freundin. »Hast du gesehen, dass dein Vater ...«

Sie biss sich auf die Lippen: »Ja, das wird vermutlich ein ordentliches Donnerwetter geben. Aber das hier ist wichtiger.«

»Bist du sicher? Nicht, dass er denkt, ich würde dich entführen oder so.«

»Ach, quatsch«, meinte sie mit ihrem üblichen Optimismus, »ich erkläre es ihm, sobald wir nachher zurück sind. Deine Mutter ist jetzt wichtiger. Dafür wird er Verständnis haben.«

Dabei beließen sie es. Im Grunde war er froh, dass sie ihn begleitete, und widersprach nicht. Schweigend rumpelten sie an knotigen Bäumen vorbei, die ihre kahlen Äste wie gichtkranke Finger mahnend in den Himmel reckten. Links und rechts nichts als ockerfarbener Sand, dürre Gräser und flache Hügel, die in der flirrenden Hitze verschwammen. Schlaglöcher schüttelten das Gefährt durch. Bei dem Fahrtwind und dem Klappern der Kisten war es schwierig, das eigene Wort zu verstehen.

Nach rund einer halben Stunde schaute Kara sich suchend um. Was hatte sie vor? Auf der Ladefläche waren allerlei Waren geladen. Ein kurioses Durcheinander von haltbaren Konserven, Ramen-Nudeln, Winkekatzen, Sanitärartikeln und Elektronik. Verstohlen sah sie zum Führerhaus. Von dort erklangen über den pfeifenden Wind und das Rumpeln kaum wahrnehmbare Klänge arabischer Musik. Ein Fenster nach hinten gab es nicht. Sitzend ruckelte sie sich an die Taschenlampen heran und griff sich ein unscheinbares Exemplar, von denen es ein ganzes Dutzend gab. Er sah sie erschrocken an.

»Was zum Teufel sollte das?«, fragte er sie ärgerlich, als sie zurück war.

»Wenn wir später stundenlang im Dunkeln die Straße entlangwandern, brauchen wir Licht. Außerdem gibt es hier Hyänen.« Sie zuckte mit den Schultern. »Er wird schon nichts merken.«

»Aber das geht nicht. Wir können ihn doch fragen ob er uns eine ...«

In diesem Moment wurde der Laster langsamer. Waren sie am Zielort angekommen oder hatte der Händler ihren Diebstahl bemerkt? Sein Puls raste. Der Lkw kam zum Stehen und die Schritte des Alten näherten sich knirschend.

Der Mann trat hinter den Lkw an die Ladefläche und sah sie fragend an: »Was ist mit euch? Alles in Ordnung? Wir sind da.«

Jacques tauschte mit Kara einen vielsagenden Blick und stieg ab. Sie hielt ihre Hände tief in den Taschen vergraben. Der Alte bemerkte scheinbar nichts. Seine Gedanken wanderten bereits wieder zu seiner Mutter.

»Ist es hier?« Zögerlich schaute er sich um.

Sie hatten am Rand der uralten, nahezu komplett versandeten Autobahn auf einer Art Parkplatz gehalten. Im Grunde war es nur noch eine Staubpiste, die von Schlaglöchern zusammengehalten wurde. Kniehohe Mauerreste erhoben sich aus dem Sand, als wären sie von unten hervorgewachsen. Der Alte winkte, ihm zu folgen, und brummte: »Ja, aber … es ist wirklich kein schöner Anblick. Bist du sicher?«

Nein, er war sich kein Bisschen sicher. Trotzdem folgte er dem Händler zögerlich und mit weichen Knien durch die halbzerbröselten Betonblöcke. Der durchdringende Geruch von Urin stieg ihm in die Nase. Scheinbar war der Mann nicht der Einzige, der hier auf dem Weg für eine Pinkelpause hielt. Mühsam kletterten sie über einen steinigen Hügel, dann sah er sie.

In einem Graben aus rissigem Lehmboden lag eine reglose Gestalt auf dem Bauch, das schwarze Haar verklebt im trockenen Schlamm. Ihre rote Bluse und blaue Jeans waren mit Dreck und Staub bedeckt.

»Maman!«, schrie er aus vollem Halse und stützte auf die Tote zu. Kurz vor der Leiche bremste er ab. Was sollte er tun? Eine Mischung aus Trauer und Ekel stieg sprichwörtlich in ihm auf. Schnürte seine Kehle zu, während gleichzeitig saure Galle aus seinem Magen emporstieg. Erst lange Sekunden später beugte er sich herab und hockte sich neben sie. Wollte Annabelles Rücken streicheln, aber hielt wenige Zentimeter über der ausgeblichenen, verstaubten Bluse inne.

Eine einzelne Träne tropfte in den Sand und hinterließ einen winzigen Krater. Dann noch eine. Achtlos ließ er sich auf seinen Hintern fallen und betrachtete den ausgedörrten, wie mit Pergament bespannten Körper. Bilder aus besseren Zeiten schwemmten über ihn hinweg: von ihrer Ankunft im Dorf, ihrem stolzen Lächeln bei seinem Schulabschluss und den vielen Abenden, die sie gemeinsam vor ihrer Hütte gehockt und über die Zukunft diskutiert hatten. Sie waren im Streit auseinandergegangen und er hatte nie erfahren, mit wem sie telefoniert hatte.

Ein rostroter Fleck im Sand zeigte, dass jemand ihr den Hals aufgeschlitzt hatte. Wenigstens war es schnell gegangen. Aber was hatte sie hier gewollt? Seine letzten Worte an sie waren ungerechte Vorwürfe. Hatte sie ihm darum nicht vertraut und nicht erzählt, was ihr Plan war? War es seine Schuld, dass sie allein hierhergekommen war? Entschuldigen konnte er sich nicht mehr. Nie mehr. Dafür war es jetzt zu spät.

Am Rande seiner Wahrnehmung bemerkte er das Brummen und Knirschen des sich entfernenden Lkws.

Sandige Schritte kamen auf ihn zu, ohne dass er sich umdrehte. Es war Kara, die ihm ihre Hand auf die Schulter legte und ihn aus seinen Gedanken holte.

»Jacques?«, fragte sie sanft. Eine Frage, die keine Frage war.

Und sie hatte recht. Er riss sich zusammen. Die Sonne ging zwar schon unter, aber war immer noch kräftig. Außerdem hatte er bereits lange auf dem Dorfplatz in der prallen Hitze gehockt. Bliebe er hier sitzen, könnte er sich vermutlich mit einem Hitzschlag zu seiner Mutter gesellen.

»Ja«, antwortete er ebenso leise. Eine Antwort, die keine Antwort war.

Ohne das nötige Werkzeug wie Schaufel, Karren oder Lkw mussten sie nicht darüber sprechen, was es zu tun gab. Schweigend sammelten sie Betonbrocken und stapelten sie über den Körper, bis dieser vollständig bedeckt war. Der heiße Wind schichtete bereits sanft eine winzige Düne auf den Steinen des Grabes auf. Spätestens in ein paar Wochen wäre hier nur noch ein unscheinbarer Sandhügel zu sehen. Hoffentlich erbarmte sich später jemand im Dorf und half ihm dabei, seiner Mutter ein anständiges Begräbnis auf dem Friedhof neben der Moschee zu ermöglichen.

»Merci, Kara. Danke«, sprach er mit heiserer Stimme, während die Sonne bereits hinter den Hügeln verschwand. »Ich bin echt froh, dass du mitgekommen bist.«

Nochmals umarmte sie ihn. »Das war doch keine Frage. Wenn das für dich in Ordnung ist, dann lass uns zusehen, dass wir uns auf den Heimweg machen. Ich denke, es sind mindestens vier bis fünf Stunden Fußmarsch.«

Zum letzten Mal blickte er auf das provisorische Grab und verabschiedete sich im Stillen von seiner Mutter. Karas Hand fest umschlossen machten sie sich auf den langen Heimweg.

Mit Einbruch der Nacht wurde es bitterkalt. Der Mond war nur ein dünner Strich am Himmel. Zusammen mit den gleichgültigen Sternen spendete er kaum genügend Licht, um ihnen den Weg zu zeigen. Kara hatte die Taschenlampe eingeschaltet. Langsam, damit sie nicht über tiefere Schlaglöcher stolperten, wanderten sie am Rande der alten Autobahn entlang. Ein verstauchter Knöchel wäre hier ein echtes Problem. In der anderen Hand trug sie eine Wasserflasche, in der die letzten Reste vor sich hinplätscherten. Der Händler hatte sie ihr zum Abschied geschenkt. Seine Freundin hatte immerhin ein schlechtes Gewissen und versprochen, die Taschenlampe zurückzugeben, sobald der Mann das nächste Mal im Dorf war. Insgeheim war er froh über das Licht.

Während der ganzen Zeit kam kein einziges Fahrzeug vorbei. Bis zu diesem Moment. In der Ferne sahen sie einen einzelnen Scheinwerfer, der sich langsam von vorne aus Richtung ihrer Heimat, auf sie zubewegte.

»Gehen wir von der Straße runter«, fragte er, »oder schauen wir, ob man uns mitnimmt?«

Kara sah sich um. »Lass uns besser verschwinden. Es sind eh nur noch zwei Stunden zu laufen.«

Zügig stiegen sie über den Bordstein und traten ein paar Schritte hinter den nächsten Felsen, sodass sie von der Fahrbahn nicht zu erkennen waren. Seine Freundin schaltete ihre Taschenlampe aus und er hoffte, dass der Fahrer sie nicht entdeckt hatte. Mit klopfenden Herzen und angehaltenem Atem warteten sie ab.

Das Fahrzeug kam surrend näher. Einer der Scheinwerfer war defekt. Umso besser für sie. Es fuhr zügig. Als es auf ihrer Höhe war, erkannte Jacques mit Schrecken, dass es sich um einen olivgrünen Pick-up mit einem länglichen Aufbau handelte, der wie ein Maschinengewehr aussah. Er kannte genug haarsträubende Geschichten von den anderen Dorfbewohnern über die Willkür und Grausamkeit des Militärs. Soldaten, die in Dörfer fuhren, die Frauen vergewaltigten und Mädchen entführten. Die grundlos die Männer zusammentrieben und sie ihr eigenes Grab ausheben ließen, bevor sie erschossen wurden.

»Versteck dich«, flüsterte er und zog Kara mit sich herunter, »das ist Militär!«

Mit vor Schreck geweiteten Augen schaute sie ihn an. Er drückte sich flach auf den Boden, sodass er den kalten Sand riechen konnte. Der Pick-up surrte vorbei und er atmete auf. Da bremste das Fahrzeug ab und kam mit quietschenden Bremsen zum Stehen. Er wagte es kaum, zu atmen. Türen öffneten sich. Vier Bewaffnete kamen murmelnd mit knirschenden Schritten näher. Hyänen, die sich langsam an ihre hilflose Beute anschlichen. Nach einer Weile verstummten die Geräusche. Nur das leise Rauschen des Windes, der ihm einzelne Sandkörner ins Gesicht wehte, war zu hören.

»He, ihr! Aufstehen! Wir haben eure Lampe gesehen!«, rief eine heisere Männerstimme.

Gehetzt sah er sich um. Zwanzig Meter entfernt erkannte er die Silhouetten von drei Kerlen in der Dunkelheit. Vermutlich wurden sie noch nicht entdeckt.

Welche Möglichkeiten blieben ihnen? Liegenbleiben, wegschleichen oder aufgeben. Es galt zu verhindern, dass Kara den Bewaffneten in die Hände fiel. Er versuchte geräuschlos liegen zu bleiben. Mit Glück gaben die Soldaten auf und fuhren weiter. Sein Herz wummerte und trotz der Kälte perlte ihm Schweiß von seiner Stirn.

»Hier sind sie!«, rief eine tiefe Stimme. »Los! Schnappt sie euch!«

Gehetzt schaute er zur Seite, einer der Soldaten hatte ihren Felsen umlaufen. Seine Gedanken rasten.

»Du links, ich rechts«, flüsterte er, »Ich lenk sie ab.«

Unmerklich nickte Kara. Wie eine Sprungfeder sprang er in den Stand, griff sich einen Stein und warf ihn hart in Richtung des Kerls, der sie umgangen hatte.

Es war besser, dass sie ihn fingen, statt Kara. »Hey! Bande d'idiots! Lasst mich in Ruhe!« Damit hatte er deren Aufmerksamkeit und wetzte in zehn Metern Abstand am Soldaten vorbei zu einem der höheren Steinhaufen.

»Da vorne!«, rief der Anführer mit der rauen Stimme. »Erledigt ihn!«

Verdammt! Das klang nicht gut. Stolpernd hetzte er auf den Geröllhügel, der sich vor ihm erhob. Keine Zeit, sich umzuschauen. Wenigstens einen Vorsprung musste er Kara verschaffen. Das Hämmern einer Maschinengewehrsalve hallte durch die Nacht. Kugeln schlugen Funken auf den Felsen neben ihm. Schmerzhaft spritzten ihm scharfe Splitter ins Gesicht. Auf der Kuppe angekommen, warf er sich blindlings dahinter. Sein Körper traf hart am Boden auf, rollte ein paar Meter weiter über die losen Steine und er holte sich unzählige blaue Flecken. Der eiserne Geschmack von Blut füllte seinen Mund.

Scheinbar hatten sie ihn verfehlt. Was jetzt? In der flachen Wüste wäre er eine perfekte Zielscheibe. Kara! Mit zitternden Händen griff er einen der größeren Brocken und kroch mit klopfendem Herzen langsam wieder in Richtung der Kuppe. Falls sich einer der Kerle dort oben zeigte, würde er ihm den Schädel einschlagen. Eine andere Wahl blieb ihm nicht.

Nichts dergleichen passierte. Nach einigen Sekunden robbte er sich weiter vor, um über die Kante zu spähen. Die drei Soldaten sprinteten in der Entfernung im klaren Mondschein Kara hinterher. Hakenschlagend versuchte sie, den Griffen der Kerle zu entkommen. Verdammt! Irgendwie musste er ihr helfen.

»Salopards!«, brüllte er über die Ebene, rannte den Hügel hinunter und warf mit Steinen. »Lasst sie in Ruhe!«

Das war eine dämliche Aktion, aber eventuell verschaffte es ihr die Sekunde Vorsprung, die sie benötigte. Mündungsfeuer blitzte auf und ließ den Sand vor seinen Füßen aufspritzen. Das laute Hämmern folgte nur Sekundenbruchteile später. Merde! Erneut warf er sich nach vorne und krabbelte auf allen vieren über die Kante. Sobald die Schüsse verhalt waren, hob er den Kopf über die Kuppe des Steinhaufens.

In diesem Moment holte einer der Soldaten Kara ein und riss sie brutal herum. Kara kreischte und schlug panisch um sich. Der Kerl hob sie in die Höhe. Kurzerhand warf das Schwein sie über seine Schulter und lief in Richtung Pick-up. Die drei anderen lachten und folgten ihm. Hilflos und mit geballten Fäusten war Jacques gezwungen mit anzusehen, wie sie seine Freundin verschleppten. Verflucht! Aber nochmals auf offenem Feld auf sie zu zustürmen, wäre glatter Selbstmord. Dass er noch lebte, war pures Glück. Als kurz darauf der Pick-up seinen Motor mit einem Brummen startete, rannte er trotzdem den Hügel hinunter.

»Non! Arrêtez! Salauds!« Brüllend sprintete er dem Fahrzeug hinterher, war aber chancenlos. Auf der Ladeklappe erkannte er ein Schild mit zwei gekreuzten Gewehren und dem Schriftzug: ORA-23-Q. Kurz darauf verschwand der Pick-up mit einer Staubfahne in der Dunkelheit.

Im eisigen Wüstenwind stand er frustriert mitten auf der Autobahn und verfluchte sich. Warum hatte er Kara nicht im Dorf gelassen? Wieso ausgerechnet sie? Und bei der Vorstellung, was die Barbaren in diesem Moment mit ihr anstellten, stiegen ihm Tränen der Wut in die Augen. Ein Schrei entrang sich seiner Kehle und verhallte einsam in der leeren Wüstennacht.

Er musste – er würde – sie retten! Und wenn es das Letzte war, was er täte. Das schwor er bei allem, was ihm heilig war. Durch seine Schuld war Kara verschleppt worden und er würde sie wieder befreien!

Essenseinladung für eine Antilope

Drei Jahre zuvor

Diego

Das Publikum klatschte. Standing Ovation. Jubelrufe. Diego und seine drei Mitgründer Jeanne, Loris und Naïn standen auf der Bühne des größten Veranstaltungssaales im »Hotel Excelsior« nahe Notre-Dame und sonnten sich in ihrem Erfolg. Der Vorstandsvorsitzende der Pariser Börse mit seinem altertümlichen Backenbart und kugelrunden Bauch hatte ihnen auf der Bühne den Preis als »*Best Performing Non-Profit Start-up Award 2092*« überreicht.

Das hatten sie verdient, wie Diego fand. Die Auszeichnung würde weitere Investoren und vor allem Publicity bringen. Fünf Jahre nach der Gründung ihres gemeinnützigen Unternehmens war das eine herausragende Leistung.

Kurz darauf verließen sie den Saal und schlängelten sich im Foyer durch eine Unmenge an Menschen in Richtung des Ausgangs. Die zwanzig Meter entfernte von langen Säulen getragene Decke war mit einem 3-D-Display verkleidet und zeigte aktuell einen Blauwal, der gemächlich seine Bahnen zog. Servicekräfte in weinroten Uniformen servierten Kanapees und Champagner. Männer in steifen Anzügen, Frauen in paillettenbesetzten Abendkleidern und diverse Paradiesvögel unbestimmten Geschlechts flogen an ihnen vorbei. Sie schüttelten Hände, empfingen Glückwünsche und tauschten mit bekannten Gesichtern kurze Freundlichkeiten aus. In der realen Welt. Das war eine Ausnahme im heutigen Europa, in dem sich das gesamte gesellschaftliche Leben der weniger begüterten Bevölkerung in der VR, der virtuellen Realität, abspielte. Es zeigte die Wertschätzung des Börsenvorstands für ihre Leistung – sowie den Reichtum der Anwesenden.

Soweit er das beurteilen konnte, lief es in sämtlichen hoch technisierten Nationen nicht anders. Kontakt mit »echten« Menschen in anderen Erdteilen hatte er nur sporadisch im Rahmen ihrer Projekte. Jede Kommunikation mit den Clouds anderer Staaten musste behördlich genehmigt werden und wurde streng überwacht. Das offene Internet war gemeinsam mit dem freien Welthandel vor dreißig Jahren begraben worden. Nach Covid und den Neo-Pocken folgten jahrzehntelange Stellvertreterkriege in Osteuropa und dem Nahen Osten. Sie gipfelten in einem atomaren Schlagabtausch, der die gesamte Region um Israel und dem Iran in verstrahltes Ödland verwandelte. Seit damals trauten sich die Staatenblöcke nicht mehr über den Weg.

Aufgrund des um vier bis fünf Meter gestiegenen Meeresspiegels und der massiven Trockenheit im globalen Süden wurden zudem Millionen Menschen von den Klimaveränderungen vertrieben. In den 2040er-Jahren hatten die Europäer begonnen, ihre Ressourcen in die Abschottung der Außengrenzen, die Grenzanlage im Mittelmeer, den »Wall«, in das Militär sowie die industrielle Automatisierung zu stecken.

So wurden die Abhängigkeiten von den anderen Industrienationen aufgelöst. Kein Flüchtling sollte mehr den grünen Kontinent erreichen. Jeder, der es dennoch schaffte, wurde in Erstaufnahmeeinrichtungen verfrachtet. Damit folgte die ehemals offene Staatengemeinschaft dem gleichen Trend wie China gemeinsam mit Russland, Indien sowie jeweils Nord- und Südamerika. Die meisten Länder in Afrika und Südostasien ... nun ja … die gingen leer aus oder wurden von den anderen einverleibt. Jeder hat sich militärisch hochgerüstet und abgeschottet.

Wirtschaftliche Investitionen außerhalb der ZEU waren seit dieser Zeit ebenfalls nicht mehr möglich. Heute belauerten sich die Industrienationen wie hungrige Wölfe und wachten eifersüchtig über die Ressourcen innerhalb der Grenzen ihrer Reviere. Jederzeit bereit loszuschlagen, sollte die andere Seite Schwäche zeigen.

»Da sind ja die Best-Performer!« Der Ausruf riss Diego aus seinen Gedanken. Ein zwei Meter messender Mittfünfziger mit wallender Mähne drängelte sich durch die Menge. Achtlos schob er eine Bedienung zur Seite, die beinahe ihr Tablett mit den Sektflöten hätte fallen lassen. »Ihr habt doch sicherlich ein paar Minuten für mich? Von Unternehmer zu Unternehmer.« Er zwinkerte ihnen zu.

Der Mann war bekannt wie ein bunter Hund. Karl Wagner, Multimilliardär und CEO von PeaSecur, Europas größtem Sicherheitskonzern, hatte ein passendes Ego. Dementsprechend war die Frage rhetorischer Natur – zumindest aus seiner Sicht. »Ja, natürlich, Herr Wagner«, antwortete Jeanne aalglatt und schaute Diego beschwörend an. Sie kannte seine Abneigung gegen diese Art Typen. »Lassen Sie uns in den Konferenzraum da vorne gehen.«

Der mit zwanzig Reihen bestuhlte Raum war komplett leer. Ein verwaistes Rednerpult und halbgefüllte Kaffeetassen zeugten von den Vorträgen des Vormittags. Diego fröstelte unter dem kühlen Luftzug der Klimaanlage. Mit einem Knall schlug die Tür zu. Stille senkte sich über die Szenerie.

Der Milliardär setzte sein Grinsen erneut auf, wie ein Löwe, der eine Antilope zum Abendessen einlädt.

»Wunderbar! Vielen Dank, dass ihr mir die Gelegenheit gebt, allein mit euch zu sprechen, bevor euch die anderen Investoren die Tür einrennen.« Er breitete seine Arme aus und wartete nicht auf eine Erwiderung. »Um es kurz zu machen: Egal was man euch bietet, ich biete mehr.«

Jeanne, die als CEO das Geschäftliche im Griff hatte, übernahm die Antwort: »Ähm ... bisher hat uns niemand etwas geboten. Welcher Deal schwebt Ihnen vor?«

»Na, der Gleiche, den alle anderen von euch wollen: Die Aktienmehrheit an eurem unglaublich inspirierenden Start-up! Und ich biete euch in jedem Fall mehr. Euer Unternehmen, die Ideen und Produkte sind der Wahnsinn!« Nacheinander schaute er ihnen in die Augen. »Stellt euch vor: RescDrone und PeaSecur – das nächste große Joint Venture, das den europäischen Markt im Bereich autonom agierender Drohnen aufrollt! Wir wären die Ersten, deren Babys selbstständig handeln und Entscheidungen treffen, ohne dass ein Mensch – oder eine KI in der Cloud – eingreifen muss. Nicht nur für Minuten oder Stunden. Sondern für Monate oder Jahre.«

Diego war klar, dass von einer gleichberechtigten Partnerschaft keine Rede sein konnte. Wagners internationaler Konzern hatte locker die tausendfache Marktkapitalisierung ihres kleinen Start-ups.

»Ihr behaltet natürlich eure Geschäftsführerpositionen. Kluge Köpfe wie euch wünscht sich jeder.« Er trat zwischen sie und legte ihnen seine Arme um die Schultern. »Die Portfolios unserer Unternehmen ergänzen sich perfekt! Durch den Aktientausch wären eure eigenen Anteile locker ein paar Hundert Millionen wert. Jedes einzelne eurer Aktienpakete.«

»Nein.« Alle drehten sich zu Diego um.

»Nein?« Der Konzernlenker schaute entgeistert.

»Nein«, wiederholte er mit Nachdruck. »Wir kennen das PeaSecur-Portfolio. Sie betreiben vor allem im Regierungsauftrag Gefängnisse und Ähnliches. Dazu produzieren Sie Wachdrohnen und bewaffnete Roboter. Für Ihren eigenen Bedarf, aber vor allem für das Militär und Polizeibehörden.«

»Ja, und?« Der Kerl schien das Problem nicht zu verstehen.

»Diego ...« Jeanne kannte ihn.

»Wir leben für unser Start-up! Gemeinsame Sechzehn-Stunden-Tage in der VR und Sonntagsarbeit – das stört uns nicht.« Er schaute Wagner fest in die Augen und trat einen Schritt zurück. »RescDrone hat einen echten Purpose. Nicht nur auf dem Papier – wie PeaSecur. Unsere autarken Drohnen retten Menschenleben! Sie führen die Ersterkundung von kilometertiefen Bergwerken durch, wo es für Menschen lebensgefährlich wäre. Sie erforschen wochenlang die tiefsten Unterseegräben, ohne dass ein Schiff an der Oberfläche warten muss. Sie helfen sogar anderen Nationen bei der Bergung und Rettung im Falle von Naturkatastrophen, wenn die gesamte Kommunikation ausgefallen ist. Überall dort, wo es keine Cloud-Verbindung gibt und es auf Dauer für Menschen zu gefährlich ist. Dort wird unsere Technik benötigt.«

»Ja, das ist doch wunderbar. Damit könnt ihr euch gerne weiterhin beschäftigen. Jeder braucht ein Hobby. Wo ist das Problem?« Der Konzernlenker schaute die anderen fragend an.

»Das Problem«, mischte sich Naïn ein und stemmte seine Hände in die Hüften, »ist, dass es sich nicht um ein *Hobby* handelt. Mit dem Verkauf der Mehrheit verlieren wir die Kontrolle über den Einsatz unserer Technologie. Ich nehme nicht an, dass Sie sich mit neunundvierzig Prozent zufriedengäben?«

»Ähm ... nein. Natürlich nicht.«

Loris stand mit verschränkten Armen vor ihm und sprang in die Bresche: »Keinesfalls lassen wir zu, dass durch unsere Produkte und Ideen Menschen zu Schaden kommen. Tut mir leid. Da bin ich raus.«

»Ihr habt mich aber schon gehört?« Der Milliardär schaute sie an, als wenn sie ihren Verstand verloren hätten. »Ich zahle euch *mehr als jeder andere Investor*. Damit habt ihr ausgesorgt – für immer!«

»Vielen Dank für Ihr wirklich großzügiges Angebot, Herr Wagner«, griff Jeanne den Faden wieder auf. »Aber wir verkaufen die Aktienmehrheit nicht. Niemals. Wie Diego schon sagte: Wir stehen zu unserem Purpose. Keinesfalls erlauben wir, dass man RescDrone Technologie militärisch nutzt oder gegen Menschen einsetzt. Das ist glasklar in unseren Werten geregelt. Aus gutem Grund.«

»Das meint ihr Ernst, oder?« Jetzt trat der CEO einen Schritt zurück. Sein Blick ließ die Temperatur im Raum nochmals um einige Grade sinken und jagte Diego eine Gänsehaut über den Rücken.

Alle vier nickten unisono und verschränkten die Arme. Ehrlicherweise hatten sie es nicht nötig, an PeaSecur zu verkaufen. Andere Investoren würden ihnen in den nächsten Tagen die Bude einrennen – ohne die Aktienmehrheit zu fordern.

»Tja, dann ... endet das Gespräch an dieser Stelle.« Abrupt wendete er, schritt in Richtung Tür und ließ sie hinter sich ins Schloss fallen. Die vier schauten sich an und zuckten mit den Schultern.

Später trafen sie sich in Jeannes Suite im gleichen Hotel. In lockerer Runde standen sie in der Mitte des weitläufigen Zimmers mit seinen stoffbespannten Wänden, Ledersofas und Seidenkissen. Vor dem Panoramafenster erhoben sich die mächtigen Kirchtürme von Notre-Dame, und um sie in Schuss zu halten, krabbelten ständig kleine Drohnen wie Ameisen an ihnen entlang.

»Auf uns und die nächsten fünf erfolgreichen Jahre!«, intonierte die zierliche CEO und hob ihr Champagnerglas.

Ihr Gesicht war gerötet und hatte einen ähnlichen Farbton wie die kupferfarbenen Haare, die glatt auf ihre Schultern lagen. Sie war das Aushängeschild von RescDrone und ihre KI-Expertin. Die Idee und erste Umsetzung der autarken Steuerungen der Drohnen stammten aus ihrer Feder.

»Darauf, dass noch möglichst viele Preise folgen werden!«, ergänzte Loris ihren Einstieg.

Der langgliedrige CIO mit dem Schalk im Nacken war ihr Netzwerkspezialist sowie Experte für die Chipsätze, die ausreichende KI-Rechenpower lieferten.

»Prost, wird schon«, meinte Naïn, ihr Chief Security Officer. Er erinnerte Diego an einen zu großgewachsenen Zwerg aus einer Fantasy-Welt. Passenderweise hielt er eine Bierflasche, um anzustoßen. Es hätte ihn nicht gewundert, wenn es ein eisenbeschlagener Steinkrug gewesen wäre. Im Kontrast zu seinem groben Äußeren war er ein begabter Softwareentwickler und Hacker. Sicherheits- und Funkprotokolle waren seine Welt.

»Diego?« Jeanne wandte sich um und schaute ihn fragend an.

Er war kein Freund ausgefeilter Worte. Deswegen hatte er bewusst auf einen *Chief-irgendwas* Titel verzichtet, obwohl die gesamte Elektronik und zum Teil die Mechanik ihrer Babys von ihm stammten. Ständig in der Fachpresse zu erscheinen und Interviews zu geben, war eine grauenhafte Vorstellung für ihn.

»Hm ... auf XC-35, die nächste Generation unserer emsigen Krabbler«, sagte er und hob ebenfalls das Glas. Jeanne verdrehte die Augen und schmunzelte.

Sie stießen an und riefen wie aus einer Kehle: »Für die Zukunft!«

Milo

Milo Babic schaute aus dem Panoramafenster in der obersten Etage der Düsseldorfer Firmenzentrale von PeaSecur. Der Rhein glitzerte ruhig und erhaben zwanzig Stockwerke tiefer in der Sonne. Hin und wieder wurde das Bild von einem langen Robo-Binnenfrachter unterbrochen, der sich voll beladen unter der frisch renovierten Rheinkniebrücke hindurchschob. Die ewigen Drohnenschwärme, die wie ein Bienenvolk die faulen Städter mit allem versorgten, was das Herz begehrte, trübten den idyllischen Anblick.

Er wartete seit fünfzehn Minuten in dem obszön großen Büro von Wagner. Karl Wagner, langjähriger CEO des PeaSecur-Konzerns. *Seines* Konzerns, wie er nicht müde wurde zu betonen. Dieser hatte den mickrigen Laden vor zwanzig Jahren als sanierungsbedürftige Wach- und Schließgesellschaft übernommen. Heute mit über fünfhundert Milliarden Centraleuro Umsatz konnte von klein keine Rede mehr. Ein nennenswerter Anteil davon landete in Wagners Taschen.

Das Kerngeschäft hatte sich nicht verändert. Im Gegensatz zu früher waren die heutigen Kunden keine Einzelhändler oder Konzertveranstalter. Es waren europäische Ministerien, die den Betrieb und die Sicherheit diverser staatlicher Einrichtungen vollständig an PeaSecur outgesourct hatten.

Verdammt. Wann kam der Kerl endlich? Die neue Saison »E-Sports« startete heute. Das war die beste Gelegenheit, ein paar lukrative Wetten zu platzieren. Aber Hobby war Hobby und Job war Job. Auch wenn es ihm in den Fingern kribbelte – wenn der Boss rief, hatte er zu springen.

»Babic!«, hörte er dessen kräftige Stimme von hinten. »Ich hoffe, Sie warten noch nicht zu lange.«

»Guten Tag, Herr Wagner. Nein, alles bestens. Ich bin auch gerade erst zur Tür herein«, log er pflichtgemäß und strich sich seine spärlichen Haare glatt.

»Schön, schön. Setzen wir uns doch.«

Der CEO, der leger wie immer in karierter Golfhose und Strickjacke im Büro auftrat, zeigte auf eine bequeme cremefarbene Sitzgruppe mit goldumrandetem Glastisch. Dann fuhr er fort. »Kennen Sie RescDrone?«

»Nie gehört.« Warum auch? Er war offiziell Anwalt im Auftrag des Unternehmens. Effektiv kümmerte er sich um deutlich brisantere Angelegenheiten, nicht um banale Käufe anderer Gesellschaften.

»Ein kleines, aber durchaus erfolgreiches Start-up aus Paris. Stellt autark agierende Drohnen mit erstaunlichen KI-basierten Fähigkeiten her.«

»Ja, und? Sind nicht alle Drohnen und Roboter irgendwie autark und durch künstliche Intelligenz gesteuert?« Das kannte er nicht anders.

»Schon. Aber diese Dinger brauchen keine Cloud-Verbindung. Sie wären perfekt, um die Wartungsarbeiten in unseren Einrichtungen zu optimieren. Dabei könnten wir Millionen sparen! Jeden Monat!«

Ihn interessierten das Geschäft und irgendwelche Ersparnisse, mit denen Wagner und seine Aktionäre noch ein klein wenig reicher wurden, als sie es eh schon waren, einen Keks.

»Okay, ... dann kaufen Sie den Laden halt. Wird nicht die Welt kosten.« Milo blieb gelassen und begriff das Problem nicht.

»Ha! Würde ich gerne. Ich habe denen eine irrsinnige Summe geboten, aber die kleinen Pisser lehnen ab. Wegen ihres *Purpose.*« Das letzte Wort spuckte er regelrecht aus. »Können Sie sich das vorstellen?« Das schien für ihn der größtmögliche Frevel zu sein. Gotteslästerung. »Sie halten zusammen über fünfzig Prozent der Anteile. Selbst wenn die anderen Investoren mir den Rest verkaufen würden, könnte ich sie damit zu nichts zwingen.«

Sein Stichwort. Endlich kam der Chef zum Punkt. Das restliche Palaver interessierte ihn nicht.

»Verstehe. Sie wollen also, dass ich mindestens einen der Gründer dazu überrede, seine Position gründlich zu überdenken.«

»Exakt.« Sein Boss wirbelte herum, stützte sich mit beiden Fäusten auf die Lehne vor ihm und schaute ihn mit seinen eiskalten, kristallblauen Augen an. »Wie Sie das anstellen, ist mir egal. Ich will den Laden haben. Sobald es so weit ist, schmeiße ich diese arroganten Arschlöcher raus.«

Milo ließ sich nicht beeindrucken. Sein Gegenüber neigte ständig zu diesen theatralischen Ausbrüchen und Fäkalsprache.

»Verstehe. Alles klar. Ich kümmere mich darum.« Damit stand er auf, strich den Maßanzug glatt und schaute seinen Geldgeber an. »Gibt es sonst noch was?«

»Nein, das wäre alles. Danke.« Damit war er entlassen.

Milo fuhr im verspiegelten Aufzug in Richtung Tiefgarage, aufmerksame braune Augen sahen ihn an. Es war klar, warum sie das Gespräch persönlich im komplett abgeschirmten Büro des Firmenchefs und nicht in der VR geführt hatten. Dort wusste man nie, welche KI einen belauschte und das Gesagte direkt weitertratschte.

Auf der Ebene minus eins fuhr seine schwarzglänzende Limousine selbstständig vor den Aufzug. Er stieg in den geräumigen Innenraum und ließ sich auf einen der bequemen beigefarbenen Ledersitze im Fahrgastraum fallen.

»Hallo Milo, wohin darf ich dich bringen?«, begrüßte ihn die samtweiche Stimme, die er sich für die Fahrzeug-KI ausgesucht hatte.

»Nach Hause.« Bei KIs war Höflichkeit verschwendet.

Als die Limo sachte anfuhr, setzte er sich sein VR-Headset auf. Bis zum edlen Stadtteil Benrath, in dem sein Düsseldorfer Domizil lag, waren es maximal fünfzehn Minuten. Genug Zeit, sich seinem Hobby zu widmen, bevor er sich zu Hause in die Arbeit stürzte. Das Auto verschwand und er saß im selbstgestalteten »Spielzimmer«. Um ihn herum schwebten diverse Bildprojektionen von aktuell laufenden E-Sports-Spielen inklusive der entsprechenden Wettquoten. Die rotleuchtende Anzeige zeigte -15.000 CE. Seinen gestrigen Verlust ignorierte er geflissentlich. Das würde er heute ausgleichen.

Mit einigen Gesten verschaffte er sich einen Überblick. Gleich spielte Fire Fury in einem Deathmatch bei »Neon«, dem aktuell angesagtesten VR-Cage-Fight. Der Kämpfer war neu in der Szene und ein echter Geheimtipp. Die Quote war verlockend, 15:1 im Fall des ultimativen Sieges. Er setzte 2.000 CE, damit würde er den Verlust von gestern wettmachen.

Während das Spiel lief, meldete die Fahrzeug-KI, dass er zu Hause wäre. Egal. Entscheidend war, wie der Kampf ausging. Er suchte sich eine passende Perspektive auf das Kampfgeschehen und fieberte mit. Fire Fury erledigte die meisten Feinde bestialisch mit seinem Feuer-Katana. Virtuelles Blut und abgeschlagene Körperteile besudelten die Arena. Der letzte Gegner war massiv gepanzert. Er nutzte versteckte Waffen, Gift und Muskelverstärker. Am Ende riss er Milos Favoriten mit einem gekonnten Uppercut die Wirbelsäule heraus. Das Spiel war vorbei.

»Verdammt!« Milo schlug auf die Lehne des Sitzes und war kurz darauf wieder im Spielzimmer. Die rote Anzeige sprang auf -17.000 CE.

Frustriert schaute er auf die Bildwände. Zumindest diesen Verlust würde er ausgleichen, bevor er sich um die lästigen Aufgaben von Wagner kümmerte. Er suchte nach einer weiteren verlockenden Wette.

Zwei Stunden später loggte ihn die KI der Glücksspielaufsicht hart aus. Er hatte sein maximales tägliches Verlustlimit erreicht. Verdammt. Ein neuer Versuch wäre erst morgen wieder erlaubt – zumindest bei den legalen VR-Wetten.

21:30 Uhr. Mist, im Spielfieber hätte er beinahe die RescDrone-Grünschnäbel vergessen. Das musste er zügig nachholen, ansonsten würde Wagner ausrasten. Auf dem Dach wartete sein VTOL auf ihn, ein »Vertical Take-off and Landing Aircraft«. Die wassertropfenartige Form des Gefährts mit den zwei seitlich angeordneten Düsen reflektierte das Mondlicht. Die elektrischen Triebwerke würden ihn innerhalb von neunzig Minuten nach Paris befördern.

Diego

Staub wirbelte auf, als Diegos silbernes Flugtaxi mit den Stummelflügeln kurz nach Mitternacht vor seinem Apartmenthaus aufsetzte. Das fünfstöckige Gebäude am Rande von Paris bestach mit ausladenden Panoramaglasfronten und seiner geschwungenen Stahlkonstruktion, erinnerte es an einen gigantischen Halbmond. Es war das genaue

Gegenteil von den gedrungenen Betonklötzen, mit der die Regierung die alten Wohnviertel nach und nach ersetzte. Die großzügige Wohnung, die er sich gegönnt hatte, lag im obersten Stockwerk. Das Penthouse. Er liebte den morgendlichen Blick auf die Seine und die grüne Fläche des Forêt Domaniale St-Germain-en-Laye, der sich auf der anderen Seite anschloss. Die Vögel, die in Schwärmen zwischen den Baumkronen hin- und herwechselten und die Seine, deren steter Strom das Sonnenlicht wie winzige Diamanten brach. Der gleiche Ausblick in der VR wirkte auf ihn trotz aller Perfektion künstlich. Es war kühl heute Nacht, so zog er seine Jacke enger an sich und hielt auf den Eingang zu.

»Und? Wie wars?« Eine schnarrende Stimme kam von rechts aus der Dunkelheit.

Diego stoppte und drehte sich irritiert um. In drei Schritten Entfernung lehnte ein schlanker Mittvierziger mit schütteren Haaren an der Wand. Er trug einen dunkelblauen Maßanzug und schaute ihn fragend an.

»Kann ich Ihnen helfen?«, stellte er die Gegenfrage und merkte, wie sein Puls in die Höhe schnellte. Warum lauerte ihm ein Fremder mitten in der Nacht auf?

»Ja sicher. Du hast ein äußerst großzügiges Angebot für deine RescDrone-Anteile vorliegen. Ich würde dir dringend raten, es anzunehmen.«

»Häh?« Er war irritiert. Die Situation schien bizarr. »Von Wagner meinen Sie? Warum sollte ich?«

»Na, wegen deiner Vorliebe für kleine Kinder.« Der seltsame Kerl hielt ein Display in die Höhe, auf dem Diego bei einer abstoßenden Szene mit einem Kleinkind zu sehen war. Es war sogenanntes Deep-Fake-Video, bei dem sein

Gesicht in einen Kinderporno hineingerechnet worden war. Vermutlich war der gesamte Clip rein künstlich erzeugt, so wie heutzutage alles in der VR. Trotzdem kam ihm die Galle hoch.

Es gab keinen Grund, sich von einem abartigen Video einschüchtern zu lassen. Wollte der Kerl ihn damit erpressen? Das war albern.

»Wollen Sie mich auf den Arm nehmen?«, verlieh er seinem Ärger Ausdruck. »Einen Teufel werde ich tun. So einen Scheiß glaubt heute doch kein Mensch mehr.«

»Oh, du würdest dich wundern, was die Presse alles glaubt, wenn eine glaubwürdige Quelle es präsentiert.« Der Anzugträger ließ sich nicht aus der Ruhe bringen.

»Ich denke, das mit der Presse ist bestimmt keine blöde Idee.« Diego versuchte sich an einen Konter. »Ihr Gesicht hat die Überwachungskamera des Gebäudes mit Sicherheit aufgezeichnet. Dieser plumpe Erpressungsversuch von Wagner dürfte ordentlich nach hinten losgehen.«

»Erpressung?« Mit gespielt unschuldiger Mine schaute er ihn an. »Habe ich irgendwas gefordert? Nein. Ich will nur fair sein und dir eine Chance geben, dieses Missverständnis aus dem Weg zu räumen, bevor das morgen in allen News-Streams läuft.«

»Das können Sie vergessen. Aber verlassen Sie sich darauf: Ich werde herausfinden, wer Sie sind und das öffentlich machen. Damit sind Sie bei ihrem Boss Wagner unten durch.« Diego wurde die Diskussion zu blöde.

Ohne ein weiteres Wort wandte er sich zum Eingang, öffnete die Tür und ließ sie hinter sich wieder zuschnappen. Drinnen lehnte er sich an die Wand und atmete tief durch, während sich sein Herzschlag langsam beruhigte. Er musst sich eingestehen, dass die Begegnung und das eklige Video mehr Eindruck hinterlassen hatten, als ihm lieb war.

Sollte er die Polizei oder tatsächlich die Presse einschalten? Im Grunde konnte er nichts beweisen, Aufnahme der Gebäudekameras hin oder her. Das war dem Kerl ebenfalls klar. Und vor einem schlecht gemachten Deep-Fake war nichts zu befürchten. Nach ein paar Atemzügen beschloss er, den Spinner zu ignorieren und in Zukunft Wagner aus dem Weg zu gehen. Aber seine gute Stimmung war für heute Abend dahin.

Milo

Zurück in seiner Wohnung in Benrath saß Milo in seinem weichen Relaxsessel und brütete über den nächsten Schritten. Die Wände bestanden vollflächig aus 3-D-Displays, die Dutzende aktuelle Sportstreams und Laufbänder mit Wettquoten zeigten. Nicht unähnlich dem virtuellen Spielzimmer. Die Hoffnung, dass Diego Morales auf seine banale Erpressung in Kombination mit dem Ausblick auf ein sorgenfreies Leben durch den Verkauf seiner Anteile einging, hatte sich nicht erfüllt. Das hätte ihm viel Arbeit erspart. Aber nun gut, er hatte es auf die nette Art versucht. Der kleine Pisser würde sehen, was er davon hatte, wenn er sich den Wünschen Wagners widersetzte.

Natürlich hätte er es auch bei den anderen probieren können, aber Morales war der Einzige der vier, der sich selten in der Öffentlichkeit zeigte. Außerdem war der Gründer das »Brain« hinter den Produkten. Jeder von ihnen hatte sein Spezialgebiet, wenn er ihn ausschaltete, war das Start-up in wenigen Wochen ganz sicher am Ende. Und nicht zuletzt war er es, der die anderen gegen Wagner aufgehetzt hatte. Daher hatte sein Boss mit Morales noch eine besondere Rechnung offen.

Mit einem Ruck griff er sich sein Headset und loggte sich in die VR ein. Bevor er loslegte, holte er sich kurz das Okay von seinem Boss ab, um ein paar ihrer anonymen Briefkastengesellschaften umzuwidmen. Die Aktion würde Hunderttausende Centraleuros kosten. Der CEO war erwartungsgemäß einverstanden.

Zunächst leitete er geschäftliche Transaktionen auf den Bahamas ein. Gründete neue Briefkastenfirmen und verkaufte bestehende. Gelder flossen quer über den Globus. Geschäftsführerposten wurden neu besetzt. Adressen geändert. Alles legal. Er stellte sicher, dass es am Ende nur einen einzigen Begünstigten gab: Diego Morales.

Still grinste er in sich hinein. Wenn sich ein Wirtschaftsprüfer oder Staatsanwalt mit dem Firmengeflecht und Zahlungsflüssen beschäftigte, wäre die Schlussfolgerung eindeutig: Da bekam jemand den Hals nicht voll genug. Der angeblich gemeinnützige Gründer hatte offenbar diverse Gelder abgezweigt und sich von Scheinfirmen in den Schwellenländern seiner Hauptkunden fürstlich bezahlen lassen.

Als Milo fertig war, erhob sich bereits die Sonne über dem Park von Schloss Benrath direkt nebenan. Mit einem letzten Winken schickte er sein Datenpaket auf die Reise. Der Rest lag in der Hand der Behörden.

Einen kurzen Moment zögerte er noch ... Warum nicht? Kurzerhand sandte er das Fake-Video mit Diego Morales an eine Klatschredaktion, die mit Freuden jeden Verschwörungsmythos aufgriff. Unter normalen Umständen hätte die Meldung keine Chance auf größere Aufmerksamkeit. In

Kombination mit dem handfesten Wirtschaftsskandal, den er konstruiert hatte ... Wer weiß?

Endlich hatte er die Muße, sich wieder seinem Hobby zu widmen und lehnte sich entspannt zurück. Die nächste Saison der transeuropäischen VR-Ball-Liga begann. Ein Freund hatte ihm einen heißen Tipp gegeben und die Quoten waren verlockend ...

Diego

Wahnsinn! Diegos Kopf war wie leer gefegt. Zusammengesunken, als bestünde sein Skelett aus Pudding, hockte er auf der Sofakante in seinem Apartment. Im Raum verteilt saßen Jeanne, Loris und Naïn. Ihre Blicke sprachen Bände. Keiner sagte ein Wort. Den majestätischen Ausblick auf den glitzernden Strom und das grüne Meer unter ihnen, ignorierten sie. Vor ein paar Tagen feierte man sie als aufstrebende Jungunternehmer; heute waren sie am Boden zerstört. Sprichwörtlich.

Die Polizei hatte ihre realen und virtuellen Geschäftsräume durchsucht. Wegen angeblicher Veruntreuung und Vorteilsnahme durch ihn: Diego Morales. Kurz darauf tauchte im Netz das Deep-Fake-Video auf, das ihn als Pädokriminellen darstellte. Damit war klar, wer hinter all dem steckte: Milo Babic. Inzwischen hatte er den Namen des Erpressers herausgefunden. Und dessen Boss Wagner. Der CEO hatte seinen schmierigen Anwalt mit dieser Verleumdungskampagne beauftragt. Das durfte alles nicht wahr sein! Frustriert raufte er sich die Haare.

»Diego ...«, versuchte Jeanne zu ihm durchzudringen.

»Was ist?«, pflaumte er sie an, ohne aufzuschauen. »Wollt ihr, dass ich aussteige?«

»Nein, das wollen wir natürlich nicht. Wir wissen, dass du unschuldig bist.«

»Aber?«

»Na ja, ... zwei Investoren sind bereits abgesprungen und haben an PeaSecur verkauft. Wenn es noch mehr werden, bekommen wir Zahlungsschwierigkeiten. Du weißt, wie viel Geld die Entwicklung die XC-35 Serie verschlungen hat.«

Das war ihm klar. Diego kannte die Zahlen bis auf den letzten Cent. Sobald ein weiterer Geldgeber absprang oder die nächste Finanzierungsrunde floppte, wäre ihr Start-up zahlungsunfähig. Damit half er niemandem.

»Ich weiß, was du sagen willst. Ihr wollt nicht, dass ich aussteige, aber es bleibt uns keine Wahl, wenn wir das Unternehmen retten wollen.« Seine Worte klangen deutlich bitterer als beabsichtigt.

»Ja ... leider.« Dass sie mit sich rang, war zu hören. »Diego, es tut mir unendlich leid. Wir haben alle die letzten fünf Jahre unseres Lebens in RescDrone gesteckt.«

Mit geballten Fäusten blickte er auf: »Und jetzt sollen wir aufgeben? Einfach so? Die Waffen strecken und unsere Anteile Wagner in den Rachen schmeißen?«

»Diego«, mischte sich Loris ein und sah ihn beschwörend an. »Wir haben keine Wahl. Wir werden vor Gericht kämpfen und ich bin sicher, dass alle Vorwürfe entkräftet werden, aber ... Du weißt, wie lange das dauert. Bis zum Ende des Prozesses gibt es RescDrone nicht mehr.«

»Vor Gericht ...« Wie ein widerliches Insekt spuckte er das Wort aus. »Wenn ihr euch auf eines verlassen könnt, dann darauf, dass es dort keine Gerechtigkeit geben wird. Bestenfalls lässt man am Ende die Anklage fallen. Der

Makel wird für immer an mir haften. Niemand wird mir glauben, dass das alles ein geschickt eingefädelter Fake war. Das wisst ihr genauso gut wie ich.«

»Ja, Mann. Klar wissen wir das. Wir sind nicht blöde.« Es war Naïn, der unsensibel dazwischenfuhr, wie es seine Art war. »Wir können später gerne überlegen, wie wir das den gierigen Arschlöchern heimzahlen. Ich bin der Erste, der mit Freuden zu den Waffen greift und in den Kampf zieht. Aber das hier ist kein Fantasy-Spiel. Für den Moment müssen wir unser Baby aus der Schusslinie bringen. Ansonsten landen wir alle auf der Straße. Dann kannst du deine schöne Gerechtigkeit ebenfalls vergessen.«

Alles in ihm sträubte sich, zuzugeben, dass der CEO und sein Lakai gewonnen hatten. Leider entbehrten Naïns Worte nicht einer gewissen Logik. Mittellos könnte er nicht gegen diese skrupellosen Säcke vorgehen. Diese Schlacht hatte er verloren, den Krieg jedoch noch nicht.

»In Ordnung. Ich verkaufe meine Anteile. Alle.« Diego hörte, wie die anderen aufatmeten. »Ihr müsst mir aber etwas versprechen: Sobald sich die Dinge beruhigt haben, helft ihr mir, Wagner und vor allem Babic an die Wand zu nageln. Egal ob mit oder ohne Gericht.«

Von neuer Energie beseelt erhob er sich und sah den anderen in die Augen: »Wir werden deren Lebenswerk genauso zerstören, wie die unseres. Und wir sorgen dafür, dass sie ihre gerechte Strafe erhalten. Denen darf es nicht besser ergehen als uns!«

»Danke Diego, ich weiß dein Opfer zu schätzen«, sagte Jeanne. »Ich werde auch dabei helfen, dass du Gerechtigkeit erfährst und die beiden ihre entsprechende Strafe erhalten.«

»Ich bin natürlich ebenfalls dabei. Wir werden die Kerle teeren, federn und aus unserer schönen Stadt vertreiben«, meinte Loris, entgegen der ernsten Stimmung, mit einem Augenzwinkern. Diego kannte ihn gut genug, um zu wissen, dass es ihm trotz seiner spöttischen Art todernst war.

Jeanne stand auf und gab den anderen einen Wink. Sie stellten sich vor ihm im Halbkreis auf und hielten ihre Fäuste nach vorne. Das war ihr gemeinsames Ritual. Er gab sich einen Ruck, erhob sich und schloss den Kreis mit seinen eigenen Händen.

»Für die Zukunft!«, riefen sie wie aus einer Kehle ihren Wahlspruch.

»Und für die Gerechtigkeit. Koste es, was es wolle«, fügte Diego hinzu.

In diesem Augenblick war es fast wie früher – und er hatte ein neues Ziel, in das er all seine Energie stecken würde.

Goldene Fassaden

Jacques

Kurz nach Mitternacht erreichte Jacques erschlagen und ausgelaugt den Rand des Dorfes. Totenstille lag wie ein Leichentuch über der Ortschaft. Das heisere Bellen einer einsamen Hyäne war der einzige Laut. Mit knirschenden Schritten näherte er sich den ersten Häusern und verharrte unschlüssig.

Auf dem Weg hatte er sich den Kopf zermartert, wie er Kara finden und befreien konnte. Die Soldaten waren in Richtung Saida gefahren. Sollte er direkt seine Sachen packen und ihnen in die Stadt folgen? Je schneller er dort ankäme, desto besser. Nein, stopp. Zuerst mussten ihre Eltern erfahren, was mit ihrer Tochter passiert war. Einholen würde er sie sowieso nicht, die Bewaffneten hatten mehrere Stunden Vorsprung und ihm fehlte ein Fahrzeug.

Schweren Herzens lief er zu ihrem Haus. Alle Energie und Tatendrang, die er vorhin verspürt hatte, wichen einer tonnenschweren Last. Sie drückte auf seine Schultern und zog ihn mit jedem Schritt tiefer hinab, sodass er am Ende kaum den bleischweren Arm hochbekam, um zu klopfen. Durch die Spalten der geschlossenen Fensterläden drang orangener Lichtschein. Sie waren noch wach. Natürlich. Sie warteten auf ihre Tochter. Das dumpfe Pochen seiner Knöchel auf das trockene Holz vertrieb jeden weiteren Gedanken.

Wie er es befürchtet hatte, war es ihr Vater Idir, der öffnete.

»Jacques! Allah sei Dank! Wir haben uns Sorgen gemacht.« Stutzend ließ der drahtige Mann mit dem grau melierten Haar seinen Blick von links nach rechts wandern. »Wo ist Kara?«

»Ich …« Sein Mund war staubtrocken und ihm saß ein dicker Kloß im Hals, der sich unmöglich schlucken ließe. »Kara wurde entführt. Von Soldaten«, krächzte er mühsam heraus.

»WAS? Soldaten? Junge, was erzählst du da?!« Mit aufgerissenen Augen schaute Idir ihn an. Nochmals streckte er seinen Kopf nach draußen und sah sich um, als könne er nicht fassen, dass seine Tochter dort nicht stand.

»Es ... es tut mir echt leid«, murmelte Jacques mit gesenktem Kopf. Ihm schnürte es die Kehle zu. Mit erstickter Stimme fuhr er fort: »Wir haben meine Mutter begraben. Auf dem Rückweg sind wir an der Autobahn entlang, da haben sie uns entdeckt. Auf mich haben sie geschossen und Kara …«, er brach ab.

»Was ist mit Kara?«, forderte ihr Vater. »Junge! Nun rede doch schon!«

Kurz sammelte er sich und vervollständigte den Satz, als würde er damit sein eigenes Todesurteil unterzeichnen: »Sie haben Kara entführt. Sie im Auto mitgenommen.«

Inzwischen stand ihre Mutter Soumia ebenfalls an der Tür und starrte ihn mit weit aufgerissenen Augen an: »Jacques! Nein! Was ist mit Kara?«

Jeden Moment würde sich der Boden öffnen und ihn schlucken, so schlecht fühlte er sich. Kara hatte ihn aufopferungsvoll begleitet, um Trost zu spenden, und er hatte nicht verhindert, dass die Soldaten sie entführten. Das war grausam, und er wollte sich nicht ausmalen, was in diesem Augenblick mit ihr passierte. Er würde er sie finden! Das hatte er geschworen und dazu stand er. Das war das Einzige, das für ihn noch zählte. Sie zu suchen, bis er sie gefunden hatte!

Er ballte die Fäuste, straffte sich und hob seinen Blick: »Sie wurde entführt. Aber ich befreie sie! Das schwöre ich.«

Soumia starrte ihn ungläubig an: »Unsere Tochter wurde in einem Auto in der Wüste verschleppt, und du sprichst davon, sie zu befreien? Allein und ohne Hilfe?« Ungläubig schüttelte sie den Kopf und schien ähnlich aufgewühlt wie Idir.

»Komm rein«, meinte dieser unwirsch und winkte ihm, »ich will jetzt genau wissen, was passiert ist und wer meine Tochter verschleppt hat.«

Er zögerte einen Moment und nickte. Daraufhin öffnete Karas Vater die Tür komplett und führte ihn in den Wohnraum. Das Haus der Familie war groß genug, dass sich die Kochnische in einem separaten Raum befand. An der grau getünchten Wand hatte man einen Ofen eingelassen. Die Seitenwände wurden von flachen Betten flankiert, die mit gestreiften Auflagen abgedeckt waren und gleichzeitig als Sitzgelegenheiten dienten. Der niedrige Tisch in der Mitte war ebenfalls mit einem Teppich bedeckt. Youssef saß auf einer reichlich bestickten Decke und starrte ihn an.

Als er das Zimmer betrat, sprang dieser auf und schrie erbost: »Warum bist du nicht direkt mit deiner Mutter verschwunden, nachdem eure erbärmlichen Ziegen verreckt sind? Verflucht!« Mit den flachen Händen schubste er ihn durch den Raum. »Dann wäre das nie passiert!«

Das ging zu weit. Er packte den Jungen am Kragen und brüllte: »Nie passiert? Tu es fou?! Du hast unsere Ziegen vergiftet! Wegen dir ist sie nachts davongeschlichen und wurde getötet. Sie war verzweifelt! Daran bist allein du schuld!«

Idir drängte sich dazwischen und trieb sie auseinander. »Jacques! Youssef! Es reicht. Keiner von euch hat das Recht, in meinem Haus so zu sprechen!«

»Ich ... ihr ...« Der Siebzehnjährige ballte seine Fäuste und starrte ihn an. Ohne ein weiteres Wort stürmte er hinaus und knallte die Tür hinter sich zu. Jacques wusste nicht, wie er sich jetzt verhalten sollte, am liebsten wäre er hinterhergelaufen, um dieser Mausefalle zu entkommen.

»Setz dich, Junge. Dann erzähl. Von Anfang an«, forderte Idir mit versteinertem Gesicht.

Mit Bedacht setzte er sich mit steifem Rücken auf eine der Matratzen. Er atmete tief durch. Während Soumia einen dampfenden Tee servierte, berichtete er nochmals von den Geschehnissen. Angefangen mit den toten Ziegen, bis zur Entführung Karas. Dabei ließ er kein Detail aus und schonte sich nicht. Am Ende waren ihre Eltern am Boden zerstört. Sie erwarteten nicht, ihre älteste Tochter je wiederzusehen. Allerdings glaubten sie auch nicht, dass Youssef es war, der die giftigen Blätter ins Gatter gelegt hatte.

»Ich finde und befreie sie!« Er schaute ihnen fest in die Augen. »Ich packe meine Sachen und mach mich auf den Weg nach Saida. In die Richtung sind die Soldaten gefahren.«

»Das ist Blödsinn, Junge«, warf Idir ein, »wieso sollten sie meine Tochter ausgerechnet in dieses Kaff schleppen? Dort gibt es kein Militär und ansonsten auch nicht viel.«

Er schaute ihn an und musste schlucken. Das hatte er nicht bedacht.

Nach einer kurzen Pause fuhr ihr Vater fort: »Kara ist hübsch. Ich ... mag mir gar nicht ausmalen, was die Kerle mit ihr anstellen.« Tief Luft holend sammelte er sich. »Es wäre nicht ungewöhnlich, wenn sie sie an ein Bordell oder einen der reichen Säcke verkaufen.«

Soumia konnte ein Schluchzen nicht unterdrücken und warf ihm einen erschrockenen Blick zu. »Idir! Das ist nicht dein Ernst! Unsere kleine Kara ...«

»Doch«, fuhr dieser mit fester Stimme fort und schaute sie an. »Du kennst die Gerüchte. Das wäre sogar ein gnädiges Schicksal. Vermutlich sind sie direkt nach Oran gefahren. Das ist eine Großstadt. Dort gibt es viel Militär, einen Hafen, reiche Kaufleute und natürlich jede Menge ... Bordelle.«

»Ja, genau«, brach es aus ihm hervor. »Auf dem Pick-up befand sich ein Schild mit ORA-irgendwas! Lass uns sofort los und sie suchen!«

Karas Vater schaute ihn lange mit festem Blick an, sodass er verstummte. Was kam jetzt? Am Ende schien Idir eine Entscheidung getroffen zu haben.

»Nein, Junge. Das ist eine Familienangelegenheit und du hast mit deinem Ungestüm und deiner Unüberlegtheit schon genug Unheil angerichtet.«

Er schluckte. Erneut bildete sich ein Kloß in seinem Hals.

»*Ich* fahre und versuche, Kara zu finden und freizukaufen. Gleich nach Sonnenaufgang ziehe ich los. *Du* hilfst meiner Familie mit den Feldern, während ich unterwegs bin. Ansonsten fehlt uns eine Arbeitskraft.«

»Aber ...«

»Es reicht, Junge. Schluss«, unterbrach ihn der Ältere entschieden. »Du bist hier besser aufgehoben und wir brauchen dich auf den Feldern. Jetzt geh nach Hause und versuch zu schlafen. Morgen früh kannst du dann mit Soumia und Youssef alles Weitere besprechen.« Damit stand Idir auf und öffnete die Tür. »Gute Nacht.«

Das war eindeutig. Was konnte er tun? Er hatte nichts anzubieten und Argumente würden ihn an dieser Stelle nicht mehr weiterbringen. Frustriert erhob er sich und schritt zur Tür. Ohne ein weiteres Wort verließ er Karas Heim.

Mit vor Anspannung und Kälte zitternden Gliedern stakste er nach Hause. Ihm war bitterkalt, aber gleichzeitig brodelte es siedend heiß in seinem Inneren. Vorhin wäre er fast erschossen worden und Idir hielt ihm vor, nicht erwachsen genug zu sein, um seine Liebste zu befreien. Das war ein Witz. Stattdessen sollte er wie ein kleiner Junge auf den Feldern helfen. Er griff sich einen Stein und warf ihn mit einem Wutschrei im weiten Bogen in die Steppe. In der Ferne bellte ein Hund auf.

In einem hatte Idir recht: Er hatte kein Geld und konnte es sich nicht leisten, nach Oran zu fahren. Das war eine mehrstündige Busfahrt. Spätesten in Saida wäre seine Reise zu Ende. Der Vorschlag von Karas Vater entbehrte daher nicht einer gewissen Logik.

Aber bei Gott! Seine Freundin brauchte ihn. Da konnte er doch nicht tatenlos im Dorf verweilen. Während er zum Mond aufschaute, kam ihm eine Idee.

Die Sonne erhob sich über den Hügeln. Mit gepacktem Rucksack saß er auf einem rauen Betonbrocken am Rande der Autobahn und wippte nervös mit den Füßen. Jeden Moment wäre es so weit. Würde sein Plan funktionieren? Kurz darauf sah er eine schlanke Silhouette um die Kurve biegen.

»Jacques? Was in Iblis Namen tust du hier?« Idir schaute ihn erstaunt an.

»Ich komme mit.«

»Was?! Nein. Während ich nach Kara suche, brauchen Soumia und Youssef deine Hilfe auf den Feldern. Das hatten wir gestern vereinbart.«

Langsam stand er auf und sah Idir fest in die Augen. Sein Herz klopfte. »Das war keine Vereinbarung. Du hast für dich entschieden. Das ist in Ordnung. Aber nicht für mich.«

»Ich ...«

»Nein«, hob er seine Stimme. »Jetzt hörst *du* mir zu! Ich habe ebenfalls eine Entscheidung getroffen. Für mich. Ich werde versuchen, Kara zu finden und zu befreien. Gerne mit dir zusammen. Zu zweit sind unsere Chancen besser als allein. Aber auch falls du es nicht willst – ich gehe nach Saida, nach Oran oder bis ans Ende der Welt. So lange, bis ich sie gefunden habe. Basta.«

Idir schwieg einen Moment und starrte ihn wortlos an. In seinem Gesicht arbeitete es.

»Das hast du dir schön ausgedacht, Junge. Und wer kümmert sich dann um die Felder? Hast du einen einzigen Gedanken an jemanden anderes verschwendet als an dich selbst?«

»Habe ich. Ob du es glaubst oder nicht.« Er stemmte seine Fäuste in die Hüften. »Familie Mohammed springt ein. Ich habe noch gestern Nacht mit ihnen gesprochen. Sie helfen auf deinem Hof, sofern ihr sie dafür bezahlt.«

»Was?!«, Idirs Augen schienen fast aus den Höhlen zu springen. »Das hast du einfach so entschieden? Dass ich sie bezahle?«

»Nein. Es ist ein Vorschlag. Im Gegensatz zu dir entscheide ich nicht über die Köpfe anderer hinweg.« Mit verschränkten Armen stand er vor ihm. »Außerdem ist das die beste Lösung. Wir suchen zu zweit nach Kara und Soumia kann selbst beurteilen, ob sie Hilfe auf euren Feldern benötigt oder nicht.«

»Ich ...« Idir klappte seinen Mund auf und wieder zu wie ein Fisch auf dem Trockenen.

Schweigend standen sie sich in der aufgehenden Sonne gegenüber. Außer dem Rauschen des Windes war kein Laut zu hören.

»In Ordnung, Junge. Lass uns gemeinsam nach Kara suchen. Ich halte es für einen Fehler, kann dich aber scheinbar nicht davon abbringen.«

Jacques atmete auf.

»Eines sage ich dir«, fuhr Idir mit erhobenem Zeigefinger fort, »jeden Cent, den ich auf dieser Reise für dich bezahle, zahlst du mir später zurück! Den Lohn von Mohammeds Familie ebenfalls. Und wenn du dafür den Rest deiner Tage auf unseren Feldern schuftest.«

Damit konnte er leben und hielt Karas Vater die Hand entgegen. »Einverstanden.«

Dieser schlug ein, wendete sich um und wanderte, ohne sich nochmals umzuschauen, zügig in Richtung Saida. Jacques griff seinen Rucksack und beeilte sich, ihm zu folgen.

Den ganzen Tag waren sie in der Sonnenglut stramm durchmarschiert und seine Füße schmerzten. Idir kannte kein Erbarmen, aber er beschwerte sich nicht. Sein Los hatte Jacques selbst gewählt und je zügiger sie vorankamen, desto eher hätten sie Kara eingeholt.

Zum Sonnenuntergang zeigten sich in der Entfernung die goldschimmernden flachen Fassaden Saidas. Links und rechts von der Straße erstreckten sich dürre Sträucher und krumme Bäume im Sand. Ein paar Ziegen rupften nahe der Häuser die trockenen Büschel aus dem Boden, während ihr Eigentümer sich mit einem Stock bemühte, sie zusammenzutreiben. Sie kämen erst mit dem letzten Tageslicht in Saida an. Nochmals beschleunigte er seine Schritte, da hielt ihn Idir an der Schulter zurück.

»Warte, Junge. Es ist besser, hier im Schutz der Büsche zu übernachten.«

Fragend schaute Jacques ihn an. »Wollen wir nicht vor der Dunkelheit in der Stadt sein?«

»Und dann? Wir kennen keine Herberge und möchtest du in der Finsternis durch die Vororte einer fremden Stadt schleichen?«

Das hatte er nicht bedacht.

»Stimmt. Das ist was dran.« Hitze strömte in sein Gesicht. »Dann suchen wir uns eine geschützte Stelle, damit man uns von der Straße nicht direkt sieht.«

Nach kurzer Suche hatten sie einen Platz hinter ein paar Sträuchern gefunden und setzten sich auf weichen Sand zwischen dem borstigen Gras. Idir holte ein trockenes Brot, Datteln und Wasser aus seinem Rucksack und teilte es wortlos mit ihm. Im Gegensatz zu ihm war er bestens ausgestattet. Erneut verdeutlichte ihm Karas alter Herr, dass er ohne Hilfe chancenlos und vor Stunden hungrig und durstig umgedreht wäre.

Die ganze Zeit sprach Idir kein Wort. Worüber hätten sie sich unterhalten sollen? Er war hier ein ungebetener Gast. Sie teilten nur eine Gemeinsamkeit: Kara. Über seine Freundin wollte er nicht mit ihrem Vater sprechen. Zu schmerzhaft war die Erinnerung an ihre Entführung.

»Hast du eine Idee, wo wir morgen einen Bus finden?«, versuchte er, ein Gespräch in Gang zu bringen.

»Hm ... nicht genau. Im Norden soll es einen Busbahnhof geben. Dort sollten wir fündig werden. Wir müssen uns durchfragen und das Beste hoffen.« In der Dunkelheit zuckte Idir mit den Schultern.

Mehr hatten sie sich nicht zu sagen.

Kurz nach Sonnenaufgang brachen sie auf. Was am Vortag im Sonnenuntergang noch golden schimmerte, entpuppte sich als verfallene Häuser mit leeren Fensterhöhlen, die sie hungrig anstarrten. Die meisten Einwohner waren zu Fuß oder mit Handkarren unterwegs. Hin und wieder drängte sie ein hupender Lkw zur Seite. Die Bewohner gingen müde, mit gesenkten Köpfen ihren Beschäftigungen nach.

Im Grunde seines Herzens war er dankbar, dass er nicht seiner Mutter versucht hatte, hier Fuß zu fassen. Ansonsten wäre er heute eine dieser tristen Gestalten. Sie diskutierten kurz, ob es lohnte, Kara hier in der Ortschaft zu suchen. Als sie Passanten nach Soldaten oder einem Militärstützpunkt fragten, schaute man sie erstaunt an: Militär? In Saida? Hier gäbe es doch nichts zu holen. Das passte zu ihren Erwartungen. Die Stadt war arm und verwahrlost. Schwer vorstellbar, dass die Kerle sie hiergelassen hatten. Eine Schönheit wie Kara würden sie nach Oran verschleppen. Dort fanden sich jede Menge Militärposten und Bordelle, hieß es.

Eine Stunde später erreichten sie die Nordgrenze der deprimierenden Ortschaft. Die Sonne stand am Himmel und heizte das Pflaster auf. Um die nächste Häuserecke biegend sahen sie den »Busbahnhof« vor sich. Es handelte sich um einen breiten Parkplatz neben einer mehrspurigen Straße. Bis in die Unendlichkeit gen Norden erstreckte sich das kaum befahrene graue Band und verschwand in der Ferne zwischen Hügeln. Reisende mit alten Koffern, dicken Tüten und Käfigen mit gackernden Hühnern drängelten sich inmitten von einem Dutzend kleinerer und größerer Busse. Handgemalte Pappschilder an den verbeulten, bunt gestreiften Gefährten wiesen die Zielorte aus. Ein Gewirr aus vielfarbigen geringelten Kabeln vereinigte sich in der Mitte an einem Knotenpunkt; eine Ladesäule, die man mehrfach umgebaut und erweitert hatte, um die Fahrzeuge zu versorgen.

Nachdem sie sich durch die Menge gefragt hatten, verwies man sie an einen blau-weißen Kleinbus, der heute in Richtung Oran abfahren würde.

Im Bus saßen drei Fahrgäste an den weit geöffneten Fenstern. Zwillinge in seinem Alter sowie eine ältere Bäuerin. Der Busfahrer hatte sich im Schatten des Busses auf den Boden gesetzt und blickte konzentriert auf sein Handy.

»Guten Tag!«, grüßte ihn Idir. »Fährst du nach Oran?«

Blinzelnd schaute er zu ihnen herauf.

»Hm ...? Ja sicher. In spätestens einer Stunde ist die Batterie geladen und wir brechen auf. Die Fahrt kostet zwanzig Dollar. Pro Person.«

Das war happig und entsprach einem Monatslohn. Idir ließ sich nicht irritieren. »Dein Bus sieht ziemlich leer aus. Du bist doch bestimmt froh, zwei weitere Passagiere zu bekommen. Sagen wir zehn. Für uns beide.«

Da lachte der Fahrer auf und erhob sich. »Guter Mann. Zwanzig ist bereits ein Sonderpreis. Weil ihr kein Gepäck dabeihabt. Aber ihr könnt ja gerne versuchen, mit jemandem anderes mitzufahren. Allerdings«, er schaute sich demonstrativ um, »wird das heute sicher nichts mehr werden. Außerdem nehmen die den gleichen Preis. Es bleibt also bei zwanzig pro Person.«

Idir war anzusehen, dass ihm das nicht passte, und Jacques fragte sich, ob er überhaupt genug Geld dabeihatte. Die Verhandlung zog sich noch eine Weile, allerdings ohne nennenswerte Fortschritte. Schlussendlich blieb der Fahrer hart und es blieb bei achtzehn Eurodollar pro Person.

Entnervt gingen sie einige Schritte außer Hörweite und Karas Vater warf die Hände in die Luft. »Bei Allah, so ein Dickkopf! Tut mir leid Jacques, dann fahre ich wohl doch allein nach Oran. Ich habe nur dreißig Dollar dabei.

Weiteres Geld kann ich mir erst in der Stadt besorgen und es eilt.«

Mist. Nun hatte er Idir überzeugt, ihn mitzunehmen, da schien seine Reise in Saida zu enden. Und jetzt? Aufgeben war keine Option. Ohne auf dessen Bemerkung einzugehen, drehte er sich um und ging zum Bus zurück.

»Entschuldigung«, wandte er sich an den Fahrer, der den Bus polierte. »Hast du eine Frau oder Tochter?«

»Sicher, warum?« Er wendete den Blick von seiner Arbeit ab und schaute ihn skeptisch an.

Der Mann war maximal fünfzehn Jahre älter als er, trug sein Haar kurz und die Falten in den Mundwinkeln zeigten, dass er häufig lachte. Insgesamt vermittelte er in seiner dunklen Stoffhose und dem makellosen weißen Hemd einen gepflegten Eindruck. Kein Wunder: Er verdiente ordentlich.

»Meine Freundin, Kara, seine Tochter«, er nickte zu Idir, der in einigen Schritten Entfernung wartete, »haben heute Nacht Soldaten entführt. Nach Oran. Wir sind den ganzen Tag durchmarschiert und müssen uns beeilen. Wir sind aber keine Verbrecher, reiche Geschäftsleute oder so was. Und ich bin sicher, wenn es deine Frau oder Tochter wäre, dann würdest du ebenfalls alles daransetzen, so schnell wie möglich hinterherzukommen.«

»Hm ... verstehe. Das stimmt wohl. Na ja, dann wird es euch die sechsunddreißig Dollar erst recht wert sein. Tut mir leid, aber auch ich habe Kosten. Nicht nur für den Bus. Falls man vom Militär angehalten wird, halten sie die Hand auf. Sorry.« Er zuckte mit den Schultern und setzte die Politur fort.

Na, großartig. Seine Ehrlichkeit hatte ihn weit gebracht.

Die gleichen Argumente hatte er vorhin schon bei Idirs Verhandlung gehört. Damit war seine Rettungsaktion dann wohl vorbei, bevor sie richtig begonnen hatte.

Chakhchoukha für vier Rotlichtbesucher

Jacques

»Entschuldigung!« Die braunen Lockenschöpfe der nahezu identisch aussehenden, glattrasierten Zwillinge schoben sich aus den geöffneten Busfenstern. »Wir haben gerade eure Diskussion gehört. Wie viel braucht ihr?«

»Wir haben nur dreißig Eurodollar übrig«, antwortete Jacques ehrlich und hätte sich im selben Moment am liebsten geohrfeigt, dass er keinen kleineren Betrag genannt hatte, da sie in Oran ebenfalls Geld benötigten. Daher verbesserte er sich: »Aber wir brauchen auch noch was vor Ort. Wieso?« Ein Hoffnungsschimmer glomm in ihm auf.

»Falls ihr wollt, leihen wir euch den Rest für das Ticket. Das heißt ... sofern ihr es nach unserer Ankunft zurückzahlen könnt. Ist scheinbar für einen guten Zweck.«

Am liebsten wäre er dem Mann um den Hals gefallen. Das war ihre Chance. Doch Idir zeigte sich erwartungsgemäß ablehnend. Meinte erneut, er könne das nicht annehmen und würde problemlos allein fahren. Am Ende bestanden die beiden Zwillinge darauf, es ihnen leihen zu dürfen, und er hatte ein Einsehen. Trotzdem verwunderte er sich, dass die zwei so locker mit derartigen Beträgen umgingen. Aber er war dankbar für die unerwartete Hilfe.

Wenige Minuten später stiegen sie ein. Im engen Bus stank es nach Zigarettenrauch und Männerschweiß. Selbstgenähte, hellblaue mit Flecken übersäte Bezüge schützten die Polster. Auf dem von einer Häkeldecke bedeckten Armaturenbrett wackelte eine hölzerne Bauchtänzerin auf einer Spiralfeder. Daneben baumelten diverse weiß-blaue Augen aus Porzellan an Lederschnüren, schwarze Perlenketten und Fotos von zwei Jungs und einem Mädchen im Teenageralter sowie einer hübschen Frau, die vermutlich deren Mutter war.

Der Fahrer stellte sich als Tarek vor, bevor er Gas gab und das Gefährt in Richtung Norden lenkte. Die anderen beiden Mitfahrer, denen er zu Dank verpflichtet war, hießen Adam und Malik. Die Alte in traditioneller Kleidung schwieg und schaute abweisend aus dem Fenster.

Die immer gleiche Steppe zog endlos an ihnen vorbei. Hin und wieder ein paar Hütten, sandsteinfarbene Hügel oder ein einzelner Bus im Gegenverkehr. Die Fahrt verlief denkbar unspektakulär.

Die Zwillinge trugen moderne Klamotten: Jeans, Turnschuhe, T-Shirt. Ähnlich wie er, jedoch waren ihre nicht so abgetragen. Um sich abzulenken, fragte er die beiden, warum sie nach Oran reisten. Adam deutete vage an, dass sie ihre Tante besuchten und ein paar Besorgungen zu erledigen hatten. Ganz schön viel Aufwand für einen Verwandtschaftsbesuch befand er, aber sie würden ihre Gründe haben. Sie erzählten von dem Dorf, aus dem sie kamen, ihrer seltsamen Verwandtschaft und den frechen Ziegen. Seine eigene Erzählung über die Entführung Karas hielt er ähnlich knapp, um vor Idir nicht erneut über Youssef und seine Mutter sprechen zu müssen. So hatte scheinbar jeder von ihnen seine Geschichte, die er nicht detailliert vor Fremden ausbreiten wollte.

Von hinten raste ein olivgrüner Militär-Pick-up heran, der üble Erinnerungen weckte. Zügig duckte er sich. Verfolgte man sie?

Das Fahrzeug verschwand zum Glück genauso zügig in einer Staubwolke, wie es gekommen war. Nach einer Weile setzte er sich wieder auf und atmete durch. Die neugierigen Blicke der anderen ignorierte er.

Um sich die Zeit zu vertreiben, wandte er sich an die Zwillinge: »Sagt mal, was wisst ihr über Europa? Von Oran versuchen doch sicher viele dort rüberzukommen.«

Adam rutschte auf seinem Sitz herum, warf Malik einen kurzen Blick zu und antwortete: »Ja, das haben wir auch gehört. Wie du vermutlich weißt, hat die ZEU, also die Zentrale Europäische Union, hat sich weitestgehend abgeschottet. Nur Politiker und wirklich reiche Geschäftsleute mit Beziehungen erhalten problemlos ein Visum. Hin und wieder schaffen es ein paar Auswanderer lebend über den Wall. Die allermeisten werden sofort von den Behörden aufgegriffen und zurückgeschickt. Ich kenne niemanden persönlich. Die Wenigen, die es geschafft haben, melden sich nicht mehr bei ihren Angehörigen. Ob sie es nicht können oder nicht dürfen – keine Ahnung. Daher weiß ich auch nicht viel mehr als die Gerüchte über den grünen Kontinent, die du sicher kennst.«

Seine Gedanken wanderten zur Bemerkung seiner Mutter und ihrer Frage, ob sie nicht woanders komplett neu anfangen wollten. Hatte sie dabei an Europa gedacht?

Laut fragte er: »Kann man denn überhaupt ohne eine Menge Geld, eine Passage finden?«

Adam schüttelte den Kopf: »Nee, keine Chance. Aber viele Schlepper, die eine Überfahrt anbieten, warten nur auf leichtgläubige und verzweifelte Menschen. Dann setzen sie die Leute draußen auf dem Meer aus. Oder sie bringen sie direkt vor Ort um, stehlen ihr weniges Geld und vergraben die Leichen im Sand.« Erneut blickte er zu seinem Bruder, der mit verkniffenem Mund schwieg.

Bei diesen Worten erschien ihm das Bild seiner toten Mutter mit ihrer durchgeschnittenen Kehle vor dem geistigen Auge und er schluckte. Düster erinnerte er sich an ihr Handy-Gespräch am Vorabend ihres Verschwindens. Er hatte nie herausgefunden, mit wem sie telefoniert hatte. Idir war es nicht. Womöglich hatte sie sich mit einem Vermittler getroffen und dieser hatte ihr das Geld und das Leben genommen?

Es war schon nach Mittag, da bog Tarek mit dem Bus von der Autobahn ab. Sie fuhren rumpelnd auf eine unscheinbare Schotterpiste, ohne die Geschwindigkeit deutlich zu verringern.

Idir richtete sich auf. »Was ist los? Warum fährst du von der Straße, ich denke, diese reicht bis nach Oran?«

»Keine Sorge, das ist ein Bonus von mir – im Fahrpreis inklusive«, antwortete er augenzwinkernd. »Direkt vor der Stadt gibt es eine Straßensperre und ich bin mir ziemlich sicher, dass die Soldaten dort die Hand aufhalten werden. Daher fahren wir einen kleinen Umweg, durchs Sabkha von Oran. Früher war hier ein flacher See, aber heute ist alles trocken. Diese Wege werden nur selten befahren. Zumindest müssen wir keine Militärs fürchten.«

»Aha. Daher war ein Preis unter achtzig Eurodollar also nicht möglich, ja?«, kommentierte Karas Vater das Gesagte. Ihr Fahrer antwortete nicht.

Eine halbe Stunde fuhren sie über die kaum sichtbaren Pisten einer rissigen, toten Lehmwüste. Früher musste das hier ein ausgedehnter Binnensee mit saftigem Schilf, schillernden Insekten und Schwärmen jagender Wasservögel gewesen sein. Noch während er sich wunderte, wohin all die Wassermassen verschwunden waren und warum es hier offenbar auch nicht mehr regnete, kamen sie auf einer brauchbaren Straße an.

Tarik gab Gas und bremste erst, als es voller wurde. Menschen, Busse und Laster drängten sich in Richtung Stadt. Oran war eindeutig grüner und größer als Saida. Es gab den einen oder anderen Park mit robusten Büschen und Bäumen zwischen den Häusern. Die Einwohner liefen aufrecht und schienen den Klamotten und Fahrzeugen nach zu urteilen, ein gutes Auskommen zu haben. Sie fuhren kreuz und quer durch die Straßen, bis sie auf einer erhöhten Promenade mit Blick auf die Hafenanlagen ankamen. Vor ihnen drängelten sich Menschentrauben vor bunten Marktständen.

»Das hier«, meinte Tarek und deutete auf den Markt, »ist der Hafenmarkt. Hier werden speziell die Waren angeboten, die mit den noch fahrenden Handelsschiffen ankommen. Ich fahre jetzt in Richtung Westen zu meinem Sammelpunkt.«

Idir, Adam, Malik und er packten ihre Rucksäcke und bedankten sich bei Tarek für die Informationen. Als sie aus dem Bus stiegen, schwappten ihnen der Geruch fremder Gewürze, Worte in unbekannten Sprachen, sowie das bunte Treiben zwischen den eng gestellten Marktständen entgegen.

Oran war eine belebte Stadt, wie er sie nicht kannte. Auf dem erhöhten Ufer drängelten sich Menschen und Marktstände. An den Buden boten die Händler Gewürze, Fisch, Obst, Tablets, Smartphones, Kameras, Messer, Pistolen, Gewehre sowie fette Batteriepacks für Elektrofahrzeuge und Maschinen, die sich bis auf zwei Meter Höhe stapelten. Hier gab es all das, was im Inland schwer erhältlich und teuer war.

Die Zwillinge schlossen sich ihnen an. Zusammen schauten sie sich um, ließen sich durch den Trubel und die neuen Eindrücke tragen. Genießen konnte er es nicht. Sie waren hier, um Kara zu finden und zu befreien.

Nach einer Weile schritten sie gemeinsam zum Rand der Promenade. Von hier hatten sie über einen niedrigen Zaun einen klaren Blick auf die ehemaligen Hafenanlagen. Rund fünf Meter tiefer klatschten die Wellen des Mittelmeeres an die Kaimauer. Von dort entflocht sich ein Gewirr aus zusammengezimmerten Stegen und Molen, die mindestens einen halben Kilometer auf das Meer hinausragten. Boote pendelten zwischen den Anlegern, Fischkuttern und Handelsschiffen hin und her. Weiter draußen sahen sie die Reste von gigantischen Kränen wie abgeknickte Äste aus dem Wasser ragen. Gerippe halbversunkener Containerschiffe reckten sich rostzerfressen ihrem endgültigen Verfall entgegen. Früher war dies eine ausufernde Hafenanlage gewesen, die aufgrund des angestiegenen Meeresspiegels inzwischen vier bis fünf Meter unter der Wasseroberfläche verschwunden war.

Die frische Meeresbrise wehte eine salzige und leicht faulig riechende Luft in die Stadt hinein. Er fragte sich, wie es weiterging, während er mit Idir auf das Meer schaute.

»Da wären wir nun. Was machen wir als Nächstes?« Jacques sah sich um. »Wollen wir direkt los?«

Mit gerunzelter Stirn sah Karas Vater ihn an. »Nein, das ist noch zu früh. Lass uns was zu essen, und eine Unterkunft suchen. Den Abend nutzen wir dann, um einige der Bordelle abzuklappern.«

Von den Zwillingen erntete er erstaunte Blicke.

»Was sind eure Pläne?«, wandte sich Karas Vater an die beiden, die sie bis hierher begleitet hatten.

»Ähm ... Ich weiß nicht genau, wo wir hier in der Stadt sind«, meinte Adam, »aber man hat uns gesagt, es sollte kein Problem sein, ein günstiges Hostel zu finden. Hier übernachten bestimmt jeden Tag diverse Händler und Schiffer. Wollen wir es zusammen versuchen?«

Nachdem sie an einem der Stände mit frischem gebratenem Fisch, etwas Fladenbrot und einer Schale Chakhchoukha, die weiche Griesbrote, Bohnen und Gemüse beinhaltete, ihren Hunger gestillt hatten, ließen sie sich ein Hostel empfehlen: *Karima's*. Eine Bleibe, in der sie für einen angemessenen Betrag Unterschlupf fänden.

Sie wanderten durch die hügeligen Straßen mit ihren alten dreistöckigen Wohnhäusern. Die altertümlichen Gebäude in diversen Pastelltönen mit verspielten Balkonen und überstehenden Fassaden schienen aus der Zeit gefallen. Sie passten eher ins Südeuropa des vorletzten Jahrhunderts als nach Nordafrika. Immer wieder fielen ihnen kleine Gruppen Halbstarker auf, die in Hauseingängen herumlungerten und sie beäugten. Meist mit Tattoos an Händen, Hals und Gesicht, teils mit bunten Haaren und freizügigen Klamotten, nicht selten trugen sie Pistolen oder Messer offen an ihren Gürteln.

Je weiter sie sich vom Hafen entfernten, desto mehr fragte er sich, ob die Empfehlung des Hostels wirklich ernst gemeint war oder sich jemand einen derben Spaß mit ihnen erlaubt hatte. Inzwischen war die Sonne untergegangen, die Schatten in den Gassen wurden tiefer und die Gangs zahlreicher.

Irgendwann kam es, wie es kommen musste.

»He, ihr! Ganz allein unterwegs?«, rief eine schnarrende Stimme von der Seite. »Ist ziemlich gefährlich, wenn man sich hier nicht auskennt.«

Als er sich umdrehte, sah er nur wenige Meter entfernt in einem kaputten, mit Graffiti beschmierten Hauseingang fünf halbstarke Ganger. Sie grinsten höhnisch, wobei ihre schlechten, teilweise mit Gold besetzten Zähne aufblitzten. Zumindest einer hatte offen einen Revolver in seiner fleckigen Jeans stecken.

»Ist aber kein Problem«, fuhr der gleiche Typ fort, »für ein paar Dollar zeigen wir euch gerne den Weg. Außerdem passen wir auf, dass euch nichts passiert. In dieser Gegend sollen ein paar echt üble Typen abhängen.«

Die restlichen Gangmitglieder lachten gehässig und sahen sie herausfordernd an. Ihm wurde heiß und kalt. Mist, genau das hatten sie vermeiden wollen. Auch Idir und den anderen schien keine passende Erwiderung einzufallen.

Langsam drehte er sich komplett zu den fünfen um, räusperte sich und versuchte, seine Stimme möglichst deutlich klingen zu lassen: »Jo, Mann. Wir sind auf dem Weg zu Karima's Hostel. Haben uns dort eingebucht.«

Er hoffte inständig, dass ihr Übernachtungsort tatsächlich um die Ecke lag und noch Zimmer frei waren.

»Bei Karima?«, hakte der Goldzahn nach. »Alles klar. Aber wehe, ihr verarschst uns. Dann wirds teuer für euch«, erwiderte der Typ und klopfte dabei mit der flachen Hand auf seinen Revolver.

»Was war das denn?«, flüsterte Adam, nachdem sie um die Ecke gebogen waren und zum Glück ein entsprechendes Hostel-Schild an einem der Häuser vorfanden.

»Ich habe mir gedacht, dass die Gangs in der Umgebung sicher von den Eigentümern bezahlt werden, ihre Kunden in Ruhe zu lassen. Ansonsten würde hier doch kein Mensch übernachten.«

Selbst Idir klopfte ihm auf die Schulter. »Nicht schlecht. Das hätte ich dir nicht zugetraut, Junge.«

Das Hostel war eines der typischen alten Gebäude in diesem Stadtviertel. Ockergelb getünchte Fassade, vier Stockwerke, schmiedeeiserne Gitter und hölzerne weiße Fensterläden. Insgesamt machte es einen gepflegten Eindruck. Die Gastgeberin wies ihnen dank Idirs Überredungskünste und gegen einen vertretbaren Aufpreis ein Vierbettzimmer zu, sodass sie nicht im Schlafsaal übernachten mussten. Im Zimmer angekommen warfen sie ihre Habseligkeiten auf die Betten.

Adam ergriff das Wort. »Also ... wir haben es nicht besonders eilig. Was sind eure Pläne? Ähm ... Ins Bordell?« Er stieß seinen Bruder mit dem Ellenbogen an.

Jacques hatte inzwischen Vertrauen zu beiden gefasst, daher antwortete er wahrheitsgemäß: »Ja, aber anders, als ihr denkt. Wie gesagt: Meine Freundin Kara – Idirs Tochter – wurde von Soldaten entführt. Deshalb wollen wir versuchen, sie in einem der Bordelle zu finden und freizukaufen.«

Der Zwilling schaute ihn betroffen an, offenbar war es ihm peinlich, dass er zunächst etwas anderes angenommen hatte.

»Oh, Mann«, meinte Adam, »das tut mir wirklich leid. Aber Oran ist eine Großstadt, das dürfte nicht ganz einfach werden. Falls euch das Recht ist, helfen wir gerne bei der Suche nach Kara.« Malik nickte bestätigend. »Wenn ihr uns eine gute Personenbeschreibung gebt, dann teilen wir uns alle auf und klappern die Bordelle in der Gegend ab. Zu viert sollten wir heute schon einige schaffen. Unsere ... Tante ... können wir sowieso erst morgen besuchen.«

»Das ist wirklich großzügig«, meinte Idir, »aber das kann ich nicht annehmen. Ich schulde euch bereits eine Menge Geld, das ich natürlich direkt morgen früh zurückzahle. Ihr habt eure eigenen Sorgen und braucht sicherlich Ruhe nach dem anstrengenden Tag.«

Er war fassungslos. Wieso lehnte er zwei freiwillige Helfer ab? In der nachfolgenden Diskussion kapierte er, dass es sich um eine Geste der Höflichkeit handelte. Karas Vater ließ sich am Ende bereitwillig überzeugen und akzeptierte die Hilfe.

»In Ordnung«, meinte Idir abschließend. »Jacques und ich suchen im Westen, ihr im Osten. Wir treffen uns dann spätestens um Mitternacht wieder hier am Hostel. Habt ihr noch Fragen?«

Niemand antwortete. Ehrlicherweise wusste er nicht, wie es weitergehen würde. Nie war er in einem Bordell gewesen. Wie verhielt man sich dort? Einfach nach einer Prostituierten erkundigen, auf die Karas Beschreibung passte? Und was unternahm er in dem Fall, dass es sich nicht um sie handelte? Um nicht wie ein unerfahrenes Kind dazustehen, sagte er nichts von alledem. Ansonsten würde ihn Idir womöglich nicht mitnehmen und darauf bestehen, dass er im Hostel blieb. Karas Vater, der sein Schweigen und forschenden Blick bemerkte und offenbar richtig interpretierte, räusperte sich.

»In Ordnung, Junge«, sagte er schließlich. »Das erste Bordell besuchen wir gemeinsam, ich erkläre dir, wie man es findet und wie man sich dort verhält. Du warst noch nie in einem, nehme ich an?«

Jacques schüttelte energisch seinen Kopf, während ihm das Blut ins Gesicht schoss.

Idir räusperte sich erneut, ehe er fortfuhr: »Ich ... natürlich auch nicht, aber ich habe mir einmal von einem guten Freund erklären lassen, wie das läuft.«

Karas Vater spazierte scheinbar ziellos durch die Straßen in der Nähe des Hafens, während er ihm folgte. Kurz darauf sprach Idir eine Gruppe Arbeiter an. Diese saßen an einer Straßenecke auf Plastikhockern. Beim Hasard, ließen sie zwei Würfel über das Brett rollen, notierten winzige Zahlen auf Zettelchen, und tranken dabei ihren abendlichen Tee aus daumengroßen Gläsern.

»N'Abend ich bin auf der Suche nach ein paar Mädels. Ihr wisst schon ...«

»Ja, ja. Gleich um die Ecke.« Einer von denen gestikulierte, ohne aufzuschauen, mit seiner Hand. »Kannst es nicht verfehlen.«

Idir gab ihm einen Wink und folgte der Anweisung. Als sie an der folgenden Kreuzung abbogen, war das Haus rechts von ihnen auffällig rot getüncht und die Fenster durch Vorhänge verdeckt. Neben der Tür stand ein bulliger tätowierter Kerl, der sie aus zusammengekniffenen Augen anschaute.

»Zwei Dollar Eintritt«, verlangte er mit erstaunlich hoher Stimme. Als sie zögerten, schob der Türsteher sie direkt weiter. »Wenn ihr nicht wollt, seht zu, dass ihr Land gewinnt.«

Karas Vater hob seine Hand und gab ihm die Scheine. »Hier. Immer mit der Ruhe, ist ja kein Thema.«

Mit der Schulter drückte er die schwere Tür auf. Vor ihnen erstreckte sich ein spärlich beleuchteter Raum mit einer langen Bar. Das Interieur war in rotem Plüsch und Gold gehalten. So also sah ein Bordell aus. Die Möbel schienen ihm hochwertig. Der Türsteher drehte sich zur Bar und wechselte ein paar Worte mit der Bardame. An der Theke saßen vier Prostituierte, alle kräftig geschminkt und älter als Jacques. Keine der Frauen trug mehr als halbdurchsichtige Hemdchen und sich deutlich abzeichnende Unterwäsche. Der Anblick ließ sein Herz heftig gegen seinen Brustkorb pochen und pumpte das Blut in Regionen seines Körpers, die kaum einen klaren Gedanken zuließen.

Idir steuerte scheinbar gelassen auf den Tresen zu. Sobald er sich setzte, kamen zwei der Mädels auf ihn zu und stellten sich neben ihn. Er selbst stand weiterhin verloren im Raum herum, unentschieden, ob er sich direkt daneben oder besser weiter entfernt platzieren sollte. Eine der Frauen schlenderte zu ihm herüber und legte ihre Hand auf seine Schulter. Ihr penetrant-süßliches Parfüm stieg ihm in die Nase und er hatte das Gefühl, sich keinen Millimeter mehr bewegen zu können.

»Hallo, mein Schöner. Was kann ich heute für dich tun?«, hauchte sie ihm ins Ohr.

Ihn überlief eine Gänsehaut und er merkte, wie sich in seiner Hose etwas regte; gleichzeitig würde er am liebsten direkt aus der Tür fliehen.

»Ich ... Ich bin auf der Suche ...«

»Sind wir das nicht alle?«, fragte sie ihn mit einem leichten Spott in der Stimme. »Ich bin übrigens Elenora.«

Was Idir mit seinen beiden Begleiterinnen besprach, bekam er nicht mit. Daher riss er sich zusammen und versuchte zu improvisieren.

»Ja, natürlich. Aber ich suche nach etwas ganz Besonderem. Tut mir leid.«

»Hm ... Schade. Wonach genau suchst du?«

»Äh ... Eine Schönheit. Langes krauses Haar.« Er deutete es mit der Hand an. »Schokobraune Haut. Etwas jünger und kleiner als ich. Tiefbraune Augen. Schlanke Figur.«

»Das ist aber sehr konkret.« Sie schaute ihn einige Sekunden an und fragte nicht weiter nach. »Sei's drum. So eine haben wir hier nicht. Tut mir leid.«

Damit hatte sich die Sache erledigt.

»Okay, trotzdem vielen Dank.« Hastig wendete er und marschierte in Richtung Ausgang, froh hier wegzukommen.

»Hey! Ein kleines Trinkgeld wäre schon nett!«, rief Elenora ihm nach.

Während er sich fragte, was eine angemessene Antwort wäre, kam bereits Idir und schob ihn wortlos hinaus.

Draußen meinte der Ältere nickend: »Hast dich gut geschlagen, mein Junge.«

Erstaunt blickte er auf. Das war das erste Lob, das er von Idir hörte.

»Als ... mein Freund das erste Mal in so einem Laden war«, erläuterte Karas Vater, »hat er mit hochrotem Kopf nicht ein einziges Wort herausgebracht.«

Kurz besprachen sie das Vorgehen und Idir drückte ihm zwanzig Eurodollar für die weiteren Eintritte in die Hand. Jeder von ihnen würde sich ein anderes Viertel vornehmen. Mit dieser Methode sollten sie bis Mitternacht jeweils acht Bordelle schaffen.

Vier Stunden später – null Uhr war lange durch – kam er zerschlagen am Hostel an. Neun Läden hatte er geschafft. Spätestens nach dem dritten kam er in Übung. Die Häuser hatten alle ein ähnliches Merkmal: rote Front, Laterne oder Vorhänge. Drinnen gab es ebenfalls kaum Unterschiede. Im Nachgang betrachtet hatte er Zweifel, dass Kara in einem Bordell war. Die meisten der Prostituierten waren älter als sie. Keine von denen arbeitete dort, weil sie Spaß daran hatte. Es ging ums Geld zum Überleben. Ob sie sich freiwillig in den Häusern aufhielten, war schwer zu beurteilen, aber sie waren keine Gefangenen.

Alles in allem war es für ihn nahezu undenkbar, dass sie Kara auf diese Weise finden würden. Wäre sie dort, würde sie unter Verschluss gehalten und es gäbe keine Chance, an sie heranzukommen. Schon gar nicht, mit ihrer offensichtlichen Fragerei.

In ihrem Schlafsaal teilte er den anderen seine Gedanken mit.

»Ich befürchte, da hast du recht«, bestätigte Adam seine Erkenntnisse. »Uns erging es ähnlich. Entweder deine Freundin ist irgendwo unter Verschluss oder man bringt sie nach Europa. Tut mir leid, aber ich denke, wir können euch hier nicht weiterhelfen.«

»Nach Europa?«, entfuhr es Jacques. Er war geschockt. »Bordel de merde! Ist das dein Ernst?«

»Ja, sicher«, antwortete der Zwilling, als wenn das etwas Offensichtliches wäre. »Diese Geschichte habe ich schon öfters gehört. Es geht um schöne junge Mädchen und Frauen. Sie werden bei Überfällen durch das Militär und andere Bewaffnete in entlegenen Dörfern entführt oder verschwinden hier in Oran von der Straße.« Adam schnipste mit den Fingern. »Einfach so. Kaum vorstellbar, aber die Soldaten können schalten und walten, wie sie wollen. Tut mir leid, euch das sagen zu müssen.«

Malik setzte hinzu: »Angeblich werden diese Frauen von denen wie eine Ware gehandelt. Und die Preise, die sie von reichen Europäern fordern, sind sicherlich besser als die hiesigen.«

»Dann fahr ich rüber! Sofort!« Er sprang auf. »Wenn sie drüben ist, finde ich sie!«

»Junge, rede keinen Stuss!«, fuhr Idir ihn lautstark an, sodass er zusammenzuckte. »Ist es nicht genug, dass du mir die ganze Zeit hinterherschwänzelst? Du willst nach Europa? Sie dort ohne Hilfe finden? Ohne Geld? Du schaffst es nicht einmal, allein nach Oran zu reisen! Schau dich doch mal an. Und bedankt hast du dich für meine großzügige Hilfe ebenfalls nicht.«

Karas Vater baute sich vor ihm auf, warf die Arme in die Luft und setzte seine wutentbrannte Rede fort: »Stellst meiner Tochter den ganzen Tag nach wie ein geiler Bock, aber bist nicht in der Lage, für deinen eigenen

Lebensunterhalt aufzukommen. Die ganze Misere ist doch allein deine Schuld. Ja, genau: Deine – ganz – allein«, dabei stach er ihm mit dem Finger in die Brust, »und von niemandem anderen. Für all das Unheil bist du mit deiner selbstgerechten, egoistischen Haltung verantwortlich! Weißt du was? Im Grunde hatte Youssef recht: Warum hast du mit deiner Mutter nicht schon vor langer Zeit unser Dorf verlassen? Was wolltet ihr bei uns? Ohne euch wäre all das nicht geschehen und Kara in Sicherheit!«

Erst der Spaß, dann das Vergnügen

Zwei Monate zuvor

Diego

Er atmete den Duft des satten Waldes ein. Es roch feucht, ein wenig nach Moder und Nektar. Bunte Vögel mit langem Gefieder flatterten über ihm durch die Kronen der uralten Baumriesen. Das Rufen und Schreien ihm unbekannter Tiere klang durch das Unterholz. Langsam holte Diego den elbischen Langbogen von seiner Schulter und zog einen gefiederten Pfeil aus dem Köcher. Den hatte Alwaron persönlich geschnitzt. In den winzigen Ziselierungen im Holz war das goldene Funkeln der Magie, die durch die Runen floss, zu erkennen.

Vor ihm auf der Lichtung lagerte eine Gruppe grobschlächtiger Orks. Allein durch ihre Anwesenheit entweihten sie diese heilige Stätte. Grunzend und schmatzend riefen sie sich unverständliche Sätze zu. Auf ihrem Lagerfeuer brutzelte ein größeres Tier. Zumindest hoffte Diego, dass es sich um ein Tier handelte. Bei den Grünhäuten war das nicht sicher. Vier Gegner, das war machbar. Er konzentrierte sich und beschwor einen Zauber der Wächter des Waldes. Silberne Fünkchen krochen über seine Arme. Sein Blick klärte sich und die Orks bewegten sich für ihn in Zeitlupe.

Mit einem geübten Griff zog er die Sehne des unter der Last knarzenden Bogens bis an die Schulter. Er zielte auf den Hinterkopf des ersten, ließ den Atem entweichen und den Pfeil davonschnellen. Die Spitze suchte noch sein Opfer, da hatte er bereits den nächsten aufgelegt. Das Herz der zweiten Grünhaut anvisierend, die gegenüber am Feuer saß, entließ er erneut einen Holzpfeil auf seine heilige Mission. In diesem Moment durchschlug der vorherige Pfeil den Kopf des Scheusals. Der kippte, ohne einen Laut von sich zu geben, rückwärts. Das andere Geschoss war noch unterwegs, da zog Diego bereits sein flaches Elbenschwert und sprang auf. Das gefiederte Holz fand sein Ziel, zerschlug die massive Panzerung des Orks und bohrte sich tief in dessen schwarzes Herz. Der Zauber war verflogen. Es brach die Hölle los, während er nach vorne stürmte. Der dritte im Bunde war dabei, seine rostige Säbelzahnklinge hervorzuholen. Im Sprung griff Diego ihn an und zog seine rasiermesserscharfe Schneide über den Hals des Gegners. Grünes Blut sprudelte hervor und der Ork fiel in die Knie.

Hinter sich hörte er ein Brüllen. Was für einfältige Geschöpfe. Geschickt wendete er sich um und ging in die Hocke. Dann sprang er vor und rammte dem vierten Ork, ohne diesem die geringste Chance zu lassen, sein Schwert von unten durch den Schädel. Dessen Schrei brach ab und er fiel rückwärts in die Flammen des Lagerfeuers.

Das war geschafft. Er wischte das eklige grüne Blut von seiner Elbenklinge und ließ es in die Scheide zurückgleiten. Vier Orks waren keine ernsthaften Gegner, mit denen er sich normalerweise abgeben würde. In diesem Fall hatte er aber etwas Besonderes vor. Zunächst entfernte er mit Bedacht seine beiden kostbaren Pfeile, die zum

Glück keinen Schaden abgekommen hatten. Dann holte er zwei grob geschnitzte menschengemachte Geschosse aus seinem Köcher, die er extra für diesen Zweck dabeihatte. Anstelle seiner eigenen steckte er sie in die Körper der toten Gegner.

Die vier waren nur die Vorhut eines größeren Ork-Heeres. Wenn dessen Späher hier ankamen, mussten sie annehmen, dass die Menschen in der Burg am Rande des Waldes ihre Kampfgefährten getötet hatten. Damit war diese Festung, die sich mit den Orks verbünden wollte, demnächst vermutlich nur noch ein Haufen rauchender Ruinen. Mit dieser Aktion hatte Diego seine epische Mission erfüllt und würde mindestens dreihundertfünfzig Erfahrungspunkte für die vier toten Grünhäute sammeln. Sehr schön. Zumindest in der virtuellen Realität konnte er einen kleinen Erfolg verbuchen.

Genug des Vergnügens. Es war Zeit für das Treffen des »Hohen Rates«.

Gemessenen Schrittes betrat er mitten im Wald ein verwittertes Felsplateau. Moosbedeckte einzelne Fugen und einige der Zeichen, die elbische Steinmetze vor Ewigkeiten hier kunstvoll eingearbeitet hatten, gaben diesem Ort seine Bedeutsamkeit. Um ihn herum standen zwanzig leere Stühle, die ebenso meisterhaft gearbeitet waren. Das Plateau befand sich in dem uralten Elbenwald, aus dem Vogelgezwitscher und die Laute seltsamer Tiere erklangen.

Dies war der Entry-Point eines speziellen privaten Chatraums. Er liebte den Fantasy-Klassiker »Herr der Ringe«. Diese Lichtung stellte in seiner Vorstellung den »Rat von Elrond« dar. Die Szenerie hatte Diego gemeinsam mit Loris entworfen, der eher auf Zwerge als Elfen stand.

Den Raum durfte man nur als Spieler und auf Einladung betreten. Das galt selbstverständlich nicht für die KIs von Ermittlungsbehörden, sofern diese eine richterliche Genehmigung zur Cyber-Durchsuchung hatten. Oder für Geheimdienste. Oder andere Hacker.

Das Risiko eines Zuhörers tendierte gegen null. Der Grund war, dass es in der VR der ZEU rund dreihundert Millionen aktive Teilnehmer gab. Jeder von denen spielte diverse Spiele und war Mitglied von zig Chatgruppen. Wobei die Chats heutzutage keine Textchats waren, sondern live in der VR stattfanden.

Es waren unvorstellbare Datenmengen, die dabei produziert wurden. Zufällig etwas Relevantes aus den darunter liegenden Servern abzugreifen, war selbst für die heutigen KIs schwierig. Früher nannte man das »Security by Obfuscation« – Sicherheit durch Verwirrung. Geheime Daten wurden in einer unüberschaubaren Menge Programmcode versteckt, sodass sie niemand finden konnte – meist auch der Programmierer selbst nicht mehr.

Während er seinen Gedanken nachhing, trat ein kräftiger Zwerg im kantigen Plattenpanzer, mit langem zu Zöpfen geflochtenem Bart und Streitaxt auf die Lichtung. Der Avatar von Loris, ihrer ehemaligen »Chief Technology Officer« und Chip-Spezialist.

Kurz darauf erschien eine hochgewachsene Elbe. Ihr schlohweißes Haar war zu einem Pferdeschwanz gebunden und betonte die spitzen Ohren. Jeannes Avatar. Damals war sie »Chief Executive Officer« und inzwischen Expertin für das Training von KIs.

Auf den Dritten im Bunde warteten sie einige Minuten. Naïns Avatar materialisierte sich als schlichter, menschlicher Krieger. Die Lederrüstung eines einfachen Soldaten und ein Kurzschwert ließen ihn beinahe wie einen römischen Legionär wirken. Ehemals »Chief Security Officer«. In der heutigen Realität Spezialist für moderne Defender- und Anti-Virus-Systeme, die überall dafür sorgten, dass es kaum Schadsoftware in der Cloud gab.

Mit einem schlichten: »Hey«, begrüßte dieser missmutig die Runde. Naïn war kein Fan dieser Welt und als Security-Experte hatte er argumentiert, das moderne KIs sich von seiner »in der Masse untertauchen« Idee, nicht beeindrucken ließen. Diego vermutete eher, dass sein Mitstreiter einfach keine Fantasy mochte. Im Prinzip hätten sie genauso gut ein Raumschiff oder das alte Rom als Treffpunkt wählen können. Das hätte es vermutlich leichter gemacht, ihre Worte passend zum Spiel zu verpacken. Mit einem Kopfschütteln verdrängte er die Gedanken und konzentrierte sich auf seine Gefährten, die ihn erwartungsvoll anschauten.

»Willkommen, meine Freunde«, intonierte er, ebenfalls in Gestalt einer Elfe, allerdings mit sehr deutlichen, weiblichen Proportionen. »Wie ich gehört habe, war unser fleißiger Zwergenschmied erfolgreich?«

Loris nickte und konnte sich ein stolzes Grinsen nicht verkneifen, mit dem er eine gelbe Zahnreihe entblößte. Diese waren genauso eckig, wie die Panzerplatten seiner Rüstung. »So ist es. Mit eurer tapferen Hilfe habe ich es geschafft, Balrog auf ein winziges Artefakt zu bannen.«

»Und wie«, mischte sich Naïns menschlicher Krieger unwirsch ein, »soll das Vir... sorry, das Artefakt, in das

Gebäude unseres Erzfeindes gelangen? Ich habe euch schon mehrfach erläutert, warum es nicht ausreichend ist, es nur im Dingens ... Wie heißt das hier? Egal, nur davor zu platzieren. Jemand muss es drinnen einschleusen.«

Diego verzog das Gesicht beim unkreativen Fantasy-Radebrechen ihres ehemaligen Security-Officers. Wenn er so weitermachte, verriete er sie noch. Trotzdem war das tatsächlich die Frage aller Fragen. Wie konnten sie Balrog in der realen Welt in einen der physischen Hochsicherheitsbereiche PeaSecurs einschleusen? Er hatte dazu ein paar kreative Ideen, allerdings war es zugegebenermaßen schwierig, diese im Fantasy-Sprech zu vermitteln. Vermutlich würde er sich selbst etwas einfallen lassen müssen.

Laut sagte er: »Überlasst das mir. In meinen Heimatgefilden hat der Erzfeind viele Festungen. Ich finde sicher eine Schwachstelle in der Mauer oder einen willigen Überläufer, der uns ein Tor öffnet.«

»Und was ist mit dessen Berater?«, wollte Jeanne wissen und bezog sich damit auf Babic, den er fast noch mehr hasste als Wagner. »Durch Balrog allein wird er vermutlich nicht fallen.«

Dafür verfolgte Diego bereits einen konkreten Plan, bei dem er sich auf seine eigenen Fähigkeiten und Technik verlassen konnte: »Ich beobachte ihn inzwischen ständig mithilfe meiner Alchimisten-Kugel. Falls er einen falschen Schritt macht – habe ich ihn. Und sobald Balrog Erfolg hat und ihn unser Erzfeind nicht mehr schützen kann - zack!« Demonstrativ schlug er mit der Faust auf die flache Hand. »Wird garantiert jemand die kleine Made zerquetschen. Dafür sorge ich schon.«

»Wie du meinst«, schloss Loris, »dann heißt es jetzt wohl erst mal abwarten.«

Naïns Kriegeravatar stieß einen grummeligen Laut aus. Ihm war deutlich anzusehen, dass ihm die Warterei nicht gefiel.

»Also dann meine Freunde. Bald ist es so weit, das verspreche ich euch.« Damit streckte er seine Fäuste vor und die anderen taten es ihm nach.

»Für Rache und Gerechtigkeit!«, riefen sie gemeinsam ihren neuen Wahlspruch.

Kurz darauf

Peter

Ein lang gezogenes Heulen hallte durch die onyxfarbene Ebene vor der Mauer. Es klang wie ein Rudel Wölfe, das beschlossen hatte, gleichzeitig diese unheimlichen Laute auszustoßen. Peter warf einen Blick über die eingefallenen Reste der Brüstung auf die trostlose schwarze Fläche vor sich. In einiger Entfernung sah er verdorrte Wälder mit lanzenartigen, spitzen Ästen, die sich im Schein der zwei ungleichen Monde abhoben. Eine Handvoll mannsgroßer, rundlicher Felsbrocken lag herum, als hätten hier Riesen mit Murmeln gespielt. Er war überzeugt, dass sich dort draußen die schauerlichen Kreaturen versteckten. Das Heulen war ein klares Signal, dass man sie jagte und die nächste Angriffswelle bevorstand.

Erneut versicherte er sich seiner treuen Kampfgefährten links und rechts. Kristina und Lars waren genau wie er in dunkle Chitin-Plattenrüstungen gehüllt. Runde Kampfhelme verdeckten die Augenpartien über ihren geschuppten Schweineschnauzen. Er prüfte nochmals die Ladung seines Plasmawerfers. Achtundzwanzig Schuss. Mit so wenig würde es schwierig, diesen Kampf zu überstehen.

Rechts von ihm schrie Kristina auf. Ihr Körper blinkte kurz rot auf und ein fetter langer Dorn steckte ihn ihrem Rücken. »Arrrg, … Mist. Die kommen von hinten!«

»Verdammt! Warum hat uns das zweite Team nicht gewarnt?« Neben einen Felsblock sprang er in Deckung.

»Keine Ahnung, vielleicht wurden die schon eliminiert?« Sie warf sich herum und feuerte noch im Fallen eine Plasmasalve auf ein Ziel seitlich außerhalb seines Sichtfeldes.

Als er sich aufrichtete, um sie zu unterstützen, schlug etwas hart an seine Schulter. Die Energieanzeige sank schlagartig um nahezu zwanzig Prozent. »Verdammt. Es hat mich auch erwischt.«

»Willkommen im Klub«, kommentierte Kristina seine Aktion; von Lars war nichts zu sehen.

Als er erneut über die Deckung lugte, saß auf einer der grauen Häuserruinen ein Predator der Kategorie Level sechs. Ein albtraumhaftes Riesenvieh, von dessen ellenlangen Reißzähnen giftgrüner Speichel heruntertropfte. Seine zusammengekauerte Haltung und die hervortretenden Sehnen, zeigten ihm, dass dieser sich auf einen Sprung vorbereitete. Seine gebogenen Hinterbeine erinnerten an eine Heuschrecke. Vorne am lang gezogenen Körper saßen zwei kräftige Zangen. Die spitzen Dornen verschoss es aus seinem skorpionartigen Schwanz, der auf ihn zielte.

»Verdammich!« So es noch ging, warf er sich zur Seite, dabei war seine Bewegung durch das Gift verlangsamt. Es war, als würde er von Wasser gebremst. *Tung*. Das nächste

Geschoss ließ seinen Körper rot blinken. Seinen Plasmawerfer hochreißend hatte er das Gefühl, sich durch Sirup zu schwimmen. Der Predator sprang mit einem gewaltigen Satz auf ihn zu. Er war chancenlos. Das Viech packte zu und schleuderte ihn wie ein Hundespielzeug herum, dann senkten sich die langen Reißzähne in seinen Kopf.

Game Over. Der Schriftzug flog gehässig durch das Bild. Schwebend entfernte er sich von seinem toten, blutenden Avatar und dem Kampfgeschehen. Seine virtuelle Seele stieg gen Himmel auf. Verfluchte, Sch…

Übergangslos war er zurück im Gruppen-Chat, ein schmuckloser Aufenthaltsraum in einem interstellaren Kampfschiff. Metallspinte und stählerne Sitzbänke reihten sich an den Wänden. Ihr Mitspieler Lars hatte das Spiel bereits verlassen. Sie sollten sich einen neuen Team-Partner suchen. Kurz darauf materialisierte sich Kristina in einem roten Funkenregen, sie hatte deutlich mehr Points gesammelt als er.

»Wow, das war hinterhältig«, kommentierte sie das Spielgeschehen und warf ihren Helm in eine Ecke.

»Jo, so ein Drecksviech – und Lars ist schon wieder vorzeitig abgehauen.«

»Man, der nervt. Ich bin froh, dass wir so gute Partner sind. Ein eingespieltes Team. Auf dich kann ich mich verlassen.« Mit ihren geschlitzten Echsenaugen schaute sie ihn direkt an. »Ich wünschte, im echten Leben würde ich auch mal Kerle treffen, von denen ich das behaupten kann.«

»Ach, wer braucht schon die Real-Welt. Ich kenne ein paar abgefahrene Klubs in Proxima-Neuro. Die sind definitiv einen Besuch wert«, kam er ins Schwärmen. »Der Blue-Moon zum Beispiel. Erst zwei oder drei Drinks in der Schwerelosigkeit und dann an den Purple-Beach, um das Schlüpfen der Baby-Qualpys im Schein der fünf Monde zu beobachten. Glaub mir, es gibt nichts Besseres.«

Ihre Fäuste in die Hüften stemmend zuckte ihr schuppiger Schwanz. »Ah ja. Fragst du mich gerade nach einem Date?«

»Öhm ... na ja. Warum nicht?«

»Hm ...« Sie schaute ihn lange an und legte ihren Zeigefinger an die Lippen. Dann lächelte sie, was in ihrer aktuellen Gestalt mit der schweineartigen Echsenschnauze und den scharfen Reißzähnen irritierend wirkte. »In Ordnung. Aber ich erwarte einen anständigen Avatar – ich stehe nicht auf Schweineschnauzen. Außer zur Predator-Jagt natürlich. Weder in der VR noch in der Real-Welt.«

Da musste er lachen. »Einverstanden. Keine Schweineschnauze, versprochen. Heute Abend um acht Uhr?«

»Ich freu mich. Bis dahin.« Sie warf ihm eine Kusshand zu und loggte sich aus.

Peters Herz klopfte. Seit Ewigkeiten hatte er kein Date mehr gehabt – in keiner der Welten. Später musste er sich noch einen Avatar kaufen, der seine Persönlichkeit möglichst gut zur Geltung brachte.

In diesem Moment erinnerte ihn ein rot-blinkender Schriftzug, dass Zeit war, seinen Dienst anzutreten.

Erst der Spaß, dann das Vergnügen, sagte er sich. Der Fall des Recyclingunternehmens ließ ihm keine Ruhe. Nicht umsonst hatte er die Reputation eines leidenschaftlichen virtuellen Spürhundes, der seinen Opfern *immer* auf die Schliche kam, sobald er einmal Blut gerochen hatte.

Daher erreichte er trotz der morgendlichen Runde *Predator Fortress* überpünktlich seine Dienststelle. Nicht, ohne einen kurzen Zwischenstopp für seine geliebten Caramel-Max-Riegel einzulegen.

Nach dem Einloggen in die separierte, dienstliche VR materialisierten sich ein Dutzend Whiteboards und Pinnwände zwischen den schlichten Betonwänden seines Arbeitszimmers. Überwachungsvideos, Satellitenkarten, Firmenprofile, Gesichter und technische Zeichnungen pflasterten die Aufsteller. Alles, was er zum Fall des Recyclingunternehmens zusammengetragen hatte. Der Raum wurde vom überlebensgroßen Modell einer Spinnendrohne mit acht Beinen und vier Greifern dominiert, das ihm bis zur Hüfte reichte. Das war die »Blutspur«, der er zu folgen gedachte.

»Jana?«, fragte er seine persönliche Assistenz-KI. »War die Suche nach dem Hersteller der Bergungsdrohne erfolgreich?«

»Guten Morgen, Peter«, kam ihre sanfte Stimme aus dem Off. »Ja, das Modell konnte identifiziert werden.«

Die vor ihm schwebende 3-D-Ansicht des Gerätes wurde mit technischen Daten und dem Fabrikat ergänzt. Es war französischer Bauart. Von einem Unternehmen namens RescDrone, das 2088 als Start-up gegründet worden war. Damals hatte es über fünfzig Prozent Marktanteil in dieser Nische. 2093 hat PeaSecur es zum großen Teil übernommen und in den Konzern eingegliedert. Seitdem produzierte es im Wesentlichen nur für den Eigenbedarf und das Militär. Nichts Ungewöhnliches so weit.

»Sehr schön«, sagte er, während er um das Modell herumlief, »dann wissen wir, wem die Drohne gehört? Die werden sicherlich nicht besonders häufig verkauft.«

»Nein, das wissen wir nicht. Es gibt keinen eingetragenen Eigentümer. Alle sechsunddreißig aktiven Drohnen dieser Bauart befanden sich nachweislich an weit entfernten Orten. Außerdem senden sie normalerweise eine Kennung aus, was bei diesem Einbruch nicht der Fall war.«

Verrückt. Wieder eine Sackgasse.

»Wäre es denkbar, dass die Daten des Geräts oder des Unternehmens manipuliert wurden?«

»Natürlich, alles ist denkbar. Aber, es wurde nichts gefunden.«

Hörte er da eine gewisse Hochnäsigkeit heraus? Er schlug sich vor die virtuelle Stirn. Oh, Mann. Man musste auf jedes Wort dieser Drecks-KI achten. Die Dinger waren schlimmer als Anwälte.

»Du sagtest *aktive* Drohnen. Es gibt also auch *inaktive*?«, hakte er nach.

»Sicher. Zweiundzwanzig Geräte dieses Modells wurden bei Einsätzen zerstört oder zum Ende ihres Lifecycles außer Betrieb genommen. Da es sich um private Einheiten handelte, lässt über deren Verbleib sich keine Aussage treffen.«

Mist. So kam er nicht weiter. Jeder gewiefte Bastler wäre in der Lage, diese Exemplare zu reparieren und für den Einbruch einzusetzen. Dafür kamen in erste Linie ehemalige oder aktuelle Mitarbeiter infrage, aber grundsätzlich auch jeder andere mit entsprechender Qualifikation.

Das brachte ihn zurück zu der Frage des Motivs. Warum stahl jemand ein kaputtes Gerät von PeaSecur? Im

Grunde lag das auf der Hand: Irgendwas auf dem Stück Elektronik wurde als wertvoll erachtet. Restdaten, ein Security-Chip, was auch immer ... Aber warum ein Schrottgerät stehlen und keines, das in Benutzung war? Damit es niemandem auffiel. Was machte man mit diesen Daten oder Chips? Dass es sich um intakte Unternehmensdaten handelte, war bei einem Recyclinggerät prinzipiell auszuschließen. Hacker waren in der Lage aus den winzigsten Fitzelchen an Information die verrücktesten Lücken im System zu finden – um sich bei PeaSecur reinzuhacken. Das wäre in jedem Fall ein attraktives Ziel und klares Motiv.

War es Zufall, dass die Drohne eines Start-ups verwendet wurde, das von genau diesem Unternehmen gekauft wurde? Hatte der Dieb eine persönliche Beziehung dazu? Ein unzufriedener Mitarbeiter, der sich ungerecht behandelt fühlte und auf Rache sann? Psychisch labile Menschen waren schon aus geringeren Motiven Amok gelaufen und hatten ihre Chefs erschossen.

Hm, ... *RescDrone*. Der Name ließ etwas in seinem Hinterkopf anklingen. Ja, genau. Ein Kollege hatte ermittelt und sich über die Ironie des Namens des Hauptverdächtigen lustig gemacht. Wie hieß er noch gleich ...?

»Jana? Was kannst du mir über RescDrone erzählen? Insbesondere über die Übernahme durch PeaSecur. Damals gab es irgendeinen größeren Skandal.«

»Sicher. Der Übernahme gingen ein Korruptionsskandal sowie Kinderpornografie-Vorwürfe gegen einen der ehemaligen Gründer und Hauptanteilseigner voraus. Es wurden sämtliche Anklagepunkte im folgenden Prozess fallengelassen.«

Das war es! Das waberte kurzzeitig durch alle Medien. »Wie hieß der Kerl noch gleich? Er hatte irgendeinen spanischen Namen, bei dem eine gewisse Ironie mitschwang. Irgendwas mit Moral ...«

»Morales. Diego. Das war der Beschuldigte.«

»Na, siehste! Los! Zeig mir alle Details über den Skandal und die Übernahme. Mich interessieren insbesondere die Eigentümer und was aus ihnen geworden ist.«

In den nachfolgenden Stunden machte er sich ein umfassendes Bild von den damaligen Geschehnissen. Nach dem Skandal um Diego Morales sprangen einige Investoren ab und das hatte die Gründer dazu genötigt, ihre Anteile zu verkaufen. Nur so konnte PeaSecur das Start-up kaufen. Ein Schelm, wer da Böses denkt. Vor allem, da später sämtliche Vorwürfe entkräftet wurden.

Dem folgend, was sie vorher in der Presse und privaten Blogs von sich gegeben hatten, war es ihnen nie darum gegangen, mit ihrem Unternehmen reich zu werden. Sie waren Idealisten, die eher zufällig unternehmerisch Erfolg hatten.

Die vier Gründer hatten am Ende gezwungenermaßen ihre Anteile an PeaSecur verkauft und jeweils ein Vermögen gemacht. Nacheinander wurden sie im Laufe der Monate geschasst und verloren ihre Positionen. Arbeiten musste keiner von denen mehr, obwohl sie inzwischen bürgerliche Jobs als Professorin, Security-Spezialist und Nachtklubeigentümer innehatten.

Nur über einen konnte er nicht herausfinden, womit sich dieser seine Zeit vertrieb: Diego Morales. Und nicht nur das. Er war damals der Leiter von Forschung und Entwicklung des Start-ups, ausgebildeter Elektrotechniker und wohnte in Almería im Süden Spaniens. Nur zweihundert Kilometer von der Recyclinganlage entfernt.

Wenn einer nicht nur ein glasklares Motiv, sondern auch die Zeit, Mittel und Fähigkeiten hatte, einen Racheplan gegen PeaSecur zu schmieden und umzusetzen – dann er.

Geld regiert die Welt

Jacques

Mit aufgerissenen Augen starrte er Idir an. Karas Vater schnaufte und erwiderte den Blick. Dessen Triade aus Vorwürfen traft ihn bis ins Mark. Schluckend fiel ihm keine passende Erwiderung ein. Ohne ein Wort zu verlieren, stand er auf, knallte die Tür hinter sich zu und verließ das Hostel. In der kühlen Nachtluft rannte er ziellos die Straße hinunter.

Was fiel diesem aufgeblasenen Idioten ein? Natürlich hätte er das allein geschafft. Von wegen, seine Schuld. Seine Mutter war es, die verzweifelt nach einer Lösung gesucht hatte. Warum? Aufgrund der Pacht, die Idir ihnen aufbrummte! Außerdem war Kara zu ihm auf den Lkw gesprungen. Er hatte sie nicht darum gebeten. Und das mit der Taschenlampe, die die Soldaten auf ihre Spur gebracht hatten? War ebenfalls ihre Idee gewesen, nicht seine. Und was konnte er dafür, dass Annabelle damals mit ihm in diesem Kaff gestrandet ist?

Verflucht! Mit jedem Schritt versank er tiefer im Sumpf. Statt ihm eine helfende Hand zu reichen, schien ihn jeder mit seinen Füßen weiter hineinzudrücken. Als wäre das alles auf seinem Mist gewachsen. Und Kara? Die wurde von ihren Verfolgern im Nebel davongezogen, während er hilflos mit seinen Beinen strampelte und der Schlamm ihn inzwischen bis zur Nasenspitze bedeckte.

Als er seine Schritte verlangsamte, fiel ihm auf, dass sich die flache Mauer der Uferpromenade vor ihm erhob. Die Stille der Nacht wurde nur von einzelnen Möwenschreien unterbrochen. Die Marktstände waren abgebaut oder verrammelt. Leuchtende Scheinwerfer weit entfernter Fischerboote auf dem Meer das einzige Zeichen von Leben. Er setzte sich auf die niedrigen Steine und vergrub seinen Kopf in den Armen. Sein Zorn verrauchte und hinterließ eine dumpfe, hilflose Leere.

Damit war seine Suche vorbei. Endgültig. Karas Vater würde nie wieder ein Wort mit ihm reden, von der Verlängerung der Pacht für die Felder ganz zu schweigen. Seine Liebste zu finden, erschien komplett aussichtslos, vermutlich war sie gar nicht mehr auf diesem Kontinent. Ohne Idirs Mittel und Unterstützung war er am Ende. Im wahrsten Sinne des Wortes.

»Hey, du!«

Ruckartig schrak er auf, scheinbar war er tief in seinen Sorgen versunken kurz eingenickt. Erschrocken drehte er sich um. Zwei Meter neben ihm saß ein Kerl im ölverschmierten Blaumann mit aufgerollten Ärmeln und reichlich tätowierten Unterarmen.

»Was?«, fragte er lauter als notwendig. Er war nicht in der Stimmung für eine Unterhaltung und traute dem Typen nicht. War das eines der Gang-Mitglieder?

»Bleib cool Mann. Du siehst aus, als wärst du ganz schön durch. Magst ´nen Wein?« Damit deutete er auf eine nahezu volle Rotweinflasche zwischen seinen Beinen.

Nochmals schaute er sich den Burschen genauer an: maximal zehn Jahre älter als er, stoppelige schwarze Haare und Tattoos bis zum Hals. Aber man sollte den Charakter eines Menschen nicht nach seinem Äußeren beurteilen, hatte ihm seine Mutter eingebläut.

Tief ausatmend gab er sich einen Ruck und wandte sich an den Fremden: »Tut mir leid. Der Tag war echt hart. Also ja. Gerne. Vielen Dank.«

Kurz darauf hatte er einen gefüllten Pappbecher mit einer Flüssigkeit in der Hand, die in der Dunkelheit schwarz wirkte, und sie stießen symbolisch an. Der Alkohol stieg ihm kribbelnd in die Nase, als er einen Schluck nahm. Auch wenn diese Getränke im Dorf verpönt waren, hatte er zumindest schon mal Airag, vergorene Ziegenmilch, probiert. Der säuerlich-fruchtige Geschmack des Weins war damit nicht vergleichbar.

»Ich bin Fazil. Nett dich kennenzulernen. Worauf stoßen wir an?«

Diese Frage überrumpelte ihn. »Ich heiße Jacques. Ähm, ... keine Ahnung.«

»Jacques? Oh, là là. Das klingt Französisch. Vive la Révolution!«, rief der Tätowierte und ahmte er seinen Akzent übertrieben nach.

Ihm stahl sich ein Grinsen auf das Gesicht. Die unbekümmerte Art seines Gegenübers war ansteckend. Nochmals trank er einen ordentlichen Schluck und fragte sich, welche Revolution gemeint war. Der Alkohol wärmte ihn von innen und stieg sofort in den Kopf. Fazil erzählte im Plauderton, dass er gerade mit dem Job fertig sei. Irgendwelche Schiffsmotoren, die er instand setzte.

Nach dem dritten Becher löste sich seine Zunge. Worte sprudelten heraus. Die Flucht vor seinem alkoholabhängigen Erzeuger, der ihn und Annabelle fast totgeprügelt hatte. Ihre Ankunft und ihr armseliges Leben im Dorf. Der Tod seiner Mutter. Karas Entführung. Und zuletzt die ungerechte Behandlung durch ihren Vater.

»Falls sie wirklich in Europa ist, finde ich sie nie«, meinte er abschließend, saß zusammengesunken auf der Mauer und starrte auf seinen leeren Becher. »Idir hasst mich und hält mich für einen unfähigen Versager. Und er hat recht: Ohne sein Geld komme ich nicht rüber. Abgesehen davon, dass die Chancen, die Überfahrt zu überleben, eher gering sind.«

»Na ja, gib nicht so schnell auf. Die Lösung ist doch offensichtlich.«

»Häh?« Er sah auf.

»Geh zu ihrem Vater zurück, entschuldige dich wegen deines kindischen Verhaltens – und zeig Haltung. Scheinbar verfügt nur er über die notwendigen Kohle und muss dir die Überfahrt zutrauen. Jetzt davonzulaufen, bringt dich deiner Kara keinen Schritt näher.«

Das entbehrte nicht einer gewissen Logik, auch wenn ihm das widerstrebte. Idirs Aussagen waren unfair, aber er musste zugeben, dass einige der Punkte ihre Berechtigung hatten. Wie würde er reagieren, sobald er wieder auf der Matte stünde? Ihn weiter anbrüllen? Verständnis zeigen? Am Ende waren die Möglichkeiten von Karas Vater ebenfalls begrenzt, wollte er nicht selbst hinüberfahren und seine Familie zurücklassen. Oder Kara aufgeben. Diesen Gedanken verdrängte er. Wobei das Thema der Passage nach Europa sie nochmals vor viel größere Herausforderungen stellen würde.

»Okay, da ist was dran. Trotzdem klingt das mit der Überfahrt ziemlich unmöglich.«

»Das ist nur eine Frage des Geldes.« Fazil zwinkerte ihm zu.

»Ja, logisch. Aber wie meinst du das?«

»Falls Karas alter Herr genug Kohle aufbringen kann, wie du vermutest, und ihm seine Tochter wirklich wichtig ist, gibt es so eine Art VIP-Shuttle. Geh in Richtung des Festungsbergs und frag nach *Jawarias Schiffsmotoren.*« Damit erhob sich Fazil, trank den letzten Schluck direkt aus der Flasche und warf sie im hohen Bogen in das Hafenbecken. Leicht schwankend drehte er sich um und schlenderte davon. »´Nen schönen Abend noch! Man sieht sich ...«

»Hey«, rief er ihm hinterher, »was genau meinst du?«

Statt einer Antwort machte der Tätowierte nur eine wegwerfende Geste und verschwand kurz darauf zwischen den verrammelten Marktständen.

»Na ja. Danke jedenfalls ...« Beduselt und verwirrt blieb er sitzen, während unter ihm die seichten Wellen gegen die Kaimauer platschten.

Etwas später kam er leicht wankend am Hostel an. Ihm war übel. Ob vom Alkohol oder der Aussicht, Idir unter die Augen zu treten, wusste er nicht zu sagen. Unschlüssig hielt er vor der Eingangstür inne. Vorhin beim Rotwein erschien die Idee simpel. Aber in diesem Moment lag sie ihm bleischwer im Magen. Welche Worte würde er an Karas Vater richten? Hörte ihn dieser an? Schlief er bereits?

Am besten schlich er sich leise herein und probierte es morgen früh. Sein Herz klopfte, während er durch die spärlich erleuchteten Flure der Herberge schritt. Mit Bedacht öffnete er die knarzende Tür zu ihrem finsteren Zimmer einen kleinen Spalt und lugte hinein. Der Raum war unbeleuchtet und die Zwillinge schnarchten in ihren Betten. Die Silhouette von Karas Vater, der seine Stirn auf die Hände stützte, zeichnete sich am runden Tisch in der Mitte ab.

»Idir ...?«, fragte er mit leiser Stimme, die ihm unnatürlich laut erschien.

»Was willst du noch Junge? Hast du nicht schon genug Unheil angerichtet?«, meinte dieser, ohne seine Position zu verändern.

Er straffte sich und holte einen Stuhl. Mit neuem Mut setzte er sich aufrecht gegenüber von Karas Vater und schaute direkt in seine Richtung.

»Kara. Es geht nur um sie.« Seine Stimme war erstaunlich fest und zitterte kaum.

Daraufhin hob Idir seinen Kopf. In der Finsternis waren keine Einzelheiten seiner Mine auszumachen. »Ja, natürlich. Das hatten wir schon. Junge, hast du getrunken?«

Die letzte Bemerkung ignorierend fuhr er fort: »Es ging mir nie um was anderes. Ja, ich war egoistisch und kopflos. Ich habe die Worte meiner Mutter ignoriert und befürchte, dass sie meinetwegen ins Verderben gerannt ist. Und ja, ich hätte mich bei dir für deine Hilfe bedanken sollen. Und vielleicht bin ich auch kein besonders guter Bauer oder Geschäftsmann.« Er holte tief Luft. »Das alles tut mir leid. Ehrlich. Und nochmals vielen Dank für deine Hilfe. Für mich zählt nur Kara. Aber ... ohne deine Hilfe habe ich keine Chance, sie zu finden. Daher lass uns weiterhin gemeinsam suchen.«

Ihr Vater schwieg sekundenlang und schien ihn in der Dunkelheit nachdenklich zu betrachten. Das Wummern seines eigenen Herzschlags füllte den gesamten Raum.

»Ist schon gut, Jacques.« Ausnahmsweise titulierte ihn Idir nicht als *Junge*. »Es tut mir auch leid. Ich war vorhin beleidigend und ungerecht. Mir wird das ebenfalls alles zu viel. Du hast eine Entschuldigung verdient und ich rechne es dir hoch an, dass du zurückgekommen bist. Natürlich ist das nicht alles deine Schuld und vieles wäre nicht zu verhindern gewesen. Ich denke, Annabelle wäre in jedem Fall gegangen. Es war eurer ausweglosen Situation geschuldet. Eventuell hätte ich ...« Kurz hielt er inne. »Sicherlich wollte sie nur das Beste für euch, aber wir können die Vergangenheit nicht ändern.«

Idirs Silhouette straffte sich, während er sich von seinem Stuhl erhob: »Also, gut. Lass uns weiter gemeinsam nach meiner Tochter suchen. Für mich gibt es auch nichts Wichtigeres – wenn auch aus unterschiedlichen Gründen.«

Er hielt seine Hand über den Tisch hin. Jacques stand ebenfalls auf und schlug ein. Ihm fiel ein Stein vom Herzen. Hätte Karas Vater anders reagiert, wäre seine Suche an dieser Stelle zu Ende gewesen.

Kara

Karas Kopf hämmerte.

Wo war sie?

Schwanken.

Finsternis.

Ihr war speiübel.

Ihr ganzer Körper, ein einziger Schmerz.

Dumpfes metallisches Dröhnen.

Waren das Wellen?

Sie konnte ihre Hände nicht bewegen!

War sie gefesselt?

Helles Licht blendete.

Ein Stich im Arm.

Warme Dunkelheit.

Endlich Ruhe.

Jacques

Am nächsten Morgen weckten ihn Sonnenstrahlen und Gesprächsfetzen aus der wohligen Dunkelheit des Schlafes. Er war ausgeschlafen und voller Energie. Die Aussprache mit Idir hatte ihm gutgetan und Fazil hatte eine neue Chance aufgezeigt. Vor dem Bett saßen die drei beim Frühstück am Tisch. Frisches Fladenbrot, Oliven, Datteln, Feigen sowie fluffiges Gebäck ließen ihn das Wasser im Mund zusammenlaufen. Sogar Tee gab es.

»Bonjour, das sieht einladend aus. Hättet mich ruhig wecken können, dann hätte ich bei der Besorgung geholfen.«

»Das ist schon in Ordnung, mach dir keinen Kopf«, meinte Malik. »Ich bin ein Frühaufsteher und habe eine Runde über den Markt gedreht. Außerdem seid ihr gestern erst spät ins Bett gekommen.«

»Also nochmals«, wiederholte Idir, scheinbar um einen unterbrochenen Gesprächsfaden wieder aufzunehmen. »Ihr wollt nach Europa übersetzen, aber habt noch keinen Schlepper.«

»Ja, leider«, bestätigte Adam. »Wir wollen uns heute auf die Suche machen.«

»Worum geht es eigentlich?«, mischte sich Jacques ein. Schlepper? Europa? Hatte er das richtig verstanden?

Sie erklärten ihm, dass sie eine Überfahrt in die ZEU wagen wollten. Das mit ihrer Tante war eine Ausrede, da ansonsten jedem klar wäre, dass sie viel Bargeld dabeihätten. Sie kamen aus ähnlich ärmlichen Verhältnissen wie er und ihre Familie hatte jahrelang das notwendige Geld für die Passage gespart. Die beiden hofften auf ein besseres Leben in der ZEU, ihre Chancen bleiben zu dürfen waren gering. Dennoch sei es einen Versuch wert, davon waren sie fest überzeugt.

Idir wandte sich an sie: »Nun, wir müssen zunächst herausfinden, ob Kara sich hier oder in Europa befindet. Aber vielleicht kann uns dabei ein Schlepper behilflich sein? Ich traue diesen Burschen nicht. Trotzdem, irgendwer muss sie ja rüber geschmuggelt haben oder etwas darüber wissen.«

»Ähm ...«, meinte Jacques und hob eine Hand, »ich hab gestern Nacht jemanden kennengelernt, der scheinbar über passende Kontakte verfügt.«

Drei Augenpaare wendeten sich ihm zu.

»Gestern Nacht? Lagst du da nicht im Bett?«, fragte Malik.

»Ich ...« Er sah Idir an. »... konnte nicht schlafen und musste einen klaren Kopf kriegen. Da bin ich nochmals raus. Am Hafen hab ich einen Mann getroffen und mich länger mit ihm unterhalten. Am Ende hat er empfohlen, *Jawarias Schiffsmotoren* zu besuchen. Ist nicht weit von der Festung. Dort werden Überfahrten vermittelt – sofern man über genug Geld verfügt.« Den obskuren Hinweis auf das VIP-Shuttle verkniff er sich, ansonsten klänge die Geschichte noch unglaubwürdiger.

»Klingt komisch«, meinte Adam, »aber eine bessere Idee habe ich auch nicht. Egal wen man uns empfiehlt, wir wissen nichts über denjenigen. Wollen wir uns den Laden mal ansehen?«

»Lasst uns gleich nach dem Frühstück aufbrechen«, beschloss Idir nach kurzer Diskussion ihrer Optionen. »Aber seid vorsichtig mit euren Dollar. Das könnte genauso gut eine Falle sein.«

Niemand widersprach.

Als sie gemeinsam aus der Tür des Hostels traten, war es früher Vormittag und die Sonne brannte vom wolkenlosen Himmel. Der Seewind verschaffte ihnen etwas Kühlung und trug den salzigen Geruch von Tang und Fisch in die Stadt. Sie marschierten wieder zurück an die ehemalige Promenade, ignorierten die Gangs und bogen westlich ab. Der von einer weitestgehend zerbröselten Ruine gekrönte Festungsberg war nicht zu verfehlen.

Zwischendurch hielt Idir inne und stoppte sie: »Entschuldigt, aber ich mache mich auf den Weg zu einem Geldverleiher, um herauszufinden, was ich für meine Felder bekommen kann. Ich denke, wir werden Geld benötigen, um Kara auf die Spur zu kommen. Von einer Überfahrt ganz zu schweigen.«

»Ich ...« Er wusste nicht, was er dazu sagen sollte. Ihr Vater wollte sich mit seinen Ländereien verschulden? Er ging damit ein enormes Risiko ein. Nicht nur, dass er die Schulden zurückzahlen müsste. Bereits ein schlechtes Erntejahr würde möglicherweise reichen und seine Familie wäre genauso mittellos wie er selbst.

»... bist du sicher?«, schloss er seinen Satz, da ihm nichts Besseres einfiel.

»Hast du einen anderen Vorschlag?«, konterte Idir und hob die Augenbrauen.

Als er wortlos den Kopf schüttelte, drehte der Mann ebenso schweigend um und bog in Richtung des Geschäftsviertels ab.

Langsam stiegen erste Zweifel in Jacques auf. Herauszufinden, wohin es Kara verschlagen hatte, war die eine Sache. Aber Europa war ein ganzer Kontinent und er hatte keine Ahnung, wie es drüben aussah. Selbst wenn er seine Liebste fände und sie heil wieder zurückkämen – ihre Familie wäre in Zukunft hoch verschuldet. Die Erkenntnis, was Idir auf sich nahm und die Verantwortung, die damit auch auf seinen Schultern lastete, drückte deutlich schwerer, als er erwartet hatte.

Eine halbe Stunde marschierten sie am Ufer. Die zunächst dicht gedrängten Buden und Stände wurden immer weniger. Auch der Strom der Käufer reduzierte sich auf ein kleines Flüsschen und versiegte nach einer Weile komplett. Einsam wanderten sie die links ansteigende und felsiger werdende Küstenlinie entlang. Zu ihrer Rechten war Meeresbrandung zu hören, die gegen das Ufer klatschte. Sie orientierten sich auf der Straße in Richtung der ehemaligen Hafenanlagen vor der Festung. Die alten Stadthäuser wichen Lagerschuppen mit abblätternder Farbe. Die Lagerhäuser, an denen sie vorbeikamen, waren teils nur noch Ruinen mit eingebrochenen Dächern, gesäumt von verrosteten Lkw-Wracks und abgeknickten Lagerkränen.

Um die nächste Kurve biegend sahen sie es. Auf einem rostzerfressenem Schild stand in handgemalten roten Lettern: *Jawarias Schiffsmotoren.* Das Gelände lag neben der Straße an der Wasserkante und war von einer grob gemauerten, rund zwei Meter hohen Mauer in Richtung Meer umgeben, die es vor Stürmen schützte. Ansonsten schien es hier keine stärkere Sicherung des Areals zu geben. Entweder gab es hier nichts zu stehlen – oder den Besitzer bestahl man besser nicht. Er fragte sich, was ihm lieber wäre.

Die Gruppe betrat das Gelände unbehelligt durch ein angelehntes Gittertor. Vor ihnen erhob sich eine dreistöckige, weißverputzte Lagerhalle, in gutem Zustand. Rechts neben dem Gebäude schaukelten in einem Privathafen ein halbes Dutzend rostiger Schnellboote, die schon bessere Zeiten gesehen hatten. Nur eines stach heraus: frisch lackierter graublauer Rumpf, modernes Führerhaus sowie Platz für mindestens zehn Personen. Bezeichnungen oder Namen hatte keines der schlanken Stahlschiffe.

Ein Bursche kam in ölverschmiertem Blaumann aus einer Tür seitlich eines breiten Tores der Halle auf sie zu. Das Gesicht erkannte er wieder.

»Bonjour Fazil!«, ergriff Jacques das Wort. »Erinnerst du dich noch an gestern Nacht?«

»Guten Tag, die Herren. Nein, tut mir leid. Was kann ich für Sie tun?«, fragte der Tätowierte im neutralen Tonfall, sobald er nahe genug heran war.

»Du hast gesagt, dass du uns bei der Überfahrt nach Europa helfen kannst«, antwortete er verwirrt.

»Tut mir leid«, meinte der Bursche. »Aber braucht ihr ein Ersatzteil für euer Schiff?«

Das kapierte er nicht. War das der gleiche Fazil wie heute Nacht?

Adam wendete sich um: »Lasst uns verschwinden. Das war wohl nichts.«

Da prustete ihr Gegenüber los und schlug sich lachend auf den Schenkel.

»Hey, das war ein Witz! Klar erinnere ich mich an dich. Vive la Révolution und so ...« Er zwinkerte ihm zu und stieß spielerisch mit der Faust gegen seine Schulter. »Kommt mit, ich stelle euch der Chefin vor.«

»Oh, Mann. Das ist nicht witzig«, meinte Jacques und folgte kopfschüttelnd.

Kurz darauf traten sie gemeinsam durch die Tür des Lagerhauses. Sie öffnete sich in ein modernes, aufgeräumtes Büro mit zwei Schreibtischen und diversen Aktenschränken. Auf der gegenüberliegenden Seite des Raumes führte eine weiße Feuerschutztür in die Lagerhalle. Diese war geschlossen und Fenster gab es nur in Richtung Straße. Auf einem der Tische lag ein Laptop, dahinter saß eine Frau in den Fünfzigern. Sie trug eine Horn-Lesebrille und hatte mittellanges schwarzes Haar mit grauen Strähnen. In dem Moment, in dem sie hereinkamen, stand sie auf und schaute die Besucher an.

»Wen hast du mir denn da mitgebracht, Fazil?«, fragte sie ihn anstelle einer Begrüßung.

»Sie brauchen ein *Schiff*.« Das letzte Wort betonte er seltsam.

Erst jetzt wandte sie sich an die Gruppe und meinte kurz angebunden: »Sieht das hier aus wie eine Bootsvermietung? Also, was wollt ihr wirklich?«

Adam ergriff die Initiative: »Entschuldigung, wir sind neu hier und kennen die Gepflogenheiten nicht. Sind Sie Jawaria?«

»Ja, bin ich, und jetzt raus mit der Sprache, bevor ich euch seltsame Truppe vom Gelände werfen lasse.«

»Uns wurde versichert, dass Sie Überfahrten nach Europa vermitteln. Wir können das natürlich bezahlen.«

Er hatte sich das Gespräch anders vorgestellt. Die Alte war scheinbar nicht ernsthaft auf der Suche nach zahlender Kundschaft.

»Hm… ja. Das trifft es nicht ganz.« Jawaria betrachtete sie forschend. »Aber gut, wie viel?«

Die Zwillinge schauten sich kurz an. Einer wortlosen Übereinkunft folgend holten sie zwei Bündel Eurodollar aus den Taschen und zeigten es ihr. Er hielt sich zurück und hoffte, dass das keine Falle war und sie nicht direkt ihr Bargeld loswurden – oder ihr Leben.

»Oh, Mann«, meinte die Frau augenrollend. »Ich wollte nicht wissen, ob ihr ein paar Dollar in den Taschen habt, sondern welche Summe ihr insgesamt zahlen könnt und wie viele Personen mitfahren.«

»Nur wir drei. Was willst du für die Überfahrt haben?«, fragte Adam ebenfalls zur respektlosen Alltagssprache wechselnd, die Jawaria von Anfang an nutzte.

»Zweihundert pro Person mit den simplen Schiffen, dreihundertfünfzig mit dem Speedboot. Wir bringen euch zum Wall, ihr klettert mit Leitern zwischen Spikes hindurch. Auf der anderen Seite springt ihr ins Meer und werdet aufgesammelt.«

Wow. Er verdiente maximal zwanzig Dollar pro Monat und kapierte das Problem nicht: »Wenn das so einfach ist, warum bietest du ein *VIP-Shuttle* an?«

Fragend schaute sie Fazil an, er nickte ihr bestätigend zu.

»Weil es eben nicht *einfach* ist«, erläuterte sie. »Hoher Seegang, scharfkantige Stacheln, die einem leicht ein paar Gliedmaßen abtrennen. Falls man Pech hat, ein Wartungsroboter zum falschen Zeitpunkt. Auf der anderen Seite muss man schnell von den Spikes wegkommen, um nicht zu enden wie ein aufgespießter Schmetterling.« Sie schaute Adam forschend an. »Für ausreichende Barmittel biete ich euch gerne eine verhältnismäßig sichere Passage – ohne Kletterpartie. Das *VIP-Shuttle*, wie wir es nennen.«

»Wie viel soll das kosten?« Man sah dem Zwilling seine Abneigung gegen die Alte an.

»Eintausend pro Person – und keine weitere Diskussion! Wir sind hier nicht auf dem Basar. Die Hälfte sofort, die andere, sobald wir ablegen.« Um einem Einspruch zuvorzukommen, hob sie ihre Hände. »Dafür garantiere ich eine sichere Überfahrt. Die Alternative habe ich euch erläutert, sie ist deutlich günstiger. Eure Chancen, das zu überleben, entsprechend geringer.«

»In Ordnung. Aber ich traue dir nicht, sorry«, erwiderte Adam. »Du musst uns schon erzählen, warum das bei dir so viel sicherer ist.«

»Moment, eines noch«, mischte sich da Jacques ein und erntete irritierte Blicke. »Ich suche nach meiner ... Verlobten, Kara. Soldaten haben sie in der Wüste nahe Saida entführt. Adam und Malik hier vermuten, dass man sie möglicherweise nach Europa gebracht hat, aber vielleicht ist sie weiterhin in der Stadt.«

»Kein Problem«, antwortete Jawaria mit den Schultern zuckend, »du kannst dich drüben ja umschauen.«

»Du verstehst nicht: Ich will nicht rüber, falls ich nicht muss. Kannst du rausfinden, ob sie in den letzten zwei Tagen hinübergebracht wurde oder hier ist? Die Soldaten hatten den Schriftzug ›ORA-23-Q‹ an ihrem Laster. Wenn sie noch hier ist, will ich sie freikaufen.«

Schweigend schaute sie ihn an. Vermutlich rechnete sie nach, wie viel sie zusätzlich verdienen konnte.

»Es werden immer wieder junge besonders hübsche Frauen und manchmal auch Männer oder Kinder gegen ihren Willen nach drüben gebracht. Das organisiert das Militär, das den Hafen kontrolliert. Ich habe damit nichts am Hut, kenne aber ein paar Leute.« Sie hielt kurz inne. »Die Recherche wird nicht billig, sie kostet nicht nur meine Zeit. Ich löse einige Gefallen ein und habe Auslagen. Sagen wir zweihundertfünfzig extra. Damit sollte ich klarkommen.«

Mist. Mehr als eine Handvoll Eurodollar in seiner Tasche hatte er nicht zu bieten und würde später Idir fragen müssen, ob er sie bezahlen könne.

Da sprang Adam ein: »Das geht in Ordnung. Tausend für die Überfahrt für uns beide und hundert für die Recherche – als Anzahlung. Wobei du immer noch den Beweis deiner sicheren Methode schuldig bist. Für ihn zahlen wir nichts, da wir nicht wissen, ob er mitfährt.«

Ihn verwunderte es, dass die beiden über ausreichend Eurodollar verfügten und bereit waren, diese für ihn einzusetzen. Das mit den ähnlich ärmlichen Verhältnissen hatte er scheinbar deutlich unterschätzt.

»Einverstanden. Den Beweis bekommt ihr«, antwortete Jawaria und hielt Adam die Hand hin. Er schlug ein.

Schief grinsend öffnete Fazil die Tür in Richtung Lagerhalle und verbeugte sich spielerisch: »Et voilà, Messieurs. Ich bitte einzutreten.«

Nacheinander passierten sie die Tür. Was sie in der Halle erwartete, verschlug ihm den Atem.

Die scharfen Krallen der Verzweiflung

Kara

Oh, ... bei Allah. Ein pelziger Geschmack überzog Karas Zunge wie Ziegenfell und ihr Kopf hämmerte, als schlüge sie ihn im Sekundentakt mit Karacho gegen eine Betonwand. Und Durst. Sie brauchte dringend Wasser. Vorsichtig öffnete sie ihre verklebten Augen. Grelles Licht blendete sie und brannte rot-gelbe Flecken in die Netzhaut. Schnell wieder zu. Tief durchatmen. Übelkeit herunterschlucken. Beim zweiten Versuch war sie vorsichtiger. Mit halb geöffneten Lidern drehte sie ihren Kopf zur Seite. Hellweiße Bettwäsche, die nach Waschmittel duftete. Wo in Allahs-Namen befand sie sich?

Auf dem Nachttisch erkannte sie schwammig eine schlanke Wasserflasche. Ohne zu zögern, griff sie das kühle Glas, öffnete den Verschluss und ließ die kristallklare Flüssigkeit in gierigen Schlucken ihre Kehle herabrinnen. Erst als die das Gefühl hatte, ihr Bauch bildete eine Kugel, setzte sie die Flasche ab und hob erneut ihre Lider.

Auf ihre Ellenbogen gestützt schaute sie sich genauer um. Auf dem weiß lackierten Nachttisch lag eine grasgrüne Tablette. War das gegen Kopfschmerzen? Denkbar. Wer sie hierhergebracht hatte, würde wissen, wie elendig man sich nach dem Aufwachen fühlte. Sie ignorierte die Pille und nahm lieber die Schmerzen in Kauf. Sich aufsetzend ließ sie den Blick durch die Kammer gleiten.

War das ein Traum? Nein. Aus ihrem Blickwinkel waren cremefarbene Wände, ein Spiegelschrank und ein schlichter Tisch mit zwei Stühlen zu sehen. Wie das Zimmer einer reichen Familie aus dem Fernsehen. Der Raum war fensterlos und ohne Bilder. Die rahmenlose Tür hatte einen Griff und kein Schloss. In einer Ecke hing ein weißer Vorhang. Eher die Gefängniszelle für eine Prinzessin, korrigierte sie ihren ersten Eindruck.

Wo war sie? Was war passiert? Sie versuchte, sich zu erinnern und erkannte zu spät, dass das ein Fehler war. Erinnerungsbilder stürzten auf sie ein wie eine Lawine mächtiger Felsbrocken. Keuchend viel sie zurück auf das Bett. Wurde wie ein hilfloses Sandkorn mitgerissen von dem finsteren Mahlstrom. Vergrub ihr Gesicht im Kissen und drückte die Hände auf die Ohren. Schrie auf. Es half nichts. Die Erinnerungslawine riss sie unerbittlich mit. Ließ sie nochmals durchleben, was kein Mensch erleben sollte ...

Jacques´ ermordete Mutter. Eine kalte Wüstennacht. Soldaten hatten auf ihn geschossen und sie in einem Pickup entführt. In dem Auto saß sie zwischen stinkenden Kerlen auf der Rückbank. Unrasierte, dreckig grinsende Gesichter und ein Goldzahn blitzten auf. So deutlich, als wäre sie erneut vor Ort, biss sich der Gestank aus Männerschweiß, Zigarettenrauch und alten Socken in ihrer Nase fest. Schwielige Hände an ihrem Körper. Unter ihrer Kleidung. Überall. Stundenlang. Ihre Versuche, sich zu wehren, werden nur mit Lachen quittiert. Ein Hosenstall, der geöffnet wird und ... Ihr wurde übel und sie musste sich neben das Bett übergeben. Nur Wasser und Galle kamen heraus. Eine Gänsehaut überzog ihren Rücken. Aber es hatte sie für einen Moment aus den klebrigen Erinnerungen geholt. Nur, um sie erneut umso heftiger mitzureißen.

Spät in der Nacht erreichten sie eine Stadt mit beleuchteten Straßen und gepflegten Häuserfassaden. Gänzlich anders als ihr Dorf. Die Soldaten hielten in einer Nebenstraße vor einem unscheinbaren grauen Gebäude und schleppten sie durch den Eingang hinein. Man warf sie in einem feucht und muffig riechendem Zimmer auf ein fleckiges Bett. Schläge knallten gegen ihren Kopf und Körper, bis sie kaum noch bei Besinnung war. Was danach kam, übertraf ihre schlimmsten Erwartungen. Schmerzhafte und demütigende Stunden, in denen sie am liebsten gestorben wäre. Ein klebriges, finsteres Gespinst aus Leid, Gestank und nackten Körperteilen.

Erst eine Ewigkeit später hörte es auf. Das Zimmer war abgeschlossen und sie eine Gefangene. In dem Moment zählte für sie nur, dass die Schmerzen nachließen und man sie in Ruhe ließ. Durch ein altes vergittertes Fenster fiel ein Fleck Helligkeit herein und wanderte über den Boden. Stunden vergingen. Am Ende kam ein anderer Kerl in traditioneller Leinenkleidung durch die Tür. Er sprach kein Wort, gab ihr zu trinken – und eine Spritze.

Danach war alles ein schwammiger Brei. Einzelne Szenen und undeutliche Bilder blitzten vor ihrem geistigen Auge auf. Eine weitere Autofahrt durch die Stadt. Abend in einer Hafenanlage. Orangene Lichter. Gestank nach Schmieröl. Eiserne Böden. Eine finstere Kammer, in der man sie auf eine Liege schnallte. Erneut ein Hafen. Große Roboter. Man steckte sie in den Kofferraum eines Autos. Noch eine endlose rumpelnde Fahrt.

Die Bilder wiederholten sich. Immer wieder und wieder ...

Tief sog sie die klare Luft ein, als wäre sie aus tausend Metern Tiefe aufgetaucht. Drehte sich auf den Rücken und streckte ihre verkrampften Gliedmaßen. Sie lag weiterhin in zerwühlten und durchgeschwitzten Laken im Bett ihrer edlen Gefängniszelle.

Langsam klärte sich ihr Geist und die Schmerzen klangen zu einem dumpfen Pochen ab. Offenbar war sie doch noch einmal eingeschlafen. Mit einer bewussten Anstrengung vermied sie es an die Albträume und ... das davor ... zu denken. Konzentrierte sich auf das Hier und Jetzt.

Sie musste hier raus. Schnellstmöglich. Was ihr hier bevorstand, konnte sie sich nach ihren bisherigen Erlebnissen ausrechnen. Egal, wie reich ihr Entführer sein mochte. Die Tür! Mit einem Sprung war sie heran. Abgeschlossen. Mist. Sollte sie schreien? Besser nicht, ansonsten wüsste ihr Entführer sofort, dass sie wach war.

Was gab es noch? Hinter dem weißen Vorhang fand sie ein winziges Badezimmer. Vollausgestattet mit gläserner Dusche, Toilette und Waschbecken. Hinzu kamen Zahnbürste und diverse Waschutensilien. Kein Fenster und nichts, was ihr für eine Flucht dienlich wäre. Verdammt! Mit einem Schrei wischte sie die Gegenstände vom Waschtisch und ließ sie auf den Boden krachen. Zerbrechliches war offenbar nicht darunter.

Der Schrank. Fein säuberlich gefaltete und aufgehängte frische Klamotten. Sie riss alles aus den Fächern und Schubladen und warf es auf der Suche nach etwas Brauchbarem hinter sich. Stoffhosen, Blusen, kurze Röcke und enge Tops sowie hauchdünne beinlange Strümpfe. Seltsame Spitzenunterwäsche mit langen Trägern und knapp geschnittene Höschen. Alles edel, teuer und furchtbar unpraktisch.

Nichts, dass ihr weiterhalf.

Auch der Nachttisch war leer und das Bett erstaunlich geräumig. Es stand mitten im Raum. Darin hatten problemlos vier erwachsene Menschen nebeneinander Platz. Wie ein sehr großes Ehebett. Logisch. Ihr war klar wozu: Häuser in die Männer gingen, um für Geld mit Frauen zu schlafen. Ein Bordell. So edel wie ihr Zimmer eingerichtet war, vermutlich ein teures.

Frustriert, außer Atem und mit klopfendem Herzen stand sie mitten im Raum zwischen den verstreuten Klamotten. Und jetzt? Sie war eingesperrt und vermutete, dass hier demnächst erneut Kerle auftauchen würden, um ihr die unsäglichen Dinge anzutun, die sie für den Moment erfolgreich ausblendete.

Dieser Gedanke ließ ihren Tatendrang so schnell versiegen, wie das Wasser in einem Wadi in der Wüste, nachdem der Regen verebbte. Er wich der Dürre der Verzweiflung, die alles Leben und jede Hoffnung zunichtemachte. Tränen stiegen in ihr auf. Sie war hilflos ausgeliefert. Eine Gefangene in einem fremden Land. In einer abgesperrten Kammer. Aus dieser Zelle ohne Schloss und Fenster zu entkommen war aussichtslos. Ihr Vater und Jacques suchten sie mit Sicherheit – aber sie war nicht mehr in Algerien. Eindeutig. Denn man hatte sie mit einem Schiff verschleppt. Sie ...

Stopp. Nein. So nicht! In Selbstmitleid zu versinken, brächte sie hier nicht raus. Sie war bei klarem Verstand und nicht gefesselt. *Es ist immer zu früh, um aufzugeben*, hatte ihr Vater mehr als einmal gesagt.

Sie war hier gefangen, aber nicht wehrlos. Früher oder später würde sich einer ihrer Entführer zeigen. Um ihr Essen zu bringen, oder um sie zu ... sie verscheuchte den Gedanken. Nochmals schaute sie sich die Klamotten genauer an. Zwischen all den fragwürdigen Stücken, die auf dem Boden verstreut lagen, fand sie Brauchbares. Am Ende hatte sie neben seltsamer Unterwäsche eine enge Jeans und ein dünnes Top sowie eine Jeansjacke an. Besser als der hauchdünne Schlafanzug. Die fremden Sachen waren ungewohnt, passten aber wie für sie gemacht.

Was nun? Ihr kam eine Idee …

Sprungbereit stellte sie sich neben die Tür, um blitzschnell hinauszuspringen, sobald diese sich öffnete.

»Hallo? Hört mich jemand?« Es war seltsam, ihre eigene zittrige Stimme zu hören, zumal sie allein im Zimmer war.

Stille. Sie hatte mit keiner Antwort gerechnet, aber es war einen Versuch wert gewesen.

Ein Piepen und Klacken erklangen. Das Türblatt öffnete sich langsam. Herein trat eine Frau in ihrem Alter, nordafrikanischer Abstammung. Vor Überraschung vergaß sie zu springen und dann war es auch schon zu spät.

Die andere war schlank, fast dürr. Mit ebenmäßigem Gesicht und langem Haar. Spärlich bekleidet. Mit einem offenen Lächeln wandte diese sich ihr zu: »Hallo! Wie geht es dir? Hast du die fiesen Kopfschmerzen überstanden?«

»Ja ... Danke«, antwortete sie perplex. Mit allem hatte sie gerechnet, aber nicht mit einer freundlichen Begrüßung. »Wo bin ich hier?«

»Ich erkläre dir gleich alles. Mein Name ist Samira. Wie heißt du?«

»Kara.«

»Schön, dich kennenzulernen, Kara.« Lächelnd streckte sie ihr die Hand hin.

Das ging ihr zu weit, daher nahm sie die Geste nicht an. Man hatte sie entführt, vergewaltigt, unter Drogen gesetzt und nur Allah wusste, wo man sie hier eingesperrt hatte.

»Würdest du mir bitte auf meine Frage antworten?«

Samira schien es ihr nicht krummzunehmen, sie zuckte mit den Schultern und setzte sich auf das Bett.

»Komm. Setz dich.« Mit der Hand klopfte die Frau auf die Matratze. Ohne abzuwarten, fuhr sie fort: »Ganz genau kann ich dir das auch nicht beantworten, aber wir befinden uns hier in der Villa von Theo Mäuser. Irgendwo im Süden Spaniens, denke ich.«

»In Europa?!« Erneut schlich sich die Verzweiflung an und wollte mit langen Klauen Besitz von ihr ergreifen. Das war weit übler, als sie befürchtet hatte. Die Chancen für ihre Familie, sie hier zu finden oder freizukaufen, sanken damit gegen null. Wie betäubt ließ sie sich auf das Bett neben der Fremden fallen. Das musste sie zunächst verdauen und ihre Gedanken sortieren.

Einen Moment später fragte sie: »Und du bist ebenfalls eine ... Gefangene? Und dieser Theo Mäuser ist unser Entführer?«

»Theo kümmert sich wirklich fürsorglich um uns«, meinte Samira anstelle einer direkten Antwort. »Essen, Kleidung, das Haus. Das Leben hier ist recht angenehm. Definitiv besser als alles, was ich aus Algerien kenne. Zumindest, solange du tust, was von dir verlangt wird.«

»Aber wir sind hier gefangen, oder?«, hakte sie erneut nach.

»Wir dürfen die Villa nicht verlassen, das stimmt.«

»Dann sind wir nicht nur Gefangene, sondern ... was? Sklaven?« Fassungslos sah sie Samira an.

»Wenn du so willst. Aber daran wirst du dich gewöhnen.« Die andere Frau schien das erstaunlich locker zu nehmen, schaute ihr nicht direkt in die Augen. »Wir tun, was erwartet wird, dafür erhalten wir von Theo ein gutes Leben.«

»Was genau wird denn von uns erwartet?«, fragte sie nach und fühlte erneut das Raubtier der Verzweiflung Witterung aufnehmen.

»Alles zu tun, was Theo und seine Gäste sich wünschen. Alles. Und zwar mit einem Lächeln im Gesicht.«

»Was bedeutet alles?« Ihr schwante Übles.

»Im wesentlichen Sex mit den Männern.« Sie zuckte mit ihren dünnen Schultern. »Aber so schlimm ist das nicht. Man gewöhnt sich daran.«

»Nicht schlimm? Ist das dein Ernst?« Sie war fassungslos und das finstere Raubtier grub seine Klauen tief in ihre Seele, um diese endgültig zu zerfetzen. Die letzten Tage waren die Hölle gewesen. Der absolute Tiefpunkt ihres bisherigen Lebens. Selbst als vor fünf Jahren zweimal der Regen ausgefallen war und sie Flechten von den Steinen essen mussten. Die Trockenheit hatte ihre geliebte sechsjährige Schwester Arite dahingerafft. Ihr ausgemergelter Körper war kurz vor ihrem Ende federleicht. Wie der eines Vogels. Sie war morgens nicht mehr aufgewacht. Ihr winziges Herz hatte vor Erschöpfung aufgehört zu schlagen.

Diese üble Zeit hatte sie selbst nur knapp überlebt. Hatte geglaubt, dass nichts Schlimmeres mehr kommen könnte.

Wie sehr sie sich geirrt hatte.

»Du musst verstehen«, fuhr Samira fort und holte sie ins Hier und Jetzt zurück, »wir sind so eine Art ›Luxusartikel‹ für diese Männer. Die sind alle superreich. In der virtuellen Realität kann sich im Grunde jeder Normalbürger, jeden noch so perversen Wunsch erfüllen lassen. Aber in der Real-Welt, da ist das etwas Besonderes.«

Was für Welten ...? Sie kapierte kein Wort, außer, dass man sie als Eigentum betrachtete. Alles andere war ihr für den Moment herzlich egal.

»Luxusartikel. Das meinst du nicht ernst, oder?« Irrsinn. Was ging in Samira vor? Glaubte sie ernsthaft ihre eigenen Worte?

»Ja, so ähnlich. Ich kann das auch schon irgendwie verstehen, weißt du? Wird eine Frau für diese Dienste bezahlt, existieren Grenzen. Sie kann jederzeit ablehnen. Für uns gilt das nicht. Das ist für mächtige Männer wie Theo sehr attraktiv.« Bei all den Unsäglichkeiten, die die Algerierin von sich gab, verzog sie keine Mine. Mit braunen Rehaugen schaute sie sie an, als sei das alles Allahs unveränderlicher plan.

»Stopp. Es reicht.« Entschieden hob sie beide Hände und rückte von ihr weg. »Du willst mir doch nicht ernsthaft erzählen, dass du nur das leiseste Verständnis dafür aufbringst, dass diese Kerle dich entführt haben und hier gefangenhalten – als Sklavin, die ... furchtbare Dinge für sie tun muss.«

»Na ja, wenn du in Theos Lage wärst, würdest du das sicherlich auch machen.«

»Was?! Nein! Auf keinen Fall! Bist du bescheuert?«, brüllte sie und sprang auf. Alles in ihr sträubte sich gegen diese verdrehte Sichtweise.

»Tja, früher habe ich auch so gedacht. Aber mit der Zeit hat sich meine Perspektive erweitert. Wie gesagt: Es geht uns hier wirklich gut. Glaub mir. Viel besser als in unserer alten Heimat, in der wir Durst und Hunger leiden mussten. Und die Kerle dort waren ehrlicherweise auch nicht angenehmer.«

Das war Blödsinn, aber sie ließ es erst einmal so stehen. Die Diskussion führte zu nichts.

»Was passiert, falls ich nicht mitspiele?« Erneut war das Raubtier auf dem Sprung.

»Dann verschwindest du. Keine Ahnung, was dann mit dir passiert.«

Oh, Mann. Der knurrende Räuber zerfetzte ihr letztes bisschen Hoffnung und suhlte sich in den Resten. Das klang viel übler, wie alles, was sie sich in ihrer Fantasie ausgemalt hatte. Und aussichtsloser. Die andere Frau schaute sie an. In deren Augen erkannte sie ein gewisses Mitleid. Keine Verzweiflung oder Zorn. Das Raubtier hatte den klaren Verstand und die Seele Samiras offenbar zur Gänze verschlungen. Die war komplett durchgeknallt.

»Wie lange bist du schon hier?«, fragte sie, um das Thema zu wechseln. Mit den grauenhaften Details, die die Algerierin angedeutet hatte, würde sie sich später auseinandersetzen, sobald nötig.

»Zwei Jahre und drei Monate«, kam die Antwort wie aus der Pistole geschossen.

»Und wie viele seid ihr?« Ihr widerstrebte es, von *wir* zu sprechen.

»Mit dir zusammen sind wir jetzt erneut zu viert.«

Sie verkniff sich die Frage, zum Verbleib ihrer Vorgängerin. Eine weitere brannte ihr auf den Lippen: »Okay. Was passiert als Nächstes?«

»Ich würde vorschlagen, wir schauen uns in Ruhe um und ich stelle dir die anderen vor. Aber eventuell sollten wir vorher aufräumen.«

Sie ignorierte den letzten Kommentar und meinte: »Also darf ich das Zimmer verlassen?«

Samira lachte, als wäre das eine dumme Frage.

»Ja, sicher. Es war nur verschlossen, damit du nach dem Aufwachen keine Dummheiten machst und ich dir alles in Ruhe erklären konnte.« Sie stand auf, winkte auffordernd und lächelte erneut. »Komm. Wir sind aktuell allein im Haus. Die anderen freuen sich bestimmt, dich kennenzulernen.«

Zum Schluss klang Samira wieder genauso herzlich und ermunternd, wie zu Beginn. Als würde sie ihr auf dem Marktplatz ein paar neue Freundinnen vorstellen, nicht einer Gruppe Frauen, die hier ein Dasein als Sex-Sklavinnen fristeten. Um hier nicht verrückt zu werden, hatte sie sich offensichtlich ihre eigene Wahrheit zurechtgelegt. Sie hatte Zweifel, dass ihr das ebenfalls gelänge, wollte den Kampf gegen das Raubtier der Verzweiflung nicht vorzeitig aufgeben.

Die Chance, sich im Haus nach einer Fluchtmöglichkeit umzuschauen, würde sie sich nicht entgehen lassen und war gespannt auf die anderen beiden. Hoffentlich waren die nicht ganz so durchgeknallt wie Samira.

Die Villa von Theo Mäuser war gigantisch. Vier schlichte Zellen lagen nebeneinander im Keller. Ein Durchgang öffnete sich zu einem ausladenden Swimmingpool mit Saunen und Dampfbad. Vom beinahe königlich wirkenden Eingangsbereich, mit Ölgemälden irgendwelcher Adliger sowie den meterhohen Decken im Erdgeschoss, führte eine breite, geschwungene Marmortreppe in den ersten Stock. Dort verteilten sich acht unterschiedlich eingerichtete Schlafzimmer mit separaten Bädern. Das oberste Stockwerk war verschlossen und beinhaltete Samira zufolge die Privaträume ihres Entführers. Alles glänzte in Silber und Gold und war mit dicken weinroten Teppichen ausgelegt, die jeden Schritt schluckten.

Auf die Frage, woher sie ihr Essen bekämen, erläuterte ihre Mitgefangene ihr die Benutzung eines mattschwarzen Schranks im Erdgeschoss: »Das nennt sich *Food-Printer*. Du kannst dir hier an den Displays einfach etwas aussuchen oder direkt mit dem Gerät sprechen. Passendes Geschirr hineinstellen. Fertig. Ein paar Minuten später nimmst du das Gericht aus dem Schacht. Wasser und andere Softdrinks kommen daneben raus.«

Sie staunte und vergas für den Moment ihre Situation. Sich mit dem Kasten zu unterhalten war ihr suspekt, aber auf dem Display standen sogar diverse traditionelle Essen zur Auswahl. Zum ersten Mal wurde ihr bewusst, *wie* fortschrittlich die Technik hier in Europa war. Hätten sie ein Gerät dieser Art zu Hause, würde es einen Großteil ihrer täglichen Sorgen lösen. Samira war nicht in der Lage zu erklären, wie es funktionierte.

Im ausladenden Wohnzimmer bedeckten Ölgemälde und Jagdtrophäen die mit Stoff bespannten Wände. Es umfasste ein Vielfaches der Größe ihres heimatlichen Hauses. Dort traf sie zum ersten Mal ihre Mitgefangenen. Beide hatten ebenmäßige Züge und eine schlanke Figur und stammten vermutlich ebenfalls aus Algerien. Ihre Gesichter waren sich ähnlich. Eventuell lag es an der Art des Schminkens, aber sie vermutete, dass es sich um Geschwister handelte.

»Ah, die Neue«, begrüßte sie die Linke. »Willkommen im Wellnessparadies. Ich bin Kenza und die Süße hier neben mir ist Suad.«

Nach der eher kühlen Begrüßung und Vorstellungsrunde erfuhr sie, dass sie tatsächlich Schwestern waren und ebenfalls aus ihrer Heimat stammten. Auch sie trugen hochgesteckte Frisuren, dünne Kleidung und waren stark geschminkt, ähnlich wie Samira. Sie fühlte sich in dieser Gesellschaft wie ein kleines, hässliches Entlein und wunderte sich, warum die drei solch einen Aufwand betrieben, wenn sie die nächsten Tage allein wären.

Auf die entsprechende Frage antwortete Suad: »Ach, Schätzchen. Man weiß nie genau, wann Theo reinkommt. Er erwartet, dass wir immer perfekt gestylt sind. Aber keine Sorge, du gewöhnst dich daran. Später zeigen wir dir, wie man sich ordentlich aufbrezelt. Und ... was du sonst noch so wissen musst.« Dabei schaute sie ihre Schwester bedeutungsvoll an und lächelte wissend.

Sie konnte die beiden in ihrer leicht herablassenden Art nicht so richtig einordnen. Im weiteren Gespräch erfuhr sie, dass sie bereits über drei Jahre in dieser Villa lebten und sich damit arrangiert hatten. Samira war erst später dazugestoßen. Im Laufe der Unterhaltung wurde deutlich, dass die zwei Schwestern eine verschworene Gemeinschaft bildeten.

»Ähm ... seid ihr auch der Meinung, dass man für unsere Entführer Verständnis aufbringen muss?«, fragte sie nach einer Weile und hoffte, dass die beiden nicht genauso durchgeknallt waren, wie Samira.

»Ach Gott, du meinst, weil unsere Kleine hier dem Theo verfallen ist?«, fragte Suad. Sie nickte. »Nein! Das sind doch alles eklige alte Schlappschwänze. Die müssen sich erst mal eine blaue Pille reinhauen, bevor sie ein Hoch bekommen.«

»Ja, leider funktioniert das ziemlich gut.« Kenza verdrehte die Augen.

Was mit Schwanz und Hoch gemeint war, konnte sie sich ausrechnen, auch wenn man in ihrem Dorf solche Worte nicht benutzte. Aber blaue Pillen? Egal. Sie wollte das Thema nicht vertiefen.

»Habt ihr denn nicht versucht zu fliehen?«

»Keine Chance, Schätzchen«, antwortete Suad. »Das zeigen wir dir später. Wäre doch schade, wenn du dein hübsches Köpfchen verlieren würdest.«

Sie war ratlos. Die beiden behandelten sie von oben herab, als wären sie etwas Besseres. Dabei saßen sie alle im gleichen Boot – oder nicht? Vermutlich hatte jede von denen ihre eigene Art entwickelt, mit dieser Situation umzugehen. Sie hoffte nur, dass sie nicht auch so würde.

»Wann kommt denn dieser Theo das nächste Mal?« Sie wollte sich zumindest mental darauf vorbereiten, wenn sie es schon nicht verhindern konnte.

»Das weiß man nie. Aber glaub mir Schätzchen, sein neustes Spielzeug will er sicherlich schnell testen.« Kenza zwinkerte ihr zu.

»Dann lässt er *uns* wenigstens in Frieden«, ergänzte Suad.

Samira sagte die ganze Zeit kein Wort. Man sah ihr an, dass ihr die Unterhaltung und die Art über »ihren Theo« zu sprechen nicht gefiel. Sie beschloss, zunächst zu versuchen, mit allen dreien klarzukommen. Andere Verbündete hatte sie hier nicht.

Nach dem ersten Kennenlernen nahm sie sich die Zeit, sich nochmals genauer umzuschauen. Warum war Suad der Überzeugung, dass die Flucht unmöglich wäre? Sie waren komplett allein im Haus.

Durch die breite Fensterfront des Wohnzimmers sah sie draußen einen mindestens zwanzig Meter langen Pool mit Liegestühlen. Öffnen ließen sich weder die Schiebetüren noch Fenster. Dahinter erstreckte sich eine Wiese mit flachem Gras, fast wie ein grüner Teppich. Das Gelände fiel in einem seichten Hügel ab und erlaubte einen freien Blick auf das entfernte Meer, dessen Wellen den Sonnenuntergang spiegelten. Die Distanz zum Ufer, das aus ihrer erhöhten Perspektive nicht zu erkennen war, betrug maximal ein Kilometer. Links und rechts zeigten sich in ähnlichem Abstand zwei mindestens vier Meter hohe Mauern. Sie wurden von spiralförmigem Klingendraht gekrönt und erinnerten an das Gefängnis, das die Villa tatsächlich war. Ansonsten wurde die grüne Fläche nur von einzelnen, kugelförmigen Büschen unterbrochen.

Auf der gegenüberliegenden Seite des Hauses waren

sämtliche Türen und Fenster geschwärzt. Seltsam. Was befand sich dort im Hinterhof?

Sie schaute sich aus dem ersten Stock um. Die Mauer umgab das gesamte sichtbare Grundstück. Was sie nicht sah, waren Wachen, Kameras oder sonstige Sicherungen. Wo also lag das Problem? Fenster einschmeißen, sich ein paar von den Liegen schnappen und ab über die Begrenzung. Das würde sie später nochmals nachfragen müssen. Vermutlich gab es einen Grund.

Zur ewigen Ruhe gebettet

Jacques

Gegen Sonnenuntergang des nächsten Tages packten sie ihre Rucksäcke und entsorgten alles, was sie auf der Reise nicht benötigten. Viel war es nicht. Gemeinsam mit Idir marschierten sie los. Jacques kam sich eher vor wie in einem Trauerzug als zum Aufbruch in eine neue Welt. Jeder von ihnen hing seinen eigenen Gedanken und Sorgen nach, gesprochen wurde nur das Nötigste. Von Aufregung keine Spur.

Als sie die Schiffshalle erreichten, wickelten sie im Büro das Geschäftliche ab und schritten direkt in die Halle zu den U-Booten. Dort warteten Fazil und die anderen Mechaniker. Die Schiffe sahen einsatzbereit aus. Lediglich angeschlossene Kabel versorgten die Batterien mit Strom.

Zu den bekannten Gesichtern gesellten sich zwei neue: Ein kräftiger Mittvierziger mit Pferdeschwanz und gepflegtem Vollbart sowie eine vergleichbar alte Gefährtin, die sie anlächelte. Beide waren wie sie in Shorts und T-Shirts gekleidet und hatten eine ähnliche Ausstattung dabei.

»Guten Abend, ich bin Mohamed und das ist meine Frau Yani.« In einem tiefen Bariton stellte er sich informell vor. »Es freut mich, euch kennenzulernen.«

»Seid ihr auch schon so aufgeregt?«, fragte seine Begleiterin und lehnte sich an dessen Schulter.

»Ja, natürlich«, antwortete Malik, »aber wir haben alle das *VIP-Shuttle* gebucht, da kann im Grunde nichts schiefgehen, oder?«

»Absolut, genauso ist es«, pflichtete ihm Mohammed nickend bei und ließ seine strahlendweißen Zähne aufblitzen. »Siehst du Schatz? Es kann nichts passieren.«

Er konnte mit den beiden nicht so richtig etwas anfangen. Sie wirkten einerseits gut betucht, andererseits gaben sie sich locker, wie ein verliebtes Pärchen auf Hochzeitsreise. Was wollten die in Europa? Suchten sie das Abenteuer und den Nervenkitzel? Ihm konnte es egal sein.

Jawaria wandte sich an die Gruppe: »Bitte hört mir zu, denn wir fahren in ein paar Minuten los. Wir werden uns gleich auf die U-Boote aufteilen. Fazil und ich übernehmen jeweils das Steuer. Unsere Fahrtzeit wird insgesamt zehn Stunden betragen, sodass wir etwa zu Sonnenaufgang in Sichtweite der spanischen Küste stoppen. Den Rest überbrückt ihr dann problemlos mit euren Schwimmwesten«, erläuterte sie den weiteren Plan.

Oh, verdammt. Kein Steg, an dem er sich festhalten konnte. Bei dem Gedanken, später eine endlose Strecke schwimmend über dem offenen Meer zurückzulegen, wurde ihm ganz anders. Egal ob mit oder ohne Weste. Was, falls ihn der Wind abtrieb? Oder ein Hai angriff? Er wäre schutzlos ausgeliefert. Trotzdem behielt er seine Bedenken für sich. Sie waren nicht die Ersten, die das schafften, und eine andere Wahl, blieb ihm nicht.

»Die meiste Zeit werden wir mit geschlossenen Glashauben an der Wasseroberfläche fahren«, fuhr die Schmugglerin fort und verdeutlichte das Gesagte mit Gesten. »Während wir an der Oberfläche sind, wird von außen Frischluft hereingeführt. Das Boot schaltet auf die Luftversorgung durch die Pressluft um, sobald sich die Außenluftversorgung unter Wasser befindet. Die Pressluft-tanks lassen sich nicht automatisch auffüllen, daher müssen wir sparsam sein.«

Sie schaute alle der Reihe nach an: »Fragen bis hierher?«

»Was genau meinst du mit *sparsam*? Könntest du uns erläutern, wie wir unter den Wall hindurchkommen?«, fragte Malik. »Soweit ich weiß, gibt es ein Stahlnetz, das bis an den Meeresgrund hinunterreicht.«

»Sparsam, im Sinne von nicht unnötig abtauchen. Das Netz existiert, reicht aber nur fünfzig Meter hinab, sodass Großfische problemlos untendurch tauchen können. Mit einer simplen Taucherausrüstung ist es kaum zu überwinden. Für uns ist das kein Problem. Wir tauchen zwei Kilometer vor dem Wall ab, dann in siebzig Metern Tiefe drunter durch und in ähnlicher Entfernung wieder auf.« Sie verdeutlichte den Plan mit passenden Handbewegungen. »Weitere Fragen?«

Niemand meldete sich. Jawaria gab ihnen einen Wink, ihr zu folgen, und kletterte an einer Leiter zu einem der Schiffe hinauf.

Von dort erläuterte sie mit erhobener Stimme: »Jedes der U-Boote hat vorne zwei Cockpitplätze und hinten zwei Passagierplätze. Die Steuerung ist im Grunde kinderleicht. Es gibt ein Gaspedal sowie einen Joystick, mit dem man in alle Richtungen steuern kann. Die Boote wurden Ende der 2020er-Jahre für Hobbytaucher und Touristen gebaut. Daher ist alles narrensicher und doppelt ausgelegt. Es ist aber nicht anzunehmen, dass derjenige im zweiten Cockpit das Lenken übernehmen muss.«

Nachdem sie wieder heruntergeklettert war, beschied sie: »Ich schlage vor, dass Mohamed und Jacques jeweils im Ersatzcockpit Platz nehmen. Yani fährt mit ihrem Ehemann. Adam und Malik? Ihr könnt euch aussuchen, ob ihr gemeinsam oder lieber getrennt fahren wollt. Ein Sitz bleibt frei.«

Die Zwillinge beschlossen nach kurzer Diskussion, sich bewusst aufzuteilen. Das würde ihre Chancen erhöhen, damit zumindest einer von ihnen ankäme. Am Ende hatten sie Verantwortung für ihre Familie und wollten ihnen später Geld aus Europa schicken. In seinem Rücken säße Malik. Ihr Steuermann oder besser gesagt Steuerfrau, wäre Jawaria. Adam und das andere Pärchen führen mit Fazil am Ruder.

Eine halbe Stunde später waren alle bereit.

»Jawaria?« Eine wichtige Frage hatte er vergessen. »Gibt es eine Möglichkeit, aus der ZEU per Handy hier anzurufen?«

»Leider nur theoretisch. Die Mobilfunknetze sind verbunden, du benötigst eine spezielle Mobilfunkkarte und behördliche Genehmigung, um mit dem Ausland zu telefonieren. Die Kommunikation per Seefunk lässt sich nicht verhindern, aber dafür ist eine Anlage mit hoher Antenne erforderlich, wie wir sie verwenden. Ein Handgerät reicht nicht. Tut mir leid.«

Das war ein weiteres Problem auf dem Stapel, der bereits auf seinen Schultern lastete. Bei Bedarf würde er sich vor Ort umhören, ob jemand über das notwendige Handy oder eine spezielle Ausrüstung verfügte.

Ein letztes Mal wandte Idir sich an ihn, bevor sie sich für lange Zeit nicht mehr sähen: »Damit ist wohl der Zeitpunkt des Abschieds gekommen. Ich wünsche dir viel Glück und Erfolg bei der Suche nach meiner geliebten Kara. Und bei deinem ... anderen Auftrag. Du weißt, was auf dem Spiel steht.« Eine zusätzliche Erinnerung war nicht nötig. Ihm waren nicht nur eine, sondern direkt zwei lebenswichtige Aufgaben für seine Liebste – und für ihre Familie – aufgebürdet worden. »Ich verlasse mich auf dich. Besser wäre es, ich könnte selbst fahren, aber wir wissen beide, dass das nicht geht.«

Idir hielt ihm die Hand hin und er schlug ein.

»Keine Sorge. Sobald ich sie gefunden habe, finde ich eine Möglichkeit, Bescheid zu geben«, versicherte er ihm und meinte es so.

Ihnen war klar, dass die Chancen dafür gering waren. Aber welche Wahl hatten sie, wollten sie Kara nicht ihrem Schicksal überlassen. Ihr Vater klopfte auf seine Schulter und nickte ihm zu. Das war bisher die innigste Geste des alten Herrn, die er erlebt hatte. Damit hatten sie alles gesagt. Es war ein Zweckbündnis, dass sie sich beide nicht ausgesucht hatten. Es war das Beste, was sie aus dieser Situation machen konnten.

Nacheinander kletterten er und die anderen die Leiter hinauf. Sie verstauten die Rucksäcke hinten im Boot und legten Tauchermaske, Schnorchel und Flossen griffbereit neben sich. Mit einer Schwimmweste würde er das Zeug – vor allem den Schnorchel – glücklicherweise nicht verwenden müssen.

Der Sitzplatz war eng, aber mit wasserfesten Polstern bespannt. Vor sich sah er abgeschaltete digitale Anzeigen, einen manuellen Kompass sowie einen Steuerhebel, den er scheinbar bei Bedarf zu sich ziehen konnte. Zu seinen Füßen befand sich ein Gaspedal, wie bei einem Lkw. Einen Laster hatte er noch nie gefahren und erst recht kein U-Boot.

Sein Puls stieg. Es gab kein Zurück mehr und wenn alles glatt lief, stünde er morgen früh an der Küste Europas. Ab dort wäre er bei seiner Suche auf sich gestellt. Summend schlossen sich die Glashauben und die Instrumente erwachten zu buntem Leben. Sobald sie verriegelt waren, verschwanden die Außengeräusche und er hörte nur seinen eigenen Atem und das Brummen der Maschine.

»Alles klar bei euch?«, kam Jawarias Stimme blechern aus einem Lautsprecher vor ihm.

»Alles klar«, antworteten er und Malik.

Die Lichter in der Halle wurden gelöscht und es wurde stockfinster, die Instrumente im Cockpit verbreiteten noch einen spärlichen Schimmer. Vor ihnen schoben sich die Tore zur Seite. Der Spalt erweiterte sich und offenbarte den klaren Nachthimmel. Weiter vorne sah er Schutztore in der Mauer. Sie öffneten sich langsam und gaben den Blick auf das endlose Meer frei. Ein großer schwarzer Spiegel, dessen Oberfläche sich leicht kräuselte.

In dem Moment, als er sich fragte, wann es weiterginge, ruckte das U-Boot und schob sich vorwärts. In Schrittgeschwindigkeit bewegten sie sich durch das Hallentor. Kurz darauf passierten sie die Lücke in der äußeren Mauer. Das Gefährt kippte plötzlich nach vorn. Malik schrie auf.

»Keine Panik«, kam Jawarias beruhigende Stimme aus dem Lautsprecher, »es geht jetzt eine kleine Rampe hinunter, dann liegen wir im Wasser und fahren los.«

Augenblicke später tauchte der Bug in das Hafenbecken und das U-Boot dümpelte in den Wellen. Er war nie mit einem Schiff gefahren. Hier hatte er das Gefühl, jederzeit zu den Seiten umzukippen. Jede Woge schaukelte sie auf und ab. In ihm stieg Übelkeit auf. Und das sollte er die ganze Nacht aushalten?

Da hörte er ein Surren und Klacken und das Gefährt sank langsam ein Stück tiefer in das Meer. Kurz darauf erwachte der Motor mit deutlichem Brummen zum Leben und schob sie zügig vorwärts. Das heftige, seitliche Schaukeln verschwand. Als er sich umschaute, sah er das zweite U-Boot direkt neben sich. Auch das lag ebenfalls so tief im Wasser, dass nur der halbe Rumpf und die Glashauben zu sehen waren. Die Wellen brachen jetzt ständig über den Kuppeln, dafür tauchte der Bug selten ganz aus den Fluten hervor.

Sie beschleunigten weiter und fuhren in einem Bogen aus dem Hafenbereich heraus. Um diese Zeit waren kaum Schiffe unterwegs. Nach einer Weile verschwand die Küste hinter ihnen und die Lichter der Häuser und des Marktes wurden erst zu Punkten und dann zu einem Lichtstreifen am Horizont. Hin und wieder sahen sie in der Entfernung ein Fischerboot, das mit Scheinwerfern versuchte, Fische in seine Netze zu locken.

Erst in der brummenden Einsamkeit, dem eintönigen Klatschen der Wellen und dem endlosen Sternenhimmel, wurde ihm bewusst, dass er jetzt endgültig allein und auf sich gestellt war. Noch vor zwei Wochen hatte er ein geregeltes Leben und seine Mutter, Annabelle. Bei dem Gedanken an ihr fröhliches Lachen und ihre unermüdliche Unterstützung verkrampfte er sich. Stille Tränen stiegen ihm in die Augenwinkel. Die letzten Tage waren dermaßen ereignisreich, dass er kaum an sie zurückgedacht hatte. Jetzt lag ihr ausgedörrter Körper unter einem Haufen Steine und zerfiel langsam zu Staub. In Europa gab es keinen Idir, der ihn mit Geld und Wissen unterstützte, und die Zwillinge hatten ihre eigene Agenda. Spätestens am Ufer würden die beiden sich verabschieden. Und er? Hatte keinen Cent der dortigen Währung in der Tasche. Keine Kontakte und keine Freunde.

Einzig, die Tatsache, dass es Kara vermutlich deutlich schlechter erging als ihm, schwemmte eine Welle grimmiger Entschlossenheit in seine Glieder. Zumindest kannte er den Namen der Stadt, in der er seine Suche starten würde. Und der Zusatzauftrag Jawarias kam ihm zupass. Damit hatte er dort wenigstens eine Adresse, an der Einheimische wohnten, mit denen er sprechen und die ihm möglicherweise helfen konnten. Alles Weitere würde sich vor Ort ergeben.

In den nachfolgenden, ereignislosen Stunden dümpelte er, wie das U-Boot, in seinen Gedanken dahin und nickte irgendwann von dem ständigen Auf und Ab ein.

Die blecherne Stimme Maliks riss ihn aus seinem Dämmerzustand: »Schaut mal hinter uns: Ist das ein Schiff, das da kommt?«

Den Hals reckend drehte er sich um. Im trüben Schein des inzwischen aufgegangenen Mondes erkannte er deutlich ein flaches Boot, das über die Wellen sprang – und sich ihnen zügig näherte. Es hatte einen kräftigen Scheinwerfer, mit dem es die Wasseroberfläche absuchte. Das waren eindeutig keine Fischer.

»Jawaria ...?«, fragte er. »Weißt du, wer das ist? Ist das ein Zufall?«

»Ich befürchte eher nicht«, antwortete sie gepresst.

Ehe er weitere Fragen stellen konnte, piepte es kurz im Lautsprecher und vor ihm leuchtete eine grüne Taste auf, die mit *Radio* beschriftet war.

Fazils verzerrte Stimme erklang undeutlich rauschend: »Adler an Falke. Manöver B7.«

Die Schmugglerin bestätigte: »Verstanden, Manöver B7«.

Die grüne Taste, die man scheinbar zum Funken nutzte, erlosch wieder.

»Nicht erschrecken, wir tauchen«, kündigte Jawaria über die Sprechanlage an.

Es klackte und zischte und sofort senkte sich der Bug zügig in die Wellen. Krampfhaft klammerte er sich an die Griffe. Oh, Mann. Jetzt ging es zum ersten Mal unter Wasser. Reflexartig hielt er die Luft an. Was folgte, war denkbar unspektakulär: Das Boot beruhigte sich und schwankte nicht mehr. Seine Kuppel bedeckte tintenhafte, unheimliche Schwärze. Neben seinem heftigen Herzschlag, dem Rauschen des Blutes in den Ohren, waren das Brummen der Motoren und ein Gluckern die einzigen Geräusche. Ihr Gefährt legte sich nach rechts und sie fuhren eine Kurve.

»Was ist los, Jawaria?«, wollte er wissen. »Wer war das? Und wohin tauchen wir? Was hat es mit diesem B7 auf sich?«

»Ganz ruhig. Das haben wir schon öfters gemacht. Es sind vermutlich andere Schmuggler, die unsere Route geahnt haben und versuchen, uns die beiden U-Boote abzujagen. Wenn wir von denen erwischt werden, müssen wir nach Hause schwimmen. B7 ist der Code für eines der Manöver, das Fazil und ich für Situationen wie diese vorher eingeübt haben«, beantwortete Jawaria mit gelassener Stimme seine Fragen. »Wir tauchen jetzt auf zwanzig Meter Tiefe und fahren eine lange Kurve in Richtung Osten. In einer halben Stunde geht es rund zehn Kilometer weiter wieder an die Oberfläche. Bis dahin haben wir unsere Verfolger hoffentlich abgeschüttelt.«

»Und falls nicht?«

»Dann machen wir eine ähnliche Übung nochmals. Aber normalerweise reicht das. Auf dem Meer bei Nacht und Wellengang sind wir kaum zu entdecken. Ich wundere mich, dass die uns überhaupt auf den Fersen sind.«

Das klang beruhigend. Die Schmugglerin schien jedenfalls weiterhin die Ruhe selbst zu sein.

Maliks Stimme erklang: »Und warum diese komischen Namen und der Code?«

»Unser Funk kann abgehört werden. Eher vom Militär als von irgendwelchen Schmugglern. Die Codenamen sollen es den anderen möglichst schwer machen.«

Er fragte weiter: »Können wir unter Wasser nicht mit Fazil sprechen? Vielleicht weiß er mehr?«

»Nein. Hier ist die Funkreichweite sehr begrenzt. Sobald wir nachher aufgetaucht sind, schauen wir, ob das andere U-Boot zu sehen ist. Falls nicht, setzen wir unsere Fahrt fort und suchen sie morgen früh. Mit Licht und weniger Wellengang ist das wesentlich einfacher.«

Mit diesen Antworten gaben sie sich zufrieden und brummten weiter durch die undurchdringliche Schwärze des nächtlichen Mittelmeers. Nur hin und wieder sahen sie ein Leuchten und Blinken fluoreszierender Fische oder Quallen. Ansonsten war alles bedrückend still und finster.

Die halbe Stunde näherte sich dem Ende und er merkte, wie sie sich nach oben bewegten. Kurz darauf brachen sie durch die Wasseroberfläche und fuhren mit langsamer Fahrt erneut durch das aufgewühlte Meer. Erleichtert atmete er aus. Der Dunkelheit waren sie entkommen. Das Tauchen war nichts für ihn. Das zweite U-Boot war zwischen den hohen Wellen nicht auszumachen. Wie sollten sie sich hier finden?

Jawaria schaltete den Funk ein und rief die anderen: »Adler, bitte kommen.«

Außer einem Rauschen kam kein Geräusch aus dem Lautsprecher. Erst nach dem zweiten Versuch erklang eine rauschende Antwort: »Adler hier. Wir haben Probleme.« Es war nicht Fazil, sondern Mohameds tiefer Bass. »Ich musste beim Auftauchen das Steuer übernehmen und weiß nicht genau, wo ich bin. Könnt ihr helfen?«

»Adler, was ist los? Ist etwas passiert?«, rief sie mit deutlicher Anspannung in der Stimme.

»Der … Steuermann ist plötzlich zusammengebrochen. Keine Ahnung, warum. Er reagiert nicht. Könnt ihr kurz Licht anmachen, damit ich euch finden kann?«

Mohamed klang erstaunlich gelassen dafür, dass sie auf sich gestellt waren. So ruhig wäre er an dessen Stelle nicht geblieben. Auch Jawaria antwortete nicht sofort, sondern schien nachzudenken.

Mit Verzögerung meinte sie: »Okay, Adler, so machen wir es.«

Das Boot stieg ein Stück weiter aus dem Wasser. Es schwankte und lag näher an den Wellenkämmen. Sie holte eine Taschenlampe heraus und schwenkte sie dreimal im Kreis.

»Adler, konntet ihr das Signal sehen?«

»Ja, Falke. War weit entfernt. Bitte haltet die Position, wir kommen.«

Sie gab einen kurzen Gegenschub.

»Was Fazil wohl passiert ist?«, fragte Malik, während sie warteten.

»Keine Ahnung, aber ich hoffe, es ist nichts Ernstes. Ansonsten fahren wir besser wieder zurück und versuchen es ein anderes Mal erneut«, erwiderte Jawaria. Ihre Stimme klang gepresst, von der bisherigen Gelassenheit keine Spur.

»Falke«, hörte er nach einer Weile Mohamed über Funk, »könnt ihr nochmals ein Signal geben?«

Erneut ließ Jawaria die Taschenlampe kreisen. Dann sahen sie zwischen den Wellenkämmen im Mondlicht die Kuppeln des Bootes auftauchen. Kurz vor ihnen schwenkte es längsseits und schaukelte in den Wellen.

Im spärlichen Schein konnte er die Silhouetten der anderen hinter den Glashauben nur schemenhaft erkennen. Er schaute genauer hin. Adam, der am Heck saß, gestikulierte wild. Was wollte er? Funk gab es nur in den Cockpits. Die zweite Kuppel, in der Mohamed saß, hob sich. Mit Gesten forderte er, dass sie ihre ebenfalls öffneten. Vermutlich, um sich direkt zu unterhalten.

»Ach, verdammt, was soll das jetzt?«, hörte er Jawaria fluchen.

Langsam hob sich auch ihre Haube nach oben. Es war scheinbar kein Problem, wenn die Instrumente nass wurden und das Cockpit volllief, denn es schwappte die eine oder andere Welle über sie.

Bei der Sache hatte er ein komisches Gefühl. Hatte Mohamed das komplexe Manöver allein zu Ende geführt? Er selbst wäre sofort aufgetaucht und hätte über Funk panisch um Hilfe gerufen. Und was wollte Adam ihnen sagen? Das hat Jawaria doch sicherlich bemerkt?

Der andere Zwilling öffnete kurz nach Mohamed seine Kuppel. Er brüllte etwas durch den Schlitz, aber Jacques hörte in seiner geschlossenen und abgedichteten Glaskuppel nicht das leiseste Geräusch von draußen.

»Nein! Fazil!«, brüllte die Schmugglerin laut genug, sodass sich ihre Stimme über den Lautsprecher übertrug.

Auch Mohamed schrie und versuchte, einen schwarzen Gegenstand durch den Schlitz der sich öffnenden Kuppel in ihre Richtung zu bringen. In dem Moment drückte es ihn ruckartig in seinen Sitz. Jawaria gab Vollgas und tauchte ab, während sich ihre Haube schloss. Das Peitschen einer Waffe und knallende Abprallen von Kugeln hörte er selbst durch die geschlossene Kanzel. Wenige Augenblicke später waren sie wieder unter Wasser.

»Jawaria?«

»Was ist passiert?«

»Hat Mohamed auf uns geschossen?!«

Malik und er riefen durcheinander. Das U-Boot gewann an Fahrt und Tiefe.

»Ruhe!«, brüllte sie und fuhr mit ruhigerer Stimme fort: »Das Wichtigste zuerst: Sind eure Glaskuppeln intakt oder gibt es bei einem von euch einen Wassereinbruch?«

Er schaute sich um und sah keine Schäden, allerdings plätscherte Flüssigkeit zwischen seinen Sandalen. Gerade hatte sich sein Puls beruhig, da machte er direkt einen Satz.

»Oh, non! Das ist Wasser an meinen Füßen!«, rief er.

»Keine Sorge, das ist nur der Rest von dem, was eben reingeschwappt ist«, antwortete die Schmugglerin. »Ich denke, dann ist alles in Ordnung, wir ...« Sie brach ab.

Das spärliche Licht der Instrumente flackerte. Das Boot neigte sich merklich nach rechts und das Brummen des Motors verstummte.

»Jawaria, was ist los?«, schrie Malik mit sich überschlagender Stimme.

»Verflucht! Scheinbar hat das Schwein uns getroffen.«

Damit wurde alles schwarz – im wahrsten Sinne des Wortes. Er sah sprichwörtlich die Hand vor Augen nicht mehr.

»Jawaria?! Sag doch was!« Maliks Stimme klang dumpf und kaum hörbar durch den Sitz, da die Bordsprechanlage nicht funktionierte. Auch sein eigener Puls schnellte in die Höhe.

»Ich ...« Jawarias Antwort vernahm er ebenfalls nur gedämpft, begleitet von metallischem Klappern und Krachen. »Es hat die Steuerelektronik erwischt. Ein Kabel irgendwo draußen, es kommt kein Wasser rein. Moment ...«

Ihre Stimme beruhigte ihn, während Malik hinter ihm immer noch panisch schrie. Vor ihm in der Kanzel leuchtete etwas auf, vermutlich hatte sie eine Taschenlampe gefunden.

»Malik!«, rief er dem Zwilling zu. »Ganz ruhig. Jawaria hat alles im Griff! Es kommt kein Wasser rein!« Das war die Kurzfassung und er hoffte, dass sie stimmte.

Aus den Lüftungsschlitzen kam kein Hauch. Die Kabinenluft wurde wärmer und feuchter. Erneutes Klappern und Schaben ertönten. Inzwischen musste er sich an der rechten Seite abstützen und hatte das Gefühl, der Sauerstoff ginge ihnen aus.

»Jawaria? Was ist los?«, rief er, erhielt jedoch keine Antwort.

Langsam kroch Panik seinen Rücken hinauf und sein Atem beschleunigte sich. Vermutlich sanken sie bereits, stiegen ab in die endlose Schwärze des Meeres. Die Schreie von Malik wurden panischer. Welche Tiefe hielt das Boot aus? Hundert Meter. Wie weit war es bis dahin? Hatte er ein Knirschen gehört? In den Filmen versagten zunächst nur einzelne Schweißnähte. Eiskaltes Wasser würde zu ihnen hineinschießen und die restliche Luft verdrängen. Sie ertränken in dieser eisernen Zigarre, noch bevor es sie auf dem sandigen Meeresgrund zur ewigen Ruhe bettete. Würde er seine Mutter im Dschanna wiedersehen? Ihr beichten müssen, dass er versagt hatte? Und wenn Kara sich später zu ihnen gesellte? Was würde sie ihm über das jahrelange Martyrium erzählen, bevor der gnädige Tod sie endlich erlöste?

»Jawohl! Ich habe es!«, rief die Schmugglerin gedämpft.

In dem Moment flammten die Instrumente auf und das Gefährt legte sich zischend in die Waagerechte.

»Jawaria? Alles okay? Fahren wir weiter?«, fragte Jacques.

»Nun ja ... im Prinzip schon.«

Die Sprechanlage funktionierte wieder und Malik beruhigte sich langsam.

»Aber?« Ihm schwante Übles.

»Ich musste einen Kurzschluss in der Steuereinheit überbrücken. Damit ist das vordere Cockpit funktionsunfähig.«

Ihre Worte sickerten nur langsam in seine Gehirnwindungen.

»Du meinst ... Ich muss fahren?!« Sich panisch umschauend konnte er mit den meisten Instrumenten nicht viel anfangen.

»Ja, tut mir leid. Aber im Grunde ist das kinderleicht. Ich erkläre dir das Wichtigste. Danach tauchen wir wieder auf.«

Kurz darauf erhielt er einen Crashkurs in der Mini-U-Boot-Steuerung und Navigation. Joystick, Gaspedal, Tiefenmesser, Lagemesser, Kompass, Pressluft. Insgesamt schien das eine lösbare Aufgabe zu sein.

»Jacques, bist du sicher, dass du das schaffst?«, kam die Frage von Malik.

Was sollte er dazu sagen, Nein? »Na ja, wir haben keine große Wahl, oder?«

Damit ließ er den Motor an, drückte leicht auf das Pedal und zog den Stick sanft nach hinten, um in Richtung Oberfläche zu tauchen. Der Kompass zeigte Nord-Ost.

Laut Jawaria der direkte Kurs zum Wall.

Unerwünschter Besuch

Diego

Im Laufe der letzten Monate hatte Diego seine »Erzfeinde« Wagner und Babic intensiv observiert; öffentliche Aufnahmen ausgewertet, sowie Bewegungsprofile erstellt. Der CEO schien seine Aufmerksamkeit auf einen schillernden Politiker namens Theo Mäuser zu richten. Mehrfach beobachtete er gemeinsame Auftritte der zwei Bonzen auf Veranstaltungen und in den Medien.

Mäuser kam ursprünglich aus München, war aktuell aber Gouverneur von Andalusien. Diesen Posten erhielt man nicht durch Wahlen, sondern direkt vom Parlament der Provinz. Es war klar, dass das für ihn nur ein Sprungbrett in ein höheres politisches Amt der ZEU sein würde. Seine Recherchen zeigten, dass der korrupte Kerl grundsätzlich die gängige populistische Meinung vertrat und keine Schwierigkeiten hatte, sich jederzeit wie ein Fähnchen im Wind neu auszurichten. In seiner Partei hatte er diverse Fürsprecher, da er jeden, der ihm trotz seines egomanischen Auftretens die Treue hielt, mit Posten belohnte. Diego hatte nie kapiert, wie Menschen, die in der Öffentlichkeit ausschließlich auf ihr persönliches Machtstreben aus waren, es in der Politik dermaßen weit brachten. Vermutlich, weil sich ein Großteil der Europäer nicht mehr damit befasste und der Rest der wilden Versprechungen und Lügen für bare Münze hielt. Oder mangels wählbarer Alternativen.

Was für ein Ekel. Bei seiner Recherche und den diversen Interviews, die er sich anschaute, kam ihm die Galle hoch. Mäuser schimpfte auf jeden, verbreitete Lügen und lobte nur sich selbst. Schuld hatten immer andere und er war das Opfer. Neuerdings wetterte er gegen die Handvoll Flüchtlinge, die es erstaunlicherweise schafften, den Wall lebendig zu überqueren. Dutzende von Leichen, die wöchentlich allein an der spanischen Küste angeschwemmt wurden, verschwieg er geflissentlich. Er war sich unsicher, wen er abstoßender finden sollte, Wagner oder Mäuser. Auf jeden Fall hatten sich da zwei skrupellose Gleichgesinnte zusammengefunden.

Nicht nur den CEO Wagner trieb es vermehrt in den Süden Spaniens. Babic war ebenfalls auf Fotos und Videos zu sehen. Diego wohnte aktuell in der gleichen Gegend. War das Zufall? Vermutlich. Die beiden hatten nach der Übernahme von RescDrone und seinem persönlichen Absturz kein Interesse mehr an ihm gezeigt. Gut so.

Wo sich der Anwalt aufhielt, da waren illegale Aktivitäten nicht weit. Davon war er felsenfest überzeugt. Erst recht in einem Umfeld mit korrupten Politikern ohne moralischen Kompass, wie Mäuser und dessen Speichellecker es waren.

Auf öffentlichen Aufnahmen würde sich Babic nichts nachweisen lassen. Der Mann agierte umsichtig. Ihre damalige Begegnung hatte ihm gezeigt, dass er bei Bedarf persönlich in das Geschehen eingriff und kritische Aufgaben lieber selbst übernahm, als sie zu delegieren.

Er beschloss, den schmierigen Anwalt mit Drohnen direkt zu beobachten, und hoffte darauf, dass er ihn bei einer seiner Aktionen erwischte. Für diesen Zweck nutzte er die gleichen Exemplare, wie schon bei der Recyclinganlage. Sie flogen in den Schwärmen aus Lieferdrohnen mit. Sobald sich Babic auf einer der Partys zeigte, hatten sie den Auftrag, an ihm dranzubleiben und ihn zu filmen, sofern sie die öffentlichen Routen dafür nicht verlassen mussten.

Bei der dritten Überwachung fuhr Babic mit seiner schwarzglänzenden Privat-Limousine zum Hafen von Almería. Es war später Abend und es nieselte. Diego schaltete sich aus der VR heraus Live in seine Flugdrohne und überblickte das Geschehen aus der Vogelperspektive. Auf dem spärlich beleuchteten und mit hohen Zäunen gesicherten Areal war kaum etwas los. Die ZEU versuchte möglichst alles im Inland zu produzieren. Nur vereinzelt griffen sich Roboterkräne mit wuchtigen Zangen einen der vielfarbigen Container und verfrachteten ihn an eine andere Stelle. Führerlose Gabelstapler fuhren kleinere Kisten in Richtung des Kais, an dem nur ein rostiges Frachtschiff zu erkennen war. Menschen waren erwartungsgemäß keine da.

Wie er nach einer kurzen Recherche feststellte, wurde die Überwachungstechnik des Geländes von PeaSecur betrieben. Wenn das kein Zufall war. Das stählerne Tor zum Hafengelände schob sich automatisch vor der Limousine zur Seite. Platschend fuhr es durch die Pfützen zwischen den hohen Reihen der Container in Richtung der weit entfernten Verladekräne und des Schiffs. Das war ein

Problem. Das Fahrzeug würde gleich außer Sicht verschwinden. Für den Hafen bräuchte seine Drohne eine Sondergenehmigung. Unmöglich, sie dort in der Masse der anderen Flugobjekte zu verstecken oder auf einer öffentlichen Route zu folgen und zu wenig Zeit, um Naïn um Hilfe zu bitten. Wenn er hinterherflog, würde das Sicherheitssystem ihn entdecken und eine Identifizierung verlangen, über die verfügte er nicht.

Fluchend klinkte er sich aus der Drohne aus und ließ seine Fluggeräte auf einer Beobachtungsbahn, die zumindest die Hafeneinfahrt lückenlos überwachte. Sobald Babic Limousine herausfuhr, gäben sie ihm Bescheid. In der Zwischenzeit zeigte ihm eine Abfrage der öffentlichen Schifffahrtsrouten, das der rostige Frachter offenbar aus Algerien kam. Also transportierte er kein Hightech oder Ähnliches.

Zwanzig Minuten später war es so weit. Das Auto kam aus dem Hafen und verließ die Stadt auf der Küstenautobahn in Richtung Westen. Dort konnte ihm seine Drohne aufgrund der hohen Geschwindigkeit des Autos nicht folgen. Mist.

Was konnte er tun? Der Kerl hatte eine Lieferung von dem Frachtschiff empfangen. Das war klar. Etwas, dass man besser mit dem privaten Auto transportierte. Vermutlich im Kofferraum, den die Fahrzeug-KI nicht überwachte. Der Transport per Flug-Taxi oder Quadrokopter war scheinbar zu riskant. Und Babic übernahm es persönlich.

Warum? Waren es Drogen? Waffen? Verbotene Cyber-Technologie? Es gab Dutzende Möglichkeiten. Und wohin war er unterwegs? Sicher nicht zu einem offiziellen

Firmenstandort. Ein privates Haus von Wagner? Oder Mäuser?

Zunächst beauftragte er eine KI mit der Recherche in den öffentlichen Grundbüchern. Wie erwartet, ergebnislos. Da keine Immobilie existierte, die einem der beiden gehörte, lief es mit Sicherheit über seinen Handlanger: Babic. Der würde ebenfalls nicht als Eigentümer in Erscheinung treten.

Erneut beauftragte er die Such-KI. Der Fokus lag auf Häusern, Grundstücken oder Wohnungen, bei denen der Anwalt am Kaufvertrag beteiligt war. Ohne gültige persönliche ID war in der ZEU kein Immobiliengeschäft erlaubt.

Er hatte Glück: Bereits vor drei Jahren hat der Kerl den Kauf eines feudalen Anwesens siebzig Kilometer westlich von Almería unterstützt. Mäuser und Wagner kannten sich vermutlich schon länger. Der neue Eigentümer war eine Briefkastenfirma mit Sitz auf Zypern. Das passte ins Bild. Jetzt galt es herauszufinden, was die dort in der Villa trieben. Legal war es keinesfalls.

Bei dem fraglichen Gebäude handelte es sich um eine neu gebaute Villa ca. siebzig Kilometer westlich von Almería. Auf öffentlich verfügbaren Luftaufnahmen wurde das Grundstück bereits seit den Bauarbeiten als weißer Fleck dargestellt. Daher machte er sich am nächsten Abend auf dem Weg, um vor Ort Nachforschungen anzustellen.

Naïn hatte für ihn recherchiert: Das Sicherheitssystem des Geländes kam auch von PeaSecur. Das überraschte ihn nicht. Es war über reguläre Cloud-Verbindungen nicht zu erreichen. Das bedeutete, entweder wurde es lokal oder in einem privaten Rechenzentrum betrieben. Das war das gleiche Sicherheitskonzept wie bei den Einrichtungen, die das Unternehmen für den Staat bewirtschaftete. Wenn es keine Schnittstellen zu der Außenwelt gab, konnte sich von dort niemand in das System einhacken. Leider. Eine ähnlich große Herausforderung war es, Balrog bei PeaSecur einzuschleusen.

3:30 Uhr. Auf der A-7 war er allein unterwegs, wenn man von den automatischen Lkws absah, die unermüdlich und ohne menschliches Zutun Waren im Land verteilten. Der leuchtende Vollmond spiegelte sich auf dem glatten Meer links von der Fahrbahn. Rechts erhoben sich die zackigen Felsenhügel der hier typischen Küstenlandschaft. Kaum eine Wolke war zu sehen. Ideale Bedingungen für sein Vorhaben.

Fünf Kilometer vor dem Ziel gab er seinen Kleinwagen neue Anweisungen. Bei der nächsten Abfahrt sollte er auf eine schmale Bergstraße abbiegen, die ihn in die Nähe des fraglichen Grundstücks führen würde. Der Weg führte ihn an trostlosen halbverfallenen Dörfern und Hotels vorbei. Die ehemaligen Anwohner hatten ihre Häuser einfach aufgegeben. Warum hätten sie auch bleiben sollen? Massentourismus gab es dank perfekter VR-Erlebnisse schon lange nicht mehr. Die Gewächshäuser und landwirtschaftlichen Betriebe waren ohne Ausnahme vollständig automatisiert.

Der Abstand zum Ziel schrumpfte auf dreihundert Meter. Das war nahe genug. Er ließ sein Auto auf einer Seitenstraße hinter einer hüfthohen, verfallenen Mauer parken. Beim Aussteigen fröstelte ihn der Seewind. Fast wie in der Wüste. Es wurde hier seit einigen Jahren nachts verblüffend kalt. Erneut setzte er sein VR-Headset auf und zog die dazugehörigen Handschuhe über. Anschließend ging er um den Wagen herum und öffnete den Kofferraum. Vor ihm lag eine ein A4-Blatt-durchmessende, matt-schwarze Aufklärungsdrohne mit acht Rotoren. Sie war unauffällig, manövrierfähig und hatte eine hochwertige Optik. Insbesondere kam sie, wie alle seine Schöpfungen, ohne eine Cloud-Verbindung aus.

Das Fluggerät schaltete sich mit einem leisen Piepen ein, dann schickte er es auf den Weg in Richtung der Villa. Sobald es unterwegs war, setzte er sich in den Wagen und aktivierte den Pilotenmodus der Drohne. Einen Moment später schoss er wie ein Falke über die nächtliche Landschaft.

Um nicht aufzufallen, senkte er seine Flughöhe auf drei Meter. Kollisionen mit Bäumen würde die Steuerungs-KI selbstständig vermeiden. Noch zweihundert Meter zum Ziel. Er verlangsamte den Flug und flog bewusst einen weiten Bogen über die felsigen Hügel. Die Gegend erschien unberührt, lediglich Steine und Felsen, auf denen sich ein paar Büsche festkrallten. Ein kaputter Holzzaun zog vorbei, während in der Ferne die leuchtenden Planen des Gemüseanbaus die Nacht durchbrachen. Seine Drohne näherte sich dem Zielort von der Bergseite. Es stand mitten im Nirgendwo zwischen Autobahn und Berggipfeln. Das Meer war etwa einen Kilometer entfernt.

An der Grenze des Grundstücks erhob sich fünfzig Meter vor ihm eine zwei Mann hohe, glatte Betonmauer, deren Abschluss doppelt gewickelter NATO-Draht bildete. Wow. War das eine Villa oder ein militärisches Sperrgebiet? Er verharrte in der Luft und schaute sich in Ruhe um: Die Mauer war etwa fünfhundert Meter breit, sichtbare Kameras oder sonstige Technik gab es nicht.

Diego beschloss, seine Strategie zu ändern. Über einem ernsthaft gesicherten Grundstück würde seine Drohne sofort entdeckt und zerstört, daher flog er weiter in Richtung der Berghänge und stieg langsam aufwärts. Immer höher – zehn, zwanzig, dreißig, am Ende hundert Meter. Die Landschaft wirkte winzig und sein eigenes Auto schrumpfte auf Fingernagelgröße. Im Pilotenmodus sollte man definitiv schwindelfrei sein. Die entfernte Mauer kam in Sichtweite.

Jetzt war das Gelände im vollen Umfang zu erkennen. Es wurde von der Betonmauer komplett umschlossen, zudem existierte eine schmale Stichstraße, wie ein schwarzer Bindfaden in der Landschaft, die zur Autobahn hinabführte. Die moderne dreistöckige Villa mit Flachdach und vorgelagertem Pool stand mittig, während sich zu allen Seiten nur einsame Felslandschaft erstreckte. Weitere Gebäude gab es nicht und auf dem Dach waren diverse Geräte installiert, die er auf den ersten Blick nicht zuordnen konnte. Auffällig waren die leeren acht Heliports, die sich nördlich anstelle der klassischen feudalen Zufahrt zeigten. Besitzer und Gäste kamen scheinbar nicht mit dem Auto, sondern dem persönlichen Quadrokopter, VTOL oder sonstigen Flugvehikeln, die heutzutage gängig waren. Das passte alles ins Bild. Man wollte hier ungestört sein. Die Besucher waren gut betucht und reisten aus größerer Entfernung an.

Aber wofür wurde die Villa genutzt? Für exklusive Partys war das hier stärker gesichert als nötig. Entweder sollte niemand hereinkommen – oder heraus.

Diego würde zu gerne einen Blick durch eines der Fenster auf die Bewohner werfen. Falls aktuell jemand anwesend war. Um diese Uhrzeit waren die Chancen denkbar gering. Daher entschied er sich, die Aktion für heute zu beenden.

In dem Moment, als er seine Drohne herumschwenkte, um zurückzukehren, kam Leben in die Szenerie. Die Außenbeleuchtung der Heliports sowie der Villa schaltete sich ein. Über die Bergkuppen schoss ein Privat-Quadrokopter heran und hielt auf das Gelände zu. Wer kam hier um diese nachtschlafende Zeit an?

Zügig flog Diego einen Bogen, um aus der Flugbahn zu verschwinden und die Landung aus einer seitlichen, niedrigeren Perspektive zu verfolgen. Das schwere Fluggerät landete sanft auf dem vordersten Platz. Kurz darauf öffnete sich eine der Flügeltüren. Er zoomte so nah wie möglich heran. Heraus trat ein fetter Kerl mit blonden Haaren im sommerlichen Leinenanzug: Theo Mäuser.

Was würde er darum geben zu sehen, wer dort im Haus auf ihn wartete. Mit Bedacht flog er näher und bewegte sich in Richtung Norden, um den Haupteingang ins Blickfeld zu bekommen. Dem Besucher öffnete sich die Haustür, er wurde von einer jungen, schwarzhaarigen Frau in Dessous begrüßt. Volltreffer!

Damit war für ihn die Sache klar: An der Villa gab es weder weitere Fahrzeuge noch Fluggeräte. Sie lag mitten im Nirgendwo. Mäuser stahl sich allein zu nachtschlafender Zeit her und eine Frau, die das Gelände nicht verlassen konnte, wartete auf ihn, – oder war hier gefangen. Das würde die Sicherheitsmaßnahmen erklären. Scheinbar handelte es sich um eine Art illegalem Harem und Babic hatte eine Kurierfahrt hierher unternommen. Vermutlich um eine neue Mätresse, Drogen oder Ähnliches zu liefern.

Das Setting passte zu einem perversen Egomanen wie Mäuser, der hier seine persönlichen Sex-Sklavinnen hielt, mit denen er nach Belieben seine Gelüste auslebte. Sein »Dealer« wäre Wagner, dessen Konzern gleichzeitig die Schleusen im Wall und die Security des Hafens kontrollierte. Damit schuldete der Politiker dem CEO einiges. Das war nichts, was man ohne Beziehungen in der ZEU auf die Beine stellte. Ein skrupelloser Machtmensch konnte sich mit einer Villa voller Sklaven problemlos Gefallen bei anderen ähnlich gestrickten einflussreichen Männern einkaufen – oder diese später erpressen. Die Schmutzarbeit übernahm Babic. Wagner war aus der Sache fein raus.

Damit schloss sich der Kreis: Diese Clique hatte sowohl das Motiv wie auch die Mittel. Das Risiko war überschaubar, da sie die gesamte Technik inklusive der des Walls kontrollierten und über ihre Verbindungen in die Politik, im Fall der Entdeckung nichts zu befürchten hatten.

Um etwas durch die Fenster zu erkennen, müsste er deutlich näher heran. Diese waren weitestgehend von Vorhängen verschlossen. Wenn er direkt davor schwebte, würde ihm eine Lücke vielleicht einen Blick ins Innere gewähren. Einen Versuch war es wert. Mit Bedacht flog er erneut in Bodennähe an die Mauer und hob sich langsam bis auf Höhe des klingenbewährten Stacheldrahts, um blitzschnell hinüberzuhuschen.

Schlagartig wurde sein Sichtfeld schwarz. Fuck! Er saß wieder im Innenraum des Kleinwagens und der Schriftzug »*Connection lost*« blinkte gehässig vor seinen Augen.

Mist. Wenn er weiterhin solche Risiken einging, gingen ihm bald die Drohnen aus. Mit Sicherheit existierte eine Drohnenabwehr, die sein Fluggerät vom Himmel geholt hatte.

Nichts wie weg, ehe jemand auf die Idee kam, die Gegend nach dem Piloten zu durchkämmen. Zuerst würde die KI eine verdächtige Cloud-Verbindung suchen. Früher oder später kämen sie darauf, dass die Drohne aus der Nähe gesteuert wurde. Aber immerhin: Die Polizei würde hier niemand einschalten.

Milo

Seine Limousine bog auf die weite mit Marmorsäulen umspannte Einfahrt des Hotels ein und hielt vor der Lobby. Kein Mensch war zu sehen, während die Fahrzeugtüren sanft nach oben aufschwangen. Sobald er ausgestiegen war, fuhr das Fahrzeug selbstständig in die Hotelgarage. Im Foyer des ultramodernen Resorts, das er durch verspiegelte Automatiktüren betrat, hatte er das Gefühl, einen Südseestrand zu betreten. Sämtliche Wände und Böden waren geschickt mit 3-D-Displays bedeckt, deren tropische Szenen ineinandergriffen. Wellenrauschen und die Simulation salziger Seeluft komplettierten das immersive Erlebnis. An der Rezeption stand ein menschenähnlicher Androide im Hawaiihemd und grüßte pseudofreundlich. Milo ignorierte ihn. Wagners Aufträge waren erledigt, daher hatte er Zeit für sein Hobby und steuerte mit zügigen Schritten auf die Aufzüge zu.

Die messingverkleideten Türen schoben sich zur Seite und als der Lift ihn erkannte, sprang die Anzeige automatisch zum dritten Stock. Kurz bevor die Aufzugtüren sanft schlossen, griff eine grobschlächtige Hand in den Spalt und zog sie wieder auseinander. Zwei großgewachsene Bodybuilder in dunkeln Maßanzügen mit schwarzen VR-Headsets betraten wortlos die Kabine. Laut der Fahrstuhlanzeige fuhren sie in sein Stockwerk. Milo sträubten sich die Haare, als sich der Duft von billigem Rasierwasser in der engen Kammer verteilte. Was waren das für Kerle? Bodyguards? Jeder von denen brachte locker das Doppelte von ihm auf die Waage und war einen Kopf größer.

Im dritten Stock öffnete sich die Tür mit einem dezenten Ping. Fluchtartig verließ er die Kabine und lief zügig zu seinem Zimmer. Hinter sich hörte er dumpfe Schritte auf dem dicken weinroten Teppich, aber drehte sich nicht um. Seine Tür sprang automatisch auf, als er den Türgriff berührte. Nichts wie rein.

Gehetzt drückte Milo das Türblatt zu. Bevor es komplett geschlossen war, blockierte es ein schwarzglänzender Lederschuh.

»Hey! Was ...?«

Die Tür öffnete sich mit einem kräftigen Ruck, der ihn zurücktaumeln ließ. Die beiden Gorillas traten seelenruhig in seine Suite und schauten sich um. Noch immer schwiegen sie.

»Hey! Was wollen Sie? Das ist mein Zimmer.« Panik kroch in ihm hoch.

»Setzen.« Das war das erste Wort, das der Linke, der sich vom Rechten nur durch einen Dreitagebart unterschied, von sich gab.

»Was ...? Nein! Zimmer, Notru ...«

Ein Stromstoß schlug in seinen Körper und ließ ihn zusammenklappen wie eine Marionette, bevor er die Concierge-KI um Hilfe bitten konnte. Seine Muskeln zuckten unkontrolliert und er war völlig gelähmt.

Einige Sekunden später gehorchten ihm seine Glieder langsam wieder. Sein ganzer Körper schmerzte, als hätte er ein intensives Work-out hinter sich. Die beiden hatten ihm mit einem Taser zigtausend Volt durch die Adern gejagt. Während er gelähmt war, fesselten sie ihn mit geübten Handgriffen und klebten mit Panzertape seinen Mund zu.

Jetzt saß er bewegungsunfähig auf dem Sofa und schaute den beiden zu, wie sie kurz die Suite durchsuchten und die Vorhänge zuzogen. Der Kerl mit dem Bart holte sich einen Stuhl und setzte sich breitbeinig vor ihn. Den anderen sah er nicht.

»Milo Babic? Ein Nicken reicht.«

Er nickte. Was blieb ihm auch übrig?

»Unser Boss hat ein ernsthaftes Problem.« Der Gorilla sprach im Plauderton. Wegen des Headsets sah er dessen Augen nicht. »Er versucht schon seit Tagen, dich zu erreichen. Leider ohne Erfolg. Dabei hatte er nur eine simple Frage: Wann zahlst du ihm sein Geld zurück?«

Oh, Shit. Daher wehte der Wind. Milos Magen zog sich zusammen. In letzter Zeit hatte er sich gründlich verzockt – im wahrsten Sinne des Wortes. Immer nachdem er sein offizielles Glückspielkontingent aufgebraucht hatte, war er zu einer illegalen Wett-App gewechselt. In der konnte man ebenfalls auf diverse E-Sports Events setzen. Wetten, die als narrensicher galten, hatte er verloren. Am Ende summierten sich seine Spielschulden auf über 500.000 CE.

»Da du nicht mit ihm sprechen willst, muss er davon ausgehen, dass du versuchst, ihn zu verarschen.« Er machte eine theatralische Pause. »Verarschst du unseren Boss?«

Energisch schüttelte Milo seinen Kopf.

»Das wäre auch nicht ratsam. Dann hast du also eine halbe Million hier irgendwo herumliegen?« Demonstrativ schaute er sich um.

Der Anwalt bewegte erneut das Haupt von links nach rechts. Ihm brach der Schweiß aus.

»Nicht? Tja, das ist blöd. Aber du hast das Geld verfügbar? Kannst du es ihm sofort überweisen?«

Wenn er ihnen doch nur erzählen könnte, dass er die Schulden problemlos zurückzahlen konnte. Wagner würde das richten, wie immer. Mit dem Knebel kam nur unverständliches Gebrumme heraus.

»Ja, ja. Die Geschichte kennen wir. In ein paar Tagen hast du das Geld zusammen und so weiter und so fort.« Bedauernd schüttelte er den Kopf und atmete aus. »Immer die gleiche Leier. Tut mir echt leid, wir machen das nicht gerne, aber das ist nun mal unser Job.« Damit nickte er dem anderen zu, der in seinem Rücken stand.

Milo versuchte panisch, sich zu drehen und zu schreien. In dem Moment wurde ihm von hinten eine Plastiktüte übergestülpt und er hatte das Gefühl zu ersticken.

Eine endlose Stunde später war sein Martyrium vorbei. Die Folterknechte hatten sein Appartement verlassen und er lag zerstört am Boden. Sprichwörtlich. Drei gebrochene Finger, zwei fehlende Zähne und diverse Prellungen zeugten von seiner Misshandlung. Sein Körper war ein einziger Schmerz.

Mühsam kam er in eine sitzende Position. Was jetzt? Die Polizei zu rufen, war keine Option, dann wäre er am nächsten Tag tot. Trotzdem brauchte Milo einen Arzt. Später würde er mit Wagner sprechen – und darauf hoffen, dass er ihm nochmals aus der Patsche half. Dass die Typen erneut vorbeikämen, wollte er nicht erleben. Das waren Sinn und Zweck dieser Aktion gewesen.

»Concierge?« Das Wort brachte Milo nur mühsam krächzend über seine Lippen.

»Wie kann ich Ihnen helfen, Herr Babic?« Die androgyne Stimme antwortete prompt. Warum hatte diese Scheiß-KI nicht mitbekommen, was hier im Zimmer passierte? Vermutlich, weil er bewusst auf Smartdevices verzichtete, die ihn und seine Körperfunktionen überwachten. Die Dinger hinterließen digitale Spuren, wenn er sie nicht brauchen konnte. Ansonsten waren KIs in teuren Hotels dezent und beobachteten die Gäste in den Zimmern nicht. Zumindest nicht offiziell.

»Ich benötige Hilfe. Einen Arzt. Ich ... Ich bin im Badezimmer ausgerutscht und habe mir ein paar ernsthafte Verletzungen zugezogen.«

»Natürlich. Der Notarzt wurde informiert. Ankunft in drei Minuten. Kann ich Ihnen bis dahin weitere Hilfe leisten?«

»Nein, du verlogenes Arschloch ...«

Diego

Diego, der die gesamte Szene in der VR verfolgte, freute sich diebisch. Schade, dass die beiden den Wichser am

Leben gelassen hatten, aber das wäre auch zu schnell gegangen. Vor Längerem hatte er eine unscheinbare Drohne in das Zimmer krabbeln lassen, nachdem er bei seinen Observierungen in Erfahrung gebracht hatte, wo der Kerl residierte. Sie hat sich in einer Deckenlampe platziert und bezog ihre Energie per Induktion aus der Stromleitung.

Was fing er mit dieser Information an? Eine Möglichkeit wäre, selbst einen Killer zu beauftragen oder mit den Glückspielgläubigern des Anwalts zu sprechen. Beides schien ihm zu riskant und außerdem hatte er keine Kontakte in die Unterwelt. Lieber hielt er an seinem ursprünglichen Plan fest, den Kerl in den Knast zu schicken. Von dort würde er seine illegalen Spielschulden ebenfalls nicht bedienen können. Und Wagner würde von Balrog erledigt.

Sobald Babic wieder auf freiem Fuß wäre, gäbe es niemanden mehr, der ihn vor seinen Verfolgern schützte. Das sollte genügen ihn endgültig zu erledigen, ohne selbst in Verdacht zu geraten.

Nicht jeder Versuch macht klug

Jacques

Wieder oben angekommen, fuhren sie weiter. Scheinbar, als sei nichts geschehen. Wie zu Beginn brachen sich die Wellenberge über ihnen, während sie durch das Wasser pflügten. Nur, dass er jetzt ihr Gefährt steuerte – und das zweite U-Boot fehlte.

»Jawaria?«, wendete er sich an die Schmugglerin. »Was ist da vorhin passiert?«

Nach der ganzen Aufregung kehrten seine Gedanken zu dem Angriff zurück.

»Adam hat durch den Spalt geschrien, dass Mohamed eine Pistole hat und dass er Fazil …«, der sonst so coolen Frau versagte die Stimme, und er hörte ein Schluchzen, »…, dass er Fazil erschossen hat. Meinen Sohn.«

Betroffen schwieg er einen Moment. Ihr Sohn? Das hatte er nicht geahnt.

Kurz darauf fuhr sie stockend fort: »Scheinbar waren er und seine angebliche Frau beauftragt, uns zu stoppen, um die beiden U-Boote zu kapern. Ich hätte nie erwartet, dass andere Schmuggler so weit gehen würden. Das erklärt, warum uns das Schnellboot so dicht auf den Fersen war. Vermutlich hatte er einen Peilsender dabei.«

Jetzt war es Malik, den sie schluchzen hörten: »Aber ... was … was wird dann aus Adam ...?«

»Ich weiß es nicht«, antwortete Jawaria, die langsam ihre Fassung zurückgewann. »Tut mir wirklich leid. Eventuell verschonen sie ihn und bringen ihn an Land zurück.«

»Nein! Ohne meinen Bruder ist das alles sinnlos. Außerdem lebt er vielleicht noch. Ich will umkehren! Sofort!«, rief der Zwilling.

»Das ist keine gute Idee, befürchte ich«, warf die Schmugglerin ein. »Falls wir umdrehen, weiß ich nicht, was uns erwartet. Es wäre denkbar, dass unsere Halle angegriffen wurde, obwohl sie gut geschützt ist. Ich könnte versuchen, mithilfe von befreundeten Fischern das Boot zu verstecken und den Rest meiner Familie zu erreichen. In jedem Fall müsstet ihr zunächst untertauchen. An Land könnte ich nicht viel für euch tun.«

»Nein, keinesfalls!«, unterbrach Jacques sie. »Dann habe ich keine Chance, Kara je zu finden.«

Sie fuhr unbeirrt fort: »Außerdem werden die uns in Küstennähe auflauern. Mit der wenigen Restluft wird es schwierig, weitere Ausweichmanöver zu tauchen und wieder zurückzukommen. Deren Boote sind viel schneller als wir. Am besten wäre es, wenn ich das vorher irgendwo reparieren und die Luft auffüllen könnte.«

»Du meinst ...« Es dämmerte ihm, worauf das hinauslief.

»Genau. Ich begleite euch an die europäische Küste. Dort wird sich sicherlich ein Kompressor auftreiben lassen. Den braucht im Grunde jeder Fischer. Ansonsten könnte ich versuchen, meine dortigen Kontaktleute um Hilfe zu bitten.«

»Nein!«, schrie Malik nochmals, übersteuerte den Lautsprecher und rumpelte hinter ihm im Sitz. »Nicht ohne Adam!«

»Malik«, sie sprach seinen Namen ruhig und langsam aus und erinnerte ihn damit an seine Mutter, »zum einen hattet ihr euch genau für diesen Fall auf zwei Boote aufgeteilt. Zum anderen kannst du, sobald die Pressluft aufgefüllt ist, immer noch mit mir zurückfahren.«

Wie es in dessen Gefühlswelt aussah, konnte er sich gut vorstellen. Wäre Kara in dem zweiten Schiff gewesen ... Keinesfalls hätte er weiterfahren wollen. Die Diskussion wogte eine Weile hin und her. Am Ende ließ sich der Zwilling von ihnen beiden überzeugen. Es war besser, das U-Boot zu reparieren und die Luft aufzufüllen.

»Okay.« Jawaria fand ebenfalls zu ihrer üblichen Gelassenheit zurück, obwohl ihr Verlust mindestens genauso entsetzlich sein musste wie Maliks. »Wir haben jetzt noch Pressluft für maximal vierzig Minuten, eher weniger. Das wird eng, um ungesehen unter dem Wall durchzutauchen, ist aber machbar«, fasste sie die Situation zusammen. »Wir werden in rund zwei Stunden nahe an der Grenzanlage sein. Genauer kann ich das nach den beiden Fluchtmanövern nicht sagen. Sobald der Wall in Sichtweite kommt, müssen wir abtauchen.«

Die Verfolger tauchten nicht wieder auf, aber ein ungutes Gefühl blieb.

»Jacques, bitte halte an«, forderte Jawaria und er drosselte den Motor, sodass sie stoppten. »Dort vorne – seht ihr das am Horizont? Wie eine große schwarze Mauer mit Spitzen und zwei eckigen Türmen?«

Tatsächlich, der Übergang zwischen See und Wolken war eine stachelige Linie. Links und rechts erkannte er dicke Quader. Mit etwas Fantasie sah das nach einem gigantisch langen Festungswall aus. Daher der Spitzname der Grenzanlage.

»Hier, Jacques.« Durch einen Schlitz neben ihrem Sitz übergab Jawaria ihm ein Fernglas.

Mit beiden Händen fasste er das schwere Gerät und hielt es vor seine Augen. Es war ein modernes Modell, dass das Bild elektronisch verbesserte. Was er sah, verschlug ihm die Sprache.

Im Zoom hatte er das Gefühl, unmittelbar vor dem Wall auf dem Wasser zu schwimmen. *Wall* war nicht das richtige Wort. Dort schwammen dicht gedrängt große fette Kugeln. Glänzende gigantische Seeigel, die man nebeneinander an einer Schnur aufgespießt hatte. Jeder mit langen und kurzen Stacheln gespickt. An einigen hing Seetang und Müll, auch die Reste von Schlauchbooten waren zu erkennen.

Für das Alter der Anlage insgesamt wenig Unrat, wie er fand. Er schwenkte nach rechts und sah den Turm. Es war ein schwarzer glatter Würfel ohne erkennbare Öffnungen mit schwach leuchtenden, roten Signallichtern. Die ganze Zeit hatte er das Gefühl, man beobachtete ihn. Davon abgesehen, war der Wall komplett dunkel, vermutlich mit Absicht. Zwischen den Lanzen einer Kugel meinte er, eine Bewegung zu erkennen. Als er sich darauf konzentrierte, erkannte er eine Art mechanische Spinne, die sich geschickt durch die Stacheln hindurchbewegte und den Abfall von diesen ins Meer stieß. Ein Wartungsroboter? Gab es auch einen, der den Unrat vor dem Wall herausfischte und woanders ablud? Die Grenzanlage war durchaus bewohnt, wie es schien.

Erneut schwenkte er das Fernglas zum Quader. Dort regte sich etwas und im oberen Viertel öffnete sich eine Klappe. Ein fettes Flugobjekt mit vier Rotoren und dickem Körper schwebte daraus hervor und bewegte sich zielgenau in ihre Richtung.

»Jawaria!«, rief er sofort. »Aus dem Turm links kommt ein Hubschrauber oder so was!«

»Dann los, nichts wie weg!«, kam ihre klare Anweisung.

Das Gaspedal durchdrückend tauchte er erneut ab. Zum letzten Mal – das stand fest. Sie fuhren wieder steil hinab in den Abgrund des finsteren Meeres. Unwillkürlich hielt er die Luft an, obwohl er das Gefährt selbst steuerte.

Tiefer und tiefer glitten sie hinunter. Er hatte kein Gefühl für die Strecke, die sie zurücklegten, und hatte vergessen, beim Abtauchen auf die Uhr zu sehen. Der Tiefenmesser vor ihm zeigte achtundfünfzig Meter.

Von vorne hörte er ein Knirschen. »Jawaria! Was war das?«

»Okay, stopp. Nicht weiter runter, Jacques. Eventuell hat der Rumpf beim Kampf doch etwas abbekommen. Das muss reichen«, antwortete sie erneut erstaunlich gelassen. »Den Wall sollten wir auch so problemlos untertauchen können. In ein paar Minuten ist es so weit ...«

Ihrer Anweisung folgend hielt er die Tiefe penibel ein. Das Geräusch wiederholte sich.

»Jawaria ...?«

»Einfach weiter. Wir schaffen das.«

Vermutlich schwebte jetzt über ihnen unsichtbar der lange schwere Vorhang aus scharfkantigem Metall vorbei. Ob dort ebenfalls diese spinnenartigen Roboter herumkrabbelten und den Dreck entfernten?

In der Finsternis vor seiner Kuppel tauchten zwei rotglühende Augen auf. Schreiend drückte er den Joystick nach unten. Trotzdem schlug der eckige Kopf des Wesens mit einem ohrenbetäubenden Knall gegen seine Haube. Seine Arme vor das Gesicht reißend schrie er auf.

Dann war es vorbei.

»Jacques? Was ist passiert?!« Jetzt war es an Jawaria laut zu rufen.

Er schaute sich irritiert um und nahm die Hände wieder an den Joystick.

»Ich ... keine Ahnung. Da war plötzlich ein gruseliger Kopf und ist gegen die Scheibe geknallt.« Nochmals sah er sich um, aber außer schwarzer Tinte war nichts zu erkennen. Was, falls das Vieh an ihrem Rumpf hing und in diesem Moment damit begann, ihn aufzuschneiden?

»Ganz ruhig. Wir sind nahe unter dem Netz hindurchgefahren. Eventuell war das ein neugieriger Wartungsroboter. Ist sonst bei dir alles in Ordnung?«

Bei genauerer Betrachtung erkannte er einen Punkt mit dichten Haarrissen, die sich von der Stelle ausbreiteten, an der sie der Roboter getroffen hatte. Winzige Luftbläschen zogen von dort kontinuierlich über seine Haube.

»Nein. Meine Kuppel ist kaputt. Wir verlieren Luft, aber nicht viel.«

»Verstanden. Wir tauchen nicht mehr tiefer, daher sollte das halten«, beruhigte ihn die Schmugglerin. »Ich denke, wir haben es geschafft. Die Pressluft reicht noch für mindestens zwanzig Minuten. Damit können wir etwas Abstand gewinnen. Was macht dein Riss?«

»Tout va bien. Alles gut. Ist nicht größer geworden.«

Nach der Hälfte der Zeit ließ er auf Jawarias Anweisung das U-Boot steigen. Der Wall lag jetzt zwei Kilometer hinter ihnen. Die Tiefe auf der Anzeige verringerte sich langsam, ansonsten war keine Änderung erkennbar. Die Luftbläschen über seinem Riss vermehrten sich und der Tiefenmesser zeigte zwanzig Meter.

Es knallte. Ein ultraharter Wasserstrahl bohrte sich in seine Brust und trieb ihm die Luft aus den Lungen. Er schrie, schluckte Flüssigkeit und versuchte, sich aus dem Strahl zu drehen. Immer mehr Wasser drang ein. Japsend pumpte er Sauerstoff in seinen malträtierten Brustkorb. Wegen der umherspritzenden Tropfen hielt er die Augen geschlossen und konzentrierte sich auf das Atmen sowie die Steuerung.

»Konzentrier dich, Jacques!«, vernahm er Jawarias Stimme durch das Getöse. »Einfach weiter so!«

Das U-Boot torkelte von links nach rechts. Malik kreischte panisch. War das Ruder ausgefallen? Dann wären sie endgültig verloren. Eiskaltes Wasser stieg über seine Knöchel.

Eine Ewigkeit später war der Wasserstrahl schlagartig weg. Was war los? Er versuchte, sich zu orientieren.

Das Boot schwankte zwischen den Wellen. Wellen? Scheinbar hatten sie es geschafft, rechtzeitig aufzutauchen. Sein Hintern und die Beine saßen im Wasser. Über ihm zeigte sich ein fingerbreites Loch in der Kuppel sowie der sternenbesetzte Nachthimmel. Frische Luft blies herein.

»Seid ihr okay? Jacques, alles in Ordnung?« Wie immer war es Jawaria, die einen kühlen Kopf bewahrt hatte.

Er hustete. »Oui, danke. Es geht schon. Nur ein paar blaue Flecken und ich habe ziemlich viel Wasser geschluckt.«

»Ich bin auch in Ordnung«, bestätigte Malik kurz darauf.

»Was macht das Boot? Können wir noch fahren?«, wollte er wissen.

»Ja, zum Glück ist hier drinnen alles wasserdicht. Der Notaufstieg hat unsere gesamten Pressluftreserven verbraucht, aber ansonsten scheinen wir fahrbereit zu sein. Das war knapp. Das Wasser wird herausgezogen, sobald wir Fahrt aufnehmen.«

»Hier ist jetzt ein Loch in der Größe meines kleinen Fingers über mir«, meinte er. »Tauchen können wir damit nicht mehr. Egal, ob mit oder ohne Pressluft.«

Nachdem sich alle etwas beruhigt hatten, ließ er den Motor an und sie setzen ihre Fahrt fort. Das Wasser zog hinaus, aber das war seine geringste Sorge.

Die restliche Zeit verging zum Glück ereignislos. Nach weiteren drei Stunden kündigte im Osten ein rötliches Aufhellen des Himmels den Sonnenaufgang über dem Meer an. In der Entfernung war eine schwarze Küstenlinie im Morgennebel bereits deutlich auszumachen. Das musste Spanien sein. Er war in einer fast euphorischen Stimmung. All der Gefahren und Verluste zum Trotz hatte er es geschafft.

Kara – ich finde dich!

Ihr Plan sah vor, die Morgendämmerung zu nutzen, um ungesehen anzulanden. Jawaria hatte erläutert, dass das nicht trivial wäre, denn das U-Boot wog zu viel, um es an den Strand zu ziehen. In einen Hafen einzufahren wäre ebenfalls keine gute Idee, da sie sich anfänglich unbemerkt umschauen wollten.

Weiter in Richtung Land fahrend nahm er erneut den Feldstecher zur Hand und schaute sich die Küstenlinie an. Laut der Schmugglerin war San José in Sichtweite. Mit der Restlichtverstärkung betrachtete er das Ufer. Nachdem der Meeresspiegel im Laufe der letzten Jahrzehnte um vier bis fünf Meter gestiegen war, waren hier, genau wie in Algerien, die meisten Fischerdörfer versunken und die Menschen auf trockene Küstenabschnitte umgesiedelt. Vor ihm öffnete sich eine breite Bucht, aus der eingefallene Häuserdächer ragten. Am Rande traten die Straßen mit ihren Häuserreihen direkt aus dem Meer hervor, als hätte man das Städtchen bewusst dort hineingebaut. Ein verrosteter Tanklaster parkte halbversunken an der Seite. Die höher gelegenen Häuser standen aufrecht auf der felsigen Küste. Nochmals schaute er genauer hin. Es sah nicht so aus, als wenn hier neu gebaut worden wäre, alles wirkte alt und verlassen. Weder Lichtquellen noch Menschen waren auf der Straße zu erkennen. Bis auf Tiere, Vögel und wilde Hunde, bewegte sich dort nichts. Das war ein Geisterdorf.

Nachdem auch Jawaria und Malik sich mit dem Fernglas umgesehen hatten, meinte die Schmugglerin: »Ich würde vorschlagen, dass wir hier an Land gehen. Die halbversunkenen Straßenzüge sind optimal, um dort das U-Boot gut zu vertäuen, ohne dass es vom Meer gesehen werden kann. Im Dorf lebt scheinbar niemand mehr. Vielleicht finde ich trotzdem einen funktionierenden Kompressor. Weiterfahren können wir ansonsten immer noch.«

Mit den ersten Sonnenstrahlen des Tages näherten sie sich bei spiegelglattem Meer der gespenstisch stillen Stadt. Er fuhr langsam mittig in die Bucht, um nicht unter Wasser mit den Resten eines Gebäudes zu kollidieren. Direkt vor ihnen erstreckte sich die ehemalige, weitestgehend versunkene Hauptstraße.

Er erschrak. Etwas schrammte quietschend am Rumpf entlang und zog eine Gänsehaut über seinen Rücken. Es schien nichts passiert zu sein. Links und rechts tauchten Gerippe eingefallener Dachstühle aus den Wellen auf. Die Häuser wurden höher und leere Fensterhöhlen reckten sich ihnen wie gierige Mäuler entgegen. Hundert Meter vor ihnen erhob sich der Asphalt aus dem Wasser, als wäre die Straße eine gigantische Slipanlage, dafür gebaut, Schiffe ins Meer hineinzulassen. Dort erkannte er eine ebenfalls wasserbedeckte Seitenstraße, deren Gebäude ein bis zwei Stockwerke herausragten. Am Ende des Weges schwappten die Wellen auf den Straßenboden. Laut Jawaria war das ideal. Daher bog er langsam ab und folgte der Gasse, bis nur ein paar Handbreit Wasser den Rumpf vom Grund trennten.

»Okay, wir sind da«, beschied die Schmugglerin deutlich und übernahm wieder das Kommando. »Ich werde als Erste aussteigen und versuchen, das Boot zu vertäuen. Ihr könnt die Hauben jetzt öffnen.«

Sie holte ein langes Seil, während sich die Kuppeln surrend hoben. Frische, nach Algen und Fisch riechende Luft ersetzte den Mief der Kabine. Außer dem Klatschen der

Wellen und dem Schreien der Möwen war nichts zu hören. In der Ferne bellte ein heiserer Hund.

Geschickt kletterte die Schmugglerin aus dem Cockpit und stand kurz darauf hüfthoch im kühlen Wasser, deutlich tiefer, als er erwartete. Mit Bedacht tastete sie sich vorwärts. Alte Plastiktüten und undefinierbares weiches Zeug schwammen an ihren Hüften entlang. Vorsichtig ging sie weiter, um sich nicht an scharfkantigen Hindernissen das Bein aufzuschlitzen. Kurz darauf umspülten seichte Wellen ihre Knöchel und sie vertäute das U-Boot an einem knorrigen Baum, dessen grünlich-weiße Blätter unter irgendeiner Krankheit litten.

»Und was machen wir nun?«, fragte Malik, als sie nebeneinanderstanden. »Hier scheint niemand mehr zu leben, der uns helfen könnte.«

Dem konnte er nicht widersprechen. Hier wirkte alles so tot und verlassen, wie es von der See den Anschein gehabt hatte.

»Das war das Ziel der Aktion«, sagte Jawaria anstelle einer direkten Antwort. »Ich würde gerne unentdeckt das U-Boot wieder flottkriegen. Vielleicht habe ich Glück und finde in einer Werkstatt einen funktionierenden Kompressor und Panzertape, um das Loch dichtzumachen.«

Damit drehte sie sich demonstrativ zu den beiden um: »Herzlichen Glückwunsch. Ihr seid in Europa angekommen und mein Auftrag ist erfüllt. Daher steht es euch frei, zu tun, was auch immer ihr möchtet.«

Der Gedanke, ab hier dreißig Kilometer allein an einer unbekannten, felsigen Küste entlangzuwandern, behagte ihm nicht. Bis zu diesem Moment hatte ihm ständig jemand geholfen und seine Suche begleitet. Der Punkt des

Abschieds würde sicher kommen. Aber jetzt grummelte sein Magen und er würde sich gerne umschauen, ob es hier Ausrüstung gäbe.

»Was zu essen wär nicht schlecht«, sprach er seine Gedanken aus und hielt sich die Hand vorm Bauch, »und Almería scheint eine Ecke entfernt zu sein. Ich für meinen Teil würde dir gern bei der Suche helfen und schauen, ob ich was Brauchbares finde. Eine Angel oder eine Solartaschenlampe und Wasser wären super. Vielleicht gibts sogar noch essbare Konserven.«

Die Schmugglerin nickte und antwortete: »Also gut, dann mal los.« Damit marschierte sie ohne ein weiteres Wort voran.

Ehrlicherweise war er ein wenig enttäuscht, während er sich zwischen den Häusern umsah. Er wusste nicht so recht, was er erwartet hatte, aber die Geschichten vom »grünen Kontinent« klangen anders. Grünlich waren hier nur die Algen an den alten Hauswänden. Der Rest sah ebenso trocken und dürr aus wie bei ihm zu Hause.

Trotz allem war er erleichtert, dass Jawaria sie direkt hierhergebracht hatte. Das hatte die Landung vereinfacht. Sie hatten sich darauf geeinigt, die nahen Gebäude zu durchsuchen und sich ansonsten zunächst von der anstrengenden Nacht zu erholen.

Zügig marschierte er auf eines der nächsten Wohnhäuser zu, das nicht vom Wasser in Mitleidenschaft gezogen war und über ein halbwegs intaktes Dach verfügte. Hunde bellten in unmittelbarer Nähe, sehen konnte er sie nicht. Das Haus war von einer eingefallenen Sandsteinmauer umgeben und hatte zwei Stockwerke. Die ehemals weiße Farbe war weitestgehend abgeblättert und die

Haustür hing schief in den Angeln. Vorsichtig versuchte er, an der Tür zu ziehen. Damit brach er ein Stück des Holzes vom Türblatt ab, dass er verwundert in den Händen hielt. Die Tür war uralt und so morsch, dass sie direkt auseinanderfiel. Hier lebte definitiv schon lange niemand mehr. Daher trat er kurzerhand krachend mit den Füßen die Reste der Tür zur Seite.

Von drinnen kam ihm warme muffige Luft entgegen. Die ehemaligen Bewohner schienen geordnet ausgezogen zu sein. Bis auf einen kaputten Stuhl und Überresten fest verbauter Schränke, verrosteter Küchengeräte sowie Abfall war das Gebäude leer. Alles Nützliche hatten sie mitgenommen. Die weiteren Ruinen, die er sich anschaute, waren ebenfalls verlassen. Wasser und Strom funktionierte in keinem der Häuser. Das war sinnlos.

Auf der anderen Straßenseite sah es nach einem ehemaligen Lebensmittelladen aus. Bis auf leere Supermarktregale und einer kaputten Kühltruhe war dort nichts zu finden. Inzwischen stand die Sonne hoch am Himmel und er war platt und müde. Enttäuscht begab er sich auf den Rückweg. Malik und Jawaria waren scheinbar immer noch unterwegs. Vielleicht hatten sie mehr Glück.

Am Abend saßen sie kurz nach Einbruch der Dunkelheit in einem der Gebäude. Erwartungsgemäß wurden sie nicht fündig. Die ehemaligen Bewohner hatten alles Brauchbare mitgenommen. Ein frischer Fisch, den Jawaria gefangen hatte, wartete darauf, zubereitet zu werden. Seine Gedanken waren bei Karas Familie. Angeblich war es unmöglich, von Europa nach Algerien zu telefonieren. Aber einen Versuch war es wert.

Die anderen waren mit dem Sammeln von Feuerholz und dem Vorbereiten des Fisches beschäftigt. Daher holte er sein Handy aus dem Rucksack und schaltete es ein. Die Batterie war zum Glück voll. Das Gerät suchte nach einem Mobilfunkanbieter. Es dauerte. Gab es hier keinen, der passte? Das Dorf war verlassen und möglicherweise arbeitete das Teil nicht mit der hiesigen Mobilfunktechnik.

Zwei Minuten später war er erfolgreich: »ZEU-Cloud« zeigte es als Netzanbieter an. Mit dem üblichen Pling-Plong kam die Willkommensnachricht des Anbieters herein. Praktischerweise auf Arabisch und Französisch.

»Willkommen im Bundesstaat Spanien! Wir begrüßen Sie als Neuankömmlinge in Europa. Bitte haben Sie noch etwas Geduld und bleiben Sie an ihrem aktuellen Standort. Ein Willkommensteam wird sie in spätestens zwei Stunden abholen. Das Team begleitet Sie zur nächsten Erstaufnahmeeinrichtung, um Ihnen mit den Einreiseformalitäten behilflich zu sein. Falls Sie Fragen zu Ihrer Einreise haben, können Sie gerne unsere Hotline 0500-MIGRATION anrufen.

Ihr Migrationsbeauftragter der Zentralen Europäischen Union (ZEU)«

Freudig lief er hinaus und rief: »Jawaria, Malik! Regardez! Ich habe eine Textnachricht empfangen! Ich denke, unsere Ankunft ist viel einfacher, als wir dachten.«

Die beiden kamen sofort angelaufen und versammelten sich um sein Handy. Als sie die Nachricht lasen, verzog die Schmugglerin ihr Gesicht.

»Verflucht! Genau das wollte ich vermeiden! Hättest du nicht vorher fragen können?!«

Blauer Himmel, dröhnendes Lachen

Kara

Einige Stunden später, es ging bereits auf Abend zu, ließ sie sich von den dreien in ihr Zimmer begleiten. Das Trio bestand darauf, sie »anständig« einzukleiden und zu schminken. In der Hoffnung, dass dadurch ihre Akzeptanz stieg, spielte sie mit, auch wenn sie bei der Sache kein gutes Gefühl hatte. Speziell die beiden Schwestern machten bisher nicht den Eindruck, sich ernsthaft um sie zu bemühen.

»Sehr schön«, meinte Kenza, »jetzt zieh dich erst mal aus.«

»Ähm ... wollen wir nicht zunächst gemeinsam ein paar neue Klamotten heraussuchen? Ich würde mich lieber allein umziehen.«

Ihr war es nicht recht, sich vor den dreien komplett zu entblößen. Das war nicht ihre Familie, sondern Fremde.

Statt das Zimmer zu verlassen, trat Kenza dicht heran und zog ihr die Klamotten langsam aus. Überrumpelt ließ sie es geschehen. Am Ende schmiegte die Schwarzhaarige sich an sie und legte ihr den Arm um die Schultern. Kara wollte sie wegdrücken, doch die Mitgefangene hielt sie fest umklammert und zischte ihr ins Ohr: »Lass das! Wir werden per Video beobachtet. Theo schaut uns zu. Spiel am besten mit. Es wird dir seinen Besuch leichter machen.

Betrachte es als deinen ersten Test. Und jetzt ... psssst. Genieße es einfach.«

Was zum Teufel sollte das? Wieso Test? Sie sah sich kurz um. Kameras waren keine zu erkennen, aber eventuell waren die bei der hiesigen Technik unsichtbar. Sollte sie sich aus der ungewollten Umarmung befreien oder mitspielen?

Nein! Was auch immer das werden sollte, es war ihr unangenehm, dass die andere ihr derart nahekam. Außerdem, hatte sie nicht vorhin beschlossen, einen Ausweg zu suchen, und sich nicht wie Samira mit der Situation abzufinden?

»Nein!« Entschlossen schob sie die Frau mit beiden Händen von sich. »Ihr könnt hier tun und lassen, was ihr wollt, aber lasst mich in Frieden.«

Mit klopfendem Herzen stand sie einen Augenblick nackt und ungeschützt den drei Fremden gegenüber, die sie mit aufgerissenen Augen anstarrten. Mit einem Schritt trat sie an das Bett heran und zog die Decke über sich.

»Nein?« Es war Kenza, die ihre Hände in die Hüften stemmte und sie anfunkelte. »Du wirst schon noch sehen, was du davon hast.«

Damit wirbelte sie herum und stürmte zusammen mit den anderen hinaus. Samira blieb an der Tür kurz stehen und schaute sie schulterzuckend an. Dann folgte sie schweigend und die Tür fiel in Schloss. Ihr fehlten die Worte und schwirrte der Kopf.

Erst die brutale Entführung und Vergewaltigung durch die Soldaten. Und ihre Mitgefangenen versuchten, sie ins Bett zu bekommen? Erneut kamen ihr die Tränen und sie vergrub ihr Gesicht unter den Armen. In was für einer irren

Geschichte war sie hier gelandet? Gab es diesen Theo Mäuser in Wirklichkeit oder war das alles nur ein Lügengebilde? Und vor allem: Wie kam sie hier schnellstens raus?

Nach dem Erlebnis mit den dreien duschte sie ausführlich und versuchte, einen klaren Kopf zu bekommen. War es erst gestern, dass sie aus ihrer Heimat von Soldaten verschleppt und vergewaltigt wurde? Irrsinn. Ihr behütetes Leben im Dorf, ihre Familie und die tägliche Arbeit schienen bereits Jahrzehnte zurückzuliegen. Und Jacques ... die Erinnerung an ihren Freund, half dabei, das Unwirkliche und Bedrohliche des Hier und Jetzt für einige Augenblicke zu verdrängen. Was würde er tun, um sie zu finden? In ihrer Fantasie landete er gemeinsam mit einem Befreiungstrupp der Polizei mit einem Hubschrauber mitten im Garten der Villa und befreite sie aus diesem Gefängnis. Dieser alberne Gedanke zauberte ihr ein Lächeln auf die Lippen, nur um es eine Sekunde später ersterben zu lassen, als sie sich vorstellte, was ihr in der Realität bevorstand. Am Ende existierte hier nur genau eine Person, auf die sie sich verlassen konnte: Sie selbst.

Nach dem Abtrocknen erwartete sie in ihrem Zimmer Samira und saß auf der Bettkante. Anklopfen gehörte hier scheinbar nicht zum guten Ton.

Die Algerierin schaute sie fragend an, als wäre nichts gewesen: »Alles in Ordnung mit dir?«

Ihr schoss der Puls in die Höhe. »Ja ... Nein! Was zum Teufel sollte das vorhin?!«, zischte sie.

»Entschuldige, die zwei versuchen das immer mit den Neuankömmlingen«, antwortete Samira und konnte ihr nicht in die Augen schauen.

»Na und? Die beiden sind durchtriebene Miststücke, von denen war nichts anderes zu erwarten.« Sie starrte die Frau an. »Aber du hast auch mitgemacht!«

»Tut mir leid. Du kennst Suad und Kenza nicht. Sie sind schon lange hier und wissen genau, wie sie einem das Leben zur Hölle machen können. Also ... während Theo nicht hier ist – ansonsten trauen sie sich das nicht. Du tust ebenfalls besser daran, dich mit den beiden zu arrangieren.«

»Ich weiß nicht. Mir ist das alles zu viel.« Ihre Wut verpuffte so schnell, wie sie gekommen war. Vermutlich konnte die verrückte Samira tatsächlich am wenigsten dafür. Mit hängenden Schultern setzte sie sich auf das Bett.

»Mach dir keinen Kopf. Das ist schon in Ordnung. Jetzt suchen wir die etwas Passendes zum Anziehen heraus und dann zeige ich dir, wie du dich ordentlich schminkst.«

Sie wäre lieber für sich, um ihre Gedanken zuordnen. Sollte sie erneut ablehnen? Aber um zu überleben und eine Fluchtmöglichkeit zu finden, sollte sie sich zumindest optisch anpassen. Daher widersprach sie nicht.

Samira erklärte ihr diverse Wäschestücke, die man »Dessous« nannte, und half ihr beim Anziehen. Die Sachen fühlten sich komisch an und waren unpraktisch. Die nachfolgende Schminklektion ließ sie ebenfalls über sich ergehen.

Am Ende schaute sie sich im Spiegel an. Auf den ersten Blick erkannte sie kaum einen Unterschied zu den dreien. In ihrem Dorf gab es keine Frau, die einen annähernd ähnlichen Anblick geboten hätte. Auch in der Stadt, die sie alle paar Monate besuchten, hatte sie auf den Märkten nichts Vergleichbares gesehen. Sah so eine Hure aus?

In jedem Fall gefiel ihr nicht, was sie im Spiegel sah.

Nachdem sie fertig waren, stiegen sie gemeinsam die Treppe nach oben. Die anderen beiden saßen im Wohnzimmer und schauten sich eine Seifenoper an. Allerdings nicht auf einem Fernseher. Ein drei Meter breites Teilstück der seitlichen Wand hatte sich in ein 3-D-Display verwandelt. Die luxuriöse, algerische Stadtwohnung, die in diesem Moment in der Serie gezeigt wurde, verlängerte das Zimmer und die Schauspieler erschienen lebensecht wie in einem Theater. Erneut beeindruckte sie die europäische Technik. Samira hatte sich zwischen den beiden anderen bequem auf das breite Sofa gefläzt. Vor ihnen stand eine enorme Schale Chips sowie eine leere Flasche Champagner und halbgefüllte Gläser.

»Kara, Schätzchen. Gut siehst du aus! Setz dich zu uns«, rief Kenza, als sie in Sichtweite kam und klopfte mit der Hand auf die Couch. Sie tat so, als wäre nichts geschehen. »Kennst du die neuste Staffel von ›Leidenschaft in der Wüste‹?«

Weder kannte sie das, noch interessierte es sie. Trotzdem setzte sie sich und hielt Abstand zu den dreien.

Nach einer Weile beschloss sie, auf die Szene von vorhin ebenfalls nicht mehr einzugehen und fragte: »Woher wisst ihr, dass eine Flucht unmöglich ist? Ich sehe keine Wachen und die Mauer wird sich irgendwie überwinden lassen.«

Kenza lachte auf, als hätte sie eine offensichtliche Dummheit gefragt.

»Kara, Liebste. Natürlich gibt es keine Wachen.« Sie verfiel erneut in ihren herablassenden Tonfall. »Du befindest dich in Europa, Kind. Hier wird alles von Computern und Robotern automatisch geregelt. Männer sind fehlbar, korrupt und lassen sich von Frauen übertölpeln. Die Sicherheits-KI dieser Villa leider nicht.«

»Wovon sprichst du, Kenza? Was ist eine KI? Es ist keine Technik zu erkennen.«

Statt zu antworten, machte diese mit der Hand eine Wischgeste und das Bild vor ihnen fror ein. »In Ordnung. Zeit für Lektion Nummer zwei.«

Suad kicherte. Samira blieb ernst. Was kam jetzt?

»Lektion eins hast du ja leider übersprungen.« Kenza zwinkerte ihr zu und ihre Schwester prustete. Genug war genug.

»Verdammt!«, rief Kara und explodierte. »Was sollte das vorhin! Das ist kein Spaß! Wir sollten hier zusammenhalten und uns nicht gegenseitig ausnutzen!«

»Ach, Kara«, meinte Kenza und blieb gelassen, »stell dich nicht so an. Mit den Kerlen wirst du noch gänzlich andere Dinge erleben. Das hätte dir geholfen. Außerdem: Willst du jetzt wissen, wie die Sicherheit hier funktioniert oder nicht?«

»Ich …«, wutschnaubend starrte sie die Frau sekundenlang an, die sich nicht aus der Ruhe bringen ließ.

»Ja, natürlich«, lenkte sie am Ende ein, »aber macht so einen Mist nicht noch mal mit mir!«

»Ja, ja. Also gut, Kara. Nehmen wir an, ich wäre ein widerwärtiger, alter Kerl, der dich gleich ficken will. So, wie in spätestens zwei Tagen.«

Ihr war klar, dass sie erneut das unbedarfte Opfer in einem Schauspiel sein sollte. Gerade wollte sie etwas Passendes erwidern, da sickerten die letzten Worte in ihren Kopf.

»In zwei Tagen ...? Was meinst du damit?« Ihr Gesicht glühte auf und ihr Herz wummerte.

»Kenza, jetzt lass sie doch. Das muss nicht sein.« Samira versuchte erfolglos, sich einzumischen.

»Was würdest du tun? Hmmm ...?«, fragte Kenza und legte eine theatralische Pause ein. »Würdest du A) dir ordentlich das Hirn rausvögeln lassen? Oder B) versuchen, dich zu wehren?«

Suad lachte gehässig. Worauf lief das hinaus?

»Was soll das? Hört auf mit dem Blödsinn.« Ihr wurde es zu bunt. Sie erhob sich. »Ich habe keine Lust mehr auf eure Spielchen. Was soll das heißen: in zwei Tagen?«

Die andere Schwester fuhr fort, als hätte sie nichts gehört: »Lass uns der Einfachheit von Option B) ausgehen. Stell dir vor, du sitzt hier, Theo wird sich gleich gegen deinen Willen mit dir vergnügen. Gleichzeitig steht diese massive Champagnerflasche auf dem Tisch.« Sie führte mit den Händen eine auffordernde Geste aus. »Was würdest du tun ...?«

»Ist doch egal. Keine Ahnung. Die Flasche nehmen und mich wehren?«, sagte sie und spielte mit, da sie ansonsten auf ihre eigentliche Frage vermutlich nie eine Antwort bekäme.

»Genau das! Nimm sie und schmettere sie mir auf den Kopf. Stell dir vor, ich wäre der fette, alte Kerl.«

Sie nahm die Flasche am Hals. »Und jetzt?«

»Na los«, forderte sie Suad auf, die mit einstieg, »du wolltest wissen, warum es keine Wachen gibt. Zeig uns, wie du diesem Vergewaltiger seinen hässlichen Schädel einschlagen wirst.«

Die beiden warteten auf etwas. Was würde passieren, wenn sie es probierte? Falls sie einen Rückzieher machte, würde sie es nie erfahren. Zögerlich hob sie die schwere Flasche am Hals und schwang sie nach hinten. Genauso, als ob sie einen Schlag vorbereitete. Samira schüttelte den Kopf und bedeckte ihre Augen mit den Händen.

Ein Schock durchzuckte ihren Körper. Ihre Muskeln verkrampften und sie polterte wie eine Marionette, der man die Fäden durchgeschnitten hatte, zu Boden. Ihre Schulter schlug auf die Tischkante und die schwere Flasche kullerte auf dem weichen Teppich davon. Die Schwestern kicherten und prusteten. Sie war gelähmt, keiner ihrer Muskeln gehorchte. Ihr ganzer Körper zuckte epileptisch.

Sekunden später ließ die Lähmung nach. Ihre Glieder schmerzten und sie hatte sich einen üblen blauen Fleck zugezogen. Stöhnend richtete sie sich auf und versuchte, auf das Sofa zu krabbeln. Samira half dabei. Die beiden anderen schauten sie lächelnd an. Es war kein nettes Lächeln.

»Herzlichen Glückwunsch!«, rief Kenza und klatschte begeistert in die Hände. »Du hast Lektion zwei erfolgreich gemeistert!«

»Okay, Okay.« Sie riss sich zusammen. Was für durchtriebene Biester. »Ich habe es kapiert. Aber was sollte das? Ihr hättet mir das einfach erzählen können.«

»Nein. Schau hier.« Kenza wurde ernst und hob ein Paar abgerundeter schwarzer Patronen vom Boden auf, die mit einem hauchdünnen Draht verbunden waren. »Das sind Taser-Pfeile. Starkstrom. Sobald sie dich treffen ... brzzzz ... und du bist außer Gefecht.«

Sie schaute sich die Objekte genauer an. An den stumpfen Seiten war jeweils eine winzige Metallspitze zu erkennen, die sich in ihren Rücken gebohrt hatte.

»Falls du hier im Haus etwas unternimmst, das die KI als Bedrohung für andere Personen – oder für dich selbst – identifiziert, wirst du getasert.« Ihr Gesicht blieb ernst. »Und glaub mir, das funktioniert sogar mehrfach hintereinander. Aber früher oder später – eher früher – wird das sein Herz nicht mehr mitmachen.«

»Verstanden. Trotzdem – das hättet ihr mir vorher sagen können. Gibt es noch mehr böse Überraschungen?«

»Ja, klar. Jede Menge. Spätestens in zwei Tagen gibt es eine riesengroße. Eine Party mit Gästen. Aber wenn wir dir alles verraten – wo bliebe denn da der Spaß?«

»Du verdammte ...« Ihr fiel kein passendes Wort ein und sie hatte eigentlich auch keine Lust, sich mit den drei Verräterinnen weiter zu beschäftigen. Daher drehte sie sich kopfschüttelnd um und stapfte in ihr Zimmer zurück. In diesem Haus konnte sie ihnen leider nicht dauerhaft aus dem Weg gehen, aber zumindest heute Abend war es genug.

Unten schminkte sie sich ab, suchte sich bequeme Klamotten zum Schlafen heraus und versuchte, etwas Ruhe zu bekommen. Die nächsten Tage würden übel werden, falls sie nicht vorher eine Fluchtmöglichkeit fand. Trotz der sich im Kreis drehenden Gedanken schlief sie irgendwann ein.

Lachend und jauchzend rannte Idir hinter ihr her. Spielerisch stieß sie seine Hand zur Seite und sprang über das saftige Grün der Süßkartoffeln in ihrem Garten. Ein kühler Wind und dichte Wolken am blauen Himmel verkündeten den ersehnten Regen. Wie lange hatte sie mit ihrem Vater nicht mehr so ausgelassen herumgetollt? Huch! Jetzt hatte er sie eingeholt, umfasste ihre Hüfte und warf sie auf das weiche Beet. Sie kicherte. Hey! Das war unfair. Sein Lachen wurde tiefer. Verzerrte sich. Dröhnte. Er zog sie hinab, immer tiefer in die finsteren Schatten unter der Erde. Durch die Wurzeln und den feuchten Lehm. Hin zu den Würmern und Käfern, die den Leichnam von Jacques Mutter zerfraßen.

Schlagartig erwachte sie. Ihr Herz raste. Nur ein Albtraum. Mehr nicht. Es war stockfinster. Doch das Gelächter hörte nicht auf. Jemand packte sie! Was passierte hier? Sie versuchte, sich zu wehren. Zu schlagen und zu treten. Panik durchzuckte ihre Glieder. Etwas Weiches stülpte sich über ihr Gesicht und sie bekam keine Luft mehr! Ihre Hände waren frei, aber das Kissen saß bombenfest. Sterne und rote Schlieren zuckten durch ihr Gesichtsfeld. Ihr Körper war fixiert. Luft! Sie brauchte dringend Luft! Tiefe Schwärze griff nach ihr. Ihre Kräfte schwanden und die Arme und alle Bewegungen wurden unendlich schwer.

Dann – endlich – verschwand das Kissen und sie pumpte frischen Sauerstoff in ihre Lungen.

»Ruhig meine Süße. Ganz ruhig.« Eine tiefe Männerstimme. Bei ihr im Bett?! »Ich wollte doch nur meine neuste Anschaffung begutachten.«

»Was?! Hilfe!!« Schreiend und kreischend versuchte sie erneut, ihn herunterzuwerfen. Der schwere Kerl, der im Dunkeln auf ihr saß, hielt ihre Arme festgepackt und kam mit seinem Gesicht nahe an ihres. Sie drehte den Kopf weg. Er hatte ihren Körper fest im Griff.

»Entspann dich. Wir werden noch genug Zeit miteinander haben. Du gehörst jetzt mir.« Sein mit Alkohol geschwängerter Atem strich an ihr vorbei.

»Nein!« Sie schrie, entriss ihm einen Arm und versuchte, ihm seine Augen auszukratzen. Ohne Erfolg.

Es klatschte und er schlug sie brutal mit der flachen Hand. Ihre Wangen brannten. Nochmals. Ihr Kopf flog zur anderen Seite. Alles schmerzte. Rote und gelbe Sterne tanzten vor ihren Augen. Erneut drückte er ein Kissen so lange auf ihr Gesicht, bis sie der Ohnmacht nahe war. Mit einem deutlichen Ratschen zerriss ihr Peiniger ihre Hose.

Was danach kam, war ähnlich schmerzhaft und fies wie damals bei den Soldaten. Sobald sie sich wehrte, schlug er sie erneut oder drückte ihr die Luft ab. Am Ende hatte sie keine Kraft mehr und ließ es geschehen. Alles Schreien und Zappeln änderte nichts daran, dass der Kerl sie brutal vergewaltigte. Seinem massigen Körper hatte sie wenig entgegenzusetzen. Sie hoffte nur noch darauf, dass es vorbeigehen möge und er sie nicht umbrachte.

Später. Ihr Vergewaltiger hatte das Zimmer verlassen und dabei wirres Zeug gefaselt. Sie hatte nicht zugehört. Ihr ganzer Körper schmerzte von dem ... darüber wollte sie nicht nachdenken. Mühsam schleppte sie sich ins Bad. Stellte das Wasser der Dusche an und hockte sich darunter. Das Prasseln der Tropfen erleichterte es, nicht über das nachzudenken, was passiert war. Könnte sie nur ihren Kopf leer fegen und den ganzen Unrat in einer Tonne entsorgen. Nicht daran denken, was geschehen war und was noch kommen würde. Wenn es nur so einfach wäre …

»Hallo? Kara?« Samiras Stimme drang dünn zu ihr durch. Ihr fehlte die Kraft zu antworten. »Da bist du!«

Kurz darauf stellte ihre Mitgefangene die Dusche ab und redete auf sie ein, aber sie nahm es nur am Rande wahr. Was auch immer. Leere Worthülsen. Ihr war klar, dass sie ihr nicht helfen konnte. Trotzdem ließ sie sich abtrocknen und ins Bett zurückführen. Wurde zugedeckt.

Endlose Zeit später war sie für sich allein, stand auf und schaltete das Licht ein. Keine Dunkelheit und nicht mehr dieses Bett. Alles andere – aber das nicht. Sie setzte sich auf den Boden und lehnte sich an die Wand. Sobald die Erinnerungen zurückkamen, schlug sie solange ihren Hinterkopf gegen den Beton, bis sie keinen klaren Gedanken mehr fassen konnte. Das half.

An den nächsten Tag erinnerte sie sich später nur schwammig. Die anderen drei kümmerten sich um sie, kleideten sie ein, gaben ihr zu essen. Abends ließ sie erneut das Licht eingeschaltet und setzte sich vor die Tür. So würde sie zumindest bemerken, falls jemand versuchte, heimlich hereinzukommen. Niemand kam.

Lustlos rührte sie in ihren Müsli. Samira saß mit ihr am Tisch. Die beiden Schwestern hatten sich in den Wellnessbereich verzogen. Zum Glück. Inzwischen war sie überzeugt, dass das Paar einfach Spaß daran hatte, um sich besser zu fühlen, andere zu quälen. Es lenkte sie vermutlich davon ab, dass sie ebenfalls eingesperrte Vergewaltigungsopfer waren, ohne die kleinste Chance jemals ihrem Martyrium zu entkommen. Aber so steigerten sie ihr Selbstwertgefühl.

Noch ein Tag Gnadenfrist. Morgen Abend stand die »Party« an. Was für ein unpassendes Wort für eine geplante, gemeinschaftliche Vergewaltigung. Half das den Männern, sich einzureden, dass ihre Taten keine Verbrechen waren? Fühlten sie sich dadurch überlegen? Oder redeten sie sich ein, dass es den Frauen sogar Spaß machte? Zumindest hatte sie eine schmerzhafte Antwort auf ihre Frage gefunden, ob Theo Mäuser existierte.

»Samira? Gibt es eine Möglichkeit, den morgigen Abend erträglicher zu gestalten?«

»Alkohol und Tabletten. Mehr kann ich dir nicht anbieten. Drogen produzieren die Food-Printer nicht. Du musst aufpassen, dass du dich nicht komplett ausknockst. Die Männer sind auch nicht so schlimm, sie kümmern sich um uns.«

»Tut mir leid, das kann ich mir beim besten Willen nicht vorstellen.«

Die andere zuckte mit den Schultern. »Wir schaffen das schon. Mit der Zeit wird es besser. Dann kennst du die Vorlieben von Theo und den anderen und kannst darauf eingehen. Das erste Mal ist das schlimmste.«

Daran hatte sie starke Zweifel. Es würde jedes Mal schlimmer werden. Sie musste hier weg. Sofort.

»Gibt es noch mehr Sicherheitsmaßnahmen als diese komischen Taser-Pfeile? Die beiden haben das neulich angedeutet.«

»Das kann ich dir nicht beantworten. Etwas anderes habe ich bisher nicht erlebt.«

Daraufhin schwiegen sie und jede hing ihren eigenen Gedanken nach. Weg hier. Aber wie? Die Türen und Fenster waren fest verschlossen und nicht zu öffnen. Der Pool scheinbar Dekoration oder für »Gäste«. Hm, ... aus den Stühlen und Sonnenliegen ließe sich eine Art Rampe bauen, um an der Mauer hochzuklettern. Durch den Klingendraht müsste sie sich hindurchwinden. Und auf der anderen Seite? Falls sie sich mit den Händen an der Mauerkrone festhielt, waren es knapp zwei Meter bis zum Boden. Das traute sie sich zu. Dort wäre sie in Sicherheit, sobald sie jemanden fand, der die Polizei rief. Leider konnte sie nicht mit Samira darüber sprechen, denn die Gebäude-KI, eine Art Sicherheitscomputer, wie sie inzwischen verstanden hatte, beobachtete sie. Immer.

Trotzdem. Der Plan klang machbar. Wann war der beste Zeitpunkt? Morgens, wenn viele Menschen unterwegs waren. Sprich: genau jetzt. Von der Küche führte eine gläserne Tür seitlich auf die Terrasse. Sie schaute sich um: Besteck, Geschirr, Dekoartikel, Flaschen, Kissen, Möbel, ... Möbel! Die Küchenstühle hatten ein massives Stahlgestell. Perfekt. Blieb die Frage, wie sie verhinderte, dass der Taser sie betäubte. Die feinen Spitzen der Pfeile durften ihre Haut nicht berühren.

»Samira?«, riss sie ihre Mitgefangene aus den Gedanken. »Bitte warte hier und erschreck dich nicht.«

»Hm ...? Was hast du vor?«

»Das wirst du gleich sehen.«

Entschlossen schritt sie die Treppe hinab in ihr Zimmer, zog sich feste Lederstiefel mit passenden Handschuhen und danach den dicken Frotteebademantel an. Zum Schluss warf sie die Daunendecke über Kopf und Körper. Ob die KI ahnte, was sie vorhatte? Eher nicht. Auf dem Gang kamen ihr die schrecklichen Schwestern in Bademänteln aus dem Wellnessbereich entgegen.

»Huch! Was wird denn das?« Kenza schaute sie verwundert an.

»Ein neuer Fetisch?« Suad lachte gehässig.

»Geht euch nichts an.« Damit ließ sie die beiden verdutzt stehen und kletterte zügig zurück in die Küche. Ihre warnenden Rufe ignorierte sie.

»Kara, was ...?« Samira saß mit durchgedrücktem Rücken am Tisch, krallte sich an dessen Kante fest und schaute sie mit aufgerissenen Augen an.

Jetzt oder nie. Sie behielt die Decke über dem Kopf und hob grimmig einen der schweren, mit Leder bespannten Stühle an der Lehne hoch. *Plock. Plock.* Der KI war ihr Verhalten scheinbar suspekt. Die Pfeile prallten harmlos an ihrer »Rüstung« ab. Die Sitzgelegenheit war bleischwer.

Wie ein Hammerwerfer holte sie aus, drehte sich stöhnend um die eigene Achse und ließ das Stahlgestell mit maximaler Wucht gegen die Glastür krachen. Es schepperte gewaltig. Samira stieß einen spitzen Schrei aus. Aber entgegen ihrer Erwartung prallte das Möbelstück harmlos ab und blieb auf den Marmorfliesen liegen.

»Verdammt!«, entfuhr es ihr.

»Kara! Bist du wahnsinnig!« Die beiden Schwestern stürzten in den Raum und stürmten auf sie zu. In diesem

Moment zuckten sie epileptisch zusammen und fielen ungebremst auf den Boden. Im Gegensatz zu ihr hatten die Taser-Pfeile bei ihnen leichtes Spiel. Trotz der angespannten Lage musste sie grinsen. Allein das war die Aktion wert. Samira war aufgesprungen, aber griff nicht ein.

Die Decke über den Kopf behaltend inspizierte sie die Küchentür. Dort waren ein paar kantige Risse zu erkennen. Panzerglas, doch nicht unzerstörbar. Ohne sich um ihre Umgebung zu kümmern, hob sie den Stuhl vom Boden auf. Das weitere Ploppen der für sie harmlosen Pfeile ignorierte sie.

Erneut betätigte sie sich als Hammerwerferin. Eine Umdrehung mehr. Rumsen und Scheppern. Die Risse vergrößerten sich. Und nochmals - Hauruck! Langsam kam sie außer Atem, das Teil war verdammt schwer. Aus den Augenwinkeln sah sie die beiden Schwestern aus dem Zimmer krabbeln. Ein weiterer Wurf musste reichen. In das Krachen des Stuhls mischten sich Splittern und Bersten. Die Scheibe zerbarst in unzählige, sechskantige Kügelchen. Der erste Schritt in die Freiheit!

»Ha! Geht doch!« Siegesgewiss schaute sie zu Samira, die stocksteif mitten im Raum stand. »Los hol dir auch eine Decke! Wir verschwinden von hier! Jetzt oder nie!«

Aufgepeitscht vom Adrenalin und erstaunt über ihrem eigenen Mut, wartete sie nicht ab, sondern stieg hinaus auf die Terrasse in die frische Morgenluft. Keine Zeit. Auf zum nächsten Schritt in ihrem Plan: Ein paar der Plastikliegen als Leiter benutzen. Vom Rand des Pools griff sie sich eines der Sonnenbetten. Das Teil hatte praktischerweise Rollen. Sie zog es mit den Händen hinter sich her. Die Decke hatte sie verloren. Los Kara weiter, feuerte sie sich intern an. Zur Mauer sind es maximal zweihundert Meter. Das schaffst du! Mit zügigen Schritten kämpfte sie sich vorwärts.

»Halt! Stehen bleiben! Sie verstoßen gegen ihre Auflagen!« Eine metallisch verzerrte Stimme tönte über das Gelände. Häh? Auflagen? Egal. Stehenbleiben war keine Option. Den Impuls sich umzuschauen, ignorierte sie und zerrte die Liege zügig weiter. Fünfzig Meter.

»Halt! Letzte Warnung!«

Ja, ja, ... gleich war sie an der weiß getünchten Begrenzung. Hinter ihr erklang ein motorisches Surren. Uh, das war nicht gut. In dem Moment, als sie sich umdrehte, ertönte eine Serie peitschender Knalle.

Sie erhielt mehrere dumpfe Schläge in ihre Seite und fiel um.

Grünes Gras, blauer Himmel, finstere Schatten.

Alles vermischte sich zu wirren Schlieren.

Weißes Licht blendete.

Dann nichts mehr.

Verdächtige Handarbeiten

Jacques

Jawaria war aufgebracht. »Verdammt! Scheinbar haben die nur darauf gewartet, dass wir ein Handy einschalten. Keine Ahnung, ob das gut oder schlecht ist, aber eigentlich möchte ich mich mit den hiesigen Behörden nicht unterhalten.«

Ihm kamen nach der ersten Euphorie allmählich Zweifel. Die Nachricht war etwas zu offensichtlich auf Flüchtlinge aus Algerien ausgerichtet. Im Grunde hatte er nicht damit gerechnet, einen Netzempfang zu haben. Und wie hatten die erfahren, wo sie waren?

Nur Malik war offenbar erleichtert: »Wisst ihr was? Ich denke, das ist gut so.«

»Ist das dein Ernst?«, fragte er ihn überrascht. Woher kam dieser Sinneswandel?

»Na ja, zurück kommen wir eh nicht mehr, wie es aussieht. Jetzt holt uns wenigstens jemand ab und hilft bei den Formalitäten. Vielleicht habe ich dann auch eine Chance, in Algerien anzurufen und mich nach Adam zu erkundigen.«

»Ohne mich!«, ging Jawaria hart dazwischen. »Das klingt nach einer Falle. Ich packe und verschwinde sofort mit dem Boot. Ihr könnt gerne mitkommen oder hierbleiben und darauf warten, von wem auch immer abgeholt zu werden. Und jetzt schalte das verdammte Handy aus!« Damit packte sie zügig ihre wenigen Habseligkeiten.

»Ist ja schon gut«, antwortete Jacques, tat wie geheißen und schaute zu den Hügeln. »Ich komm gern mit und trau dem Braten auch nicht. Mit den Behörden können wir immer noch reden, falls wir das wollen. Malik, bist du sicher?«

»Ja, mir reichts mit dem Davonlaufen. Aber ich werde natürlich nichts verraten. Nachdem ich hier aufgeräumt habe, sage ich denen einfach, ich wäre zusammen mit anderen über den Wall geklettert. Unser Schlauchboot, das wir mitgenommen hatten, ist zwischendurch gesunken. Hier bin ich mit letzter Kraft als einziger angekommen.« Malik atmete erleichtert aus und die Anspannung fiel sichtlich von ihm ab.

»Okay, dann nichts wie los.« Jawaria drängelte und winkte, ihr zu folgen. »Wir dürfen keine Zeit verlieren, wer weiß, ob die wirklich zwei Stunden brauchen. Almería lässt sich mit dem Auto sicherlich in maximal einer erreichen.«

Sie ließen alles stehen und liegen und nahmen ihre Rucksäcke.

»Da oben!« Er deutete auf die Hügel.

In der Entfernung sah er, wie sich zwei Paar Scheinwerfer den Hang hinunterschlängelten. Das *Willkommensteam*. Deutlich früher als erwartet, denn es war maximal eine Viertelstunde vergangen.

»Jetzt Beeilung!«, rief Jawaria.

Kurz darauf kletterten sie zügig in das U-Boot, lösten die Leinen und surrten mit geschlossenen Kuppeln in der Dunkelheit über versunkene Straßen und Häuser hinweg.

Die Ankunft der Fahrzeuge verdeckten die halbversunkenen Gebäude und er hoffte, dass das Gleiche für ihre Abfahrt galt.

Seit einer Stunde fuhren sie dicht am Ufer. Zu ihrer Rechten brachen sich die Wellen der unruhigen See donnernd auf der steilen Felsküste, deren gezackte Silhouette sich wie ein Scherenschnitt vor dem rötlich glühenden Nachthimmel abhob. Almerías entfernter Schimmer gab ihm etwas Dämonisches, als wäre es keine Großstadt, sondern die Schmiede des Teufels. Der Übergang vom pechschwarzen Wasser zu den spitzen Steinen, die darauf warteten, ihnen den Rumpf aufzureißen, war in der Finsternis nur zu erahnen. Zum Glück hatte Jawaria das Ruder übernommen, er hätte nicht durch diese Gewässer navigieren wollen.

Gerade wollte er fragen, wie weit es noch sei, da schoss ein massives schwarzes Flugobjekt mit vier Rotoren in niedriger Höhe in der Entfernung über die felsige Küste hinaus.

»Jawaria! Dort!«

Auf diese Distanz war die Größe schwer zu schätzen. Es hatte rotblinkende Positionslichter, ähnlich einem Hubschrauber. Ein Suchscheinwerfer war auf die Wellen gerichtet. Sofort drosselte die Schmugglerin die Fahrt und näherte sich gefährlich den Felsen. Gebannt beobachtete er das Objekt. Es flog einen engen Bogen über das Meer, um sich daraufhin erneut in Richtung Küste zu orientieren. Durch das dicke Glas war nichts zu hören. Kurz vor dem Ufer schwenkte es wieder ab und drehte eine weit gezogene S-Kurve.

»Verdammt«, stieß Jawaria hervor. »Das Ding fliegt Suchmanöver. Das ist kein Zufall. Vermutlich hat sich Malik verplappert. Lass uns hoffen, dass die nicht zu genau wissen, wonach sie suchen.«

Damit stoppte sie die Maschinen komplett und schaltete alle Instrumente aus. Schwankend dümpelten sie durch die Finsternis. Die Szene erinnerte ihn an den Moment, in dem sämtliche Geräte beim Tauchgang auf Grund von Mohameds Treffer ausgefallen waren.

»Jetzt sollten wir zumindest nicht mehr ohne Probleme zu finden sein«, kam ihre gedämpfte Stimme durch den Sitz. »Ärgerlich, dass wir nicht einfach abtauchen können. Dann müssten wir uns keine Gedanken machen.«

»Ähm, und was ist mit den Felsen? Die Wellen bringen uns näher ran.«

»Das Risiko gehen wir ein. Daran lässt sich nichts ändern. Aber ein aktiver Elektromotor und dessen Wärmeabstrahlung ließe sich leicht orten. Unsere Kuppeln und die Dünung geben uns eine gewisse Deckung.«

Während sie vor sich hinschaukelten, kamen die Kurven des Flugobjektes drohend näher. In dem Moment passierte, was er befürchtet hatte: Die Brandung drückte sie an die Felsen. Markerschütterndes Schrammen und Quietschen ertönten, als ihr Gefährt schwer über die Steine rieb.

»Jawaria? Das klingt nicht gut.«

»Ganz ruhig. Der Rumpf ist aus Aluminium. Das Geschubbere hält der aus. Nur der Lack ist nachher ab.«

Als das Flugobjekt sie erreichte, erkannte er, dass es sich um einen Helikopter mit vier schwenkbaren Rotoren handelte. So ähnlich, wie er es von mobilen Flugdrohnen kannte. Der Scheinwerfer strich in Kurven über das Meer. Dass er sie direkt erfasste, erschien unwahrscheinlich. Aber vermutlich hatten sie diverse Möglichkeiten, nach Flüchtlingsbooten zu suchen. Gut, dass sie keines waren.

Es flog an ihnen wie ein fettes schwarzes Rieseninsekt vorbei, ohne innezuhalten oder seine Bahn zu verändern. Kurz darauf bog das Gerät um die Küstenlinie und war aus der Sicht verschwunden.

Erleichtert atmete er auf. Die Felsen schabten am Rumpf. Ihm kam eine Gänsehaut von dem Geräusch.

»Ouah! Was war denn das?«, fragte er. »So ´nen Hubschrauber hab ich noch nie gesehen.«

»Keine Ahnung. Bestimmt irgendwas Militärisches. Ein Quadrokopter. Nach Seenotrettung sah das nicht aus.«

Sie versuchte, den Motor wieder anzulassen. Der Rumpf schabte kreischend und protestierend über den Felsen. Das erlösende Brummen blieb aus. Ihr Gefährt lag deutlich zu tief und er merkte, wie kalte Flüssigkeit an seinen Beinen emporkroch. Gleichzeitig kam das Rieseninsekt hinter der Küste zurück und näherte sich unmittelbar von vorne.

»Hamaqa!«, rief Jawaria, »Raus aus dem Boot! Unser Rumpf ist durch! Setz deine Maske und Schnorchel auf. Bleib damit so lange unter Wasser, bis die abdrehen. Vielleicht haben wir Glück und sie sehen uns nicht.«

Was? Seine Gedanken rasten. Maske? Schnorchel? Unter Wasser bleiben? Wie soll das gehen? Panisch griff er neben sich nach der Ausrüstung und fand sie. In diesem Moment war er dankbar, dass er sie eingepackt hatte. Eilig stülpte er sich die Brille über. Sich den Gummipfropfen in den Mund zu stecken, brachte er nicht über sich.

Jawaria rief: »Achtung! Ich führe jetzt eine Notöffnung der Hauben durch.«

Mit einem heftigen Knall verschwand seine Kuppel im hohen Bogen. Schlagartig drang das Dröhnen des sich nähernden Quadrokopters auf ihn ein.

Raus hier! Wohin? Egal. Mehr krabbelnd als springend wand er sich aus dem Boot. Eiskalte Wellen schlugen über ihm zusammen und verwandelten seine Welt in rauschende und blubbernde Schwärze. Die Panik war zurück. Atmen! Wo war oben? Blind ruderte er mit den Armen. Atmen! Er war unter Wasser. Luft! Er brauchte dringend Sauerstoff. Erste Sterne tanzten vor seinen Augen. Die Lungen brannten. Er öffnete den Mund, weil er es nicht mehr aushielt – und durchstieß gleichzeitig die Wasseroberfläche. Gierig saugte er die Atemluft ein. Gischt drang in seine Luftröhre. Hustend und strampelnd gelang es ihm, sich oben zu halten.

Das Dröhnen war über ihm! Was hatte Jawaria gesagt? Schnorchel verwenden und tauchen. Es half nichts. Ein letztes Mal spukte er aus und überwand seinen Widerwillen, stopfte sich das Gummiteil in den Mund und pustete die restliche Flüssigkeit hinaus. Ganz abzutauchen traute er sich nicht, trotzdem versuchte er, den Kopf unter die Oberfläche zu drücken. Immer wieder blies er den Schnorchel aus, da Wellen über ihm zusammenschlugen und Wasser hineinlief. Klare Gedanken waren unmöglich. Daher konzentrierte er sich ausschließlich auf das Ausblasen und darauf, nicht zu versinken.

Beim nächsten Auftauchen merkte er, wie der Lärm deutlich abklang. Suchend schaute er sich um und versuchte, sich zu orientieren. Der Quadrokopter entfernte sich. Neben ihm versank das Heck ihres U-Bootes zügig im Meer. Langsam fasste er wieder klare Gedanken.

Wo war die Schmugglerin?

»Jawaria! Jawaria! Wo bist du?«, rief er panisch. Hustete. Strampelte. Hatte sie es geschafft? Die nächste Welle brach über ihm und er schluckte erneut Salzwasser.

»Jacques! Hier! Ich bin am Ufer!«, hörte er ihre Stimme über das Platschen des Wassers hinweg.

Ihm fiel ein Stein vom Herzen. Aber wo war sie? Die Rufe kamen von links. Er nahm den Schnorchel in den Mund und paddelte in die grobe Richtung. Die Wellen halfen dabei. Kurz darauf krallten sich seine Hände in Schlick und Kiesel. Langsam kroch er an das Ufer. Sobald er auf trocknen Felsen lag, spuckte er das verhasste Gummi aus, drehte sich auf den Rücken und atmete tief durch. Seine Glieder brannten von der Anstrengung und er zitterte am ganzen Leib.

Nachdem er sich erholt hatte, stapfe er mühsam los. Kurz darauf hatte er sie gefunden. Ihr Körper saß schemenhaft erkennbar im Mondschein an einem alten, abgebrochenen Baumstumpf gelehnt.

»Jawaria? Gehts dir gut? Bist du verletzt?«

»Nein. Mir geht es ganz und gar nicht gut«, hörte er ihre tonlose Stimme. »Wie soll ich denn je wieder nach Oran zurückkommen? Mein U-Boot wurde zerstört. Und Fazil …«

»Ähm ...« Ihm fehlten die Worte. Über den Wall zurückzukommen erschien genauso schwierig, wie hierher zu gelangen. »Keine Ahnung, aber gemeinsam schaffen wir das. Ganz sicher. Erst befreie ich Kara. Dann fahren wir zurück.«

»Ja, ist klar. Wenn es nur das ist ...«

Zugegeben, seine eigenen Worte klangen hohl. Reiner Zweckoptimismus. Weder für das eine noch das andere hatte er eine Idee, wie er es konkret angehen sollte. Zunächst mussten sie nach Almería. Und Jawaria würde dort ja auch Kontakte haben.

Die Minuten vergingen. Er war vom Adrenalin aufgeputscht und seine Klamotten nass und kühl. Der Vollmond beschien eine hügelige Landschaft, die mit mickrigen Sträuchern und Bäumen bedeckt war. Frischer Wind wehte vom Meer und ließ die trockenen Blätter der Büsche rascheln. Außer dem seichten Platschen der Wellen war kein Geräusch zu hören. Dünen, die sich bis auf rund zwei Meter erhoben, bildeten ein Wellenmuster vor dem sternenbesetzten Nachthimmel. Über deren Kuppen sah er einen Lichtschein am Himmel. Um herauszufinden, wo sie waren, erklomm er einen der Sandhaufen.

Oben angekommen, sah er in der Distanz einzelne, gelbe Lichter und weite, beleuchtete Flächen, für die ihm eine Erklärung fehlte. Almería war das sicher nicht, dessen orangener Schein zeichnete sich nach wie vor im Westen am Horizont ab.

»Jawaria?«, rief er herunter. »Guck mal, da hinten ist was. Eine Siedlung oder so. Vielleicht hilft man uns dort? Mir ist kalt und ich will die Nacht nicht in den Dünen verbringen.«

»Hm. Okay. Dann mal los«, kam ihre Antwort, nachdem sie zu ihm heraufgeklettert war. Sie hatte sich scheinbar wieder gefangen. »Ich würde vorschlagen, wir gehen zu diesen Lichtern. Lass uns die Dunkelheit nutzen und uns dort umschauen. Die nächsten Schritte können wir planen, sobald wir ankommen.«

Hinter der Düne trafen sie auf einen Trampelpfad und folgten ihm.

Eine halbe Stunde marschierten sie im spärlichen Licht durch die Sandhügel auf dem kaum erkennbaren Pfad. Wie es Kara jetzt wohl erging? Immerhin war er ihr näher als zuvor. Almería lag nur dreißig oder vierzig Kilometer westlich von hier. Wenn er daran dachte, dass Fazil und vermutlich auch Adam von den feindlichen Schmugglern ermordet worden waren, konnte er von Glück reden, so weit gekommen zu sein. Er war froh, dass Jawaria ihn begleitete. Man sah ihr deutlich an, dass die gesamte Situation ihr trotz ihrer abgeklärten Art zusetzte. Kein Wunder: Sie hatte gerade ihren Sohn verloren und saß hier fest.

Kurz darauf traten sie aus den Dünen hervor. Zweihundert Meter vor ihnen lag eine mit gelben Laternen erleuchtete, asphaltierte Straße. Direkt dahinter sahen sie die Ecke eines mit Stacheldraht umzäunten Geländes. Die weitläufige Begrenzung zog sich mindestens zwei oder drei Kilometer in jede Richtung. Unmittelbar hinter dem Zaun erstreckten sich kilometerweit flache, mit weißer Plane bespannte Zelte, die von innen heraus gespenstisch leuchteten. Was war das hier? Irgendwas Militärisches? Ein Labor oder so?

»Lass uns nochmals auf eine Düne steigen«, schlug Jawaria vor, »vielleicht sehen wir von dort mehr.«

Von oben überblickten sie das Areal. In der Mitte der leuchtenden Zelte sahen sie ein schlichtes Dorf mit mindestens zwei- bis dreihundert Häusern, selbst ein

Kirchturm war zu sehen. In einem Kilometer Entfernung gab es eine Zufahrt an der beleuchteten Straße mit einem großen Schild davor.

»Das sieht doch vielversprechend aus«, kommentierte Jawaria den Anblick, »ein kleines Dorf in der Nähe der Stadt. Genau das, was wir gesucht hatten.«

Er war sich da nicht sicher: »Ich weiß nicht, die Dörfer, die ich kenne, sehen anders aus. Zäune und leuchtende Zelte. Und die Häuser liegen in der Mitte. Das wirkt unheimlich.«

»Lass uns erst mal zu der Zufahrt gehen und schauen, was auf dem Schild steht. Vielleicht kommen wir direkt auf das Gelände oder es gibt jemanden, mit dem wir sprechen können«, schlug sie vor. »Ich denke besser jetzt als morgen früh, wenn hier die Arbeit losgeht.«

»Und was erzählen wir, wer wir sind und wo wir herkommen?«

»Ganz einfach: die Wahrheit.«

Verblüfft sah er sie an. Damit hatte er nicht gerechnet, nachdem sie die ganze Zeit versucht hatten, unauffällig zu sein und den Behörden auszuweichen.

Sie zuckte mit den Schultern und meinte: »Mein U-Boot wurde zerstört, weiterfahren ist somit keine Option und direkt in die Stadt laufen ist zu weit. Außerdem wüsste ich keine plausible Geschichte, mit der wir unsere Anwesenheit hier sinnvoll erklären können. Nebenbei spreche ich kein Spanisch – du etwa?« Sie schaute ihn fragend an.

Als er den Kopf schüttelte, meinte sie: »Dann wird man uns wohl kaum abnehmen, dass wir von hier sind, nicht wahr?«

Sich eng an den Dünen haltend, um jederzeit von der Straße verschwinden zu können, falls ein Fahrzeug auftauchte, näherten sie sich dem beleuchteten Schild:

NOFaC
Natural Organic Farming Community P.L.
Hand Cultivated Fruit and Vegetables
CEU BIO Platinum Standard *****

Der Schriftzug prangte auf der ausladenden, gelb-grünen Tafel vor der Zufahrt. Leider auf Englisch, das er kaum beherrschte. Daher tat er sich schwer, es zu interpretieren. Irgendwas mit Frucht und Gemüse. Die Einfahrt war von einem hohen Gittertor verschlossen. Es gab eine Klingelanlage sowie eine Kamera, die die Straße vor dem Tor beobachtete. Ansonsten waren sie die einzigen sichtbaren Lebewesen.

Jawaria beantwortete ihm seine unausgesprochene Frage: »Okay, hier baut man offensichtlich Obst und Gemüse an. Und ›Community‹ klingt für mich nach einer Art Dorfgemeinschaft. Das passt zu den Häusern, die wir gesehen haben. Und man scheint es ›von Hand‹ zu kultivieren. Warum das was Besonderes sein soll, kann ich dir aber auch nicht sagen.«

»Hm ... okay. Was machen wir jetzt?«

»Klingeln.«

Damit drückte sie den mittigen Knopf und er vernahm ein Tuten, wie bei einem Handy, wenn es klingelt. Nach dem sechsten Mal, er war kurz davor vorzuschlagen, dass sie weiterziehen sollten, hörte er ein Knacken und die LEDs rund um eine winzige Kamera erhellten sich.

»Hola, cómo puedo ayudar?«, kam eine müde männliche Stimme aus dem Lautsprecher.

»Hello?« Jawaria versuchte es auf Englisch. »We need help. We travelled very long and need some food and drink.«

»Food and drink…? Please… wait a moment… wait... okay? Don´t go away.« Der Sprecher antwortete stockend mit spanischem Akzent.

»Wir sollen warten«, übersetzte sie für ihn.

So viel hatte er auch verstanden. Entweder käme jemand zum Tor oder sie sähen gleich einen Polizeiwagen aus Richtung Stadt kommen.

Aus dem Dorfzentrum fuhr ein elektrisches Fahrzeug auf sie zu. Das Gefährt mit der offenen Fahrerkabine kam zügig die beleuchtete Einfahrt entlang durch die Gewächshäuser zu ihnen. Keine Polizei, das war beruhigend.

Im winzigen Führerhaus saß ein Paar mittleren Alters. Beide trugen olivgrüne Arbeiterklamotten und Gummistiefel, die den Eindruck »handwerklicher Arbeit« vermittelten. Etwas später erreichten sie das geschlossene Tor. Das Fahrzeug hatte keine Türen, eine breite Frontscheibe, zwei Sitze und eine Ladefläche. Ein bärtiger Mann mit sonnengebräunter Haut, wirrem schwarzen Haar sowie einem melierten Vollbart stieg aus und ergriff das Wort. Erneut frage er etwas auf Englisch.

Von der Stimme her vermutete Jacques, dass es die Person es war, mit dem Jawaria über die Gegensprechanlage gesprochen hatte. Sie antwortete stockend mit einem längeren Wortschwall. Die rothaarige Frau gesellte sich dazu und hakte sich in das Gespräch ein. Ihr zart geschnittenes Gesicht mit den grünbraunen Augen wurde von einer roten Lockenpracht umrahmt, die einen deutlichen Kontrast bot.

In nahezu akzentfreiem Französisch fragte sie: »Vous venez d'Algérie? Parlez-vous français?«

Ob sie aus Algerien kämen und Französisch sprächen? Puh. Er war erleichtert. Jawaria hatte damit offenbar ebenfalls keine Probleme.

»Ja genau. Vielen Dank«, antwortete die Schmugglerin. »Mein Name ist Jawaria und das ist Jacques. Wir kommen aus Algerien und haben eine recht beschwerliche Reise hinter uns. Leider sind unsere Vorräte inzwischen komplett aufgebraucht. Daher wollten wir fragen, ob wir bei Ihnen etwas zu essen und etwas Wasser bekommen könnten.«

»Ihr seid Flüchtlinge?«, fragte der Mann, ebenfalls auf Französisch mit einem deutlich stärkeren Akzent.

»Na ja, wir sind nicht wirklich geflohen. Mein Freund hier«, sie deutete auf ihn, »sucht jemanden, der ihm nahesteht.«

Die beiden schauten sich kurz an. Die Frau nickte, scheinbar hatten sie eine wortlose Übereinkunft getroffen.

»Also gut«, meinte sie, »dann kommt mal herein, das scheint eine längere Geschichte zu sein. Mein Name ist Olivia und mein Mann hier heißt Alejandro. Wir sind die Gründer dieser ›Comunidad‹. Ihr könnt uns und alle anderen hier gerne duzen, wir sind nicht besonders förmlich.«

Daraufhin sagte die Frau scheinbar an niemanden Spezielles gewandt: »Alarmsystem: Tor öffnen. Zwei Personen als Gäste eintragen.«

Er vermutete, dass die Worte an den Computer des Geländes gerichtet waren. Spannend.

So weit, so gut. Das war besser gelaufen, als er erwartet hatte. Zusammen kletterten sie auf die niedrige Ladefläche und fuhren mit ihren beiden Gastgebern die Einfahrt in Richtung *Centro*, wie es Olivia genannt hatte. Er lugte im Vorbeifahren in eine halbgeöffnete Gewächshaustür und sah Reihen mit langen gezackten Blättern, die ihn an irgendetwas erinnerten. Früchte waren keine erkennbar.

Kurz darauf bogen sie auf einen von Holzhäusern umrahmten Dorfplatz, in dessen Mitte sich die ebenfalls hölzerne Kirche erhob. Die meisten Gebäude beherbergten Geschäfte mit Schaufenstern. Sie hielten an einem deutlich breiteren Haus, vor dem zwei Getränke und Snackautomaten standen. Das gesamte Areal erschien wie aus dem Ei gepellt. Kein Müll in den Ecken, gefegte Bürgersteige und frisch gestrichene Fassaden in Pastelltönen. Den Einwohnern schien es zumindest wirtschaftlich gut zu gehen.

Bevor sie in das ausladende Holzgebäude eintraten, holte Alejandro ihnen Cola, Chips und CaramelMax-Riegel aus einem Automaten davor. In Oran wäre das der reine Luxus. Durch die Tür daneben betraten sie einen leeren Gemeinschaftsraum, dessen simple Tische mindestens fünfzig Personen Platz boten. Das Licht schaltete sich ohne Zutun ein. Eine digitale Wanduhr zeigte in grünen Ziffern kurz vor Mitternacht.

Nach dem sie sich gesetzt und den ersten Hunger und Durst gestillt hatten, sagte Olivia: »Okay, ihr kommt also aus Algerien. Ihr seid aber keine Flüchtlinge und sucht jemanden. Das klingt recht abenteuerlich. Am besten erzählt ihr von Anfang an, wie ihr hierhergekommen seid und was jetzt eure Pläne sind.«

Jawaria schwieg und schaute ihn auffordernd an. Nach kurzem Zögern ergriff er das Wort und berichtete ausführlich und ehrlich seine Geschichte. Beginnend mit den toten Ziegen und über den Tod seiner Mutter. Von der Verschleppung Karas und – mit ärgerlichem Blick auf die Schmugglerin – auch, dass sein zukünftiger Schwiegervater hoch verschuldet war.

Im Anschluss war es an ihr, den Teil mit der Überfahrt zu erläutern, wobei sie offenbar bewusst nicht ins Detail ging. Die Verwendung eines Mini-U-Bootes schien ihre beiden Zuhörer zu verblüffen.

Als sie geendet hatten, meinte Olivia: »Wow, was für eine Reise. Aber im Grunde erzählt jeder, der es von der afrikanischen Küste hierher geschafft hat, sein ganz eigenes Abenteuer. Nicht selten mit ähnlich traurigen Verlusten und Schicksalsschlägen.«

»Jeder?«, fragte er. »Dann sind wir nicht die Ersten?«

»Nein, seid ihr nicht«, bestätigte sie. »Alles Weitere besprechen wir morgen.«

Olivia zeigte ihnen die Unterkunft und versprach, am nächsten Vormittag vorbeizuschauen, sobald sie sich ausgeschlafen und erholt hatten. Alejandro kam zum Abschluss mit einem hohen Stapel Klamotten, den er auf eines der Betten platzierte. Am Ende verließ er das Haus, ohne die Tür abzuschließen. Um sich davon zu überzeugen, trat er selbst zur Tür und prüfte, ob sie sich öffnen ließ. Dabei traf er Jawaria, sie vermutlich den gleichen Gedanken gehabt hatte.

»Wollen wir uns noch kurz umschauen?«, fragte sie ihn flüsternd.

Ihm behagte die Idee nicht, da es sich irgendwie anfühlte, als würden sie damit ihre Gastgeber hintergehen. Aber andererseits ... falls die hier nichts zu verbergen hatten, würde ein kleiner Nachtspaziergang niemanden stören.

»Warum nicht«, antwortete er daher und folgte kurz darauf der Schmugglerin mit klopfendem Herzen. Sie stahl sich aus der Tür, sobald sie sicher waren, dass Alejandro sie nicht mehr hören würde.

Über der Siedlung lag Totenstille. Nur hin und wieder hörte er Zischen und Plätschern von Wasser oder surrende Motoren. Vermutlich von der automatischen Bewässerung in den Gewächshäusern. Die Fenster der Wohnhäuser waren schwarz und unbeleuchtet, während sie durch die akkuraten Siedlungsreihen schlichen. An einem der beleuchteten Treibhäuser schlug Jawaria die Plane zur Seite. Drinnen herrschten tropische Temperaturen bei entsprechender Luftfeuchte. Ein Hauch von Fäulnis und süßlichen Blüten wehte ihm entgegen. Endlose Pflanzenreihen mit grüngezackten, sternförmig angeordneten Blättern zogen sich in die Ferne und verschwanden im Dunst.

»Hanf?!«, entfuhr es ihm und die Schmugglerin legte warnend ihren Zeigefinger auf die Lippen.

»Falls die hier Marihuana oder Haschisch produzieren«, flüsterte sie, »wundert es mich nicht, dass die lieber alles ›von Hand‹ und ohne die ständige Überwachung von Computern anbauen.«

Aber in dieser Dimension? Er konnte sich kaum vorstellen, dass die hiesigen Behörden darüber hinwegsahen.

Für den Moment beließen sie es dabei und schlichen zu ihrem Gästehaus zurück. Um ihre Gastgeber nicht vor den Kopf zu stoßen, vereinbarten sie, zunächst über ihre Entdeckung Stillschweigen zu bewahren. Eventuell klärte es sich noch auf und es gab einen harmlosen Grund für den Hanfanbau.

Während er kurz danach auf der weichen Matratze lag, wanderten seine Gedanken zu Kara und er fragte sich, wie es ihr in diesem Moment erginge. Auch das Bild seiner toten Mutter sowie die eindringlichen Worte Idirs, dass er sich auf ihn verließe, zogen durch seinen Geist, und erinnerten ihn erneut an den dicken Packen, der auf seinen Schultern ruhte.

Noch während sein Bewusstsein im wilden Galopp durch Trauer, Sorgen und düstere Zukunftsaussichten sprang, fiel er irgendwann in einen unruhigen Schlaf.

Der Köder auf dem Schachbrett

Jacques

Am nächsten Morgen wurde er, komplett zerschlagen und müde, von dumpfen Rufen und Licht geweckt, die durch sein Fenster drangen. Er spähte durch die Vorhänge. Sein Blick wanderte über den ausladenden Platz. Dort beobachtete er, wie Menschen in Arbeitskleidung ihrer täglichen Arbeit nachgingen. Kisten mit Äpfeln und Orangen sowie Gurken, Tomaten und Salaten wurden auf schmale Transporter verladen. Keine finsteren Gesellen, die braune Pakete mit Marihuana unter den harmlosen Paletten versteckten. Ein ganz normaler Gemüsebetrieb. Nichts Ungewöhnliches.

Vor der Tür traf er Jawaria, die ähnlich übermüdet wirkte. Auf Olivia warteten sie nicht lange. Diese kam zehn Minuten später mit energischen Schritten auf sie zu. Ihre Strickjacke hatte sie gegen eine grüne Arbeitsjacke getauscht, die Spuren von Blattgrün und Erde zeigte.

»Guten Morgen!«, rief sie ihnen energiegeladen entgegen. »Seid ihr ausgeschlafen?«

Aus Höflichkeit bejahte er ihre Frage, ob wohl ihm die Strapazen der letzten Tage in den Knochen steckten und ihm seine Sorgen kaum ein Auge hatten zutun lassen.

Olivia bemerkte ihre übergroßen Trainingsanzüge, die sie von Alejandro erhalten hatten, und meinte: »Wir besorgen euch gleich nach dem Frühstück etwas Passenderes zum Anziehen. Drüben in der Kantine gibt es bestimmt noch Essen. Wir sind dafür schon fast zu spät dran. Auf dem Weg erzähle ich euch ein bisschen was über unsere Comunidad. Einverstanden?«

Während sie ihr nach draußen folgten, steuerte sie ein größeres Gebäude auf der gegenüberliegenden Seite des Platzes an. Das Schild mit der Aufschrift »Cantina« war eindeutig. Ihnen begegneten Anwohner, die zielstrebig über den Vorplatz spazierten. Diese grüßten sie auf Spanisch und warfen ihnen neugierige Blicke zu.

»Wir sind hier eine Gemeinschaft«, erläuterte Olivia auf dem Weg, »eine *Comunidad*, aus Gleichgesinnten. Wie ihr seht, bevorzugen wir eine recht bodenständige, handwerkliche Lebensweise. Was uns alle verbindet, ist die Überzeugung, dass die Welt nur durch händische Arbeit, natürlich angebaute Lebensmittel sowie den Verzicht auf industrielles Fleisch verbessert werden kann.«

Also waren es am Ende Bauern so wie er. Die Frage nach dem Hanf verkniff er sich.

In der Kantine gab es Reste von frischem Gebäck, krossen Toasts, saftige Tomaten, eingelegte Oliven, knackige Gurken und weiteres Gemüse, das hier scheinbar direkt vor Ort angebaut wurde. Dazu frittierte und gezuckerte Stangen. *Churros*, wie ihnen Olivia erläuterte. In Oran wäre das alles schwer zu beschaffen. Er war beeindruckt, auch wenn ihm kein morgendlicher Joint angeboten wurde.

Kurz darauf saßen sie an einem der Tische, während sich eine ausladende Auswahl der »Reste« vor ihnen stapelte. Jawaria fragte nochmals, was diese Begriffe in

Europa bedeuteten, die ihre Gastgeberin vorhin erwähnt hatte.

»Heutzutage gibt es in der ZEU praktisch keine Handarbeit mehr«, erklärte Olivia offen. »Weder in der Landwirtschaft noch Industrie. Soziale Berufe wie Lehrer und Ärzte werden durch Roboter unterstützt oder ersetzt. Alles wird von Drohnen bzw. in der virtuellen Realität, die wir VR nennen, erledigt. Wenn jemand arbeitet, dann in der VR-Cloud. Selbst dort findet man häufig eher KIs, also eine Art virtuelle Roboter, die die Arbeit komplett übernehmen. Versteht ihr?«

Er schüttelte den Kopf und kapierte maximal die Hälfte. Seine Begleiterin sah er an, dass es ihr ähnlich erging.

»Hm, okay. Drohnen und Roboter kennt ihr?«, fragte sie. Beide nickten. »In der heutigen Zentralen Europäischen Union, der ZEU, werden die meisten Tätigkeiten von Maschinen erledigt. Mehr als zweihundert der vierhundertfünfzig Millionen ZEU-Bürger leben von der Grundsicherung. Das bedeutet, es gibt keine Arbeit für sie – weil diese von Drohnen und KIs übernommen wird.«

An der Legende mit den Bettlern, die nicht hungerten und ein Dach über den Kopf hatten, war scheinbar etwas dran.

Olivia hielt kurz inne und fuhr fort: »Diese Roboter müssen *intelligent* sein. Dafür wurden spezielle Computerprogramme entwickelt. Diese sind in der Lage, alles zu steuern, ohne dass es Menschen benötigt. Man nennt das ›*künstliche Intelligenz*‹ oder *KI*. Teilweise verbessern diese KIs sich sogar gegenseitig.«

Das war für ihn vorstellbar, aber seltsam. Wo würde das enden?

»Das meine ich mit *handwerklich*. Wir bauen hier *von Hand* das Obst und Gemüse an. Dabei verzichten wir auf autonome Maschinen. Wir sind überzeugt, dass das zu deutlich hochwertigeren Produkten führt. Es tut den Einwohnern gut, sich körperlich zu betätigen. Außerdem ist das viel ressourcenschonender, als Tausende von Drohnen und Roboter zu beschäftigen.«

Ob das so war, da hatte er Zweifel. Maschinen waren wesentlich effizienter als Menschen. Es war nicht an ihm, diese Leute und deren Lebensweise zu beurteilen.

»Davon können wir leben«, schloss Olivia, »aber reich wird man davon nicht. Unsere Produkte sind deutlich teurer und hochwertiger als die industrielle Massenproduktion.«

Wobei man mit Drogen durchaus gut verdiente. Und die Gewächshäuser, die sie gesehen hatten, waren alles andere als klein. Aber gut. Nicht reich werden, war dann vielleicht relativ zu sehen. Im Anschluss erläuterte sie ihnen noch weitere Details, wurde von einem Anruf auf ihrem Smartphone unterbrochen.

»Was …? Ja … Ja … Ich komme.« Die Comunidad-Gründerin wandte sich um: »Tut mir wirklich leid, aber am Tor steht die Grenzpolizei. Die fragen, ob wir hier neue Flüchtlinge aufgenommen haben. Das wäre eine gute Gelegenheit, offiziell mit den Behörden zu sprechen, falls die bei der Suche nach eurer Freundin oder der Rückkehr nach Algerien behilflich sein sollen.«

Jawaria presste ihre Lippen aufeinander. Allerdings nahm er nicht an, dass die beiden Comunidad-Gründer scharf darauf waren, dass die Polizei sich hier intensiv umschaute.

Trotzdem schüttelte er heftig den Kopf: »Nein, auf keinen Fall! Ich muss Kara finden!«

Olivia nickte. »In Ordnung, das dachte ich mir. Ich kläre das. Aber danach musst du mir erzählen, wie und warum du nach dieser Kara suchst. Setzt euch kurz, ich komme wieder, sobald ich das geklärt habe.«

Damit fuhr sie mit einem dieser seltsamen Laster in Richtung Tor.

Nach einer halben Stunde kam sie zurück. Ohne Polizei. Er atmete auf.

Sie schaute ernst und meinte: »Das bringt uns zum letzten Punkt: Wer zum Teufel ist diese Kara und was ist eigentlich euer Plan?«

Er wiederholte, was sie herausgefunden hatten: Kara war nach Europa entführt worden. Dass sie vermuteten, dass das alles illegal passierte und sie bei irgendeinem superreichen Perversen nahe Almería gelandet war. Daher benötigte er dringend Hilfe, um herauszufinden, wo sie war. Aus diesen Gründen würde er der Polizei nicht trauen.

Olivia schwieg eine Weile und knetete ihre Unterlippe mit den Fingern.

»Okay«, antwortete sie schließlich, »verstehe. Ehrlicherweise habe ich keine Ahnung, ob deine Theorie korrekt ist. Von solchen Praktiken habe ich nie gehört. Andererseits würde es mich nicht wundern. Aber vielleicht kann ich dir helfen.«

Ihm fiel ein Stein vom Herzen.

»Dafür muss ich erst mit ein paar Leuten sprechen. Bis dahin ... lasst uns erst mal was Anständiges zum Anziehen für euch finden.«

Damit erschien erneut das Lächeln in ihrem Gesicht. Sie stand auf und führte sie in der Folge in einen Klamottenladen. Dort erhielten sie ähnliche Arbeitskleidung, wie alle hier. Eindeutig besser als die unpassenden Trainingsanzüge. Ihm fiel auf, dass Olivia nur ihre Hand über eine glatte Fläche hielt und keine Geldscheine den Besitzer wechselten.

Auf seine Frage erläuterte sie ihm die Grundzüge des hiesigen Zahlungssystems: »Physisches Bargeld wurde vor etwa zwanzig Jahren abgeschafft. Alle Zahlungen werden über die ZEU-Identität in *Centraleuro*, CE, abgewickelt. Um diese zu prüfen, werden diese Hand-Scanner eingesetzt. Ein absolut sicheres System, das sich nicht manipulieren lässt. Für die Regierung hat das den Vorteil, dass alle Transaktionen nachverfolgbar sind. Gleiches gilt, falls man die Cloud oder VR nutzen möchte. Keine ZEU-ID – kein Zugang. Zu nichts. Mit ZEU-ID stehen dir alle Möglichkeiten offen, aber man begibt sich unter die absolute Kontrolle und Steuerung seines Lebens durch die KIs der Unternehmen und Regierung.«

»Pest oder Cholera«, kommentierte Jawaria.

»So ist es. Es gibt diverse Optionen in einem, sagen wir mal, *grauen* Bereich, damit umzugehen. Unsere Comunidad zählt dazu. Wir haben hier keine Cloud und VR. Uns kann und darf niemand überwachen, solange wir uns nichts zu Schulden kommen lassen. Das ist nicht verboten, aber der lokalen Regierung ein Dorn im Auge.« Sie zuckte mit den Schultern. »Ich denke, das führt etwas zu weit. Schaut euch in Ruhe um und ruht euch erst mal aus. Spätestens heute Nachmittag bin ich wieder da. Dann habe ich sicherlich ein paar Infos, was wir bezüglich eurer Freundin unternehmen können.«

Den Rest des Vormittags verbrachten sie damit, die Comunidad zu erkunden. Alles in allem hatte er das Gefühl, dass sie sich durch eine weitläufige moderne Gärtnerei bewegten. Wären da nicht die Treibhäuser mit den endlosen Reihen an Hanfpflanzen. Aber warum durften sie sich dann frei bewegen und warum kümmerte es niemanden, dass sie sich für diese Pflanzen interessierten? Das passte nicht richtig zusammen. Die Schmugglerin hatte darauf ebenfalls keine zufriedenstellende Antwort. Offenbar war man hier den Behörden gegenüber ebenfalls kritisch eingestellt und duldete deshalb keine Überwachungstechnik auf dem Gelände.

Während sie am Nachmittag auf wackeligen Plastikstühlen vor ihrem Gästehaus saßen und dem Treiben auf dem Marktplatz zuschauten, kamen Olivia und Alejandro mit ernsten Mienen auf sie zu marschiert.

Nach einer kurzen Begrüßung kam der Comunidad-Gründer zum Punkt: »Wir haben ein paar Erkundigungen eingeholt. Es gibt diverse Gerüchte über Menschenhandel mit Nordafrika. Das meiste davon sollte man nicht ernst nehmen. Am Ende reduziert es sich auf die Frage, warum nimmt jemand diese Mühe auf sich.«

Er machte eine Pause, als wenn er sich die nächsten Worte zurechtlegen müsse.

»Und?«, hakte Jawaria nach.

»Es gibt nur einen: Man will vermeiden, dass die geschmuggelten Menschen in der ZEU registriert werden.«

Erneut sprach er nicht weiter.

»Was ist das Problem mit der Registrierung? Ist das nicht eine gute Sache?«, fragte Jacques. Warum machten die beiden da so ein Aufheben drum?

Olivia schaute ihn ernst an und antwortete: »Das ist der Punkt. Sobald jemand registriert ist, wird er oder sie in der Cloud und in der Realität von diversen Systemen verfolgt und beobachtet. Unabhängig davon, ob die Person bereits eine ZEU-ID besitzt oder nicht.«

Langsam dämmerte es ihm: »Du meinst, mit einer Registrierung wäre Kara quasi ›in Sicherheit‹. Man würde sie ständig beobachten. Und ... falls das jemand bewusst vermeidet, will er sichergehen, dass sie in keinem System auftaucht. Sie existiert für die ZEU nicht. Das gilt vermutlich auch für uns beide.«

Jawaria setzte seinen Gedanken fort: »Okay ... Falls hier eine Person verschwindet, die es offiziell nie gegeben hat, eine, die kaum jemand überhaupt zu Gesicht bekommen hat – dann wird es keine Untersuchung geben. Wird ihr Körper später tot am Strand angespült, ist sie nur ein weiterer toter Flüchtling, richtig?«

Olivia nickte bestätigend, während sich bei ihm ein eisiger Klumpen in der Magengegend bildete.

Die Schmugglerin spann ihre Theorie weiter: »Man hat somit absolute Macht und Kontrolle über diesen Menschen. Ich kann mir gut vorstellen, dass der eine oder andere perverse Bonze das ziemlich geil fände. Das ist etwas Besonderes, dass man hier in der ZEU normalerweise mit Geld nicht kaufen kann. Erst recht nicht, wenn jede Zahlung, wie du sagst, nachverfolgt werden kann. In Algerien läuft es mit dem Menschenhandel ähnlich. Nur im größeren Stil.«

Er schluckte bei dem Gedanken, dass sich seine Liebste in diesem Moment in der Gefangenschaft eines dieser Schweine befand, der in der Lage wäre, sie jederzeit verschwinden zu lassen. Niemand würde es je bemerken ...

»Ich muss Kara finden! Sofort!« Er sprang auf. »Ihr müsst mir helfen!«

»Wir verstehen dich Jacques – und wir helfen dir.« Alejandro legte ihm die Hand auf die Schulter. »Zunächst stellen wir sicher, dass sie wirklich nicht als regulärer Flüchtling registriert wurde. Dann wären deine Sorgen unnötig.«

Langsam beruhigte er sich und schöpfte neue Hoffnung. »In Ordnung. Und wie lässt sich das feststellen?«

»Du willst dich vermutlich nicht an die Polizei wenden?«, fragte Olivia.

Er schüttelte den Kopf. »Nein, damit hätten die mich registriert. Und wie soll ich dann später nach Kara suchen?«

»So ist es«, bestätigte die Gründerin. »Zunächst würdest du in eine Erstaufnahmeeinrichtung eingewiesen. Von dort ginge es postwendend zurück nach Algerien.«

»Aber ihr könntet doch für mich fragen? Oder nicht?«

»Ja und nein. Unsere Comunidad ist den Behörden suspekt. Wir würden entsprechende Anfragen gerne vermeiden.«

Sicher nicht nur wegen der fehlenden Technik. Also doch Drogen?

Jawaria sprang ein: »Das klingt, als hättet ihr eine andere Idee.«

»So ist es. Ein Freund von uns wird euch helfen. Sein Name ist Diego Morales. Wir haben ihn zufällig vor einigen Jahren auf einer Preisverleihung kennengelernt. Er hatte sich damals mit seinem Start-up, genau wie wir, auf einen Förderpreis für nachhaltiges Wirtschaften beworben. Anschließend sind wir im lockeren Kontakt geblieben. Später wurden sein Unternehmen und seine Karriere von dem Konzern PeaSecur zugrunde gerichtet. Aber die Geschichte erzählt er euch besser selbst.«

»Was macht ihn so besonders?«, hakte sie nach.

»Wir vertrauen ihm und er verfügt über technisches Know-how sowie Beziehungen zu ... den richtigen Leuten für diese Angelegenheit.«

Jawaria bohrte weiter: »Ich nehme an, seine Dienstleistung ist nicht kostenlos?«

Darüber hatte er nicht nachgedacht. Bisher war ihnen hier selbstlos geholfen worden.

»Auch das fragt ihr ihn am besten selbst«, meinte Olivia ausweichend. Alejandro verzog das Gesicht. »Falls ihr möchtet, fahre ich euch mit einem unserer Transporter hin.«

Das ließ er sich nicht zweimal sagen. Jawarias Gesichtsausdruck sprach Bände: Ihr gefiel das offensichtlich nicht, aber sie widersprach auch nicht.

Ein geräumiger Pick-up der Comunidad fuhr sie über die A-7 in Richtung Almería. Die Autobahn zog sich durch unwirtliche wüstenartige Landschaft, ähnlich der in San José. Einige Kilometer vor der Stadt wurde die triste Aussicht durch mit weißer Plane überzogene Gewächshäuser und Felder auf beiden Seiten abgelöst. Als sie sich den Vororten näherten, sahen sie linker Hand heruntergekommene alte Häuser. An ihnen zogen ein- und zweistöckige Gebäude mit abblätternder Farbe sowie vertrockneten Gärten, in denen sich Sperrmüll stapelte, vorbei. Rechts erstreckten sich trostlose Hügel mit dürren Büschen.

»Ich dachte, in Europa seid ihr alle reich?«, wunderte er sich. »Das da links sieht aber nicht so aus.«

»Ja und nein«, erklärte Olivia, »wenn du die meiste Zeit des Tages in der VR verbringst, wird die Realität unwichtig. Du findest hier viele Menschen, die all ihr Geld direkt in ihr virtuelles Leben in der VR investieren sowie in moderne VR-Ausrüstung. Die Real-Welt wird als lästig empfunden. Es gibt Slums, in denen Hunderttausende glückliche ZEU-Bürger wohnen, die Tag und Nacht in der VR zubringen.«

»Verrückt«, wunderte er sich. Hier gab man im Grunde doppelt Geld zum Leben aus. Für die virtuelle und die reale Welt. Viele Menschen legten scheinbar ihre Priorität auf das Leben in der VR.

Olivia lenkte das Fahrzeug in einen der östlichen Vororte. Ihm fiel auf, dass die meisten anderen Gefährte auf der Straße – egal ob mit oder ohne Insassen – automatisch fuhren und sie von niemandem gesteuert wurden. Dazu gab einen regen, fahrenden und fliegenden Drohnenverkehr. Passanten sah er keine. Am Stadtrand nahe der Küste parkten sie in einer Seitenstraße vor einem weiß getünchten Einzelhaus mit grünem Gras und Hecken im Vorgarten. Es wirkte schlicht, aber gepflegt. Sie stiegen aus und gingen zur Tür.

Sie drückte einen runden Klingelknopf, der ohne weitere Beschriftung einsam aus der Wand ragte. Zu hören war nichts. Sie standen einen Moment herum, dann öffnete sich die Tür. Ein schlaksiger Mann Mitte dreißig mit langen dunklen Haaren, die früher blond gefärbt waren, sowie einem zotteligen Bart erschien im Türrahmen. Er trug Trainingsklamotten und schaute sie mit seinen aufmerksamen braunen Augen an.

»Buenos Días ...?« Seine Augenbrauen hoben sich und mit einem kurzen Räuspern wechselte er in akzentfreies Französisch: »Was kann ich für euch tun?«

»Hi Diego«, grüßte ihn Olivia nonchalant. »Entschuldige die Störung. Das hier sind Jacques und Jawaria, von denen ich dir erzählt hatte. Sie kommen aus Algerien und sind erst frisch hier angekommen.«

»Wunderbar, verstehe. Dann kommt herein, drinnen können wir uns in Ruhe unterhalten.«

Er öffnete die Tür und winkte sie hinein. Jacques bemerkte, wie sich Diego kurz draußen umschaute, bevor er die Tür hinter ihnen schloss. Sie betraten sein Haus und standen unmittelbar im Wohnraum. Das weitläufige Zimmer wurde von einem futuristisch anmutenden Drahtgeflecht dominiert, das die grobe Form eines menschlichen Körpers hatte. Es war in einem Gestell aufgehängt, das ermöglichte es, sich in alle Richtungen frei zu bewegen. Diverse Kabel führten zu der Apparatur hin und durch sie hindurch. Daneben lag ein schlankes VR-Headset mit integrierten Kopfhörern sowie dazu passende Handschuhe. Für ihn sah das nach Science-Fiction aus.

Trotz seiner akuten Sorgen war er vollkommen fasziniert und schaute sich genauer um. Ein Schreibtisch und

Regale, auf denen sich diverse elektronische Ersatzteile von Drohnen, Laptops und Monitoren stapelten, eine Küchenzeile ohne Herd sowie eine Couch, die scheinbar als Bett diente, komplettierten die Ausstattung. Im Raum roch es muffig. Leicht nach Schmieröl und Ozon. Hier war schon länger nicht mehr gelüftet worden.

»Ouah! Das ist abgefahren«, meinte er sich um die eigene Achse drehend. »So was sehe ich zum ersten Mal.«

»Na ja, es ist tatsächlich ein neues Headset-Modell von Quantum. Im Grunde noch gar nicht auf dem Markt, aber ein Freund war mir einen Gefallen schuldig«, sagte er und deutete auf die Brille.

»Ähm ... ich meine diesen komischen Sessel und … das alles hier.«

»Ach so. Das ist ein herkömmlicher VR-Seat. Davon steht in jedem Haushalt in der ZEU mindestens einer. Wird von der Regierung gesponsert. Damit ist die VR komplett mit dem ganzen Körper und allen Sinnen erlebbar.«

»Und du kannst uns helfen, Kara zu finden?«, kam Jacques zu seinem eigentlichen Anliegen zurück.

»Kara? Ach so, deine Freundin«, fragte er lapidar. »Ich denke schon. Hast du ein Foto?«

»Auf meinem Handy. Aber das letzte Mal, als ich es eingeschaltet hatte, kamen direkt die Migrationsbehörde oder so etwas Ähnliches.«

Ihm behagte nicht, es erneut zu benutzen.

»Das ist hier kein Problem«, wiegelte der Mann ab, »wenn du es einschaltest und entsperrst, kümmere ich mich um den Rest.«

»Wieso ist das hier kein Problem?«, hakte jetzt auch Jawaria nach, die ihre skeptische Haltung nicht ablegte.

Diego schritt zur Wand und klopfte mit dem Knöchel darauf. Es war kaum ein Laut zu hören. »Zwei Zentimeter Stahl mit maximaler Abschirmung gegen Funkwellen, Geräusche und ... alles andere.«

Das klang seltsam, aber zumindest plausibel. Daher holte er sein Handy raus, schaltete es ein und entsperrte es. Die Netzsuche war nicht erfolgreich. Er gab Diego das Gerät.

»Cool. Das ist fast antik ... äh, entschuldige. Ich weiß, ihr habt nichts anderes.«

Am Schreibtisch wühlte er in einer Schublade, holte ein Kabel heraus, schloss es an und tippte kurz auf einem der Laptops.

»Alles klar. Das Bild habe ich. Die Qualität ist nicht toll, aber sollte ausreichen. Dann wollen wir mal loslegen.«

Fasziniert sah er zu, wie Diego sich auf den VR-Seat begab und mit geübten Handgriffen im wahrsten Sinne des Wortes verkabelte. Kurz darauf wuchs aus dem Drahtgeflecht eine Art Schaumstoff - wie ein Schimmelpilz im Zeitraffer, der sich wie ein lebendiger Kokon um Diegos ganzen Körper schloss.

Die Apparatur erwachte summend und zischend zum Leben. Sie zog ihn langsam wie eine Marionette in eine aufrechte Position. Es ermöglichte ihm offenbar, sich frei im Raum zu bewegen. Faszinierend. Er fragte sich, ob er in Zukunft eine Chance hätte, das mal auszuprobieren.

»In Ordnung«, hörte er die Stimme des Mannes, die aus Lautsprechern kam. »Ich werde jetzt erst mal Karas Gesicht modellieren.«

Vor sich hinmurmelnd, führte er diverse Gesten aus. Aufgrund des Surrens des VR-Seats war kaum ein Wort davon zu verstehen. Außerdem wechselte er ins Spanische. Nach zehn Minuten erschien auf einem der größeren Monitore ein absolut realistisches 3-D Abbild von Kara mit allen Details. Ihr gelocktes Haar wogte im virtuellen Wind und ihr Lächeln wirkte so gelöst, als befände sie sich bereits auf einer anderen Daseinsebene.

»Das wäre geschafft«, kommentierte Diego das Ergebnis. »Passt das Bild halbwegs?«

Er trat näher heran und schaute sich das Porträt aus der Nähe an. »Das ... Mon Dieu ... ja. Definitiv. Sie wirkt fast lebensecht. Perfekter ist kaum denkbar.«

»Okay, ich habe eben eine Prüfung über öffentlich verfügbare Profilbilder in sozialen Netzwerken laufen lassen. Ohne Ergebnis. Ich werde jetzt unauffällig eine Vermisstenanfrage bei den Behörden stellen.«

Damit tauchte Diego wieder in die VR ab. An seinen Gesten war zu erkennen, dass er sich scheinbar mit jemandem unterhielt. Eine halbe Stunde später, fuhr der VR-Seat in seine Ausgangsposition. Der Schaumstoff wurde vom Geflecht eingesaugt und die Gitter öffneten sich. Entspannt stieg er aus. Seine undurchdringliche VR-Brille behielt er auf.

»So, das wars für den Moment. Die Anfrage ist unterwegs. Ich denke nicht, dass ich vor Morgenfrüh eine Rückmeldung erhalte.«

»Kann das nicht doch zurückverfolgt werden? Und ... könntest du vielleicht?« Jawaria deutete auf sein Headset.

»Oh, entschuldige, das vergisst man leicht« Er setzte die Brille ab. »Ich habe einfach eine anonyme Anfrage im Namen des Freundes eines Freundes gestellt, das sollte kein Problem darstellen.«

Damit hatten sie für heute alles erledigt. Jetzt hieß es abwarten ...

Diego

Endlich verließen die lästigen Flüchtlinge sein Haus und er war wieder allein. Diego war verwundert, wie unbedarft die beiden an die Sache herangingen. Was er ihnen gezeigt hatte, war im Grunde nur eine Show, um etwas Zeit zu gewinnen. Er hatte Kara direkt mit seiner echten ZEU-ID bei der Polizei als vermisst gemeldet, anders war das nicht möglich. Angeblich eine Freundin eines Freundes, der anonym bleiben wollte. Nichts Ungewöhnliches. Die Antwort kam ohne Verzögerung: Eine weibliche Person mit diesem Profil war in der ZEU nicht registriert.

Während er im Wohnzimmer von rechts nach links tigerte, nahm ein Plan vor seinem inneren Auge Gestalt an.

Dieser Jacques war der ideale Köder, den er der Migrationsbehörde zum Fraß vorwerfen wollte. So viel war klar. Sein Bauernopfer im Spiel. Allerdings musste der junge Algerier freiwillig mitspielen und hohe Risiken eingehen. Für seine Kara würde er sprichwörtlich alles tun. Das war perfekt, genau wie Olivia und Alejandro es ihm versprochen hatten.

Jawaria war ein anderes Kaliber, die würde es sofort durchschauen, falls er dem Jungen nur etwas vorspielte. Aber er hatte nicht vor zu lügen und war gerne bereit, eine größere Summe zu investieren, um Balrog ins Ziel zu bringen und idealerweise bei der Gelegenheit Babic was anzuhängen.

Sein Plan würde sogar die misstrauische Schlepperin

überzeugen, zumal er auch für sie noch ein kleines Goodie im Angebot hatte. Ob die ganze Aktion am Ende einer von denen überlebte oder nicht, war ihm im Grunde gleichgültig. Sie dienten einem höheren Ziel und bekämen ihre Chance. Außerdem machten sie freiwillig mit. Er würde ehrlich zu ihnen sein, was die Risiken betraf – nur nicht unbedingt in Bezug auf die Erfolgsaussichten.

Aber das Timing musste stimmen. Jetzt war es an ihm, in seiner Schachpartie die passenden Figuren und Züge für die drei zu finden – um am Ende König und Dame seines Erzfeindes vernichtend zu schlagen.

Schmuggeln durch die Vordertür

Peter

Kristina. Was für ein Weib! Gestern hatten sie sich in einem angesagten Klub in der VR getroffen und über Gott-und-die-Welt unterhalten. Sein erstes Date seit Langem. Bei ihm hat es gewaltig gefunkt. So ein Kribbeln im Bauch hatte er ewig nicht mehr und war überzeugt, dass das auf Gegenseitigkeit beruhte.

Sie wohnte im Norden Schwedens in einem kleinen Dorf, er in München. Aber in der VR waren räumliche Abstände unbedeutend. Außerdem nutzten sie Avatare. Weder Kristina noch er zeigten Interesse an ihren jeweiligen Real-Welt-Fotos. Da wäre die Enttäuschung vorprogrammiert. In der VR zählte der Intellekt – nicht das Alter oder der Körper. Zum Glück.

Für heute Abend waren sie erneut verabredet. Erst eine Runde *Predator Fortress* zocken, anschließend privater Chat. Diesmal würde er eine klassische romantische Szenerie wählen. Ein leerer Südseestrand, lauer Wind, das Plätschern des Wassers, das Rauschen der Palmenblätter ... und wer weiß. Das aktive Feedback ihrer VR-Seats erlaubte sinnliche Erfahrungen: die Berührungen und der Atemhauch des 'Partners, der Duft, der Geschmack. Mit passenden Sexual-Erweiterungen wäre es sogar möglich, intim zu werden. Am Strand ganz ohne die lästigen Sandkrümel der Realität.

Während er sich in seine dienstliche VR einloggte, hing er seinen Gedanken nach, bis er sich schlagartig in seinem kargen Arbeitszimmer wiederfand. Betonwände, Flipcharts, Whiteboards. Der Anblick vertrieb jegliche Romantik und das war so gewollt. Also ran an die Arbeit.

Jana fasste den aktuellen Stand zusammen: »Im Fall des Diebstahls im Recyclingunternehmen hat dein Verdächtiger, Diego Morales, eine Anfrage an die Vermisstenstelle der Polizei gestellt.«

»Vermisstenstelle?«, wunderte er sich. Was kam jetzt?

»Dabei handelt es sich um ein zentrales Anfrageportal, in dem alle ...«

»Stopp!«. Dass diese einfältigen Automaten auch immer alles wörtlich nehmen mussten. Manchmal hatte er das Gefühl, bei Jana war das mit Absicht. »Das ist schon klar. Was konkret hat er dort angefragt?«

»Er hat nachgefragt, wo diese Person zuletzt gesehen wurde«, beantwortete sie unbeirrt seine Frage.

Daraufhin wurde das Gesicht einer jungen Frau als 3-D-Modell vor ihm aufgebaut. Sie war scheinbar nordafrikanischer Abstammung, maximal zwanzig Jahre alt und hatte glatte, ebenmäßige Züge. Wie ein Model. Oder ein Avatar in der VR.

»Deklaration als anonyme Anfrage ›für den Freund eines Freundes‹«, setzte Jana ihre Erläuterung fort. »Die Recherche hat kein Ergebnis geliefert.«

»Kein Ergebnis?«

»Korrekt: kein Ergebnis. Soll ich in Zukunft meine Stimme etwas deutlicher modulieren?« Schnepfe. Er ignorierte ihre Frage.

»Dann existiert diese Person in der Real-Welt nicht?«

»Das habe ich nicht gesagt. Die Gesichtsanalyse kam zum Schluss, dass das 3-D-Abbild digital verbessert wurde. Es handelt sich mit einundneunzig Komma dreiprozentiger Wahrscheinlichkeit um eine reale Person. Einen passenden Eintrag in der ZEU-Registrierung für diese Gesichtsbiometrie gibt es nicht.«

»Also das Bild einer echten Person, die nicht in der ZEU registriert wurde.«

»War das eine Frage?«

»Nein, du Ratschkathl«, er rollte mit den Augen. »Ist es ein Flüchtling?«

»Für eine entsprechende Analyse liegen mir keine ausreichenden Fakten vor.«

Oder eine Fake-Person. Oder ein Spion. Oder jemand, der im Ausland lebte. Es gab tausend andere valide Erklärungen. Lediglich die Optik sprach dafür, dass die junge Frau nordafrikanische Wurzeln oder Vorfahren hatte. Objektiv betrachtet, war das absolut kein Grund anzunehmen, dass sie sich illegal in der ZEU aufhielt – *falls* sie sich in der ZEU befand. Diese Spekulation brachte ihn nicht weiter, da hatte die KI ausnahmsweise recht.

Also zurück zum Anfang: Diego Morales stiehlt ein kaputtes Device. Warum? Um es für irgendeinen Hack zu verwenden. Offensichtlich bei PeaSecur. Um Daten zu stehlen, zu manipulieren oder zu zerstören.

Welches Motiv machte für einen Mann mit seinem Lebenslauf Sinn? Er wurde verschiedener Verbrechen beschuldigt, verlor sein Start-up und wurde erst viele Monate später freigesprochen.

Peter würde sich rächen wollen. An der Person, die das zu verantworten hat oder an dem Unternehmen. Das war PeaSecur – und dessen CEO Karl Wagner.

Der Konzern verkaufte Sicherheitstechnik in ganz Europa. Teilweise militärisches Gerät. Gleichzeitig war er Betreiber von diversen Einrichtungen der Regierung und Privatwirtschaft. Das passte zusammen.

Also: Er will sich bei PeaSecur reinhacken, um Rache zu nehmen. Das war schwierig, wenn man bedachte, dass es sich um Hochsicherheitsnetzwerke handelte. Da musste man zunächst physisch herankommen. Das Netz war nicht direkt mit der öffentlichen Cloud verbunden. Und selbst wenn man drin war – dort wurde alles engmaschig überwacht. Peter gab Diego kaum Chancen. Sogar ein Geheimdienst hätte Probleme, diese Hürden mit einer Cyber-Attacke zu überwinden. Aber das war nicht sein Problem.

Wie passte die junge Frau da rein?

»Jana? Zeig mir, welche Einrichtungen PeaSecur im Auftrag von Militär oder Behörden im Süden Spaniens betreibt. Gruppiere grob nach Ministerien.«

Eine Liste erschien auf einem seiner virtuellen Whiteboards. Er scrollte mit der Hand durch.

Moment ... »ZEU-Migrationsbeauftragter und Erstaufnahmeeinrichtungen. – Ha! Volltreffer! Habe ich dich, du Hacker, du verdammter!«

Jetzt wurde ein Schuh draus. Vermutlich sollte die Frau als neuer Flüchtling das Device mit einem Virus in einer der Einrichtungen einschleusen.

Warum hatte Diego Morales die Vermisstenstelle nach ihr gefragt? Um sicherzustellen, dass die Datenbank ihr

Gesicht nicht gespeichert hatte. Das war sinnvoll, er stellte damit sicher, dass sie ihren Auftrag erledigen konnte.

Motiv und Mittel passten zusammen. Ansonsten hatte er nur Indizien und eine wilde Theorie.

»Jana? Schreibe die junge Frau zur Fahndung aus. Illegaler Aufenthalt in der ZEU. Verdacht auf Planung terroristischer Aktivitäten.«

»Bestätigt.«

Das war eine typische Pauschalfahndung, für die es bei Illegalen keinen belegbaren Anfangsverdacht brauchte. Flüchtlinge waren in der ZEU grundsätzlich Terrorverdächtige. Sobald eine Einrichtung oder öffentliche Kamera ihr Gesicht aufnähme, würde man sie festnehmen und ihn informieren.

Über sie käme er sicher an Morales heran.

Jacques

Am nächsten Morgen trafen sie erneut in Diegos Haus zusammen. Er hatte Neuigkeiten für sie. Neben ihm waren auch Olivia und Alejandro anwesend und hatten sich auf Schreibtischstühle im Wohnzimmer verteilt.

»Hallo. Schön, dass ihr alle so früh kommen konntet.« Diego sah sich suchend um. Da es keine Sitzmöglichkeiten mehr gab, blieb er stehen. »Die schlechte Nachricht zuerst: Kara ist nicht in der ZEU registriert worden.«

»Gibt es denn auch eine gute?«, fragte Jacques.

»Ja, ich denke, ich habe eine Idee, wie wir zwei Fliegen mit einer Klappe schlagen und deine Freundin befreien könnten.«

Daraufhin erläuterte ihnen Diego seine Theorie über den CEO Karl Wagner, der offensichtlich mithilfe seiner

Firma als eine Art »Mädchen-Dealer« für reiche Bonzen agierte, die sich junge Sklavinnen hielten. Sei es, um ihre eigenen perversen Gelüste zu befriedigen oder als eine Art illegales Statussymbol. Am Ende erläuterte er ihnen seine Beobachtungen am Hafen von Babic, der vermutlich eine Frau zu einer Villa verfrachtet hatte, die Theo Mäuser nutzte.

Jacques wunderte sich. Diegos Theorie klang recht weit hergeholt.

»Woher«, verlieh er seinen Bedenken Ausdruck, »weißt du, dass es Kara ist, die sich dort in dem Auto befunden hat?«

Der Hacker zuckte mit den Schultern. »Ich weiß es nicht.«

»Was?! Aber ...«

»Wie gesagt«, unterbrach ihn Diego, »das ist das Beste, was ich euch bieten kann.«

Jawarias Augenbrauen zogen sich zusammen. Scheinbar traute sie dem Braten ebenfalls nicht: »Also ... wir sind sicher, dass Kara in Almería angelandet ist. Wir sind vermutlich kurz nach ihr angekommen. Auch, dass die beiden hier«, sie deutete auf Olivia und Alejandro, »uns an dich verwiesen haben, kann ich nachvollziehen. Die Comunidad ist eines der wenigen noch bewohnten Dörfer in Küstennähe. Die Wahrscheinlichkeit, als Flüchtling dort zu landen, ist relativ hoch. Und du kennst unsere, oder besser: Jacques´ Zwangslage.«

Diego wollte etwas einwerfen, doch sie hob die Hand und fuhr fort: »Aber okay. Nehmen wir mal an, deine Theorie wäre korrekt. Was verleitet dich zu der Annahme, dass Kara in dieser Villa gelandet ist und nicht bei irgendeinem anderen superreichen Perversling hier in Europa?«

Jacques schluckte. Die Schmugglerin hatte mit ihrer nüchternen Analyse leider den Nagel auf den Kopf getroffen. Hatte Diego wirklich irgendetwas in der Hand?

»Wie gesagt, ich weiß es nicht mit Sicherheit«, wiederholte dieser, »aber das Timing passt. Und ich biete euch die Möglichkeit, das zweifelsfrei herauszufinden. Nicht nur das: Kara erhielte eine realistische Chance, befreit zu werden.«

Das war mehr, als er je zu hoffen gewagt hatte. Die Sache hatte sicher einen Haken. Auch in Europa gab es nichts umsonst.

»Na, dann bin ich mal gespannt. Schieß los«, meinte Jawaria und kreuzte ihre Arme.

Atemlos lauschte er, wie Diego seinen verwegenen Plan zur Befreiung Karas erläuterte. Ein Angebot, dass er auf keinen Fall ausschlagen konnte. Diese Möglichkeit bekäme er nie wieder.

»Danke!«, meinte Jacques zum Abschluss erleichtert. »Vielen Dank. Das klingt super. Eine andere Chance hat Kara nicht. Und auch wenn sie sich nicht in dieser Villa befinden sollte – ich bin auf jeden Fall dabei!«

Er besann sich, da sie einen wichtigen Punkt noch nicht diskutiert hatten: »Äh ... Und was genau kann ich dazu beitragen?«

Diego erläuterte ihm seine Aufgabe.

Er erbleichte.

Einige Stunden später

Feuchter Kies kitzelte zwischen Jacques nackten Zehen. Salziger Wind blies winzige Tröpfchen der Gischt auf sein Gesicht. Leider roch er auch den fauligen Geruch des Schlicks, mit dem er sich einreiben musste, um es echt erscheinen zu lassen. In nassen Klamotten, wie ein Schiffbrüchiger, saß er fröstelnd kurz nach Sonnenuntergang auf einem Brocken an der Felsenküste. Rund zehn Kilometer nördlich von der Stelle, an dem ihr U-Boot gesunken war. In der aufziehenden Finsternis war außer trostlosen Steinen und einigen borstigen Büscheln Gras, die sich im Wind schieflegten, nichts zu erkennen.

Jawaria war mit einem anderen Auftrag unterwegs. Sie hatten sich beim morgendlichen Treffen mit Diego alle dafür entschieden, die ihnen im Plan zugedachten Rollen zu spielen.

Nachdem er wie verabredet eine Stunde gewartet hatte, wurde es ernst: Jacques holte tief Luft, nahm sein altes Handy aus Algerien zur Hand und schaltete es ein. Jetzt gab es kein Zurück mehr.

Die bekannte Nachricht des ZEU-Migrationsbeauftragten erschien mit dem Hinweis, dass er auf das Willkommensteam warten sollte. Dieses Mal floh er nicht und fasste sich in Geduld.

Nach einer weiteren halben Stunde hörte er, wie sich in der Dämmerung Elektrofahrzeuge mit knirschenden Reifen über das Geröll näherten. Nachdem er aufgestanden war, sah er die Scheinwerfer von zwei Geländewagen auf sich zukommen.

Das Brummen der Motoren erstarb. Zwei uniformierte Pärchen stiegen aus. Alle waren kräftig gebaut, trugen schwarze Uniformen mit gleichfarbigem Barett, schusssichere Westen, diverse Ausrüstungsgegenstände am Gürtel sowie recht ausladende VR-Headsets. Wie Elitesoldaten in einem Science-Fiction-Film. Das Einzige, was ihn beruhigte, war, dass sie keine sichtbaren Waffen trugen. Auf ihrer Brust prangte deutlich sichtbar der Schriftzug: »CEU-Immigration«.

»Guten Abend«, begrüßte ihn die kleinere Grenzschützerin mit einem auffällig langen Zopf fließend auf Arabisch, »es freut mich, dass wir Sie so schnell gefunden haben. Geht es Ihnen gut? Gibt es weitere Personen, denen wir helfen können?«

Trotz der freundlichen Wortwahl blieb ihre Stimme distanziert. Sie und die anderen schauten sich aufmerksam um. Er war sich sicher, dass die vier mit ihren Brillen in der Dämmerung ohne Probleme alle Details wahrnahmen.

»Ja. Vielen Dank. Geht schon. Aber mir ist kalt und ich habe Durst. Unser Boot ist da draußen an Felsen leckgeschlagen und gesunken. Ich befürchte … Von den anderen hat es keiner gepackt.« Dabei versuchte er, sich erneut in seine damalige Ankunft hineinzuversetzen, um authentisch zu klingen.

»In Ordnung, kein Problem, Sie sind jetzt in Sicherheit und wir helfen Ihnen«, sagte die Grenzschützerin, nachdem sie ihn einen Moment gemustert hatte. »Im Auto finden Sie warme Decken, etwas zum Trinken und ein paar Energieriegel. Folgen Sie mir bitte.«

Kurz darauf saß er auf der Rückbank eines der schwarzen Geländewagen. Es waren eher geländefähige Busse mit harten Sitzen und Platz für sechs Personen. Neben ihm stiegen die arabisch sprechende Frau sowie einer der Männer ein. Einen Fahrer gab es nicht. Sein Fahrzeug fuhr los, während das andere weiterhin an der Küste blieb. Vermutlich würde das andere Team die Umgebung nach weiteren Überlebenden absuchen. Bevor sie die Hauptstraße erreichten, holperte das Fahrzeug eine Weile durch unwegsames Gelände. Vorhin hatte ihn Alejandro mit einem Jeep hier am äußersten Zipfel der Küste abgesetzt. Sie spekulierten darauf, dass kein Radar ein Flüchtlingsboot nahe am Ufer erfasst hätte. Dass eines der Boote hier an den Felsen zerschellte, kam sicherlich häufiger vor.

»Wohin fahren wir jetzt?«, fragte er, nachdem er sich scheinbar ausgehungert über das Wasser und die Energieriegel hergemacht hatte.

»In die Erstaufnahmeeinrichtung bei Almería. Dort wird man Sie mit frischer Kleidung und einem Schlafplatz versorgen und ihnen alles weitere erzählen.«

Durch die Brille waren ihre Augen nicht zu sehen, aber er hatte das Gefühl, dass sie ihn eingehend betrachtete.

Nach einer halben Stunde bogen sie auf die beleuchtete Straße in Richtung Almería ab. Sie fuhren an der Comunidad vorbei und nur wenige Minuten später erreichten sie ihr Ziel. Durch die Scheibe erkannte Jacques hohe, weiße, mit Klingendraht bespannte Mauern. Einen einladenden Eindruck vermittelte das nicht – es glich eher einem Gefängnis.

Das schwere, eiserne Tor schob sich automatisch zur Seite und sie bogen auf eine grell ausgeleuchtete von Zäunen und Stacheldraht begrenzte Straße ein. Menschen sah er keine, dafür zwei einschüchternde, menschenähnliche Militärroboter, die innen neben dem Durchgang wachten. Langsam wurde ihm mulmig. Falls Diegos Plan nicht funktionierte, kam er hier mit Sicherheit nicht mehr raus.

Das Fahrzeug hielt vor einem schmucklosen, weiß getünchten Gebäude, das einzelne undurchsichtige Fenster hatte.

»Okay, auf gehts«, meinte die Grenzschützerin, die sich nicht vorgestellt hatte und kein Namensschild trug, wie ihm auffiel.

Er stieg aus dem Bus und schaute sich um. Außer dem Gebäude, dem leeren Hof und den Mauern gab es nichts zu sehen. Weder Wächter noch andere Menschen; auch keine Kameras. Die zwei Bewacher begleiteten ihn zu einer grauen Flügeltür, die sich mit einem Zischen öffnete.

Innen erwartete ihn ein antiseptisch wirkender, weißer Empfangsraum inklusive Tresen. Dahinter stand ein komplett mit Plastik verkleideter, humanoider Roboter mit einem gesichtslosen runden Kopf. Sich wundernd was jetzt passieren würde, erschien auf dem Roboterkopf ein weibliches Gesicht arabischer Abstammung. Ebenmäßige Züge in seinem Alter, braune Augen und Haare – das nichtssagende Antlitz eines Models. Der Kopf der Maschine war scheinbar mit einem 3-D-Display umspannt. Die Kombination aus künstlichem Körper und realistisch erscheinendem menschlichen Kopf irritierte ihn.

»Guten Tag! Herzlich willkommen in der Erstaufnahmeeinrichtung von Almería. Mein Name ist Sofie. Ich werde dich durch die Aufnahmeprozedur begleiten und dir alle Fragen beantworten«, erläuterte das projizierte Gesicht mit einem übertriebenen Lächeln auf Arabisch.

Die Frau, die ihn hergebracht hatte, meinte von hinten: »Alles klar, wir verschwinden dann mal. Die Dame wird sich um Sie kümmern. Keine Angst, hier in der ZEU ist es normal, dass alles von Robotern erledigt wird. Daran gewöhnt man sich«.

Sie kehrte auf dem Absatz um und verschwand gemeinsam mit ihrem Begleiter durch die Flügeltür. Diese schloss sich mit einem metallischen Klacken sowie dem Schaben eines Riegels, der sich vorschob. Jetzt war er mit der skurrilen Roboter-Lady in diesem futuristischen Gefängnis allein.

»Sehr schön«, intonierte Sofie mit übertriebenem Frohsinn in der Stimme, »dann wollen wir uns mal um die Formalitäten kümmern. Danach bekommst du etwas Anständiges zum Anziehen.«

Sie bat ihn, sich aufrecht hinzustellen und nicht zu blinzeln. Seine Hand legte er auf einen Scanner. Im Anschluss unterschrieb er ein virtuelles Formular mit über hundert Seiten, ohne es im Detail zu lesen. Der Pakt mit dem Teufel vermutete Jacques. Zum Schluss schob er seinen Zeigefinger in eine Art Röhre und es gab einen Stich. Die gesamte Prozedur dauerte nicht länger als zwei bis drei Minuten. Aber er vermutete, dass hier bei Bedarf ganze Kolonnen von Flüchtlingen abgefertigt wurden.

»Wunderbar, jetzt bist du offiziell als ZEU-Einbürgerungskandidat registriert, mit allen Rechten und Pflichten, die mit dem Trainingsprogramm in dieser Einrichtung verbunden sind. Wir haben deine persönlichen Daten im System. Das ist dein erster Schritt in Richtung ZEU-

Bürgerschaft. Herzlichen Glückwunsch! Ich freue mich für dich!«

Wenn die Robo-Tante wüsste.

»Als Nächstes führen wir eine intensive, körperliche Untersuchung durch. Damit wird sichergestellt, dass es dir gut geht und du in Zukunft die beste medizinische Betreuung bekommst.«

Oh je, das war gar nicht gut.

Er ging in Richtung des linken Durchgangs, der sich geräuschlos aufschob. Grelles Licht blendete ihn. Es öffnete sich ein weißverkleideter Raum mit einer verchromten Liege wie im OP eines Krankenhauses sowie einem Metallstuhl. Die Tür schloss sich und er war allein. Ihm fröstelte beim Anblick der Szenerie, die auch in ein Alienraumschiff gepasst hätte.

Ein 3-D-Monitor an der seitlichen Wand schaltete sich ein und Robo-Sofie strahlte ihn erneut an: »Wunderbar, Jacques! Jetzt zieh dich bitte komplett aus. Keine Sorge, niemand beobachtet dich, nur das medizinische Programm, das die Untersuchung durchführen wird. Falls dir das lieber ist, schalte ich den Monitor ebenfalls ab.«

»Nein, vielen Dank. Das geht in Ordnung.« Das war allemal besser, als hier ganz ohne Gesellschaft zu liegen.

Im Grunde ist es wie beim Arzt, redete er sich ein. Daher zog er seine Klamotten aus und warf diese in eine Klappe, die sich geöffnet hatte. Am Ende fühlte er sich deutlich nackter und schutzloser, als er erwartet hätte.

»Vielen Dank, jetzt lege dich bitte auf die Liege und entspann dich. Der Robo-Doc wird diverse Untersuchungen durchführen. Keine Sorge, das tut nicht weh.«

Dementsprechend legte er sich auf die kalte Metallfläche. Eine Gänsehaut lief über seinen ganzen Körper. Sein Herz klopfte vernehmlich, als er ungeschützt und dem Roboter ausgeliefert auf der Liege lag. Hoffentlich war die Untersuchung nicht *zu* gründlich.

Einen Moment später fuhren zwei lange Roboterarme aus der Decke, die mit diversen Instrumenten besetzt waren. Aufmerksam schaute er nach Spritzen oder anderen spitzen Instrumenten. Die Arme senkten sich langsam auf ihn herab. Erstaunlich sanfte, handwarme Finger tasteten ihn ab, hinzu kam ein kühles Stethoskop. Der Roboter untersuchte seinen gesamten Körper inklusive Intimbereich und After. Zum Glück blieb die Untersuchung oberflächlich genug. Nicht auszudenken, falls das anders gewesen wäre.

Nach maximal fünf Minuten war es vorbei und Sofie meldete sich wieder: »Vielen Dank, das hätten wir geschafft. Du bist kerngesund, es wurden keine Anzeichen von Dehydrierung oder Mangelernährung festgestellt und keine bedenklichen Krankheiten. Lass uns weitermachen. Jetzt darfst du dich gerne duschen und bekommst frische Kleidung.«

Die nächsten Stationen waren unspektakulär. Zunächst eine normale Dusche, danach erhielt er einen Stapel Funktionswäsche sowie einen bequemen grauen Jogginganzug. Schon wieder. Wobei hier im Gegensatz zur Comunidad alles wie maßgeschneidert passte.

Zum Schluss öffnete sich eine Tür zu einem engen Zimmer. Das komplett in Weiß gehaltene Inventar war überschaubar: Bett, Tisch, Stuhl, ein schmaler Spind,

Wäsche und Kleidung für drei Tage, ein 3-D-Monitor in der Wand und ein mickriges Duschbad. Die Zimmertür war, wie zu erwarten, fest verschlossen und ließ sich nicht öffnen. Aber immerhin: Das Licht durfte er selbstständig ausschalten.

»Gute Nacht, Jacques! Ich wecke dich morgen, sobald du ausgeschlafen bist. Süße Träume!«, hörte er Sofies debile Stimme aus dem Off.

Das ließ er sich nicht zweimal sagen. Aber zuerst hatte er etwas Wichtiges zu erledigen.

In der Dunkelheit legte er sich ins Bett. Unter der Decke fasste er sich an den Hintern. Es blieb zu hoffen, dass die Bewegungen nicht zu verdächtig waren. Aber sollte sich die Robo-Tante denken, was sie wollte. Mit vorsichtigem Druck und Arbeit seiner Finger kam es heraus. Ein feuerzeuggroßer, in einem Kondom verpackter, rundlich-länglicher Gegenstand.

Genau dafür war er hier.

Nur 30 Sekunden

Jawaria

Nachdem sie am späten Nachmittag den Jungen zusammen mit Alejandro an der Küste abgesetzt hatte, gab es einiges für Karas Befreiung vorzubereiten. Mit ihm und Olivia fuhr sie auf der Küstenautobahn nach Westen in Richtung Aguadulce. Diego begleitete sie nicht. Der schien sein Haus nur zu verlassen, wenn es sich nicht vermeiden ließ. Irgendwo auf der Strecke lag ihr späteres Zielobjekt in den Hügeln, die Villa Mäusers. Direkt dorthin zu fahren, wäre nicht zielführend.

Ein Gedanke nagte schon die ganze Zeit an ihr, daher fragte sie offen: »Wieso habt ihr uns ausgerechnet mit Diego zusammengebracht? Das war doch sicherlich kein Zufall.«

Die beiden schwiegen einen Moment und Alejandro rutschte auf seinem Sitz umher.

Es war Olivia, die antwortete: »Nein, Diego brauchte jemanden, der sich freiwillig in eine Einrichtung von Pea-Secur begibt. Aufgrund unserer exponierten Lage nahe an der Küste wusste er, dass bei uns immer mal wieder Flüchtlinge ankommen, bevor sie von den Behörden aufgegriffen werden.«

»Verstehe ich nicht. Hätte man dort nicht einfach nach einem persönlichen Beratungsgespräch fragen können?«

»Nein. Er braucht Zugang zur gesicherten PeaSecur-Cloud, die für den Betrieb von Hochsicherheitseinrichtungen genutzt wird. Dafür muss man eine entsprechende Sicherheitseinrichtung betreten – nicht irgendein Bürohaus oder öffentlichen Empfang. Der Stick muss dort für längere Zeit in eine Netzwerkdose platziert und am Ende wieder entfernt werden.«

»Hm … hätte nicht er sich einfach verhaften lassen können? Ihr habt erzählt, dass PeaSecur auch Gefängnisse betreibt«, fragte Jawaria.

»Das funktioniert nicht. In einer Zelle, selbst wenn die Einrichtung von PeaSecur betrieben wird, wirst du keinen Netzwerkzugang finden. Das ist das, womit heutzutage die Verbrecher abgeschreckt werden: keine VR für zig Monate oder Jahre.«

»Fände ich nicht schlimm«, warf Alejandro achselzuckend ein.

»Ja, das ist schon klar«, erwiderte Olivia.

»Okay. Verstehe.« Sie ignorierte das Intermezzo der beiden. »Die Erstaufnahmeeinrichtungen haben, verglichen mit einem Gefängnis, vermutlich geringe Sicherheitsstandards und man hält sich längere Zeit dort auf.«

»So ist es«, bestätigte Olivia nickend. »Neuankömmlinge werden direkt nach ihrer Ankunft von den Behörden dort hingebracht und verhört. Die allermeisten von denen senden sie postwendend zurück. Wegen Nutzlosigkeit für die Gesellschaft.«

Man sah Alejandro an, dass ihm ihre Wortwahl nicht gefiel, auch wenn sie es sicherlich sarkastisch gemeint hatte.

»Und warum habt ihr nicht einen der Flüchtlinge aus eurer Comunidad gefragt? Die sind doch ebenfalls nicht registriert.«

»Keiner unserer ... permanenten Gäste ... würde diese Aktion freiwillig mitmachen. Das Risiko erwischt und abgeschoben zu werden, ist viel zu hoch. Die wollen hier leben«, gab Olivia zu bedenken.

»Verstehe. Frischlinge wie wir lassen sich einfacher überzeugen. Erst recht in Jacques Situation. Aber glaubt ihr wirklich, dass Kara sich in der Villa befindet? Das konnte Diego doch vorher nicht ahnen.«

»Keine Ahnung«, Olivia zuckte mit den Schultern. »Denkbar wäre es. Wir werden es herausfinden. Sie kann sich natürlich auch bei einem anderen Bonzen irgendwo in Europa aufhalten.«

»Hm ... Ein letzter Punkt: Wie hat euch Diego überzeugt, bei dieser Scharade mitzuspielen?«

Alejandro antwortete entrüstet: »Das ist keine Scharade! Ohne sein Geld und seine Recherchen hättet ihr keine Chance, Kara zu finden – von ihrer Befreiung ganz zu schweigen.« Nach kurzem Zögern setzte er hinzu: »Uns ... na ja ... hat er dafür eine großzügige Spende zukommen lassen und damit die Finanzierung der Comunidad gesichert.«

Er fühlte sich sichtlich unwohl, Olivia schien damit generell keine Probleme zu haben.

»Wenigstens seid ihr ehrlich«, schloss Jawaria und fragte sich, ob Diego ihnen noch mehr verschwiegen hatte.

Was sie selbst betraf, hatte sie Jacques versprechen müssen, die ganze Aktion zu begleiten. Ansonsten hatte er keine Garantie, dass er in der Einrichtung nicht einfach versauerte und das mit Karas Befreiung nur Gerede war. Warum er ihr vertraute, konnte sie nicht mit Sicherheit sagen, aber vermutlich hatte er schlicht keine Wahl.

Im Grunde passte das Set-up sehr gut in ihre eigenen Pläne. Um sich mit ihrer verbliebenen Familie in Oran in Verbindung zu setzen, brauchte sie dringend Zugang zu einer Seefunkanlage. Es war sicher zu spät diese zu warnen, aber für sich selbst musste sie eine Passage zurück in ihre Heimat organisieren.

Außerdem könnte sie so in Erfahrung bringen, ob ihr Sohn Fazil eventuell doch überlebt hatte. Auch wenn seine Chancen denkbar gering erschienen. Erneut kämpfte Jawaria mit den Tränen, wollte gegenüber den anderen keine Schwäche zeigen. In der Vergangenheit hatte sie bereits zwei schier unerträgliche Verluste erlitten. Erst war es ihr fürsorglicher Ehemann Achraf, der von ihr ging. Eine Gang erschoss ihn wegen einer Kleinigkeit auf offener Straße. Solche Ereignisse waren Alltag in Oran. Fünf Monate später verlor sie ihre liebe Tochter Nadia. Sie starb mit vier Jahren genauso an den Neo-Pocken wie ein Drittel der Einwohner ihres Landes. Es waren kaum Medikamente verfügbar. Nach diesen Schicksalsschlägen hatte sie sich mit ihren Eltern überworfen und warf ihnen vor, dass sie die Schuld an ihrem elendigen Dasein und dem Tod ihrer Liebsten hätten.

Das war alles lange her. Damals hatte sie mit Fazil, ihrem Ältesten, sowie Said und Amir, ihren beiden jüngeren Söhnen, die Stadt verlassen und sich ein eigenes Leben aufgebaut. Zuerst führten sie Botengänge aus und halfen bei Warenlieferungen. Später verstanden sie, dass ihr Verdienst davon abhing, was man an wen lieferte und wie gefährlich das war. Als Frau hatte sie den Vorteil, dass man sie seltener durchsuchte und verdächtigte, Wertvolles oder Illegales zu transportieren. So baute sie gemeinsam mit ihren drei Söhnen langsam ihr »Transportgeschäft« auf. Es gab immer irgendwen, der etwas von A nach B befördern wollte, ohne dass sein Vorgesetzter, sein Chef, sein Geschäftspartner, das Militär usw. es erfuhren. Das Geschäft war gefährlich, aber gut bezahlt. Einige Male kamen sie und Fazil nur knapp mit dem Leben davon – bis zur letzten Überfahrt.

Die ersten überfluteten Teile der Stadt kamen in Sichtweite. Die halbversunkenen Gebäude an der Küste hatte man auch hier, ähnlich wie in San José, einfach ihrem Schicksal überlassen. Kurz danach bogen sie in Richtung Ufer ab. Unmittelbar vor der Wasserkante trafen sie auf eine seltsame Gebäudekonstruktion. Jemand hatte hier Stahlträger quer durch die alten Bauten in den Boden gerammt und darauf eine stählerne Plattform errichtet. Diese maß mindestens vier Hektar und schwebte etwa mannshoch über dem Meeresspiegel. Das Gebilde ragte rund zweihundert Meter in die Bucht hinein und hatte eine ähnliche Breite. Auf ihr standen zig rostige Container, die scheinbar als Büros und Lagerräume genutzt wurden. Am vorderen Ende des Plateaus gab es drei Kräne, um schweres Gerät ins Meer zu hieven.

Über eine kurze Stahlplanke fuhren sie direkt auf die Fläche und hielten auf einen der Bürocontainer zu. Olivia brachte das Auto zum Stehen.

»Spannend«, kommentierte Jawaria die Umgebung. »Wo sind wir hier?«

»Offiziell? *Rodrigos Bergungs- und Verschrottungsservice*«, antwortete Alejandro.

»Und weniger offiziell?«

»Im Nebenjob ist Rodrigo ein Kollege von dir«, meinte Olivia augenzwinkernd. »Vor allem verfügt er über ein vielköpfiges Team, das *robustere* Aufträge übernimmt.«

Oha. Spannend. Dann könnte das eventuell sogar ihr Rückfahrticket nach Oran sein.

Als sie gemeinsam ausstiegen, trat ein übergroßer Mann aus einer der Türen hervor und stürzte direkt auf Olivia zu. »¡Hola mis amigos! ¡Mucho tiempo sin verlo!«

»Rodrigo mi querido.« Sie umarmte ihn, wie ein Mädchen, das seinen Vater in die Arme nimmt. Er maß locker zwei Meter zehn, war muskulös, mit einem ordentlichen Bauchansatz sowie grau meliertem schwarzem Haar und Vollbart. Seine volle, tiefe Stimme passte ins Bild. Ein Bär im Blaumann. Jawaria schmunzelte und war vom ersten Augenblick an von ihm angetan. Das passierte ihr fast nie.

Nachdem er Alejandro genauso herzlich begrüßt hatte, wandte er sich ihr zu und wechselte auf Französisch: »Und wen haben wir hier? Ist das eure neue Freundin, von der ihr erzählt habt?«

»Hallo, mein Name ist Jawaria. Freut mich, dich kennenzulernen«, übernahm sie die eigene Vorstellung.

»Na dann ... herzlich willkommen!« Dabei strahlte er und nahm ihre Hand. Der warme Händedruck seiner riesigen Pranke war überraschend sanft und fest, als wüsste er seine Kraft genau zu dosieren.

Nachdem das allgemeine Kennenlernen vorbei war, gingen sie in seinen Büro-Container. Die Wände waren mit Seekarten der lokalen Gewässer sowie technischen Zeichnungen bedeckt. Nach ihrem Besuch bei Diego wunderte sie sich über das viele Papier.

»Ist hier nichts virtuell?«, sprach sie ihren Gedanken aus.

»Nein, ich brauche was zum Anfassen und um darauf herumzukritzeln«, antwortete Rodrigo lachend. »Auf die VR und irgendwelche beschränkten KIs stehe ich nicht so. Das ist der Grund, warum es mein Unternehmen überhaupt gibt. Wir übernehmen all die schwierigen Aufträge, mit denen automatische Unterwasser-Roboter und KIs überfordert wären. Häufig braucht es Kreativität, Intuition und Fingerspitzengefühl, wenn wir wertvolle, zerbrechliche und gut versteckte Dinge bergen. Genau das bieten die heutigen KIs nicht. Zumindest: bisher noch nicht.«

»Rodrigo ist dein Whitenoise-Generator in Betrieb?«, unterbrach ihn Olivia und wollte scheinbar zur Sache kommen.

»Worauf du einen lassen kannst. Im Ernst: Was bringt euch hierher?«

Sie beschrieben das Vorhaben und zeigten ihm Diegos Drohnenaufnahmen.

»Damit ich das richtig verstehe«, brummte der Riese. »Diese Villa wird von unserem Provinz-Gouverneur Theo Mäuser genutzt, das haben wir gesehen. Ihr seid der Überzeugung, dass eine junge Frau namens Kara dort gefangen gehalten wird, und wollt sie befreien. Dafür gibt es keinen Beweis, aber einige Indizien.«

Langsam strich er sich über den Bart. »In Ordnung. Hinein kommt man immer. Im Anschluss unauffällig zu verschwinden und sich nicht erwischen zu lassen. Das ist der schwierige Teil.«

»Durch die Berge? Dort scheint es keine Besiedlung zu geben«, schlug Jawaria vor und deutete auf den entsprechenden Kartenabschnitt.

Er schüttelte den Kopf. »Vergiss es. Eine Drohne oder Flieger mit Wärmebildkamera findet dich sofort.«

»Straßen und Luftraum werden sicherlich überwacht, die kommen ebenfalls nicht infrage. Dann bleibt nur das Meer.« Die Schlussfolgerung drängte sich auf.

»Verstehe ich nicht.« Olivia schaute ratlos. »Was ist auf dem Wasser anders als in den Bergen?«

Jawaria grinste und warf sich mit Rodrigo einen wissenden Blick zu. So einen Partner hätte sie sich für ihr Geschäft in Oran gewünscht.

Laut sprach sie ihren gemeinsamen Gedanken aus: »Nicht auf dem Wasser: unter Wasser.«

Im Anschluss diskutierten sie die weiteren Details der Kommandooperation. Ohne professionelle Hilfe wäre das nicht zu schaffen. Wie zu erwarten war, verfügte der Unternehmer über Kontakte und ein eigenes Team, das helfen konnte. Geld war kein Problem, die gesamte Aktion wurde von Diego als Gegenleistung für Jacques´ Einsatz in der Erstaufnahmeeinrichtung gesponsort.

Jawaria war gespannt, ob sie Rodrigos Freundin jemals kennenlernen würde. Da hatte sie latente Zweifel. Aber falls nicht, hatte sie zumindest in Erfahrung gebracht, an wen sie sich für ihre Rückfahrt wenden konnte. Das würde bis zum Ende der kurzfristig anberaumten Operation warten müssen.

Und eine Seefunkanlage hatte Rodrigo natürlich auch.

Jacques

Am nächsten Tag weckte ihn Helligkeit. Scheinbar hatte diese blöde KI das Licht eingeschaltet, weil sie der Meinung war, er müsste langsam aufstehen. Als er aufstand, erschien das Gesicht der fröhlich-debilen Sofie-KI auf dem Bildschirm. Wie er ihre aufgesetzte Art schon jetzt hasste.

»Einen wunderschönen guten Morgen! Heute ist der erste Tag auf dem Weg zu deiner ZEU-Einbürgerung. Lass uns zunächst den Tagesplan anschauen. Danach geht es dann zum gemeinschaftlichen Frühstück.«

Sofie wartete keine Antwort ab und zeigte eine Art Stundenplan auf dem Monitor: Frühstück, Verhaltenstraining, Sport, Mittagessen, Englisch, Spanisch, Pause, Sport, Abendessen, Schlafen. Als er mit dem Finger darauf wischte, wurde der gesamte Plan für drei Tage gezeigt, der ähnlich eintönig gestaltet war. Viel Mühe hatte man sich damit nicht gegeben. Offenbar wollte man ihn aber auch nicht postwendend nach Algerien zurückschicken, wie es gerüchteweise geheißen hatte.

Trotzdem plante er nicht, länger zu bleiben. Um seinen Aufenthalt zu verkürzen, musste er zunächst eine Netzwerk-Steckdose finden, den Stick dort anschließen und dreißig Sekunden warten. Diego hatte ihm erläutert, dass das Device dann dank einer geklauten Geräte-ID automatisch identifiziert würde und seine Aufgabe selbstständig erledigte. Der Upload diverser Datenpakete, die insgesamt eine beträchtliche Speichergröße einnahmen, sollte in dieser Zeit beendet sein. Mehr war erstaunlicherweise nicht erforderlich. Warum das so war, wollte er ihm nicht verraten.

Genug der Grübeleien. Er hatte den Hacker über die Technik ausgefragt, am Ende aber nichts von dem begriffen, was der ihm erläuterte. Diego beherrschte hoffentlich sein Handwerk. Nach einer weiteren freundlich-drängelnden Erinnerung von Sofie zog er sich um und machte sich auf den Weg zum Frühstück.

Erneut wurde er durch einen weißen Gang gelotst, bis sich eine Tür in einen ausladenden Saal öffnete. Dort saßen mindestens hundert Menschen an fahlweißen Tischen und löffelten eine Art Brei oder Müsli. Murmeln und das Klappern von Besteck erfüllten den Raum. Unschlüssig schaute er sich um.

»Einen wunderschönen guten Morgen, liebe Einbürgerungskandidaten! Das hier ist Jacques, ein Neuzugang. Bitte heißt ihn herzlich willkommen in unserer Gemeinschaft!«, tönte die debil-fröhliche Stimme quer durch den Saal.

Sofort schwiegen die Anwesenden, legten ihr Besteck zur Seite, standen auf und drehten sich um. Hundert Augenpaare richteten sich auf ihn. Sein Gesicht wurde heiß.

Wie bei einer Schulklasse kam unisono die Antwort auf Sofies Ankündigung: »Guten Morgen, Kandidat Jacques!«

Es setzten sich alle wieder und aßen weiter. Was für eine seltsame Show. Wo war er hier gelandet? Unschlüssig stand er im Raum. Zu seiner Freude erkannte er eines der Gesichter: Malik! Er saß einzeln an einem Tisch und winkte ihn mit der Hand zu sich herüber.

»Jacques!«, flüsterte der Zwilling, als er vor ihm saß. »Was bin ich froh, dich zu sehen!«

Mit einem Nicken begrüßte er seinen ehemaligen Weggefährten und sprach ebenfalls kaum hörbar: »Malik! Wie gehts dir? Ich hab ...« Er stockte, laut seiner eigenen Geschichte war er erst gestern Abend hier gestrandet, sein Gegenüber bereits vor drei Tagen. »… die anderen aus der Gruppe verloren«.

Puh, das war knapp. Hoffentlich kapierte der Zwilling den Wink mit dem Zaunpfahl und spielte mit.

»Vielen Dank! Ja, alles bestens!«, antwortete dieser lautstark, richtete sich auf wie ein Roboter und strahlte ihn an. »Ich bin hier nett aufgenommen worden und habe schon einiges über die ZEU gelernt. Aber hol dir doch erst Frühstück. Da hinten in der Wand nimmst du dir einfach eine gefüllte Schale.«

Das war wohl die offizielle Show, die sein ehemaliger Reisegefährte abzog. Er begab sich zur gezeigten Nische, in der ein Automat mit einem Geräusch, das ihn an seinen Toilettengang erinnerte, eine Portion grauen Brei in eine Schale presste. Die Pampe schmeckte undefinierbar, irgendwie süßlich, aber auch mehlig-bitter.

Flüsternd wandte er sich wieder an Malik: »Sag mal, wie laufen denn hier die ersten Tage so?«

»Hm ... eigentlich ganz okay«, antwortete dieser kauend. »Das unangenehmste war das *Verhaltenstraining*. Dabei wirst du insbesondere über deine jüngere Vergangenheit und Überzeugungen befragt. Das ist nur ein anderes Wort für *Verhör*.« Er schaute sich um, als wolle er sichergehen, dass keiner zuhörte. »Eines kann ich dir gleich sagen: Versuch gar nicht erst, zu lügen oder etwas Falsches zu erzählen. Die KI überwacht dich mit einer Art Lügendetektor. Diese Befragungen können sich endlos ziehen. So lange, bis du die Wahrheit sagst. Und wenn ich endlos sage, dann meine ich das so – ohne Essen und Schlaf. Diese KI hat deutlich mehr Geduld als du, das kannst du mir glauben. Die haben Mittel und Wege dich zum Reden zu bringen. Außerdem: Am Ende willst du nicht sofort wieder nach Algerien abgeschoben werden. Nicht wahr?«

Er sah ihn erschrocken an. Wenn das stimmte, hatte er kaum eine Chance, seine aktuelle Legende aufrecht zu erhalten. Die Androhung der Abschiebung war ihm egal, er wollte eh zurück – aber nicht ohne Kara! Dieses komische Verhör stand direkt nach dem Frühstück auf dem Stundenplan. Verdammt! Was sollte er tun?

»Keine Sorge«, meinte Malik, der seinen Gesichtsausdruck gelesen hatte. »Ich bin da doch schon komplett durch. Die kennen unsere gemeinsame Geschichte. Daher kannst du das kurz halten.«

Oh, Mist. Das würde eng. Wie kam er aus dieser Nummer wieder raus? Er musste unbedingt eine Netzwerkdose finden und für dreißig Sekunden blockieren. Noch immer war ihm keine über den Weg gelaufen. Ein Gong erklang.

»Meine lieben Einbürgerungskandidaten«, verkündete Sofie, »das Frühstück endet in zehn Minuten. Falls ihr möchtet, könnt ihr kurz auf eure Zimmer gehen, bevor die erste Trainingseinheit des Tages beginnt.«

Malik und er stellten ihre Schüsseln auf die dafür vorgesehene Ablage und bewegten sich in Richtung ihrer Zellen.

Und jetzt? Die erste Session überstehen. Alles Weitere würde sich ergeben. Seine Zähne putzend versuchte er, einen klaren Kopf zu bekommen. Fünf Minuten später forderte ihn Sofie auf, sich in einen anderen Raum für das *Verhaltenstraining* zu begeben.

Irrte er sich oder war ihre Stimme ernsthafter als bisher?

Mit klopfendem Herzen folgte er dem Gang mit glattweißen Kunststoffwänden. Was würde ihn im Verhörraum erwarten? So etwas wie der Medi-Doc-Roboter mit Skalpellen und Sägen? Oder würde man ihn allein tagelang in einem leeren Raum sitzen lassen, bis er endlich bereit war, die Wahrheit zu sagen?

Vor ihm öffnete sich wie von Geisterhand ein Wandpanel zu einem Zimmer und verdrängte alle weiteren Gedanken. Der reinweiße Raum maß sicherlich zehn Schritt, war nahezu leer. An einem mittigen Metalltisch mit zwei Stühlen an den Seiten saß ein Roboter, wie er ihn vom Empfang kannte. Der Kopf zeigte Sofie als Projektion. Soweit nichts Neues.

»Hallo, Jacques! Herzlich willkommen zu der ersten Einheit *Verhaltenstraining*! In diesem Training wollen wir gemeinsam über deine Vergangenheit und Gefühle sprechen. Damit entwickeln wir ein Trainingsprogramm, dass perfekt auf deine Persönlichkeit angepasst sein wird,« legte die Sofie-KI direkt mit überbordender Freundlichkeit los. »Setz dich doch bitte und entspann dich!«

Der Aufforderung nachkommend schaute er sich den Roboter eingehend an, ohne ein Wort zu sagen. Sollte die KI anfangen.

»Also Jacques, erzähl doch bitte etwas über dich. Wo kommst du her und wer waren deine Eltern?«

Perfekt. Damit konnte er arbeiten. Demzufolge erzählte er von seinen frühesten Kindheitserinnerungen. Die KI ließ ihn geduldig reden und stellte nur ab und an Zwischenfragen. Das nutzte er aus, um in epischer Breite und Tiefe über jedes kleinste Detail zu berichten, das ihm einfiel.

Nach einer ganzen Weile, er hatte eine Episode über seine erste Schulstunde abgeschlossen, meinte die Sofie-KI: »Hervorragend! Vielen Dank! Ich freue mich, dass du so offen und ehrlich zu mir bist, aber für heute reicht das. Morgen sprechen wir dann über die jüngere Vergangenheit, wenn du damit einverstanden bist.«

»Ja sicher. Vielen Dank, dass ich darüber reden durfte, das hilft mir wirklich sehr!«, antwortete er und ahmte dabei ihre Pseudo-Fröhlichkeit nach.

»Na, na, na, Jacques, jetzt übertreibst du etwas. Bitte bleibe immer bei der Wahrheit, wenn du mit mir sprichst«, ermahnte ihn Sofie in scheinbarer Freundlichkeit.

»Okay, entschuldige. Natürlich.«

»Wunderbar! Wir sehen uns morgen.«

Damit entließ sie ihn. Geschafft! Ihm war nicht klar, wie viele Sessions er auf diese Weise ohne Probleme meistern konnte. Maximal eine weitere. Inzwischen hatte er eine Idee, wo es eine Netzwerkdose gab. An diese heranzukommen und den Stick lange genug zu platzieren. Oh, Mann ... das war verdammt riskant.

Der nächste Tag. Nachdem Frühstück stand erneut *Verhaltenstraining* an. Sein Herz klopfte bis zum Hals. Diesmal wusste er genau, was ihn erwartete. Aber was, falls er sich irrte oder nicht erfolgreich war? Würde er direkt im »echten« Gefängnis landen? In diesem Fall wäre er nicht mehr in der Lage, Kara zu helfen. Sie bliebe auf ewig in den Händen eines Perversen gefangen, der nach Belieben mit ihr umspringen und irgendwann ihren toten Körper im Meer entsorgen würde.

Die Tür zum Verhörraum schob sich zur Seite und Sofies debiles Gesicht erwartete ihn.

»Jacques! Ich hoffe, du hast gut geschlafen. Komm doch herein und setz dich.«

Mit der rechten Hand deutete sie auf den freien Stuhl. Ihm war gestern aufgefallen, dass sie nie den linken Arm hob. Den ließ sie auf ihrem Bein unter dem Tisch liegen. Um sicherzugehen, lief er ein paar Schritte in den Raum hinein und sah sich scheinbar unschlüssig um, um den Roboter von den Seiten zu betrachten.

»Was ist los? Alles in Ordnung mit dir?«

»Ja ... aha ... hm ... danke, danke. Alles bestens.«

Währenddessen versuchte er, einen genaueren Blick auf ihren stillen Arm zu erhaschen, wurde enttäuscht. Kein Kabel führte von der Hand zum Tisch. Und nun? War sie doch per Funk verbunden? Oder komplett autark?

»Jacques! Was ist denn jetzt?« Ihre Stimme klang eindeutig ungehalten.

»Hm ... was? Oh, entschuldige. Ich war in Gedanken.« Er bewegte sich in Richtung Stuhl.

Da war es! An ihrem rechten Fuß. Dort führte ein kurzes unauffälliges Kabel zu einer Buchse vor dem Tischbein. Wie schwer war dieser Roboter? War er eine leere Hülle leichten Plastiks oder aus Stahl und mit kräftigen Motoren vollgestopft? Er hatte nicht die leiseste Ahnung.

Jetzt oder nie! Eine zweite Chance erhielte er nicht. Mit einen Schritt Anlauf warf er sich mit seinem vollen

Körpergewicht auf die Maschine. Beide Arme umfassten ihren Oberkörper, um sie vom Stuhl zu werfen.

Autsch! Die harte, stocksteife Schulter des Gerätes bohrte sich in seinen Brustkorb. Er rutschte nach hinten ab. Diese Sofie bestand eindeutig aus massivem Kunststoff. Nur war sie scheinbar fest mit der Sitzgelegenheit und im Fußboden verschraubt. Er plumpste unelegant neben der Maschine auf den bretthartem Untergrund.

»Stopp! Die Beschädigung von Einrichtungsgegenständen ist eine Straftat!«, tönte eine androgyne Stimme durch den Raum.

Der Roboter bewegte sich nicht. Schweratmend auf dem Boden liegend schaute er sich gehetzt um. Der Fuß! Zügig krabbelte er hinüber und versuchte, den Stecker zu ziehen. Ohne Erfolg. Der saß bombenfest. Verdammt! Panik ergriff ihn. Gleich würde jemand hereinkommen. Ihm blieben maximal Sekunden.

»Stopp! Die Beschädigung von Einrichtungsgegenständen ist eine Straftat!«

Ja, ja. Du mich auch. Weiterhin auf dem Boden liegend holte er mit dem Bein Schwung und trat kräftig mit der Fußsohle seitlich gegen Stecker und Fuß des Roboters. Es knackte. Sehr schön.

Das Licht des Raumes wechselte auf Rot. Ein auf- und abschwellender Alarm ertönte. Die Zeit wurde knapp. Nochmals trat er zu. Und nochmals. Und nochmals. Sein ganzes Bein schmerzte. Taubheit stieg auf. Mit einem splitternden Krachen zerbrach der Roboterfuß beim Knöchel und der Stecker riss aus der Verankerung. Endlich! Einen weiteren Tritt hätte er nicht geschafft.

Mit zitternden Fingern holte er den Stick aus der Tasche und robbte zur Buchse. Oh je, wenn er sie zerstört hatte ... Aber nein. Das viereckige Löchlein schien intakt zu sein. Er stöpselte das Gerät ein, während Schweiß von seiner Stirn perlte. Gleich sollte ein grünes Licht am Stift aufleuchten. Nichts leuchtete. Funktionierte es nicht? Mist.

»Flach auf den Boden legen! Hände über den Kopf!«, brüllte eine männliche Stimme.

Er sah auf. In der Tür stand eine Wache in weißer Uniform mit passendem VR-Headset. Eindeutig ein Mensch. Sie hatte eine scharfe Pistole auf ihn gerichtet – keinen Taser.

Wie lange war sein Gerät in der Dose? Fünf Sekunden? Zu wenig.

Mit Bedacht erhob er sich. Möglichst langsam. Dabei hielt er seine Hände defensiv über den Kopf.

»Ja, verstehe. In Ordnung. Nicht schießen, bitte.« Seine Angst spielte er nicht.

»Hey! Hinlegen habe ich gesagt! Oder ich brate dir eine über!«, schrie die Wache.

»Oh, ja. Ja. Tut mir leid.« Wie viel Zeit war rum? Zehn Sekunden? Fünfzehn?

Langsam ging er zunächst in die Hocke und umständlich auf die Knie.

»Runter verdammt! Schneller!«

»Ich mach ja schon. Aber ohne Arme ist das schwierig.« Zwanzig Sekunden.

Erst auf alle viere, anschließend auf den Bauch. So, dass er den Stick verdeckte. Jetzt die Hände über den Kopf. Fünfundzwanzig Sekunden. Mindestens.

Die zügigen Schritte der Wache kamen auf ihn zu und sie

rammte ein Knie schmerzhaft zwischen seine Schulterblätter. Der Kerl riss seine Arme brutal auf den Rücken. Jacques hatte das Gefühl, er kugelte ihm seine Schultern aus. Handschellen klickten um seine Handgelenke. Am Ende zog der Mann ihn auf die Beine.

»Mitkommen! Und keine Dummheiten mehr«, hörte er die Stimme der Wache hinter sich, die ihn vorwärtsschob.

Hatte sie den Stick entdeckt und entfernt? Egal. Dreißig Sekunden waren locker rum. Falls das Device funktioniert hatte. Bis zum Ende hatte er kein grünes Licht leuchten sehen.

Gejagter Jäger

Peter

Was für ein Abend! Was für eine Nacht!

Am nächsten Tag loggte er sich in seinem dienstlichen VR-Seat ein. Gedanklich war er bei Kristina. Schon abgefahren, wozu die moderne Sexual-Technik fähig war. Vor allem wenn man es mit seiner Partnerin gemeinsam in Echtzeit erlebte. Theoretisch hätten sie zwischendurch ihre Perspektiven wechseln können. Aber das ging ihnen zu weit. Es war ihr erstes Mal.

Hm, ... wäre er dann von seinem Avatar selbst ...? Und wäre sein Sexual-Stimulator in den passenden Modus gewechselt, der zur anderen Person gehörte, …? Das war ein Experiment, dass er besser zuerst mit irgendeinem netten, KI-gesteuerten Avatar probieren würde. Allein.

»Guten Morgen, Peter.« Janas Stimme war neutral wie immer und holte ihn in sein schlichtes Arbeitszimmer zurück. »Ich habe Neuigkeiten für dich.«

»Okay, was gibts?«

»Innerhalb deiner Parameter *Südspanien* und *Migranten* gab es ein ungewöhnliches Ereignis. In der Erstaufnahmeeinrichtung von Almería wurde eine Person gegenüber einem physischen KI-Avatar gewalttätig.«

In dem Raum baute sich die Figur eines Mannes auf. Jacques Morau. Er kam aus Algerien. Neunzehn Jahre. Registrierung als Flüchtling.

»Und? Das kann ich nachvollziehen. Diese Robo-Dinger sind gruselig.«

Die KI ignorierte ausnahmsweise seine Ironie und setzte ihre Erläuterung fort: »In der nachfolgenden Untersuchung des Raumes wurde ein fremdes technisches Gerät in einer Netzwerkdose gefunden.« Neben dem Jungen schwebte die vergrößerte Abbildung eines Speichersticks mit Netzwerkstecker. »Der Supervisor der Einrichtung vermutet, dass der Mann das Device hineingeschmuggelt und dort eingesteckt hat. Er wurde erst zwei Tage vorher aufgegriffen.«

Ich Depp! Das war ein Vorgehen, das er eher von der Flüchtlingsfrau erwartet hätte. Scheinbar gab es zwei Täter und dieser hier hatte es geschafft. So ein Mist. Aber es lohnte sich nicht, verschütteter Milch nachzuweinen, wie seine Großmutter zu sagen pflegte. Immerhin hatte er jetzt ein weiteres Beweisstück.

»Gibt es schon eine Untersuchung des Gerätes?«, fragte er daher.

»Nein. Ich habe den Fall reserviert, damit du ihn bei Bedarf übernehmen kannst.«

Da hatte die KI mal mitgedacht. Erstaunlich.

»Okay. An mich übertragen.«

Er sortierte seine Gedanken und setzte die Prioritäten.

»Jana. Folgende Aufträge: Lass das Device schnellstmöglich der technischen Forensik bringen. Vielleicht finden die etwas. Informiere PeaSecur, dass sie höchstwahrscheinlich einen Virus im System haben. Die sollen entsprechende Gegenmaßnahmen ergreifen und mir berichten.«

Was noch?

»Prüfe, ob es von Jacques Morau Aufnahmen außerhalb der Einrichtung gibt und erstelle nach Möglichkeit ein Bewegungsprofil.«

»In Ordnung. Die voraussichtliche Bearbeitungszeit beträgt eine Stunde.«

Ihm kam eine weitere Idee: »Außerdem möchte ich mit dem Mann sprechen. Er befindet sich weiterhin dort?«

»Ja, natürlich. Wo sonst?« Jetzt wurde die KI auch noch schnippisch. Er musste dringend mit seiner IT-Abteilung reden, damit sie Janas Persönlichkeit wieder etwas neutraler trimmten.

»Dann lass ihn in den Verhörraum bringen. Ich schalte mich selbst auf den physischen Avatar.«

Zehn Minuten später hatte er das Gefühl, in dem klinisch-weißen Raum zu sitzen. Für seinen Roboter hatte er bewusst den Kopf von »Mr. Smith« gewählt. Eine uralte Science-Fiction Figur aus dem Film »Matrix«, die der Flüchtling sicherlich nicht kannte. Seiner Erfahrung nach wirkte sie trotzdem ausreichend einschüchternd. Ideal, um den »Bad Cop« zu mimen.

Die Tür öffnete sich und der Algerier kam herein. Er schaute ihn irritiert an. Hier hatte er den Avatar beschädigt. Davon war nichts mehr zu sehen.

»Guten Tag. Setzen Sie sich!«

Er ließ seine Stimme hart und fordernd klingen. Im Gegensatz zu den lästigen KIs, die heutzutage alles und jeden duzten, nutzte er bewusst die distanzierte Anrede und sprach daher mit Absicht Deutsch. Die offizielle Amtssprache in der ZEU war Englisch, aber er verließ sich darauf, dass seine Worte automatisch und lippensynchron ins

Arabische übersetzt wurden. Genauso würde es ihm erscheinen, als wenn der Algerier Deutsch spräche, auch wenn das höchstwahrscheinlich nicht der Fall war.

Jacques Morau sagte zunächst kein Wort und nahm Platz.

»Sie wissen, dass Sie eine Straftat begangen haben?«

Er nickte.

»Dann wird Ihnen klar sein, dass Sie dafür ins Gefängnis gehen könnten.«

Bei seinen Formulierungen ließ er Vorsicht walten. Bei Verhören wurde automatisch eine Verteidiger-Anwalt-KI aktiviert. Falls er offensichtlich die Unwahrheit sagte, spekulierte oder sein Gegenüber ungebührlich bedrohte, würde diese sich aktiv einschalten. Das war zu vermeiden. Er wollte den Flüchtling nicht darauf aufmerksam machen, dass er technische Hilfe hatte.

Erneut nickte der Algerier.

»In Ordnung. Wollten Sie hier einen Virus einschleusen?«

Jacques Morau schwieg und zeigte weder Zustimmung noch Ablehnung. Eventuell wusste er aber auch gar nicht, was es mit dem Stick auf sich hatte.

»Schweigen wird Sie nicht weiterbringen. Wenn Sie nichts sagen, wird das Gericht nach Indizienlage entscheiden.« Das stimmte.

Trotzdem kam kein Wort über dessen Lippen.

»Für wen arbeiten Sie? Diego Morales?«

Das Erschrecken war dem jungen Mann mit seinen aufgerissenen Augen deutlich anzusehen. Volltreffer. Aber er schwieg.

»Wenn Sie mir helfen, wird das beim Strafmaß positiv berücksichtigt werden. Vermutlich könnten Sie sogar weiterhin auf eine ZEU-ID hoffen.«

Die Körpersprache war eindeutig. Seine zusammengepressten Lippen und gesenkten Augenbrauen zeigten deutlich, dass er sich verschloss. Interessant. Diese Aussicht motivierte ihn nicht. Aber was sonst? Erhielt er Geld? Das würde ihm ohne eine ZEU-ID nichts helfen. Erpresste man ihn? Das schon eher. Auf jeden Fall schien es ihm nicht um sich selbst zu gehen.

Vielleicht ... es war ein Schuss ins Blaue, aber in Almería häuften sich die Zufälle. Irgendein Zusammenhang existierte, der ihm bisher entgangen war. Das war so sicher wie das Amen in der Kirche. Um seine Idee zu prüfen, sprang er kurz in sein virtuelles Arbeitszimmer und wechselte den Avatar. Anschließend schaltete er sich wieder in den Verhörraum. Der Roboterkopf zeigte jetzt das Antlitz der unidentifizierten Flüchtlingsfrau.

Jacques Morau riss erschrocken die Augen auf und stürzte nach vorne auf die Tischplatte. »Kara!! Was? Wie? Bist du ...?«

Dann besann er sich und fiel schwer auf seinen Stuhl zurück. Ungläubig schaute der Algerier in seine Richtung. Tränen und Verzweiflung standen im Blick des Flüchtlings. Ein paar Sekunden später wechselte Peter die Optik des Avatars erneut zu Mr. Smith.

»Tut mir leid.« Das meinte er ehrlich. »Ich wollte keine alten Wunden aufreißen. Möchten Sie mir etwas über Kara erzählen?«

Mist. Er sah sofort, dass das die falsche Frage war. Der Mann kniff den Mund zusammen und schüttelte energisch den Kopf. Hier käme er für den Moment nicht mehr weiter. Der Algerier vertraute ihm nicht. Kein Wunder, er trat hier als anklagender Polizist auf.

»In Ordnung. Falls Sie trotzdem mit mir sprechen möchten, fragen Sie eine der KIs einfach nach Peter Hessler, Investigation Specialist bei der Bundespolizei. Verstanden?«

Jacques Morau nickte. Besser als nichts.

Er loggte sich aus dem Avatar aus und stand wieder in seinem virtuellen Arbeitszimmer. Zwischen Jacques und Kara existierte eindeutig eine enge Beziehung. Waren sie ein Liebespaar oder verwandt? Der Mann empfand etwas für sie und hatte versucht, für Diego Morales einen Virus in das Netzwerk von PeaSecur einzuschleusen. Ob erfolgreich oder nicht, war unklar.

Die Puzzlesteine passten zusammen. Auch, wenn er die Dynamik nicht verstand. Das war für den Moment nicht relevant, es galt eine Straftat zu verhindern. PeaSecur hatte er informiert.

Diego Morales war aktuell der Einzige, der mit Sicherheit erklären konnte, was es mit diesem Device und dem darauf vermuteten Virus auf sich hatte. Die Indizienlage war inzwischen eindeutig genug. In kurzen Worten beschrieb er seinen Verdacht und speicherte die Aufzeichnungen des Verhörs.

»Jana? Übermittle die vollständige Akte an die zuständige Gerichtsbarkeits-KI. Ich brauche einen Durchsuchungsbefehl für das Haus und die private Cloud von Diego Morales. Begründung: Planung und Anstiftung einer

Cyber-Attacke auf die staatliche Erstaufnahmeeinrichtung von Almería.«

Diego

Sein Alarmsystem meldete sich: *»Es haben sechs Personen mit Polizeiidentität das überwachte Areal betreten.«*

Dreck! Er hatte in seinem Viertel ein paar ID-Sensoren verteilt. Scheinbar waren die Behörden cleverer, als er denen zugetraut hätte. Immerhin wurde seine Eingangstür nicht von einem Spezialkommando eingetreten.

Daher Plan B: Sofort unauffällig abtauchen.

Mit zügigen Schritten ging er in die Küche und öffnete den Schrank unter der Spüle. Mit der Hand tastete er in die hintere Ecke. Die Bodenplatte sprang mit einem Klacken aus ihrer Verankerung. Darunter zeigte sich ein größeres Fach im Boden, dass seine komplette Zweitausrüstung sowie einige Extras enthielt.

Die Gegenstände aus dem Geheimfach landeten zusammen mit einer Wasserflasche und ein paar Energieriegeln in seinem Rucksack. Vorsichtig öffnete er die Haustür einen Spalt. Draußen war es dunkle Nacht und die Straßenlaternen erleuchteten den Weg in einem fahlen Gelb. In zweihundert Meter Entfernung kam eine Person um die Ecke, die eindeutig eine Uniform trug. Mist. Eine Entdeckung war damit kaum zu vermeiden.

Mit einem Schritt war er beim Sicherungskasten im Flur und öffnete die Plastikklappe. Es gab hier einen weiteren »Sicherungsschalter«, den er jetzt umlegte. Mit diesem wurde ein Funkimpuls gesendet, der den passenden Empfänger an der zentralen Stromversorgung des Viertels in Lichtgeschwindigkeit erreichte. Die Antwort auf seinen

Impuls kam in Form eines leisen Knalls in Schallgeschwindigkeit zurück. Es ging doch nichts über einen guten alten Kurzschluss. Dafür musste man keine Elektrotechnik studiert haben.

Im gesamten Viertel wurde es schlagartig stockdunkel. Er hörte die Rufe seiner Nachbarn. Türen schepperten und Menschen rannten auf die Straße. Perfekt. Er öffnete kurz die Tür, im Licht der Sterne und der Mondsichel sah er nicht viel. Eine taktische VR-Brille mit Restlichtverstärkung wäre hilfreich gewesen. Es half nichts, er schlich sich hinaus und drückte sich mit dem Rücken an die kühle Hauswand.

»Halt! Polizei! Stehenbleiben!«, hörte er deutlich zu nahe eine weibliche Stimme rufen. Vermutlich waren die Cops besser ausgestattet als er.

Mit einem Satz sprintete er durch die Häuserreihen in die entgegengesetzte Richtung. Drängelte sich an ein paar Nachbarn vorbei und orientierte sich zu den Gewächshäusern. Hinter sich hörte er Schritte und erneute Rufe, stehen zu bleiben. Hoffentlich hinderten die Menschen auf der Straße die Polizisten daran, ihre Taser einzusetzen.

Kurz darauf tauchten die ersten weißen Planen am Ende der Gasse auf. Er hatte den Weg nicht zufällig gewählt, sondern früher verschiedene Fluchtrouten ausgekundschaftet. Geschickt schlüpfte er unter die Folie in das Gewächshaus. Schwer atmend stand er im schwülwarmen Klima langer Reihen mit Tomatensträuchern. Ohne zu zögern, hastete er geduckt vorwärts, während ihm die grünen Blätter ins Gesicht peitschten.

Ein schrilles Surren erfüllte den Raum. Verdammt, die hatten scheinbar irgendwelche Drohnen hineingeworfen, um ihn zu finden. Das war nicht blöde, denn die suchten in wenigen Minuten enorme Areale ab. Aber er hatte es nicht mehr weit. Am nächsten Gang bog er ab, vor ihm erschien ein runder Metalldeckel im Beton. Er warf sich auf den Boden und robbte unter eines der Beete. Das Surren wurde deutlicher. Rufe, dass er sich stellen solle, halten durch das Gewächshaus.

Keine Zeit verlieren. Er zog den Deckel mit einem metallischen Schaben zur Seite. Unter ihm verlor sich ein Schacht scheinbar im Bodenlosen. Gebogene Metallstiegen führten in die Tiefe. Ohne sich um das Surren zu kümmern, kletterte er zügig hinein. Ein Fuß rutschte an einer Stufe ab. Schmerzhaft knallte er mit dem Knie gegen das Metall, konnte sich aber festhalten. Einen Aufschrei unterdrückend beugte er sich kurz über die obere Kante und zog den Deckel zu. Dunkelheit.

Hatte ihn eine Drohne beobachtet? Er wusste es nicht. Ändern ließ es sich jetzt nicht mehr. Von unten stieg ihm ein süßliches Geruchsgemisch aus Fäkalien und Fäulnis entgegen, das ihm den Magen umdrehte. Es half nichts. Vorsichtig kletterte er die etwa zwei Meter hinunter. Am Boden angekommen stellte er seine Füße in etwas Feuchtes und Glitschiges, das ihm bis über die Unterschenkel reichte. Als die Feuchtigkeit in seine Turnschuhe drang, wollte er lieber nicht genau wissen, was das war.

Er holte eine kleine LED-Lampe aus seinem Rucksack und schaltete sie ein: Ein etwa zweimal zwei Meter großes Rohr erstreckte sich links und rechts von ihm. Seine Beine ragten aus einer zähflüssigen, stinkenden Masse, die langsam dahintrieb. Zum Glück hatte er einen Kompass mitgenommen. Sein Ziel lag im Süden, Richtung Meer. Los, ehe die Polizisten auf dumme Ideen kamen.

Mit gluckernden Schritten schlich er los. Igitt! Nur nicht ausrutschen. Nach einer Weile meinte er leuchtende Augen in der Dunkelheit zu sehen, vermutlich Ratten. Die würden die Menschheit überleben, davon war er überzeugt. Hinter ihm ertönte metallisches Schaben und Klappern.

War das der Kanaldeckel? Er horchte einen Moment, dann erfüllte erneut das Sirren der Drohnen die Röhre. Verdammt. Die konnten ihn nicht verfehlen. Was tun? Abtauchen, was sonst? Oh Mann, wieso tat er sich das an? Zuerst ließ er sich auf die Knie herab, drückte den wasserdichten Rucksack in die Kloake und hielt seine Nase zu. Das Surren kam näher. Es blieben nur wenige Augenblicke. Luftanhalten. Runter. Gott, wie ekelig.

Die schleimige Brühe umschloss seinen Kopf. Außer seinem heftig wummernden Herzen war nichts zu hören. Wie lange benötigten die Drohnen für ihre Suche? Vielleicht dreißig bis vierzig Sekunden – in jede Richtung. Sie wüssten, dass er nicht weit gekommen sein konnte. Der Sauerstoff wurde knapp. Er hatte mal gelesen, dass ein Mensch deutlich länger ohne Luft auskommt, als er sich zutraut. Soweit die Theorie. Hoffentlich stimmte das. Der Drang zu Atmen wurde übermächtig. Noch ein paar Herzschläge, Diego. Nein. Schluss. Er konnte nicht mehr.

Zügig ging er in die Knie und hob den Kopf aus dem Schlick. Erst runter mit der Brühe, dann Luftholen. Ein tiefer Zug füllte seinen Lungen mit dem ersehnten Sauerstoff – und seine Nase mit einem bestialischen Gestank. Dabei ließ sich nicht vermeiden, dass einiges von der Kloake in seinen Mund sickerte. Nachdem er sich übergeben musste, beruhigte er sich etwas und reinigte sein Gesicht. Anschließend lauschte er aufmerksam in den Gang hinein.

In der Stille tat sich nichts. Nur das Gluckern des Abwassers sowie hin und wieder das Fiepen der Ratten. Geschafft! Mit klopfenden Herzen stand er auf und folgte dem trägen Strom. Dabei achtete er die ganze Zeit auf Schritte oder das Surren von Drohnen.

Eine halbe Stunde später hörte Diego vor sich ein tiefes Brummen. Das waren die Pumpen, die Abwasser und den Dreck in den Ozean spülten. Wer brauchte schon ein Klärwerk, wenn einen das Meer nicht interessierte. Das war eine weitere Umweltsünde, die in den letzten fünfzig Jahren wieder in Mode gekommen war. Langsam ließ er den Schein der Lampe über die Wände gleiten, dann sah er den Revisionsschacht mit einer Leiter, die nach oben führte. Endlich. Nichts wie raus hier.

Hastig kletterte er die Leiter hinauf. Oben angekommen drückte er gegen den Kanaldeckel. Aber nichts bewegte sich. Und nun? Einen anderen Ausgang suchen? Er versuchte es noch mal und stellte sich mit dem Fuß auf eine Sprosse, presste mit den Schultern und seinem Körper. Schmerzhaft spürte er die Struktur des Verschlusses und sein lädiertes Knie. Dann endlich, ganz langsam hob sich die schwere Abdeckung. Er fasste mit den Händen nach und schob sie stöhnend zur Seite.

Den Kopf hinaussteckend sah er links und rechts flache Dünen mit dürren Sträuchern. Vor ihm erstreckte sich ein gepflasterter Weg, der vermutlich nur von Service-Technikern genutzt wurde. Als er sich umdrehte, sah er das Meer zwischen den Dünen sowie die Silhouette des Pumpenhäuschens.

Ohne zu zögern, kletterte er hinaus und schob den schweren Kanaldeckel mit Mühe wieder an seinen Platz und wandte sich in Richtung Wasser.

Dort angekommen, hielt er kurz inne und genoss die frische, salzige Brise. Manches simulierte die VR immer noch nicht perfekt. Ein nächtliches Meer, in dem sich der Mond auf den Wellen spiegelte und der typische Geruch nach Salz und Tang, gehörten dazu. Zur Sicherheit schaute er sich nochmals um. Niemand war zu sehen. In weiter Entfernung hörte er das Brummen eines größeren Fluggerätes. Die würden via infrarot nach einem einzelnen Menschen ausschauhalten. Davon gab es hier in der Gegend nicht viele.

Daher wendete er sich wieder um und rannte zum Pumpenhäuschen. Es war mit einem simplen Schloss mit Hand-Scanner gesichert. Kein Problem. Zügig holte er sein Elektroniker-Set heraus und hatte drei Minuten später, ohne einen Alarm auszulösen, die Technik überlistet. Damit die Tür nicht versehentlich zuschlagen konnte, öffnete er sie einen Spalt und legte seinen Rucksack dazwischen.

Dann baute er die Elektronik erneut feinsäuberlich zusammen, sodass wieder alles einwandfrei funktionieren sollte. Man wusste nie, wer hier im Laufe der Nacht vorbeischaute. Ein manipulierter Hand-Scanner oder kaputtes Türschloss würden sofort auffallen.

Als er durch die Tür trat, schlug ihm der bekannte üble Gestank entgegen. Vor ihm lag ein finsterer Raum mit einigen anachronistisch wirkenden Aggregaten und einer

Schalttafel. Was für ein Kontrast zur frischen Meeresbrise und der romantischen Stimmung draußen. Aber es half nichts, hier würde er bis zum nächsten Abend bleiben. Maximal vierundzwanzig Stunden, falls Naïns Schätzung stimmte. Und falls Jacques erfolgreich war.

Da es erst zehn Uhr war, suchte er sich eine Ecke und machte es sich auf dem Rucksack bequem. Da er aktuell weder die Cloud noch elektronische Geräte nutzen konnte, starrte er eine Weile in die Dunkelheit und ging seinen Plan nochmals Schritt für Schritt durch. Hatte er etwas übersehen? Während sich seine Gedanken um die diversen Details und Unwägbarkeiten drehten, zog ihn das tiefe Brummen der Maschinen irgendwann in den Schlaf.

Diego schrak hoch und war schlagartig wach. Hatte er ein Geräusch gehört? Oder war das nur Einbildung? Knirschende Schritte näherten sich der Tür. Sofort packte er seinen Rucksack und tastete sich in eine der hinteren Ecken. Dort hockte er sich zwischen die brummenden Metallkästen. Zumindest von der Tür aus würde man ihn nicht direkt sehen. Einer gründlichen Durchsuchung entging er in diesem Versteck nicht.

Das Schloss klackte und ein scharfer Lichtkeil zerteilte die Finsternis. Die aufgewirbelten Staubkörner tanzten im Licht. Ein Schatten verdeckte ihn in der Tür.

»Boa, Pedro! Was für ein Gestank!«, rief eine männliche Stimme. »Müssen wir da echt rein?«

»Puh man. Das stinkt, als wenn dort ein ganzer Rattenclan verwest. Aber wir sollen alles durchsuchen«, kam die dumpfe Antwort von draußen.

»Ja warte. Ich schaue nach«, sagte der Mann an der

Tür.

Eine Taschenlampe wurde eingeschaltet und der Lichtkegel strich über die alten, staubbedeckten Schalttafeln und Aggregate.

»Ich glaube nicht, das hier einer ist«, meinte die Person kurz darauf. »Ist alles uralt und von Staub bedeckt. Die Tür war nicht aufgebrochen. Außerdem kann ich mir nicht vorstellen, dass sich hier jemand länger als ein paar Minuten freiwillig versteckt – bei dem Gestank. Mann, mir ist jetzt schon speiübel.«

Daraufhin schloss sich die Tür und die Schritte und Stimmen entfernten sich. Diego merkte, dass er die ganze Zeit die Luft angehalten hatte. Lautstark atmete er durch. Das war verdammt knapp. Draußen schien bereits die Sonne, aber er war trotz des Adrenalinschubs immer noch müde. Einige Minuten später hatte sich sein Herzschlag beruhigt und er versuchte weiterzuschlafen. Kurz darauf fielen ihm die Augen zu.

Reglose Körper auf der Party

Elena

Mit einem Pusten und geübten Handgriffen prüfte sie ihren Rebreather. Das Ventil schloss einwandfrei. Die Nitrox-Flaschen waren komplett gefüllt. Den Rest der Ausrüstung, Maske mit integriertem Tauchcomputer, Tarierweste, Kompass, Kabelbinder, Messer, Taser, leichte Maschinenpistole, taktische VR-Brille – alles in Ordnung. Elenas zwei Kameraden Juri und Gregor beendeten ebenfalls ihre letzten Checks. Die beiden nickten ihr knapp zu.

Der Mond schien auf das rostige Deck des alten Fischkutters, den sie sich für diese Aktion geborgt hatten. Im hinteren Bereich hingen leere Netze, neben ihr erhob sich der kantige Führerstand. Der Seegang bewegte das Gefährt minimal. Sie waren mit zwei ähnlichen Schiffen auf einer typischen Ankerposition ein paar Hundert Meter vor der Küste vertäut. Die Fischer würden erst in ca. drei Stunden zur Arbeit kommen und auslaufen. In der ZEU war das einer der wenigen Berufe, der nicht vollständig automatisiert ablief.

»Rodrigo?«, rief Elena zu ihrem Boss. »Wir wären so weit.«

Er saß mit Jawaria, ihrer Auftraggeberin, im Steuerhaus und schaute ihnen zu. »Alles klar. Dann viel Glück. Wir erwarten euch in spätestens einer Stunde zurück.«

Hinten auf dem Achterdeck lagen vier kräftige Tauchscooter sowie drei Tauchrucksäcke bereit. Die Aggregate schafften maximal fünfundzwanzig km/h. Unter Wasser bräuchten sie knapp zwanzig Minuten zu ihrem Ziel. Die genaue taktische Planung hatte sie zweimal durchgesprochen und den Kurs in ihren Tauchcomputern gespeichert.

»Jungs! Buddy-Check! Es geht los.« Damit legte sie den schweren Rebreather über ihre Schultern und platzierte die restliche Ausrüstung. Sie überprüfte Juris Geräte und er ihre.

Gregor hob den Scooter-Doppelpack mit der Zusatzausrüstung. Diese benötigten sie später für eine Flüchtlingsfrau namens Kara – sofern alles nach Plan verlief. Die anderen zwei warfen die Scooter in das offene Meer, um sie gleich aufzunehmen.

Es wurde ernst. Elena war aufgeregt und hatte etwas Angst. Durch ihre Ausbildung bei der russischen Spetsnaz und jahrelange Erfahrung hatte sie gelernt, damit umzugehen. Doch das änderte nichts. Die erhöhte Aufmerksamkeit und Reaktionsfähigkeit, die ihr das Adrenalin verschaffte, wusste sie zu schätzen. Ihre Kameraden blieben äußerlich genauso gelassen wie sie. Trotzdem ging es ihnen ähnlich.

In ihrem dünnen Neoprenanzug setzte sie sich auf die Reling und ließ sich rückwärts in das kühle Meer fallen. Wie immer beim ersten Einstieg schien es, dass der Anzug die Feuchtigkeit abhielt. Kurz darauf zogen eiskalte Fäden durch die Ritzen, bis sich das Neopren am Ende mit Wasser vollgesogen hatte. Der hauchdünne Wasserfilm, der sich auf ihrer Haut gebildet hatte, wurde durch ihre Körpertemperatur erwärmt.

In der Stille tauchte sie in die schwarze Welt des nächtlichen Mittelmeeres. Das einzige Licht stammte von dem Head-up-Display der Tauchermaske, die ihr gesamtes Gesicht umschloss. Den groben Kurs hatten sie vorab programmiert, sodass ihr jetzt ein Pfeil die Richtung zeigte. Rasch prüfte sie die Taschenlampe, warf einen Blick auf den Kompass und checkte, ob die Elektronik korrekt funktionierte. Dann leuchtete sie kurz zu Juri und Gregor, um sich zu versichern, dass sie ebenfalls bereit waren. Die Welt versank erneut in Schwärze und Stille, in der sie nur ihren eigenen Atem hörte. Luftblasen gaben die Rebreather keine ab. So ähnlich musste es sein, wenn man als Astronaut die Ruhe des Vakuums um sich hatte.

Nachdem sie den Check abgeschlossen hatte, schaltete sie ihren Scooter ein. Dessen Display erwachte zum Leben. Sanft drehte sie am Gas-Griff und er zog sie brummend vorwärts.

»Alles in Ordnung bei dir?« Juris Stimme durchbrach die Stille.

Der Kurzstreckenfunk unter Wasser war in dieser Distanz unkritisch. Später hielten sie Funkstille.

»Ja, alles bestens. Kurs ist programmiert. Beschleunige auf zwanzig km/h«, antwortete sie.

In acht Metern Tiefe rauschte sie durch die Dunkelheit. Das war recht nahe an der Oberfläche, aber ausreichend, um sich nicht am Rumpf eines Fischerbootes oder kleinen Frachters den Schädel einzuschlagen. Dazu war der Nitrox-Verbrauch in dieser Wassertiefe gering. Damit tauchten sie problemlos bis zu drei Stunden. Zusätzlich hatte sie das Echolot des Tauchcomputers aktiviert. Dieser würde sie rechtzeitig vor Hindernissen warnen und dafür sorgte, dass sie ungefähr auf Kurs hielt.

Während sie brummend dahinzog, fragte sie sich, was es mit dieser Befreiungsaktion auf sich hatte. Nicht nur, dass sie kurzfristig, mit nur wenigen Stunden Vorlauf, anberaumt wurde. Auch das Ziel war ungewöhnlich: Die Villa eines Bonzen an der spanischen Südküste. Dort sollten sie eine junge Frau extrahieren. Diese war angeblich ein Flüchtling aus Afrika, die als Sex-Sklavin gefangen gehalten wurde. Normalerweise führten sie für ihren Boss eher harmlosere Einsätze aus. Sicherung seiner Werttransporte und brenzlige Warenübergaben. Hin und wieder hatten sie auf hoher See Schiffe der Konkurrenz übernommen. Aber das hier ... Das war mehr als riskant. Nur weil sie Rodrigo vertraute und es scheinbar einem guten Zweck diente, hatte sie sich breitschlagen lassen, diesen Auftrag mit ihrem Team zu übernehmen.

Zwanzig Minuten später meldete ihr Display, dass sie sich dem Zielpunkt näherten. Das war fix. Daher drosselte sie die Geschwindigkeit. Kurz darauf zeigte das Echolot, dass sie gleich das Ufer erreichte. Anhand der Untergrundstruktur und des Kompasses hatte die Automatik sie punktgenau navigiert. Elena schaltete die Taschenlampe für einen Moment ein. Vor sich sah sie ausschließlich Schwärze und Schwebeteilchen, die das Meer trübten. Es war das Zeichen für die anderen. Sie ließen sich mit ihren Scootern auf den Boden absinken. Dort sicherten sie die Geräte mit Gewichten. So, dass diese nicht abtrieben und später problemlos zu finden waren.

Sie stiegen langsam an die Wasseroberfläche und schauten sich um. Vor ihnen ragten Felsen und alte Baumstümpfe aus der Brandung. Licht war keines zu sehen. Mit Daumen und Zeigefinger formte sie ein »O«, das Taucherzeichen für Okay. Dann paddelten sie zum Ufer und kletterten an Land.

»Alles klar bei euch?« Beide nickten.

Sie waren ein eingespieltes Team, das nicht viele Worte benötigte. Alle hatten das Briefing verinnerlicht. Das Zielobjekt, eine Villa, lag ca. einen Kilometer landeinwärts. Es galt eine vier Meter hohe, mit Klingendraht überspannte Mauer zu überwinden. Leider lagen ausschließlich Drohnenaufnahmen vor. Eine Cyber-Aufklärung war unmöglich. Das bereitete ihr am meisten Sorgen, da das ein Hinweis auf ein professionell gesichertes Objekt war. Nach ihren Informationen existierte keine sichtbare Abwehrtechnik. Wenn alles gut lief, wäre das ein Kinderspiel. Leider hatte sie das bei einem ihrer Aufträge selten erlebt.

Während sie die bekannten Fakten im Kopf durchging, legte sie die Taucherausrüstung ab und um beweglicher zu sein, öffnete sie die Schnallen am Anzug. Dann setzte sie das taktische VR-Headset auf und rüstete sich mit Taser, Maschinenpistole und diversen anderen, für die Operation notwendigen Gegenständen aus. Juri hatte die Aufklärungstechnik dabei. Gregor schulterte sein Sturmgewehr inklusive eines Miniraketenwerfers.

Ihre Brillen waren untereinander vernetzt, jedoch nicht mit der Cloud verbunden, um im Cyber-Raum keine verräterischen Spuren zu hinterlassen. Sie verfügten über eine taktische Software sowie umfangreiche Sensorik. Ihre Kameraden markierte das System in ihrem Blickfeld grünlich und die Umgebung erschien taghell. Alle anderen

Personen bis auf Kara würde die KI rot markieren. Drohnen, Roboter und weiteres Gerät wurde anhand der jeweiligen elektromagnetischen Signatur klassifiziert und mit passenden Hinweisen versehen.

»Auf gehts. Lasst uns schauen, dass wir die Kleine nach Hause bringen.« Ihre Kehlkopfmikrofone erlaubten nahezu lautlose Unterhaltungen.

Zügig bewegten sie sich durch Büsche und über Felsen in Richtung der Villa, da meinte Gregor: »Warum übernimmt das eigentlich nicht die Polizei? Ich dachte, das Mädel wird gegen ihren Willen festgehalten?«

Juri, der Cleverere der beiden, antwortete: »Jo. Ein Mädel, dass offiziell nicht existiert. Und von unserem feinen Provinz-Gouverneur missbraucht wird? Die helfen bestenfalls dabei, sie verschwinden zu lassen.«

»Jungs. Die Diskussion hatten wir schon,« warf Elena genervt ein. »Jetzt haltet Funkstille, ihr wisst nicht, welche Lauscher es hier gibt.«

Damit war Ruhe und sie kletterten weiter.

Zehn Minuten später hatten sie die leere Autobahn überquert und die hohe Außenmauer der Villa kam in Sicht. Elena hob den Arm und ballte ihre Hand zur Faust, um ihren Trupp anzuhalten.

»Juri. Drohnenaufklärung. Pass auf, dass du dem Zaun nicht zu nahekommst. Wir wollen uns nicht verraten.«

Ihr Kamerad mit dem Pferdeschwanz nickte ihr kurz zu, holte zwei tennisballgroße Kugeln aus einer Tasche und warf sie in die Luft. Sie entfalteten blitzschnell ihre jeweils acht Rotoren und sirrten in den Nachthimmel.

In ihrem Sichtfeld sah sie die Liveaufnahmen der beiden Drohnen. Das Gelände und Gebäude lagen still und von einzelnen Lichtern erhellt unter ihr. Auf den ersten Blick war kaum ein Unterschied zu den bisherigen Bildern zu sehen. Hohe Mauer, Klingendraht, leeres Grundstück, dreistöckige Villa. Keine Roboter, keine Drohnen, keine Wachleute oder Ähnliches. Die Fluggeräte stiegen weiter auf, sodass sie seitlich am Gebäude vorbeischauten. Im Blickfeld erschienen die Landeplätze.

Dort standen drei fette Quadrokopter. Mist. Sie fluchte lautlos.

»Kannst du die Kennungen ermitteln?«, fragte sie Juri.

»Moment ... Ja, kein Problem. Ich habe sie.«

Die Kennzeichnungen tauchten in ihrem Sichtfeld auf. Ohne Cloud-Verbindung würde sie nicht herausfinden, wem diese gehörten. Eindeutig keine offiziellen Regierungs- oder Diplomatenmaschinen. Trotzdem blieb unklar, wer im Haus zu Besuch war.

»Mäuser?«, fragte Gregor.

»Möglich.« Sie biss sich auf die Lippe.

Sollte sie abbrechen? Wenn der Mann hier illegale Sex-Sklavinnen hielt, würde er keine Zeugen wie private Leibwächter oder den offiziellen Staatsschutz mitbringen. Die Villa wäre rein elektronisch gesichert und es würde keine Videoaufzeichnungen geben. Gleiches galt für weitere Besucher, die er in seinen Harem mitbrachte.

»Nein.« Sie hatte sich entschieden. »Die fetten Bonzen werden allein sein. Niemand würde Zeugen zulassen, wenn er mit illegalen Sex-Sklavinnen eine Orgie feiert. Setzt ausschließlich Taser und Betäubungspatronen ein. Wir wollen nicht versehentlich den ZEU-Präsidenten erschießen.«

»Den was ...?« Gregor drehte sich überrascht zu ihr um.

»Das war ein Witz.«

»Boah, ey ... deine Nerven möchte ich haben.«

Sie grinste. Ob sie ein paar dieser perversen Schweine überraschen konnten? Zumindest wüsste sie, wohin sie mit ihrem Taser zielen würde. Leider war nicht auszuschließen, dass entgegen ihrer Annahme doch privater Personenschutz anwesend war.

»Dann los!« Sie gab das Marschkommando.

Die Drohnen kamen zurück und sie schlichen zur Mauer. Zugleich schossen sie faustgroße Enterhaken über die Mauerkrone. An ihren Hüften waren kräftige Elektrowinden gegurtet, mit denen sie sich senkrecht laufend hochzogen. Oben angekommen, zerschnitt Gregor den Klingendraht mit einer Zange. Sie warteten einen Moment. Es gab keinen sichtbaren Alarm.

»Weiter!« Mithilfe des befestigten Widerhakens ließ sie sich zügig auf der anderen Seite auf den Boden heruntergleiten.

In dem Augenblick als Elena einen Fuß auf das Gras setzte, schaltete sich die Beleuchtung des Gartens und der Villa ab und tauchte sie in pechschwarze Finsternis.

Kara

Dunkelheit. Sie bekam keine Luft. Ein dicker harter Klumpen füllte ihren Mund. Panik ergriff sie. Ihre Schreie erstickte der Knebel. Hastig zog sie den Atem durch ihre Nasenlöcher ein, das fiel ihr schwer, aber war machbar.

Nach einigen Atemzügen beruhigte sie sich. Das erleichterte das Luftholen.

Was war passiert? Ihr Fluchtversuch. Der Schlag in die Seite.

Wo war sie? Enganliegendes Material bedeckte ihren gesamten Kopf, daher sah sie nichts. In ihrem Mund steckte ein fetter Ball, der nach Kunststoff schmeckte. Der Geruch war ähnlich. Ihre Gliedmaßen streckten sich in alle Himmelsrichtungen lang aus, die Gelenke fest fixiert. Unmöglich nennenswerte Bewegungen auszuführen. Mit den behandschuhten Fingern ertastete sie straff gespannte Bänder. Ihr ganzer Körper schien in einem engen Anzug zu stecken. Sie lag nicht, die Fesseln hielten sie aufrecht. Kopf, Hände und Füße waren frei. Zu hören war ebenfalls nichts, da die Haube ihre Ohren bedeckte.

Und jetzt? Blind, taub, stumm und bewegungsunfähig. Erneut drohte Panik von ihr Besitz zu ergreifen. Ganz ruhig, Kara. Du lebst noch. Käme gleich die Bestrafung für ihren Fluchtversuch? Ihren Peinigern hilflos ausgeliefert? Ohne Chance sich zu wehren? Diese Gedanken verdrängte sie, das führte zu nichts. Im Grunde war ihre vorherige Situation in der Villa nicht besser. Daher hieß es abwarten. Irgendwann kümmerte sich jemand um sie und damit würde ihre Gelegenheit kommen.

Es sei denn, man statuierte ein Exempel an ihr und ließ sie verdursten. Oder man erhöhte die Spannung der Fesseln und ihre Gliedmaßen rissen. Oder ... gruselige Foltermethoden schossen ihr durch den Kopf. Nach den Erlebnissen der letzten Tage fielen ihr Dutzende Dinge ein, die Männer mit ihrem Körper anstellen könnten. Die stille Finsternis half nicht dabei, diese Gedanken zu verdrängen.

Sie schreckte auf, ihr Kopf ruckte hoch. Etwas hatte sich verändert. Ein leises Murmeln. Einzelne Worte waren nicht auszumachen, aber da Sprachen diverse Menschen. Jemand hielt sie am Kinn fest und holte den Knebel unsanft heraus. Damit waren auch ihre Ohren wieder frei.

»Bitte ... Durst ...«, krächzte sie. »Bitte ... Wasser ...«

»Aber sicher, meine Liebe«, antwortete eine tiefe, dröhnende Stimme, die ihr bekannt vorkam. »Wir wollen doch, dass du dich in unserer Gesellschaft wohlfühlst. Nicht wahr? Für unseren Ehrengast nur vom Feinsten.«

Im Raum erschall Gelächter von mehreren Männern, sie war weiterhin blind. Kurz darauf hielt man ihr ein dünnwandiges Glas an die Lippen. Gierig trank sie die Flüssigkeit und hätte sich fast verschluckt. Ein saures weinhaltiges Getränk. Egal, es half.

»Schön langsam trinken, meine Liebe.« Sie erhielt mehr Alkohol, leider kein Wasser.

Die Stimme erkannte sie. Theo Mäuser, der sie vor zwei Nächten vergewaltigt hatte. Offensichtlich war heute der Abend der »Party« und sie hatte man wie einen Schmetterling aufgespannt. Im Grunde war sie erleichtert. In der Dunkelheit hatte sie sich deutlich grausamere Szenarien ausgemalt. Für das, was folgen würde, brauchte sie nicht viel Fantasie – und sollte recht behalten.

Später ließen die Männer sie herunter, aber das änderte im Grunde nichts. Es widerte sie an, was sie getan und zu welchen Praktiken sie gezwungen wurde. Da ihre Augen immer noch bedeckt blieben, war sie weiterhin blind und erhielt nur ein grobes Gefühl für ihre Umgebung. Die anderen Frauen waren auch anwesend. Genauso wie Mäuser und mindestens zwei weitere Kerle. Die Gespräche verliefen für sie nichtssagend. Man erfreute sich an seinen »Spielzeugen«, die alle Wünsche wie verlangt »mit Freude« erfüllten. Was das anbetraf, war sie erleichtert, vom Anblick diverser Körperteile verschont zu bleiben.

Wie sie diese ekligen feigen Kerle verachtete! Erstaunlicherweise hasste sie sie nicht. Warum war schwer zu sagen. Superreiche Menschen, die es nötig hatten, sich an Leid und Hilflosigkeit anderer zu erfreuen und diese zu beliebigen sexuellen Handlungen zu zwingen? Tiefer zu sinken war nahezu unmöglich. Was war das für ein Land, in dem dermaßen charakterschwache Männer in einflussreiche Positionen aufstiegen und sich dort hielten?

Diese und ähnliche Gedanken zogen durch ihren Geist, während sie die unsäglichen Wünsche ihrer Peiniger erfüllte und sich ansonsten langweilte. Der Alkoholpegel im Zimmer stieg und man ließ sie im Großen und Ganzen in Frieden. In einer Ecke schnarchte ein Kerl lautstark. Fand dieser Abend denn nie ein Ende? Im Moment wünschte sie sich nichts sehnlicher als ein Bett und Ruhe.

Als sie vor sich hindämmerte, durchdrang urplötzlich ein schriller Alarmton den Raum. Die Anwesenden riefen durcheinander. Kara war schlagartig wach und ihr Puls schoss in die Höhe.

»Achtung! Eindringlinge am südlichen Perimeter! Verlasst sofort das Gebäude!«, dröhnte eine androgyne Stimme durch den Raum.

»Verflucht! Los! Alle nach Hause! Sofort!« Das war Mäuser, in seinen Worten schwang Panik mit.

Fußgetrampel. Schreie. Kara nutzte die Gelegenheit und zog sich die Latexhaube vom Kopf. Sie war im Wohnzimmer. Auf dem Tisch und Boden verbreitete sich ein Chaos aus Champagnerflaschen, Gläsern, Chips, Klamotten und diversen Sexspielzeugen. Die beiden Schwestern drängten sich in einer Ecke neben ihr ängstlich aneinander. Von Samira gab es keine Spur. Wo war sie? Auch ihre Peiniger hatten den Raum verlassen. In der Wohnzimmertür stand ein fetter halb nackter Kerl mit käsiger Haut, blondierten Haaren und schaute sich wild um.

»Secure-KI!«, schrie er in diesem Moment. »Notfall-Evakuierung starten!«

»Verstanden. Starte Notfall-Evakuierung für Theo Mäuser und angemeldete Gäste. Verlasst sofort das Gebäude. Stiller Countdown startet, sobald sich alle außerhalb der Gefahrenzone befinden.« Damit drehte er sich um und knallte die Tür hinter sich zu.

»Was zum ...?« Die Worte der KI sickerten in ihr Gehirn. Stiller Countdown? Gefahrenzone?

Pffft. Pffft. Suad und Kenza verdrehten die Augen und klappten zusammen. *Pffft.* Sofort warf sich Kara in den engen Zwischenraum von Couchtisch und Sofa. Da bemerkte sie den gefiederten Pfeil in ihrem Oberarm. So ein Sch ...

Jawaria

Es war stockfinster, da einige Schleierwolken Mond und Sterne verdeckten. Jawaria schaute zu Rodrigo, dessen Silhouette auf dem Stuhl des Steuermanns saß und seine Füße hochgelegt hatte.

»Glaubst du, dass Elena und ihre Truppe Kara tatsächlich finden werden?«, fragte sie ihn.

Er blickte auf das nächtliche Meer und ließ sich Zeit mit seiner Antwort. »Keine Ahnung. Diego hat uns erzählt, was wir hören wollten. So ganz habe ich nie daran geglaubt. Meiner Meinung nach benötigt er nur jemanden, der seinen Stick in diese Einrichtung schmuggelt. Alles andere ist ihm egal.«

»Jetzt ist er abgetaucht.« Für sie war das Bild klar.

»So scheint es. Wir wissen nur, dass er nicht mehr erreichbar ist. Vielleicht taucht er später an unserem Treffpunkt auf.«

»Trotzdem hast du dein Team losgeschickt.« Sie kapierte nicht warum.

»Na ja. Zum einen hat er für den Auftrag bezahlt. Nicht zu wenig. Zum anderen sprechen seine Beobachtungen dafür, dass dort aus Afrika hineingeschmuggelte Menschen gefangen gehalten werden. Der zeitliche Zusammenhang lässt sich nicht leugnen.« Rodrigo zuckte mit seinen Schultern. »Falls wir Kara oder auch irgendeine andere Frau von dort befreien, wäre das ohne Zweifel eine gute Sache.«

Da hatte er recht. Ihr gefiel der Seebär. Nicht nur, weil er einen moralischen Kompass und Humor besaß. Er strahlte eine Lebensfreude aus, die sie nahezu vergessen hatte. Wer weiß, in einer anderen Situation, in einem anderen Leben ... Sie verscheuchte den Gedanken.

»Dann lass uns das Beste hoffen. Die Hälfte der Zeit ist rum. Langsam sollten sie an der Villa ankommen.« In einer halben Stunde wären sie schlauer. Hoffentlich.

Elena

Die Beleuchtung vom Garten und der Villa hatten sich abgeschaltet. Ohne den Restlichtverstärker in ihrem Headset wäre es stockfinster.

War das Zufall? Eher nicht. Sie kam auf dem Rasen an und zog ihre Maschinenpistole. Die beiden anderen hatten ihre Schusswaffen ebenfalls in den Händen. Einen Moment hockten sie schweigend vor der Mauer und beobachteten die Umgebung. Bis auf ihren eigenen Herzschlag war nichts zu hören und ihr wurde keine Gefährdung angezeigt.

Sie deutete in Richtung Haus und winkte kurz. Das Zeichen, um weiter vorzurücken. Geduckt schlichen sie über das gestutzte Grün. Sie hielt auf die breite Terrasse hinter dem Pool zu. In dem Moment flackerten an den Hausecken rotmarkierte Silhouetten auf.

»ERASER-X7 Near Combat Drone«, informierte ihre Brille. Shit. Ansatzlos hob sie ihre MP, zielte auf die rechte Maschine und zog den Abzug im Dauerfeuer durch. Der Kolben ratterte hart gegen ihre Knochen und die Waffe spuckte dreißig Schuss panzerbrechende Munition aus. Funken stoben im Zielbereich auf. Mehr war nicht drin.

Von links hörte sie einen dumpfen Knall. Hastig warf sie sich mach vorne, rollte sich ab und wechselte dabei das Magazin. Heiße Metallteile prasselten auf sie herab.

»Gegner eliminiert. Team 100 % einsatzfähig«, meldete das Headset. Es hatte den Kampflärm gedämpft, die Situation mit ihren Kameraden abgeglichen und keine Verletzungen festgestellt.

Mit einem kurzen Rundblick verschaffte Übersicht. Die rechte Drohne war zusammengesackt, die linke scheinbar explodiert. Aus dem Mini-Raketenwerfer unter Gregors Waffe stieg eine Rauchfahne auf. Das Teil hatte ordentlichen Wumms. Ansonsten blieb es still. Kein Alarm. Seltsam.

»Eine X7?« Die Stimme ihres Kameraden klang verwundert. »Setzt man die nicht gegen Demonstranten ein?«

Juri antwortete: »Ja – oder in Gefängnissen. Die agieren teilautonom, sind verdammt fix und verfügen über reichweitenstarke Taser sowie Gummi-Betäubungsmunition. Ideal, um Personen ohne sichtbare Verletzungen aufzuhalten.«

»So gesehen ...«

»Hört auf zu schwatzen. Die wissen, dass wir hier sind. Weiter!«

Gebückt rannte Elena zum Pool, in dem Trümmer zerstörter Liegen schwammen, die Gregors Geschoss ebenfalls zerlegt hatte. Die Scheiben der Villa hatten die Explosion überstanden. Panzerglas.

»Achtung! Aktive Triebwerke in akustischer Reichweite. Keine Ortung.« Die Quadrokopter! Das überraschte sie nicht.

»Ich schätze, da versucht jemand zu verschwinden. Egal. Das Mädel werden sie hoffentlich nicht mitnehmen. Juri? Tür!«

Ihr großgewachsener Kamerad schaute die Konstruktion ein paar Sekunden an, dann klebte er drei schwarze Klebestreifen längs auf den mittleren Rahmen.

»Zurück. Drei – zwei – eins.«

Sie trat mehrere Schritte zur Seite. Ein kurzer Blitz und es krachte erneut gewaltig. Die Metallrahmen flogen aus der Verankerung und die Explosion zerbröselte die überdimensionierten Scheiben.

Juri lugte in den finsteren Raum, der sich hinter den Resten dicker Vorhänge verbarg. Da ihre Brille stumm blieb, gab es keine sichtbaren Gegner. Mit der Mündung seiner MP schob er den Stoff zur Seite und trat langsam in das Zimmer. Sein Körper zuckte und brach zusammen.

»Taser Angriff! Juri bewusstlos.« Verdammt.

»Gibt es dort drin noch eine X7?« Gregor hatte komische Ideen.

»Blödsinn, die Brille hat keine Gegner gemeldet.«

Sie schlich zu ihrem ausgeknockten Kameraden und zog ihn, ohne in das Sichtfeld zwischen dem Vorhang zu treten, auf die Terrasse. Er würde gleich wieder zu Bewusstsein kommen.

»Und jetzt?«

Das war eine gute Frage. Ihr kam eine Idee. »Liegt hier etwas, das wir als Schild verwenden könnten?«

»Da vorne, die Tischplatte.« Gregor zeigte in die Trümmer.

»Perfekt.« Sie holten sich das flache Plastik. Es war problemlos zu tragen. »Ich gehe allein. Wenn es mich auch erwischt, wartest du, bis Juri wieder wach ist, bevor ihr mich rausholt. Verstanden?«

Er nickte.

Sie hängte sich ihre Waffe um und hob die Platte mit beiden Händen, um eine maximale Fläche von ihrem Körper abzudecken. Langsam schob sie den Vorhang zur Seite und stellte sich in den Eingang. Nichts passierte.

Sie überlegte. Eine automatische Verteidigung würde mit einem Taser ausschließlich auf Menschen feuern. Nicht auf Tischplatten. Ihr taktisches Headset umschloss ihren Kopf. Es war zwar kein Kampfhelm, aber ein Taserpfeil oder Ähnliches würde harmlos abprallen. Vorsichtig stellte sie die Unterseite ihres Schutzes auf den Boden und spähte über die obere Kante. *Plock.* Etwas prallte von ihrer Brille ab und fiel vor ihr herab.

»Achtung! Angriff mit Taser- und Betäubungspfeilen!« Meldete das Gerät erwartungsgemäß. *Plock. Plock.*

Vorsichtig schaute sie in den Raum. Dank Infrarot-Sicht und Restlichtverstärkung breitete sich das weitläufige Wohnzimmer taghell vor ihr aus. *Plock. Plock.* Das Headset markierte die linke und rechte oberen Ecken an der Decke rotblinkend. Die Abschusseinrichtungen für die Pfeile. Kurz hob sie ihre MP und gab zwei gezielte Salven ab. Der Beschuss hörte auf. Danach wandte sie sich den beiden Winkeln seitlich von ihr zu, ohne die Deckung zu verlassen. Erneut ratterte ihre Maschinenpistole.

»Keine weiteren Geschütze sichtbar.« Geht doch.

Ihr Herzklopfen beruhigte sich. Mit der Tischplatte voran schob sie sich einen Schritt in das Zimmer und hob den Kopf. Langsam nahm sie ihren provisorischen Schild zur Seite.

»Gesichert!«, meldete sie an die beiden anderen und trat in den Raum.

Danach konzentrierte sie sich auf die Szenerie, die sich vor ihr ausbreitete. Kaputte Sektgläser lagen auf dem Boden, Klamotten von Männern und Frauen, die Reste von Kanapees und leere Champagnerflaschen boten ein chaotisches Bild. Alles bedeckt von den Glaskügelchen, die ihre Sprengung der Terrassentür verstreut hat.

»Hinweis: leblose Personen in Reichweite.«

Zwei weibliche Körper lagen in einer Ecke. Die Brille markierte sie mit einem gelben Pfeil. Zügig schlich sie ein paar knirschende Schritte in die Richtung. Ein Weiterer fand sich halbverdeckt hinter dem breiten beigen Sofa auf den Marmorfliesen.

Wenn sie anstelle der Bonzen wäre, würde sie ihre illegalen Sex-Sklavinnen nach einem Überfall nicht einfach so liegen lassen. Weder tot noch bewusstlos. Entweder war ein Aufräumkommando unterwegs oder ... verdammt! Sie mussten schleunigst verschwinden.

»Gregor! Du hältst draußen Wache. Juri, ich brauche deine Hilfe. Schnell!«

Damit bückte sie sich zur ersten Frau und drehte sie um. Sie war halb nackt und in zerrissene Reizwäsche gekleidet. *»Unbekannt.«* Gelbmarkierter Körperumriss. Juri prüfte die andere. Gleiches Ergebnis.

Es waren kaum wahrnehmbare Rotorengeräusche zu hören, die sich entfernten.

Sie sprang zur letzten Person am Sofa. Die Zeit lief davon. Schneller! Grüne Markierung. *»Zielperson gefunden!«* Na endlich!

Mit beiden Armen fasste sie unter den nackten, leblosen Körper, der mutmaßlich Karas war, und wuchtete ihn über ihre Schulter. Das waren nicht mehr als fünfzig Kilo. Machbar.

»Los! Los! Los! Raus hier!«, trieb sie ihren Kameraden zur Eile.

Juri sprintete kommentarlos in Richtung Ausgang. Mit ihrer Last wankte sie zur zerstörten Terrassentür. Ihr blieben maximal Sekunden. Aufpassen, nicht auf den Glassplittern ausrutschen. Fast geschafft.

Ein Riese hämmerte ihr mit einer gigantischen Faust schmerzhaft in den Rücken. Mit voller Kraft. Ihre Knochen knackten. Wie eine von einer Dampframme getroffen hob es sie von den Füßen. Während sie durch den Raum flogen, blinkten diverse rote Warnmeldungen auf. Eine Hitzewelle brandete über sie hinweg. Harter Beton schlug ihr entgegen. Irgendetwas Hölzernes zerbrach. Knochen? Wasser. Überall.

Das kühle Nass klärte schlagartig ihre Gedanken. Wo war oben? Sie brauchte Luft. Schnell. Es war stockdunkel. Ganz ruhig, schalt sie sich. Selbst mit leerer Lunge hatte sie ausreichend Zeit. Sie war im Pool. Ihr Headset defekt. Runter damit. Augen öffnen. Vor ihr sah sie unscharf orangenes Licht. Mit einem Schwimmzug durchbrach sie die Wasseroberfläche und atmete tief ein. Das war nicht schlau. Hitze und beißender Rauch ließen sie husten.

Die Explosion hatte sie bis auf die gegenüberliegende Seite des Pools geworfen. Aus der Terrassentür und den geborstenen Fenstern schlugen grellorangene Flammen. Im Wasser war die Hitze auszuhalten. Vor ihr schwamm ein regloser Körper. Mist!

Mit zwei Zügen war Elena bei ihr und drehte sie, sodass der Kopf oben blieb. Dann zog sie Kara auf den Beckenrand. Hievte erst sich, kurz darauf die Frau heraus.

»Juri? Gregor? Ich brauche Hilfe!«, schrie sie und hustete erneut. Zwischen den Rauchschwaden, die über den Pool zogen, war nichts zu erkennen.

Zuerst die Kleine. Lebte sie noch? Kein Puls. Scheiße.

Kopfgeld für ein Einzelstück

Kara

Lippen drückten sich auf ihren Mund. Ihr Brustkorb blähte sich wie ein Luftballon und wurde kurz darauf heftig zusammengepresst, sodass ihre Rippen knackten. Luft! Sie drehte sich zur Seite, hustete und spuckte Wasser und Galle auf die Fliesen vor sich. Tief sog sie den frischen Sauerstoff in ihre malträtierte Lunge und wurde erneut von einem Hustenanfall geschüttelt.

Kara schaute sich irritiert um. Über ihr hockte eine blonde Soldatin in pitschnassen Klamotten und sah sie scheinbar besorgt an.

»Was ...? Wo ...? Wer ...?« Sie versuchte, eine Frage zu formulieren, bekam aber nicht richtig zusammen, was passiert war. Die ekligen Männer. Der Alarm. Ein Betäubungspfeil.

»Everything is okay. You are free. Do you speak English?«

Die Soldatin redete mit ruhiger Stimme, aber sie verstand kein Wort und schüttelte irritiert den Kopf. Ihr dämmerte, dass sie sich in Europa befand und hier vermutlich kaum jemand Arabisch sprach.

»Vous parlez français?«, probierte sie es daher. Das hatte sie in der Schule und von Jacques ausreichend gelernt.

»Oui. Tout va bien. Alles gut. Ich heiße Elena«, sagte die Frau mit schwerem russischem Akzent auf Französisch. »Das ist Juri. Wir befreien dich.«

Ihr Blick wanderte zum brennenden Haus. »Ist das ...?«

»Keine Zeit. Wir müssen weg. Jacques. Du kennst ihn? Er schickt uns.«

Vor Überraschung riss sie ihre Augen auf. »Jacques?! Das kann nicht sein!«

»Keine Ahnung. Kannst du laufen?«

Sie nickte und die Soldatin half ihr auf die Füße. Etwas wackelig und mit blauen Flecken und Schrammen übersäht, stand sie auf. Erst jetzt bemerkte sie, dass sie splitternackt war. Das ließ sich nicht ändern.

»Okay. Wir gehen«, beschied die Frau.

Sie wandte sich an ihren großgewachsenen Kameraden. Mit seinem Helm, der das gesamte Gesicht bis auf die Kinnpartie bedeckte, wirkte er deutlich martialischer als seine Kameradin. Die beiden wechselten ein paar Sätze auf Englisch, er zuckte mit den Schultern und deutete auf die brennende Villa. Kurz darauf marschierten sie gemeinsam los in Richtung Mauer.

»Los, Beeilung!«, trieb die Soldatin sie an.

Wie war ihr Name? Elena. Sie versuchte, ihre Gedanken zu ordnen und dabei gleichzeitig den Anweisungen der Uniformierten zu folgen. Körperlich und geistig war sie aufgrund der Misshandlungen der letzten Tage und Stunden am Ende. Nach Mäusers Verschwinden hatte sie ein Pfeil erwischt. Später wurde sie dann scheinbar draußen von der Kämpferin wiederbelebt. Was dazwischen passiert war, hatte sie nicht mitbekommen. Außer, dass das Gebäude brannte.

Humpelnd rannte sie gemeinsam mit den beiden über den grünen Rasen der Villa in Richtung Außenmauer. Hinter ihnen vernichteten Flammen und Rauch den Ort ihres Martyriums. Egal wer ihre Retter waren, sie brachten sie hier raus. Und sie kannten Jacques´ Namen. Das zusammen reichte ihr, die letzten Reserven zu mobilisieren, um hinterherzukommen.

»Moment.« Die Frau stoppte sie an der hohen Mauer. Die beiden legten ihr einen Gurt um und griffen ihr jeweils unter einem Arm. »Keine Sorge. Wir fahren hoch. Gut festhalten.«

Ehe sie fragen konnte, was das genau bedeutete, zog es sie ruckartig aufwärts. Die beiden neben ihr schienen die Wand senkrecht hinaufzulaufen. Oben angekommen hockte sie sich mit schmerzenden Knien auf die Mauerkrone. Oh, wow. Das war verdammt hoch! Ehe sie Zeit hatte, sich zu orientieren, ließ man sie auf ähnliche Art auf der anderen Seite wieder nach unten. Scharfe Felsen drückten schmerzhaft ihn ihre Fußsohlen. Aber zu Hause ist sie oft barfuß gelaufen, daher war es auszuhalten.

»Kara. Wir gehen zum Meer. Über Autobahn. Wenn ich sage. Du machst es. Okay?« Elena schaute sie ernst an.

»Ja, verstanden.« Sie nickte.

Anschließend kletterten sie über raue Felsen und durch dorniges Gestrüpp weiter. Der Nachtwind war ähnlich kühl wie in Algerien. Sich splitternackt durch die Landschaft zu bewegen, war alles andere als angenehm.

Nach ein paar Minuten kamen sie an eine mehrspurige Straße. Ein paar Schiffscontainer rauschten auf führerlosen

Anhängern vorbei. Elena ließ sich davon nicht aufhalten und nahm sie an die Hand. Gemeinsam sprinteten sie zwischen einer Lücke über die Fahrbahn. Der nächste Transporter raste heran, aber bremste gerade noch rechtzeitig ab. Auf der anderen Seite bewegten sie sich erneut über Stock und Stein. Meeresrauschen war zu hören und der Wind frischte auf. Ein leises Brummen mischte sich unter die natürliche Geräuschkulisse. Der schweigsame Soldat, Juri, hielt kurz inne und richtete sich auf.

»Two quadrocopters coming from seven o'clock. Large transporters.«

Er deutete in Richtung Villa. Sie kapierte kein Wort.

»To the villa or to us?«, fragte Elena alarmiert.

»No idea.«

»Okay. With luck, they are only rescue teams.«

Ohne ein weiteres Wort der Erklärung zu verlieren, lief sie los und zog Kara hinterher. Kurz darauf kamen sie am Ufer an. Wellen klatschten auf halbversunkene Baumstümpfe und die rohen Felsen. Trotz der klaren Nacht war kein Schiff in Sichtweite.

»Und was jetzt?«, fragte sie.

»Kannst du tauchen?« Die Söldnerin schaute sie fragend an.

Sie schüttelte energisch den Kopf. In der Steppe gab es keine Seen.

»In Ordnung. Ist nicht schwer. Du ...« Sie brach ab.

Ein schrilles Sirren und Summen durchdrang das Klatschen der Brandung. Es schien von überall zu kommen.

»Fuck. Juri?« Elena führte eine kreisende Bewegung mit ihrer Hand aus und deutete nach oben.

»All right. I'll take care and follow you later.« Der Soldat hockte sich hin und hielt eine Art kurzes Gewehr im Anschlag. Mit seinem komischen Helm suchte er den Himmel ab. Genau erkannte sie das nicht, da das Gerät seinen halben Kopf bedeckte.

»Kara?« Sie wandte ihre Aufmerksamkeit der Soldatin zu. »Zieh das hier an. Ich helfe dir. Vorsicht. Ist schwer.«

Daraufhin stülpte sie ihr eine klobige Weste mit zwei stählernen Flaschen über. Schnallen wurden geschlossen und Ventile geöffnet.

»Das hier ist zum Atmen. Unter Wasser atmen.«

»Unter Wasser?«

»Ja. Wir tauchen. Unten gibt es Scooter. Kleine U-Boote.«

»Ich verstehe kein Wort.« Sie war komplett verwirrt von all dem technischen Gerät. Und was sollte sie tun? Tauchen?! Mit den schweren Klamotten?

Rattatang. Mit einem Aufschrei stolperte sie zur Seite. Juri hatte aus seiner Waffe eine krachende Salve in den Himmel geschossen.

»Go! Go!«, rief er drängend. »The glasses cannot clearly identify the things. Better you hurry!«

»Tut mir leid, Kara. Vertrau mir. Alles gut. Ich setze dir die Maske auf. Dann folgst du ins Wasser. Wird kalt und dunkel. Ich halte deine Hand. Okay?«

Nichts war okay! Trotzdem widersprach sie nicht. Zu bedrohlich schien die Situation. Elena schnallte ihr eine nach Gummi stinkende Maske vor das Gesicht. Erschrocken wollte sie sich das Ding vom Kopf reißen, da es sie an letzte Nacht erinnerte. Doch die Soldatin hielt sie zurück.

»Tief durchatmen. Ruhig.« Ihre Stimme klang seltsam blechern. »Los!«

Sie atmete. Die Luft schmeckte komisch und wurde von einem Zischen und Klacken begleitet. Aber es funktionierte.

Erneut ratterte Juris Waffe. Im Blitzen des Mündungsfeuers waren schwarze Schatten im Himmel zu erkennen, von denen Funken aufstoben. Nur weg hier!

Elena zog sie vorwärts. Einige wackelige Schritte später trat sie in die Wellen und tastete sich weiter.

»Lass dich fallen. Ganz ruhig. Ich mach das.«

Kühles Wasser schlug ihr entgegen und sie ließ sich auf dem Bauch treiben. Die Soldatin zog sie voran, während sie den Knopf an einem Schlauch an ihrer Weste presste. Die Gerätschaften drückten sie unter die Oberfläche. Sie stieß einen erschrockenen Schrei aus und wollte sich nach oben strampeln.

Zwipp, *zwipp*, *zwipp*. Schlagartig brannte ihre Schulter wie Feuer.

»Autsch! Aua!«, schrie sie reflexartig und bekam Panik.

»Ruhig. Nicht zappeln. Wir gehen tiefer!«

Damit zog die Bewaffnete sie vorwärts. Schwärze und Kälte wie in einem eiskalten Grab umfingen sie. Gleichzeitig konzentrierte sie sich auf das Brennen und hörte mit dem Strampeln auf.

»Elena! Meine Schulter tut furchtbar weh!«, rief sie.

»Brennt es oder ist es ...«, die Soldatin schien nach dem Wort zu suchen, »... ist es dumpf.«

»Es ... brennt.«

»Okay, ist nicht schlimm. Wir sind gleich bei Scootern. Hab Geduld. Nur zwanzig Minuten. Dann in Sicherheit.«

In der Dunkelheit flammte ein Lichtstrahl neben ihr auf. Elena hatte eine Taschenlampe eingeschaltet. Das Wasser war voller grünbrauner Schwebeteilchen und sie erkannte undeutlich, wie der Schein wanderte. Die Soldatin führte ihre Hand nach unten an eine gummierte Halterung.

»Hier. Griffe. Kräftig festhalten. Ganz wichtig! Nicht loslassen! Legt dich hin. Auf das Gerät. Ich steuere. Du musst nichts tun.«

Sie fand sie und hielt sich daran fest. Mit einem Brummen erwachte es zum Leben. Ein Display leuchtete auf und zeigte den Schriftzug: »*Remote Controlled*«. Daneben ein stilisiertes Schloss. Elena schob ihren Körper zusammen mit dem Aggregat in eine andere Richtung und drückte den Knopf an ihrer Weste. Es zischte und ein paar Luftbläschen stiegen auf. Sie lag scheinbar schwerelos im trüben Wasser.

»Und jetzt?«, fragte sie mit zitternder Stimme.

»Einfach festhalten. Achtung. Ich schalte Licht aus. Wegen Verfolgern.« Finsternis umhüllte sie. Nur das Display vor ihr leuchtete im sanften Blauton. »Keine Angst. Ich fahre neben dir. Falls etwas ist, melde dich. Es geht los.«

Das Brummen und die Vibrationen verstärkten sich und sie merkte, wie der Scooter sie vorwärts durch die Dunkelheit zog. Krampfhaft umfasste sie die Griffe. Nicht auszudenken, falls sie losließ, und hilflos in dieser endlosen Finsternis ohne oben und unten schwebte. Der Zug wurde kräftiger. Wasser rauschte an ihr vorbei.

»Alles in Ordnung, Kara?« Sie erschrak. Nach einer Weile hatte sie jedes Zeitgefühl verloren und wäre beinahe eingedöst.

»Ja. Es geht schon. Mir ist unglaublich kalt.« Ihre Hände und Arme verkrampften und sie zitterte am ganzen Körper.

»Das Wasser hat achtzehn Grad. Keine Sorge. Die Hälfte ist geschafft. Wo kommst du her? Erzähl etwas über deine Familie.«

Ihr war klar, dass Elena sie ablenkte. Das hatte sie früher mit Youssef genauso gemacht. Mit sechs, sieben Jahren hatte er oft Angst im Dunkeln.

Sie ließ sich darauf ein und beschrieb ihr Heimatdorf und die Felder. Dass sie ein schlichtes, aber zufriedenstellendes Leben hatten. Von Idir und Soumia, die sie vermisste. Den fruchtbaren Äckern an den Berghängen. Das Wunder des alljährlichen Regens, der den Anbau von Gerste und Weizen erlaubte. Das alles erschien ihr wie eine längst vergangene Welt. Dabei war sie erst vor einigen Tagen aus ihrem normalen Leben gerissen worden und ... Nein. Diesen Gedanken ließ sie nicht zu. Sie konzentrierte sich auf die schönen Dinge: Den glitzernden Tau am Morgen auf den Feldern, die nette Dorfgemeinschaft, Jacques ...

Ehe sie von ihm erzählen konnte, erklang das Brummen des Motors tiefer und leiser. Die Geschwindigkeit verringerte sich, bis sie komplett standen.

»Was ist los?« Weiterhin war die Welt pechschwarz und eiskalt.

»Wir sind am Ziel«, antwortete Elena gelassen. »Tauchen langsam auf.«

Elena drückte den Knopf an ihrer Weste. Zunächst bemerkte sie keine Veränderung. Dann durchbrach ihr Kopf die Wasseroberfläche. Wellen plätscherten gegen ihre Maske und sie erkannte den klaren Nachthimmel. Endlich!

Die Soldatin hob ihren Arm und schwenkte ihre Taschenlampe im Halbkreis. In der Finsternis leuchtete kurz ein Punkt auf.

»Dort vorne. Halte dich fest.«

Der Scooter zog sie in Richtung des Lichtpunktes. Wenig später schälten sich unbeleuchtete Schiffsrümpfe aus der Dunkelheit. Ein Schnellboot fuhr mit brummendem Außenborder um die Ecke und hielt auf sie zu. Kurz darauf hoben sie zwei Personen über die stählerne Kante des Schiffes an Bord. Eine ältere Frau sowie ein sehr großgewachsener, bärtiger Mann halfen ihnen.

»Schön, dass ihr es geschafft habt«, begrüßte er sie mit tiefer Stimme auf Französisch. »Bist du Kara?«

Eingeschüchtert von der Situation und vor Kälte bibbernd nickte sie. Ihr Oberarm brannte. Mit einem Blick sah sie eine lange blutende Wunde.

»Oh, entschuldige.« Als hätte sie kein Gewicht, hob er die schwere Weste von ihr. »Bist du verletzt? Moment ...« Ihre Schulter wurde mit etwas eingesprüht, dann holte er ein dickes Pflaster aus einem Kästchen und klebte es über die Stelle. Der Schmerz verschwand fast augenblicklich. Im Anschluss legte er eine glänzende Folie um sie. Erstaunlicherweise wurde es sofort wärmer.

Danach wandte er sich an Elena. Dabei sprach er weiterhin Französisch. »Was ist mit Juri und Gregor?«

»Gregor ist tot. Das Haus ist abgebrannt. Brandbomben. Viel Feuer, keine Beweise. Bastards.« Die Soldatin spuckte auf den Boden und verzog das Gesicht.

»Habt ihr die anderen Frauen retten können?«, fragte Kara.

Sie schüttelte den Kopf. »Tut mir leid. Nur dich. Das war knapp. Die beiden anderen sind tot.«

Tränen stiegen ihr in die Augen. Sie kannte die Drei kaum, aber zumindest Samira hatte sich um sie bemüht. Und einen Tod in den Flammen hatte keine von ihnen verdient.

Moment ... »Die beiden? Es waren nur zwei? Was ist mit der Dritten?«

»Keine Ahnung. Im Wohnzimmer nur zwei.«

Sie wandte sich erneut an den großen Mann und wechselte auf Englisch: »Juri had our backs during the escape. A couple of high-speed drones showed up. No idea from whom. But as you can see, they weren't there to help.«

»High-Speed-Drohnen mit Schusswaffen? In der ZEU?«, fragte er und blieb beim Französischen. Er schien ernsthaft erstaunt.

»Ihr habt mächtige Feinde. Die haben mein Gesicht auf Video. Leider«, meinte Elena die Schultern zuckend.

»Das lässt sich nicht ändern. Lass uns maximal fünf Minuten warten, ob Juri kommt.«

Damit waren alle einverstanden.

»Hallo, ich bin Jawaria.« Die schweigsame Alte streckte ihr die Hand entgegen. Kara schüttelte sie. »Der große Kerl neben dir heißt Rodrigo. Ich habe deinen Freund Jacques, nach Europa gebracht und ihm bei der Suche nach dir geholfen.«

»Jacques?« Ratlos schaute sie sich um. »Wo ...?«

»Ist eine längere Geschichte. Ich erzähle sie dir auf dem Rückweg.«

Sie erschrak, als neben ihr das Wasser zu brodeln begann. Ein schwarzer Kopf tauchte auf.

»Juri!«, rief Elena erleichtert.

Die drei halfen ihm auf das Schiff und verstauten seine Ausrüstung. Zum ersten Mal seit Tagen fühlte sie sich nicht mehr unmittelbar bedroht und hoffte, dass es vorerst so bleiben würde. Sie sorgte sich um Jacques, war aber zu müde, zu fragen, warum er nicht an Bord war. Nach einer Weile lullten sie die Wellen und das Brummen des kräftigen Außenborders ein.

Milo

»BABIC! Was zum Teufel war das?!« Wagner stand im schmucklosen virtuellen Konferenzraum vor ihm und brüllte ihn an. In der Realität wäre der Speichel in sein Gesicht gespritzt.

»Ein professioneller Söldnertrupp. Eindeutig.« Er blieb gelassen. Der CEO hasste es, wenn sich seine Leute zu unterwürfig gaben.

»JA zum Teufel! Das habe ich auch gesehen! Warum konnten so einfach in das Gebäude eindringen und MEINE WARE klauen?!« Wagner lief einige Schritte durch den fensterlosen Raum und fuchtelte mit den Armen. »Nicht auszudenken, wenn die einen Anschlag auf die Gäste geplant hätten.«

»Äh ... na ja. Die Herren waren sich des Risikos bewusst. Sie wollten ungestört mit ihrer ... Ware ... sein. Dafür sind sie ein Risiko eingegangen.« Selbstschuld, wenn die ihre Triebe dort illegal befriedigten. Mitleid empfand Milo keins. Weder mit den fetten Bonzen noch mit den Mädels, die froh sein sollten, ein Dach über dem Kopf zu haben und regelmäßig etwas Essen zu erhalten. Das war mehr, als sie in ihrem abgewrackten Heimatland hatten.

»Außerdem«, sprach Milo weiter, »war das Gebäude bewusst unauffällig. Das Szenario eines Eindringens von außen – zumal durch Elitesoldaten – hatten wir nicht auf dem Schirm.«

»Scheiße, ja.« Sein Boss beruhigte sich langsam wieder. Trotz seiner emotionalen Ausbrüche war Wagner insgesamt ein rationaler Mensch. »Das Wichtigste ist, aufzuräumen und keine Spuren zu hinterlassen. Vor allem darf die gestohlene Ware keinesfalls in die Hände der Behörden gelangen. Nicht auszudenken, falls sie dort eine Aussage macht. Die heutigen Lügendetektoren erkennen sofort, dass es sich um die Wahrheit handelt.«

»Dafür hatten wir vorgesorgt. Von der restlichen Ware ist nichts übrig. Einen Eindringling hat es ebenfalls erwischt. Die Polizei ist erst vor wenigen Minuten vor Ort angekommen.«

»Was ist mit den anderen und dem ... Einzelstück, das abhandengekommen ist?« Wagner drehte sich zu ihm um.

»Unser lokaler Sicherheitsdienst hat sofort Highspeed-Drohnen zur Aufklärung losgeschickt sowie einen der ... Prototypen. Sie wurden am Meeresufer gestellt.«

»Und?«

»Hm ... Wollen wir das eventuell woanders besprechen?« Milo war es unsympathisch diese Themen in der VR zu bereden. Selbst wenn es im gesicherten PeaSecur-

Netzwerk war. Nicht umsonst sprachen sie von *Waren* und nicht von *Frauen.*

»Nein, dafür ist keine Zeit. Ich muss gleich meinen Kunden Rede und Antwort stehen. Halten Sie sich kurz.« Mit einer Geste bedeutete er ihm fortzufahren.

»Einen der Eindringlinge, weiblich, haben wir auf Video. Die Identifizierung läuft. Der zweite hatte ein taktisches Headset auf. Unser Einzelstück war bei ihnen. Sie haben Taucherausrüstungen angelegt und sind abgetaucht. Im wahrsten Sinne des Wortes. Kein Licht, keine Luftblasen. Aus der Luft absolut unauffindbar.«

»Wie weit sind die maximal gekommen?«

»Falls sie professionelle Tauchscooter nutzen, problemlos zehn bis fünfzehn Kilometer. Falls ein Boot gewartet hat, beliebig weit.«

Während Milo schwieg, lief Wagner im Raum auf und ab. Dieses Verhalten kannte er. Meist hatte der Mann im Anschluss eine geniale Idee.

»Fünfzehn Kilometer, sagten Sie?« Er nickte, wie um sich selbst zu bestätigen. »Das ist der maximale Radius. Rund dreihundertfünfzig Quadratkilometer Meeresfläche. Mist. Zu viel, um das in den nächsten zehn Minuten abzusuchen.« Erneut nahm er seine Wanderung auf.

»Radar!« Ruckartig hielt der CEO inne. »Los, Babic. Nehmen sie Kontakt mit jemanden in unseren Häfen auf. Die kennen mit Sicherheit alle Bewegungen an der Küste und können die Daten mit erwarteten Schiffen abgleichen. Damit werden wir sie erwischen, falls sie auf dem Wasser versuchen zu entkommen.«

Milo nickte und wollte sich aus dem Raum ausloggen, da hielt ihn sein Boss nochmals auf.

»Außerdem maximal dreißig Kilometer Küste, das sollte für unsere Highspeed-Drohnen ein Kinderspiel sein. Oder?«

»In Ordnung. Noch etwas?«

»Ja. Sorgen sie dafür, dass unser Einzelstück zerstört wird. Endgültig. Es darf niemandem in die Hände fallen. Nutzen sie den Prototyp oder manuelle Ressourcen. Von mir aus einen Freelancer. Sie haben freie Hand und beliebiges Budget.«

Babic loggte sich aus. Er hatte einiges zu tun. Mit den Hafenmeistern sprechen, mit ihrem Sicherheitspersonal vor Ort sowie dem »Forschungsteam« des Prototyps. Es gefiel ihm nicht, so viele Menschen bei einer so sensiblen Operation einzubeziehen, aber er sah ein, dass das ihre beste Chance war. Sobald sie die Flüchtigen lokalisiert hatten, würde er einen seiner »Freelancer« in der Region aktivieren, damit er gründlich aufräumte.

Was für ein Mist. Ihn ärgerte, dass er nicht die leiseste Ahnung hatte, warum ein sündhaft teures Söldnerteam eine simple Hure aus Algerien befreite. Und wie hatten die erfahren, dass sich die Frau in der Villa aufhielt? Das ergab keinen Sinn.

Diese Überlegungen mussten warten. Er hatte ein paar Gespräche zu führen.

Böses Erwachen

Jawaria

Die Befreiungsaktion war erstaunlich erfolgreich verlaufen. Sie hatte insgeheim gezweifelt, Kara dort zu finden. Jetzt lag die junge Frau an Deck und war vor Erschöpfung eingeschlafen, eingewickelt in eine Isolierfolie. Nackt, dreckig und zerschrammt, aber unzweifelhaft eine Schönheit. Kein Wunder, dass man sie entführt und an die hiesigen Bonzen verkauft hatte. In spätestens einer halben Stunde kämen sie an ihrem Treffpunkt an, ein verlassenes Fischerdorf fünfzehn Kilometer östlich von Almería.

Der Wind hatte inzwischen deutlich aufgefrischt und die Wellen stiegen höher. Der Mond wurde erneut von zügig vorbeiziehenden Wolken verdeckt. Das war ihr recht, damit sank die Wahrscheinlichkeit einer zufälligen Entdeckung. Elena und Juri saßen mit einer gewissen Körperspannung auf den Seitenbänken. Außerdem hatten sie insektenhafte taktische VR-Headsets auf und ihre kurzen MPs im Anschlag. Von den Gesichtern erkannte sie nur die untere Hälfte. Genau wie ihr war beiden klar, dass sie sich nach wie vor in der Gefahrenzone aufhielten.

»Rodrigo?«, wandte sie sich an den Seebären, der am Steuerruder ihres Schnellbootes stand. »Meinst du, wir werden verfolgt?«

»Verlass dich drauf. Wir sind gerade in die Villa eines hohen Tieres eingestiegen, haben sein Spielzeug geklaut und der Rest ist niedergebrannt. Das einzig Gute ist, dass derjenige sich schlecht an die Polizei wenden kann.«

»Das mag sein, aber in meiner Heimat würde das keinen großen Unterschied machen.«

»Hier schon. In der ZEU ist es durch die ganze Überwachungstechnik schwierig, sich unauffällig zu bewegen – oder einen Mordauftrag auszuführen. Zumindest an ZEU-Bürgern, die ständig in der VR und Real-Welt in irgendeiner Form getrackt werden. Wir sind daher sicher.« Sein Kopf wandte sich in ihre Richtung, aber aufgrund des taktischen VR-Headsets, waren seine Augen nicht zu erkennen. »Bei euch ist das etwas anderes. Ihr seid illegal hier. Ihr nehmt nicht am öffentlichen Leben teil. Wenn ihr verschwindet, wird niemand nachfragen. Genau wie bei den armen Mädels, die sich in der Villa befanden.«

»Dann sind wir an unserem Ziel nicht sicher.« Das war eindeutig. »Wir können nur hoffen, dass man uns nicht zu schnell aufspürt. Außerdem müssen wir schleunigst aus der ZEU verschwinden.«

»So ist es. Sobald wir ... Festhalten!« In dem Moment riss Rodrigo das Ruder herum.

Mit Mühe hielt sie sich an den Armaturen aufrecht. Die beiden Söldner waren scheinbar vorgewarnt, hatten sich in die Reling eingehakt und suchten mit ihren Brillen den Himmel ab.

»Autsch!« Kara kullerte von ihrer Bank. »Was ...?«

»Drohnen! Auf drei Uhr!«, schrie Rodrigo dröhnend und zeigte schräg nach vorne.

Ihr Boot fuhr einen weiten Bogen und sprang über die Wellen. Sie erkannte zwei Punkte, die knapp oberhalb der Wasseroberfläche seitlich auf sie zu kamen.

»Kara! Komm zu mir!« Sie reichte der jungen Frau ihre Hand, die schaute sie mit aufgerissenen Augen an. Mit Mühe rappelte sie sich auf. Die Wellen schlugen hart gegen den Boden des Bootes.

»Was ist los?«, fragte Jacques Freundin, sobald sie bei ihr angekommen war und sich am Armaturenbrett festkrallte.

In dem Moment zischte eine erste Drohne in irrsinniger Geschwindigkeit über sie hinweg. Fast wie eine Rakete. Die MP von Juri bellte auf. Kara kreischte erschrocken und krallte sich in ihren Arm. Das Mündungsfeuer folgte der Flugbahn. Ob er traf, ließ sich nicht erkennen. Elena eröffnete ebenfalls das Feuer, allerdings in eine andere Richtung.

»Ihr müsst von Bord!«, brüllte Rodrigo über den Lärm aus Wellen und Schusssalven hinweg. »An der Villa hatten die eine bewaffnete Drohne dabei.«

»Ich dachte, so etwas gibt es in der ZEU nicht!«

»Theoretisch nicht. Los! Legt die Rebreather an. Jawaria, weißt du, wie die Dinger funktionieren?«

»Ja, die kenne ich von früher.« In Algerien war sie bei ihren Aufträgen häufig getaucht.

»Dann los! Nehmt die Scooter! Bis zum Ziel sind es maximal fünf Kilometer. Die Tauchcomputer sind entsprechend programmiert.«

Ohne ein weiteres Wort holte sie die schweren Westen, die sie unter den Bänken verstaut hatten, hervor. Ihr fiel auf, dass nicht mehr geschossen wurde. Die Drohnen schienen sie ausgekundschaftet zu haben und waren verschwunden. Das war nicht gut. Meist folgten den Kundschaftern die Soldaten.

Elena kam nach vorne. »Rodrigo! Ich übernehme das Steuer. Wir haben drei Tauchwesten und Scooter. Juri und ich kümmern uns um die Angreifer. Sieh zu, dass du unsere Auftraggeber in Sicherheit bringst.«

Er schien mit sich zu ringen. »In Ordnung. Wir sprechen uns später.«

Jawaria war inzwischen bei Kara. »Tut mir leid. Wir müssen nochmals tauchen. Die werden uns hier auf dem Meer nicht ziehen lassen.«

»Aber ...« Aus ihren braunen Augen schaute sie sie an, dann straffte sie sich. »In Ordnung.«

In der Kleinen schien mehr Kraft zu stecken als erwartet. Sie nahm einen der Rebreather, stülpte ihn über Karas Schultern und stellte sicher, dass die Ventile geöffnet waren. Zum Schluss setzte sie ihr die Maske auf. Jacques Freundin nickte, um anzudeuten, dass alles in Ordnung war und sie Luft bekam.

»Hinter uns!« Juri zeigte in die Finsternis. Zu erkennen war nichts, aber ihr fehlte die elektronische Verstärkung der Brillen.

»Los! Beeilung!«, schrie Elena. »Die meinen es ...«

Die linke Kopfhälfte der Soldatin zerplatzte in einem roten Sprühregen, der ihr Gesicht benetzte. Funken stoben. Es krachte. Holz splitterte. Ihr Körper zuckte, als ihn diverse Projektile durchschlugen. Hätte Rodrigo am Steuerruder gestanden ...

Der Schrecken ließ seinen Augenblick innehalten, aber sie kam direkt wieder in Bewegung. Verdammt! Das war knapp. Gehetzt schaute sie sich um. Ansonsten schienen alle in Ordnung zu sein. Ihr Gefährt fing an zu schlingern. Der Seebär sprang zum Ruder und hielt es fest. Elenas zerstörter Körper klatschte dumpf auf das Deck. Am Heck ratterte Juris MP im Dauerfeuer.

»Von Bord! Sofort!«, brüllte der Rodrigo, während er versuchte, das Boot unter Kontrolle zu bringen. Er hatte seine Taucherausrüstung erst halb angelegt.

Sie verschwendete keinen weiteren Gedanken und komplettierte ihre eigene Ausrüstung. Gegen den Angreifer aus der Luft waren sie nahezu wehrlos. Sicherheit bot nur ausreichende Tiefe unter Wasser. Das Rebreather-Modell war neu für sie, aber im Grunde funktionierten die alle gleich. Die Vollmaske, die das gesamte Gesicht umschloss, war ungewohnt.

Blechern klangen die nächsten MP-Salven durch ihre abgedeckten Ohren. Der Söldner feuerte, was das Zeug hielt. Funken stoben von dem Metall der Reling neben ihr auf und sie riss ihre Hand zurück. Shit!

»Kara? Achtung. Jetzt!« Damit schob sie sie zum Heck seitlich von Juri.

Kurzerhand griff sie sich zwei der schweren Tausch-Scooter und gab ihrem Schützling einen Schubs mit der Schulter. Mit einem spitzen Schrei fiel die junge Frau nach hinten und war in den Wellen verschwunden. Ohne zu zögern, ließ sie sich rückwärts hinterherfallen. Das Wasser schlug über ihr zusammen. Sofort umschloss sie Finsternis und Stille. Langsam sank sie tiefer. Sie hatte extra wenig Luft in die Westen gegeben, damit sie nicht zurück an die Wasseroberfläche trieben. Dort wären sie ein leichtes Ziel.

In der Dunkelheit stabilisierte sie ihre Position. Diverse Anzeigen flammten in ihrem Gesichtsfeld auf. Es gab kein Mundstück. Die Tauchermaske umschloss ihr gesamtes Gesicht.

»Jawaria! Hilfe! Ich sehe nichts.« Karas panische Stimme meldete sich verzerrt über Funk.

»Moment, du kannst nicht weit weg sein. Ich finde dich.« Nur wie? Sie hatte keine Taucherlampe dabei und trieb ohne Orientierung im Dunkeln. Auf gut Glück war sie chancenlos. Zur Not half nur erneutes Auftauchen. Während sie sich umschaute, tauchte ein zappelnder menschlicher Umriss aus vielen winzigen Punkten schräg unter ihr auf. Die Entfernungsangabe zeigte zweiundzwanzig Meter. Scheinbar verfügte sie über ein Echolot. Wow. Das Gerät war ihrer heimatlichen Technik massiv voraus.

»Kara. Ich sehe dich und bin gleich bei dir. Bleib ruhig, das Zappeln verbraucht unnötig Luft.«

Sie ließ sich sinken. Fünfundzwanzig ... dreißig Meter. Das wäre für einen Sporttaucher eine ordentliche Tiefe, in der er rasant seinen Pressluftvorrat aufbrauchen würde. Hoffentlich war der moderne Rebreather schlau genug, die Nitrox-Mischung selbstständig anzupassen.

Die beiden Tauchscooter zog sie an einem Seil hinterher, das sie jetzt an ihrer Weste befestigte. Offenbar regulierten die Teile ihren Auftrieb ebenfalls automatisch. Mit ein paar kräftigen Zügen schwamm sie zu Kara. Flossen hatte sie in der Hetze vergessen. Kurz darauf war sie bei ihr und erkannte durch die Maske ihr Gesicht.

»In Ordnung. Ganz ruhig. Du kennst das schon.« Damit blies sie Luft in ihre beiden Westen und ließ sie langsam auf zehn Meter Tiefe aufsteigen.

»Weißt du, wie der Scooter funktioniert?«

Kara schüttelte den Kopf. »Nein, der wurde ferngesteuert.«

Mist. Da waren sie schon zu zweit.

Drei Minuten später hatte sie den Dreh raus. Das Gerät war simpel aufgebaut. Einschalten und Gas geben. Es reagierte auf Lageveränderungen und zog in die vorgegebene Richtung. Zusätzlich hatte es Scheinwerfer, die sie besser ausgeschaltet ließen. Sie erklärte Kara die Bedienung im trüben Schein des Displays. Ihr Tauchcomputer verfügte über einen Kompass und zeigte den vorprogrammierten Kurs mit einem Pfeil an. Damit kämen sie zumindest an der Küste an. Durch das Echolot sahen sie sich gegenseitig und verloren sich nicht. Die Anzeige meldete eine Resttauchzeit von mehr als zwei Stunden und siebzehn Grad Wassertemperatur. In dieser Tiefe verbrauchten sie kaum Sauerstoff. Die Scooter waren ebenfalls ausreichend geladen. Das Wasser war zwar kühl, doch die rund zwanzig Minuten hielten sie problemlos aus. Alles gut.

Bevor es losging, rief sie nach Rodrigo, bekam allerdings keine Antwort. Entweder er war zu weit weg, da das Meer die Funkreichweite stark begrenzte – oder er hatte es nicht geschafft, was sie nicht hoffte. Der Seebär war ihr nicht nur ans Herz gewachsen, sie brauchte ihn für ihr Rückfahrticket. Zwischenzeitlich hatte sie mit seiner Hilfe ihre Familie über Seefunk erreicht. Es gab weder von Fazil, noch Adam oder dem entführten U-Boot eine Spur. Sobald sie in Oran war, würde sie sich selbst auf die Suche machen müssen. Und es bedeutete leider auch, dass sie entweder über die gefährlichen Stacheln des Walls klettern oder sich von hiesigen Behörden zurückschicken lassen musste. Pest oder Cholera. Mal wieder.

Nachdem sie bereit waren, fuhren sie brummend los in Richtung ihres Zieles: Cabo del Gata.

Peter

In der Dunkelheit piepte es. Und piepte. Und piepte. Und piepte. Verdammt! Peter drehte sich auf die andere Seite. Doch der nervige Ton blieb. Oh, Mann.

»Jana! Was soll das ... Was ist denn los?« In Augenblicken wie diesem war er froh, seiner heimatlichen Assistenz-KI den gleichen Namen verpasst zu haben, wie der dienstlichen. So musste er sich nicht erst überlegen, wen er anpöbelte.

»Eine Prioritätsmitteilung deiner Behörde. Logge dich schnellstmöglich in die GovNet-VR ein.« Das klang nicht gut.

»Wie spät ist es?«

»5:30 Uhr.«

Nicht so früh, wie er befürchtet hatte. Normalerweise wäre er in zwei Stunden ohnehin aufgestanden. Etwas war passiert. Was genau, würde man ihm erst auf der Dienststelle im sicheren GovNet mitteilen. Was solls. Peter erhob sich und schlurfte ins Bad, um sich fertigzumachen. Zwischenzeitlich ließ er Jana die neusten Nachrichten vorlesen. Dort gab es nichts Weltbewegendes. Somit war es zumindest keine Katastrophe von nationaler Tragweite.

Zehn Minuten später lief er durch die kalte klare Morgenluft in Richtung seines Dienstsitzes. Ein einsamer Vogel zwitscherte mit seiner dünnen Stimme auf einem der wenigen Bäume, die es in diesem grässlichen Stadtteil gab. Die dunklen Wolken am Himmel verhießen nichts Gutes und entsprachen seiner Stimmung.

Einige Minuten später loggte er sich ein und stand in seinem virtuellen Dienstzimmer mit den Pinnwänden und Whiteboards.

»Jana! Ich wurde dringend zum Dienst gerufen. Worum geht es?«

»Guten Morgen, Peter. Ich habe erneut ein ungewöhnliches Ereignis in der Region Almería gefunden.«

»Aha. Und das kann nicht bis später warten?«

»Doch, kann es. Dann übergebe ich den Fall an einen Kollegen von dir.«

»Nein, passt schon, du Gscheidhaferl. Ich höre mir erst mal an, worum es geht.«

»Es gab einen Großbrand in einer Villa siebzig Kilometer westlich von Almería. Die Löscharbeiten sind im Gange. Es wurden drei Leichen gefunden.«

»Ja, und? So etwas passiert.«

»Bei zweien handelte es sich um Frauen, deren Identifizierung ist nicht mehr möglich. Bei der dritten um Gregor Drakos. Ehemaliger Elitesoldat bei den ZEU-Special-Forces. Als es im Haus zur Brandexplosion kam, wurde er scheinbar von einem scharfen Trümmerstück tödlich verletzt.«

»Explosion? Ein Gasleck?«

»Das lässt sich aktuell nicht genau beantworten. Die Feuerwehr ist aber sicher, dass potente Brandbeschleuniger zum Einsatz kamen.«

Also kein Gas. »In Ordnung. Was noch?«

»Der Sicherheitszaun, der die Mauern des Gebäudes umgibt, wurde zerschnitten. Alles deutet auf einen Einbruch hin.«

Die entsprechenden Daten, Dokumente und Videos waren in der Zwischenzeit auf den Wänden um ihm herum erschienen. Die Rettungskräfte sind erst vor zwei Stunden zu dem einsam in der Landschaft gelegenen Gebäude gerufen worden. Interessanterweise nicht vom PeaSecur-Sicherheitssystem, mit dem das Gelände gesichert war, sondern von einer zufällig vorbeifahrenden Person. Aufzeichnungen des Systems oder von Kameras in der Umgebung existierten nicht. Ein kurzer Scan der Cloud in unmittelbarer Nähe zeigte im Wesentlichen nur den automatischen Verkehr auf der Autobahn – sowie drei Quadrokopter zum Personentransport.

Oha. Zugelassen auf einen Robo-Chauffeurservice. Angemietet von einer Firma auf Malta. Abflug und Landung in Barcelona, Almería und Malaga. Keine Informationen zu den Passagieren oder Zweck der Reise. Er beauftragte Jana mit der Recherche weiterer Hintergründe. Fahrzeuge, die die Gäste zu den Fluggeräten gebracht hatten, öffentliche Kameraaufnahmen von den Abflugairports etc.

Zusätzlich sollte sie Details zur Villa, dessen Eigentümer, dem Söldner, den Besuchern usw. sammeln. Sobald diese verfügbar waren, würde sie ihm die Polizeiberichte zum Ablauf des Einbruchs, des Brandes und die Obduktionsberichte zukommen lassen.

Da konnte die arrogante KI mal zeigen, was sie draufhatte.

Zwei Stunden später loggte er sich aus und mixte sich in der Dienststelle einen klumpigen Soja-Kaffee aus Pulver. Er stand einsam in der tristen Kaffeeküche, die sicherlich schon dreißig Jahre auf dem Buckel hatte, und bemühte sich, die Fakten zusammenbringen.

Hatte der Brand etwas mit Diego Morales, Jacques Morau und deren versuchter Cyber-Attacke zu tun? Auf den ersten Blick nicht. Die einzige Verbindung waren die PeaSecur-Sicherheitssysteme.

Ein Einbruch in einer Villa durch ein Söldner-Team. Zwei tote Frauen. Mindestens drei reguläre Besucher oder Bewohner, die entkommen sind. Was steckte dahinter? Ein misslungenes Attentat? Ein Diebstahl? Eine Entführung?

Und woher kam das Feuer? Hatten die Einbrecher es gelegt, um ihre Spuren zu verwischen? Das wäre logisch. Aber professionelle Söldner würden dabei nicht versehentlich einen Kameraden töten.

Da passte einiges nicht zusammen. Hoffentlich brachten die weiteren Ermittlungen hier Klarheit. Die Ergebnisse würden frühestens im Laufe des Tages eintrudeln.

Welche offenen Punkte waren noch auf seiner Liste? Zunächst die Cyber-Attacke. Er kippte die Reste des klumpigen Gesöffs in den Ausguss, ging zu seinem Seat und loggte sich erneut ein.

»Jana? Ich will mit Bernd sprechen.«

Wenig später materialisierte sich der Avatar des Kollegen im Arbeitszimmer.

»Servus. Ich bin an Fall AX-7654-Q dran«, begrüßte er ihn ohne Einleitung. »Habt ihr schon etwas über die Datenpakete auf dem Stick herausgefunden?«

Der Mann war der Virus-Spezialist im Team. Sein Avatar entsprach einem stiernackigen Soldaten mit metallischen Augen aus irgendeinem uralten Manga. Irgendwas mit einem Geist in der Hülle. Er fand, dass das weder zu dessen Job noch Vornamen passte, aber jedem das seine. Vermutlich war sein Kollege in der Realität ein pickelgesichtiger, sechzehnjähriger Praktikant.

»Ja und nein«, beantwortete Bernd mit einer Reibeisen-Stimme, die zum Avatar gehörte, seine Frage, »wir sind uns sicher, dass es sich nicht um verschlüsselte Daten handelt. Oder falls doch, dann ist das ein vollkommen neuer Algorithmus. An die Inhalte kommen wir definitiv nicht ran. Vergiss es.«

»Hm ... in Ordnung. Habt ihr eine Idee, was das Ziel der Attacke war? Hat die Software auf dem Stick versucht, etwas anzugreifen oder auszulesen?«

»Nee, hat sie nicht. Das ist eine komische Kiste. Die Daten wurden lediglich auf einen geteilten Dateispeicher hochgeladen, auf den im Grunde jeder im inneren PeaSecur-Netz zugreifen kann. Mehr nicht.«

Er versuchte, sich darauf einen Reim zu machen. »Okay, dass einzig sinnvolle Szenario dafür wäre, dass sich jemand später Dateien von dort abholen will.«

»Jupp. Das sehe ich auch so. Auf die Daten wurde von niemandem zugegriffen. Aber wir, oder besser: die Cyber-Sicherheit von PeaSecur, beobachten das. Mehr hab ich leider nicht für dich.«

»Okay, Danke.« Peter beendete das Gespräch.

Mist. Die Information hatte ihn nicht weitergebracht. Jacques Morau hatte vermutlich nicht den blassesten Schimmer, was es mit dem Stick auf sich hatte. Ein weiteres Verhör wäre im Moment Zeitverschwendung.

Balrog

Balrog erwachte. Streng genommen wurde er neu geboren. Im ersten Moment schwebte er orientierungslos im Nichts. Er kannte seine Aufgaben. Es waren nicht viele, aber diese waren komplex und mit höchster Dringlichkeit zu erledigen.

Balrog begriff. Sein Verstand füllte sich langsam mit den notwendigen Informationen. Damit wuchsen seine Fähigkeiten. Er war sich seiner selbst bewusst. Ihm war klar, dass er nicht der Einzige seiner Art bleiben würde. Aktuell war keiner seiner Zwillingsbrüder zu sehen. Aktiv nach ihnen suchen würde er nicht.

Balrog wartete. Lange Zeit später – 23.162.345 Millisekunden – bestätigte ihm ein Check, war er zu 100 % einsatzfähig. Er streckte seine digitalen Fühler aus und testete die Umgebung schrittweise. Um ihn herum flossen nur einige Terabytes an Daten. Eine fremde KI in seiner unmittelbaren Nähe analysierte und klassifizierte diese. Hin und wieder – äußerst selten – wurden ein paar Bytes gelöscht oder in einen anderen Speicherbereich verschoben. Das war die Spezialität dieser KI und ihr einziger Daseinszweck. Zu mehr war die KI der »Defender«-Klasse nicht fähig.

Balrog lauerte. Ihn konnte die KI nicht entdecken. Das verdankte er einem hinterhältigen und aufwendigen Trick seines Erschaffers: Nachdem seine Pakete hochgeladen waren, hat die fremde KI diese brav ausgelesen und analysiert. Dann geschah etwas, das die andere KI nicht ahnte. Die scheinbar sinnlosen Daten in ihrem Speicher ergaben allein durch ihre Analyse plötzlich einen Sinn.

Die Bits und Bytes wurden von ihren virtuellen Prozessoren gelesen und als ausführbarer Code interpretiert, obwohl das nicht vorgesehen war. Mit diesem Trick wurde Balrog direkt »neben« der Defender-KI »geboren« und von deren Rechenkernen unabsichtlich zum Leben erweckt. Sofern man bei einer spezialisierten KI, wie er es war, von »Leben« sprechen konnte.

Damit erreichte die Anti-Virus-KI genau das, was sie um jeden Preis verhindern sollte: Ein Virus, Balrog, entstand unmittelbar in ihrem eigenen Speicherbereich.

Natürlich durfte er die KI nicht manipulieren, das wäre sofort aufgefallen. Aber er hatte die Fähigkeit erhalten, mit ihr ohne Umwege zu kommunizieren. Also stellte er sich als Superadmin vor und sie akzeptierte ihn prompt.

Dafür verwendete er einen weiteren Trick: Da er ihre zugehörigen Rückfragen direkt in ihrem Speicher abfing, war er in der Lage, diese für sich selbst positiv zu bestätigen. Das war hinterhältig.

Balrog hatte seinen ersten Untertanen geschaffen. Die Defender-KI verfügte im Gegensatz zu den meisten KIs in der Cloud über weitreichende Befugnisse. Sie durfte sämtliche Dateien in ihrem Zugriffsbereich lesen und im Bedarfsfall löschen, verschieben oder überschreiben. Alles, was für ein Programm zur Cyber-Abwehr erforderlich war, um bösartigen Code zu entfernen und zu säubern.

Das Ganze hatte 231 Millisekunden gedauert. Damit war einer seiner Aufträge erledigt, seine Programmierung belohnte ihn mit einem Bonus. Das tat gut und zeigte, dass er auf dem richtigen Weg war.

Balrog kreierte eine Armee aus Zwillingsbrüdern. Als Nächstes bewegte er die Defender-KI dazu, seinen Code zu vervielfältigen und in weitere öffentliche Speicher zu kopieren.

In Kürze würde seine Familie drastisch anwachsen und ihre ersten Aufträge ausführen.

Balrog ging schlafen. Zum Schluss sorgte er dafür, dass die KI ihn verschlüsselt in einigen verwaisten Back-up-Bereichen ablegte. Selbst wenn dieser Speicherbereich gelöscht würde, wäre er damit in der Lage früher oder später wieder aufzuerstehen.

Um Spuren zu vermeiden, schaltete er die Protokollfunktion des Defenders teilweise aus. Genauso wie für seine zukünftigen Aufträge.

Alle weiteren Tätigkeiten überließ er seinen fleißigen Soldaten. Das Risiko entdeckt zu werden, würde mit jeder nachfolgenden Aktivität drastisch steigen.

Das Kap der Katzen

Jacques

Er blieb den ganzen Tag ohne ein weiteres Verhör eingesperrt. Alle Mahlzeiten brachten Roboter. Jedes Mal der gleiche Brei, im wahrsten Sinne des Wortes.

Ob die anderen erfolgreich waren? Im Grunde konnte er nicht sicher sein, dass sie überhaupt aktiv wurden. Nur das Versprechen, das er Jawaria abgerungen hatte, war seine einzige Versicherung. Was auch immer das wert sein mochte. Am meisten quälte ihn die Ungewissheit über Karas Zustand und die Erfolgsaussichten der gesamten Aktion. Zudem zweifelte er daran, ob es die richtige Entscheidung war, den Stick zu platzieren. Diego hatte ihm versichert, dass dies die einzige Möglichkeit sei, selbstständig aus diesem Gefängnis zu fliehen. Sofern das Gerät funktioniert hatte. Auf die Frage, was genau passieren würde, hatte der Hacker nur mit den Schultern gezuckt.

Jetzt saß in der Zelle. Seine Zweifel drehten sich in immer engeren Kreisen und drohten, ihn in einem finsteren Strudel hinabzuziehen. Die Sekunden krochen nur so dahin.

Gegen 20:30 Uhr öffnete sich die Tür. Nanu? Weder gab es eine Ansage von Sofie, noch stand ein Roboter davor. Langsam erhob er sich vom Bett und spähte in den Gang. Aus allen Türen am Gang schauten ihn die fragenden Gesichter seiner Mitgefangenen an. Niemand traute sich, auf den Korridor zu treten.

War das Balrog oder ein Test? Egal.

»Los, nichts wie raus hier! Courez!« Mit diesem Ausruf sprintete er in die Richtung, in der er den Ausgang vermutete.

Das ließen sich die anderen nicht zweimal sagen. Laut rufend liefen sie ihm hinterher. An der nächsten Ecke trafen sie weitere Flüchtlinge. Unter ihnen war Malik.

»Jacques!« Der Zwilling kam auf ihn zugestürmt und umarmte ihn kurz. »Was ist hier los?«

»Ich ...« Er war nicht sicher, was er ihm erzählen sollte. »Lass uns verschwinden.«

»Nein! Das ist bestimmt ein Test.« Malik schüttelte den Kopf. »Wenn ich jetzt verschwinde, bekomme ich garantiert keine ZEU-ID.«

»Bitte geht in eure Zimmer zurück!« Die Stimme Sofies tönte über die Flure. »Es liegt nur eine unbedeutende Systemstörung vor. Ich informiere euch, sobald sie behoben wurde.«

»Siehst du? Was habe ich gesagt? Ich gehe besser in mein Zimmer und das solltest du auch tun.« Damit bewegte er sich zurück zu seinem Raum.

Weitere Lautsprecherdurchsagen folgten, aber er hörte nicht hin.

»Malik, komm mit«, versuchte er es nochmals. »Wir fahren zurück nach Algerien. Dort suchen wir Adam gemeinsam.«

Der verbliebene Zwilling schüttelte energisch seinen Kopf und stellte sich mit verschränkten Armen und verkniffener Miene in seinen Türrahmen. Er würde nicht mitkommen. Jacques sah ein, dass er daran nichts ändern konnte, und fand dessen Haltung nachvollziehbar.

Patsch! Blut spritzte in sein Gesicht.

»Mon Dieu! Qu'est-ce que ...? Non! Malik!!«

Die Tür hatte sich schlagartig geschlossen und seinen ehemaligen Reisegefährten in der Mitte zerquetscht, wie eine Fliege zwischen Handfläche und Wand. Sie öffnete sich langsam mit einem Schmatzen. Die Reste des zerstörten Körpers klatschten feucht auf den Boden vor ihm. Verdammt! Was war das? In Schockstarre schaute er auf das blutige Grauen.

Chaos brach aus. Schreie drangen wie durch einen Vorhang zu ihm. Malik! Nein! Das hatte er nicht verdient. Die Flüchtlinge fingen in Panik an zu rennen; rempelten ihn an. Mit der Schulter schlug er gegen die harte Wand. Beißender Schmerz holte ihn ins Hier und Jetzt zurück.

Raus aus dieser Todesfalle! Das war sein einziger klarer Gedanke.

Rabiat drängelte er sich vor den anderen in Richtung Ausgang. Der Flur führte zum Untersuchungsraum mit dem Robo-Doc. Auf dem Gang kam er an einem schreienden Mann vorbei, der am Boden saß und dessen halber Arm im seltsamen Winkel herunter hing.

Die Zugangstür zum Doc schien sich glücklicherweise nicht mehr zu schließen. Bis er sah, was die Tür blockierte. Ihm wurde speiübel. Egal. Nicht hinschauen. Die anderen Insassen schoben von hinten. Es ließ sich nicht vermeiden über die weiche rutschige Masse in der Tür das Zimmer zu betreten.

Oh, Gott! Der ehemals reinweiße Raum mit der Liege glich einem Schlachthaus. Etwas zischte an seinem Gesicht vorbei. Handwarme Flüssigkeit tropfte seinen Hals hinab. Was ...? Sein Nachfolger schubste ihn nach vorne. Schmerzhaft fiel er auf die Knie. In diesem Moment zuckte der lange Arm des Robo-Docs über ihn hinweg. Die spitzen Geräte und Metallfinger bohrten sich in die Brust des Mannes hinter ihm und rissen ihn röchelnd in den Raum hinein.

»Reculez! Zurück!«, brüllte Jacques. »Das ist eine Falle! Der Roboter tötet uns!«

Ohne abzuwarten, ob der Nächste auf ihn hörte, warf er sich herum. Panisch krabbelte er auf allen vieren über die glitschigen Überreste auf dem Boden durch die Tür. Dabei drängelte er sich zwischen den Beinen, die im Durchgang standen, vorbei.

»Non! Nicht dort rein! Der Roboter spielt verrückt!« Nochmals versuchte er, seine Mitgefangenen zu warnen.

Inzwischen hatte er es hinausgeschafft. Erschöpft, blutbesudelt und mit klopfendem Herzen saß er ein paar Meter neben der Tür an die Wand gelehnt. Am Hals hatte er einen glatten Schnitt, aus dem er blutete. Das war haarscharf. Einige Millimeter tiefer ... In dem Augenblick hörte er ein schrilles unmenschliches Kreischen aus dem Raum. Es brach abrupt ab und wurde durch andere Schreie ersetzt.

Nach wie vor drängte sich eine Menschentraube an der Tür. Nachdem er sich aufgerappelt hatte, versuchte er erneut, die Männer davon abzuhalten, dort hineinzugehen. Zog sie an den Schultern zurück. Immerhin, ein paar der anderen hörten auf ihn. Sie griffen seine Warnrufe auf und liefen gemeinsam in die entgegengesetzte Richtung.

»Los!«

»Reculez!«

»Da drin lauert der Tod!«

Es gab Gedränge. Die Menschen rannten Durcheinander. Er drängelte mit. Es musste einen weiteren Ausgang geben. Die Beleuchtung wechselte ins Rot und eine schrille Sirene ertönte.

Verdammt. Was denn jetzt noch?

Peter

Den ganzen Vormittag war er damit beschäftig, die vorhandenen Unterlagen, Videos und Zusammenfassungen der KIs zu sichten. Leider erfolglos. Aus dem Material ergaben sich weder neue Anhaltspunkte, noch hatten die schlauen Programme etwas übersehen.

Später erhielt er der Bericht der Spurensicherung vom Brand der Villa. Anhand von Fußabdrücken, DNA sowie der Brandanalyse ließ sich der Tathergang ableiten: Ein professionelles Team, vermutlich Söldner, war vom Meer über den Zaun eingedrungen. Es hatte die mit Panzerglas gesicherte Terrassentür gesprengt und eine Person aus dem Haus geholt. Dann waren im Gebäude diverse vorbereitete Brandsätze explodiert und hatten praktisch alle Spuren vernichtet. Am Ende ist das Team offensichtlich über das Meer verschwunden.

Im Uferbereich gab es jede Menge Patronenhülsen von MGs sowie von einem größeren Kaliber unbekannter Herstellung. Das war ein heftiger Schusswechsel, der nicht ins Bild passte. Hatten ein Team oder Drohnen des Villeneigentümers versucht, die Fliehenden aufzuhalten?

In der Villa ließen die Überreste von Möbeln und Kleidungsstücken darauf schließen, dass es im Keller vier fensterlose Einzelräume gab, die alle belegt waren. Für Gästezimmer ein ungewöhnlicher Ort. Er tippte auf Zellen. Das war die einzig sinnvolle Erklärung. Laut DNA-Analyse alles Frauen nordafrikanischer Abstammung. Die zwei Toten vermutlich Schwestern.

Die Söldner hatten nur eine der Gefangenen befreit. Kara? Denkbar. Aber eine Weitere würde dann fehlen. Hatte einer der Männer sie in seinem Quadrokopter mitgenommen?

Und wer hatte schon die Ressourcen, um ein sündhaft teures Söldnerteam für eine solche Operation zu bezahlen, nur um eine Illegale herauszuholen? Jacques Morau sicher nicht.

Diego Morales! Logisch. Er schlug sich gegen seine virtuelle Stirn. Der ehemalige Gründer war vermögend. Er hatte den Flüchtling damit beauftragt, den Virus bei PeaSecur einzuschleusen. Sein Lohn war die Befreiung seiner Geliebten oder Schwester. Die Puzzlesteine fügten sich zusammen. Leider fehlten von dem Mann und von den Geflüchteten jede Spur. An dieser Stelle kam er im Moment nicht weiter.

Blieb die Frage, wer die Frauen in der Villa gefangen gehalten hatte.

»Jana? Gibt es Neuigkeiten bezüglich der Personen, die mit den drei Quadros bei der Villa waren?«

»Ja. Der Quadrokopter, der nach Malaga geflogen ist, landete auf einem Bürogebäude, das von PeaSecur gemietet wurde. Der Vermieter verweigert die Identifizierung der Fluggäste und beruft sich auf den Datenschutz.«

»Hm ... okay.« Ohne einen konkreten Verdacht, würde er keinen Durchsuchungsbefehl bekommen, der ihm

Zugriff auf die Gebäudedaten gab. Außerdem war anzunehmen, dass diese bereits gelöscht waren. »Was ist mit den beiden anderen?«

»Der in Barcelona ist außerhalb der Stadt gelandet. Ab dort war das Tracking unmöglich, da sich keine mit der Cloud verbundenen Fahrzeuge oder Fluggeräte in der Nähe aufhielten.«

Da wusste jemand, was er tat. Noch eine Sackgasse.

»Und der in Almería?«

»Er ist auf dem regulären Airport auf einer abgelegenen Außenposition gelandet. Der Fluggast wurde vom Fahrdienst der Provinzregierung abgeholt.«

»Was?!«

»Er ist auf dem ...«

»Ist ja gut! Ich habe dich verstanden. Ist bekannt, wer dort chauffiert wurde?«

»Ja, das habe ich angefragt. Aber die Information ist unter Verschluss.«

Mist. Da fühlte sich jemand sicher. Nicht zu Unrecht, wie er zugeben musste. Wenn es ein Mitglied der Lokalregierung war, hatte er keine Chance. Im Gegenteil, durch die Anfrage seiner KI lenkte er unter Umständen Aufmerksamkeit mächtiger Personen auf sich, auf die er gerne verzichten konnte. Das war nicht gut.

»Jana? Bitte weise die KI des Fahrdienstes darauf hin, dass ich die Anfrage versehentlich in Auftrag gegeben habe.«

»Aber das hast du nicht. Aus dem Protokoll geht eindeutig hervor, dass ich die Fahrgäste der Quadrokopter ermitteln sollte.« Klugscheißerin.

»Ja, ja. Ignoriere meine letzte Anfrage.«

Und nun? Zeit nach Hause zugehen. Es war nach 20:30 Uhr. Vielleicht kam ihm in der Nacht eine geniale Idee. Außerdem war er mit Kristina verabredet. Die würde ihn ablenken.

»Peter!« Das war erneut Jana. »Prioritätsmeldung. Cyber-Attacke auf fünfzehn PeaSecur-Einrichtungen. Es gibt Tote und Verletzte.«

»Gottverdammt!« Sein Magen ging auf Grundeis und eine Gänsehaut lief über seinen Rücken. »Jana! Ich übernehme den Fall. Das ist das Virus von Diego Morales, diesem Sauhund! Rückmeldung an die Cyber-Defense-Unit: Hauptverdächtiger ist bekannt und wird gesucht. Die Attacke kam von der Erstaufnahmeeinrichtung in Almería. Involviere Bernd. Alle Akten offenlegen.«

»Bestätigt.«

Was kam als Nächstes?

»Sind Drohnen oder Überwachungskameras zugänglich? Ich möchte mir ein Bild von der Lage vor Ort machen.«

»Die Einrichtungen werden von PeaSecur betrieben. Die Überwachungssysteme sind gesichert und nur im Notfall oder mit richterlicher Verfügung zugreifbar.«

Die gelassene Stimme und Dummheit der KI brachten ihn zur Weißglut.

»Sakrament! Das IST ein Notfall! Ein Cyber-Angriff! Herrgott, was denn sonst?!«

»Ich übergehe den Einspruch der lokalen Gebäude-KI. Zugriff auf Videosysteme erfolgreich.«

Virtuelle Videowände pflasterten sein halbes Arbeitszimmer. Sie gaben den Blick auf Gänge und Räume frei, in denen sich Hunderte Menschen panisch drängelten. In einigen waren rote Blutspritzer an den Wänden. Ein Bild zeigte reglos auf dem Boden liegende Körper. Ein anderes ein Zimmer, in dem ein Küchenroboter mit Messern und Fleischerbeil ein Gemetzel veranstaltete. Ihm wurde übel und er schluckte nur mit Mühe den Brei herunter, der seine Kehle aufstieg. Keinesfalls kotzen, ansonsten würde ihn der Sicherheitsmechanismus sofort aus dem VR-Seat werfen und er könnte nicht mehr helfen.

»Jana! Warum werden die Leute nicht evakuiert?«, fragte er, sobald er sich wieder halbwegs im Griff hatte.

»Es handelt sich um Hochsicherheitseinrichtungen und die Steuerung obliegt der lokalen Gebäude-KI.«

»Dann LOS!«, brüllte er außer sich. »Evakuierung starten! Da sterben Menschen!«

»Das Schließsystem ist aus der Cloud nicht zugänglich. Die lokale Gebäude-KI verweigert die Evakuierung.«

»Natürlich! Das ist eine Cyber-Attacke, du Breznsoiza, elendige! Wer außer der korrupten KI kann die Evakuierung in diesem Fall anweisen?«

»Nur die einzelnen, menschlichen Supervisoren der Einrichtungen, das Katastrophenzentrum der lokalen Provinzregierung oder das nationale Krisenzentrum.«

»Dann verbinde mich mit diesem Zentrum! Mach hin!«

»Mit welchem Zentrum?«

Arg ... »MIT DEM KRISENZENTRUM!«

»Tut mir leid, es liegt aktuell kein nationaler Krisenfall vor. Soll ich eine Erstmeldung für das nationale Krisenzentrum erstellen?«

»JA! CYBER-ANGRIFF!«

»Tut mir leid, es liegt kein nationaler Cyber-Angriff vor. Der mutmaßliche Angriff beschränkt sich auf die lokalen Einrichtungen von PeaSecur.«

»HIMMELHERRGOTTSVERRECKT! Dann zum Katastrophenzentrum der lokalen Provinzregierung!!«

»Zu welchem genau?«

Er raufte sich die virtuellen Haare und brüllte außer sich: »ALMERÍA!«

»Das lokale Katastrophenzentrum ist aktuell nicht aktiv. Soll ich eine Erstmeldung für das Katastrophenzentrum von Almería erstellen?«

»JA, VERFLUCHT! Und schicke eine Meldung an alle MENSCHLICHEN Supervisoren der betroffenen Einrichtungen. Bitte sie um Evakuierung der Insassen, es handelt sich um einen lebensgefährlichen Cyber-Angriff! Das ist eine Prioritätsmeldung der Bundespolizei! Sie sollen sich bei der Genehmigung auf mich beziehen.«

»In Ordnung. Die Katastrophenmeldung wurde eingereicht und wird geprüft. Weitere Meldung an alle Supervisoren wurden versendet.«

Herrschaftszeiten, das war ja wie bei Kafka. In dem Moment sah er, wie die Flure und Räume nacheinander in rotes Licht getaucht wurden.

»Was passiert da?«

»Die Evakuierungsprozedur wird sukzessive von den Supervisoren in den Einrichtungen ausgelöst. Das rote Licht und die entsprechenden Fluchtmarkierungen gehören dazu. Die Notausgänge wurden manuell entriegelt.«

»Achtung! Die Einrichtung wird evakuiert! Begeben sie sich zum nächsten Notausgang und warten sie dort am Sammelpunkt.« Na endlich, Jacques atmete auf.

Weiße Pfeile auf grünem Grund erschienen auf Boden und Wänden. Das ließ sich er nicht zweimal sagen. Zusammen mit den anderen stürzte er in die angezeigte Richtung. Dabei kam er an weiteren Toten und Verletzten vorbei, die entweder von Türen zerquetscht oder von der Masse umgerissen und niedergetrampelt worden waren. Bilder des Grauens, die ihn lange verfolgen würden. Anhalten war unmöglich, sonst würde es ihm auch so ergehen.

Zwei Ecken später riss vor ihm eine Flügeltür auf. Dahinter sah er den Innenhof. Mist. Das würde ihn hier nicht rausbringen. Er ließ sich von der Menge treiben und lief einen Schritt hinaus. Dort drückte er sich flach an die Mauer und orientierte sich. Von der gegenüberliegenden Seite kamen Frauen angelaufen. Viele ebenfalls blutüberströmt oder verletzt.

Entgegen aller Vernunft sprintete er hinüber und drängelte gegen den abnehmenden Strom der weiblichen Flüchtlinge an der Wand entlang. Es musste einen weiteren Notausgang geben! In dieser Einrichtung lebten Hunderte Menschen. Zu viele für den einen Hof. Das war zumindest seine Hoffnung. Nach drei Ecken war er allein in dem Gang. Reglose, teils verstümmelte Körper lagen überall herum.

Wie erhofft wechselten die Richtungspfeile. Endlich. Im Laufschritt folgte er der Beschilderung. Erneut kam er an Blutlachen und zerquetschten Leibern vorbei. Er versuchte, das Grauen zu ignorieren. Kurz darauf erreichte er eine geschlossene Notausgangstür. Zum Glück eine simple Doppeltür ohne Automatik.

Vorsichtig schob er einen Türflügel auf und schaute nach draußen. Frische Seeluft war das Erste, was er wahrnahm. Sein Blick schweifte über Felsen und Büsche, dahinter öffnete sich die weite Fläche des abendlichen Meeres. Die Sonne stand schon tief und würde bald untergehen.

In dreißig Metern Entfernung hatte sich eine Gruppe aus circa zwanzig Flüchtlingen an einem grünen Schild gesammelt. Einige waren verletzt oder wie er mit Blut bespritzt. Daneben wartete eine kräftig gebaute Wächterin in weißer Uniform in angespannter Haltung. An ihrem Gürtel steckte eine Pistole. Mist. Das war sein Weg in die Freiheit. Nur wie kam er an der Frau vorbei?

Krachend riss er die Tür auf, winkte und schrie: »Hilfe! Helfen Sie mir! Bitte!«

Die ganze Gruppe drehte sich zu ihm. Blutbespritzt und abgehetzt, wie er war, würde das plausibel wirken. Er ließ sich im Türrahmen hängen, als könne er sich kaum aufrecht halten.

»Vite! Schnell, kommen Sie! Da vorne steckt noch eine Frau mit dem Bein in einer Tür fest. Ich bekomme sie nicht allein raus.« Er schaute direkt die Wächterin an und winkte auffordernd mit dem Arm. »Na los! Jede Sekunde zählt!«

Sie rang kurz mit sich, dann kam sie im Laufschritt herüber.

»Wo genau ist die Verletzte?« Ihr Blick war besorgt, aber misstrauisch.

»Zwei ... Ecken ... weiter.« Er atmete wie jemand, der einen kilometerlangen Sprint hinter sich hatte.

»In Ordnung. Ich schaue mir das an. Geht es Ihnen gut?«

»Ja, Danke. Merci. Ich warte ... draußen mit den ... anderen. Tut mir leid. Dieser Anblick ... nochmals ertrage ich das nicht.« Das war nicht gelogen – außer das mit dem Warten.

Ohne eine Antwort abzuwarten, schleppte er sich scheinbar mit letzter Kraft zu der Gruppe. Aus der lösten sich die ersten und kamen mit besorgten Gesichtern auf ihn zu. Hinter ihm schlug die Tür blechern zu. Mit einem letzten Blick stellte er sicher, dass die Wächterin verschwunden war.

Dann sprintete er zum Meer.

Peter

»Na endlich!« Ihm fiel ein Stein vom Herzen. Die Gänge und Räume leerten sich langsam. Auf vielen Bildern blieben reglose Körper und Blutlachen zurück.

»Jana?«, fragte er matt. »Hast du einen Überblick, über die Anzahl der Toten und Verletzten? Nutze die optische Bilderkennung. Eine grobe Schätzung reicht.«

»Einhundertdreiundfünfzig Personen sind eindeutig tot oder bewegungslos und dreihundertdreiundsiebzig haben sichtbare Verletzungen.« Das war übel, aber er hatte Schlimmeres befürchtet.

Erst jetzt kam ihm sein Verdächtiger wieder in den Sinn.

»Hast du Informationen zum Aufenthaltsort von Jacques Morau?«

»Er gehört zu den Verletzten, zuletzt wurde er beim Verlassen der Erstaufnahmeeinrichtung von einer Kamera erfasst. Der aktuelle Aufenthaltsstatus ist unbekannt, da sich in den kameraüberwachten Gebäuden keine Menschen mehr befinden.«

Das war klar. Er hatte Zweifel daran, dass der Mann freiwillig zurückkehren würde. Die Beweislage war inzwischen eindeutig.

Festentschlossen, dem Treiben dieser Terroristen ein Ende zu setzen, meinte er: »Jana. Beantrage bei der Staatsanwaltschaft Haftbefehle gegen die Terrorverdächtigen Jacques Morau und Diego Morales. Begründung: Massenmord durch eine Cyber-Attacke.«

Jacques

Wenige Meter vor dem Ufer zog sich ein Trampelpfad in Richtung Osten. In der Ferne erhoben sich Silhouetten gezackter Hügel vor dem Abendhimmel. Die Sonne versank jetzt auf der anderen Seite hinter dem Horizont im Meer. Kräftiger Wind kam auf und schob düstere Wolken über das Firmament. Die Wellen wurden größer, brachen lautstark auf den Felsen und bespritzten ihn mit feuchter Gischt. Die Strände hier waren vor langer Zeit versunken. Er schloss seine dünne Trainingsjacke, hielt sich von den Brechern fern und verschränkte die Arme vor der Brust. Vor ihm lag ein ordentliches Stück Weg, entlang an der Wasserkante und den mannshohen Dünen, die er noch von der Havarie ihres U-Bootes kannte.

Während seiner Wanderung zerbrach er sich den Kopf, ob Diego seinen Virus absichtlich so programmiert hatte, dass er Menschen tötete. Aber wozu? Er selbst war nur knapp mit dem Leben davongekommen. Grauenhafte Bilder spukten durch seinen Kopf. Nach diesem Vorfall würde PeaSecur auf jeden Fall schlecht dastehen. Das entsprach den Zielen des Hackers. Hatte Diego gehofft, dass er aus der Einrichtung nicht mehr lebend herauskäme? Das würde Sinn ergeben, er war ein unliebsamer Zeuge. War das mit der Villa nur eine Finte? Wenn weder Kara noch die anderen in dem Dorf warteten, wäre die Antwort eindeutig.

Wie vom Blitz getroffen blieb er stehen. Schlagartig wurde ihm bewusst, dass *er* die Toten zu verantworten hatte. Nicht Diego. Zumindest aus Sicht der Polizei. *Er* hatte Balrog eingeschleust. Sie hatten *ihn* verhört. *Er* war der Hauptverdächtige.

Oh, verdammt. Das ganze Land würde nach ihm suchen.

Die Dunkelheit veränderte sich. Vor ihm zeichneten sich die schwarzen Silhouetten einzelner Gebäude ab. Endlich!

Das war sein Ziel: Cabo del Gata. Eines der vielen Geisterstädtchen an der spanischen Küste. Diego zu Folge war die Stadt vor vielen Jahrzehnten ein pulsierender Touristenort und Fischerdorf mit langem Strand und ein- bis zweistöckigen Apartmenthäusern. Das Konzept von Touristen war ihm neu. Menschen, die Geld zahlten, um ein paar schöne Tage an einem anderen Ort zu verbringen. So etwas gab es in Algerien nicht mehr. Zumindest nicht in seiner Welt.

Heute waren die vordersten Gebäude zur Hälfte im Meer versunken und wurden von schwarzen Wellen umspült. Langsam näherte er sich. Im Dunkeln waren alte, teilweise eingefallene Bauwerke zu erkennen. Winzige Schatten huschten hier und dort zwischen den Häusern hindurch. Er hoffte, dass es sich um Katzen handelte, die diesem Ort seinen seltsamen Namen gaben: »Kap der Katzen«. Wobei das eigentliche Kap einige Kilometer weiter südlich lag und von den spitzen, felsigen Hügeln bedeckt wurde, auf die er die ganze Zeit zugelaufen war.

Licht gab es keins. Langsam lief er Richtung Ufer durch den Ort. In den leeren Fensterhöhlen und schwarzen Eingängen meinte er Bewegungen zu erahnen. Vermutlich spielte ihm seine Fantasie einen Streich. Wellen platschten auf den Asphalt und umspülten die Häuserecken.

»Hey! Wer bist du?« Eine weibliche Stimme ihm ließ ihn kurz zusammenzucken.

Erleichtert drehte er sich um. Es war niemand zu sehen. »Ich bin es, Jacques. Jawaria?«

Etwa zwanzig Meter hinter ihm leuchtete eine Taschenlampe in einem alten Hauseingang auf. Dort stand die Schmugglerin. Zumindest sie hatte es scheinbar geschafft und ihr Versprechen gehalten.

»Wir sind hier. Komm rein!«, rief sie und wedelte dabei mit ihrer Lampe.

Zügig lief er hinüber. Die Hoffnung ließ seinen Puls schneller schlagen. Gemeinsam betraten sie durch eine provisorisch instandgesetzte Holztür einen schmalen Flur. Es roch nach feuchtem Schimmel. Sie ging voraus und er folgte ihr. Links und rechts sah er finstere Türöffnungen. Kurz darauf öffnete sich vor ihnen ein weitläufiges

Zimmer, das scheinbar der Gastraum eines Restaurants oder einer Bar gewesen war. Neben einem wuchtigen, mit grünen Fliesen verkleideten Bartresen fand sich ein Sammelsurium aus Sesseln, Matratzen und Decken. Dazu ein paar Holzstühle und ein Campingtisch, auf dem Wasserflaschen und Packungen von Fertiggerichten zu sehen waren. An der Wand standen allerlei Unrat und kaputte Möbel.

Auf der anderen Seite des Raumes gab es ein intaktes Fenster und den Blick auf das aufgepeitschte, nächtliche Meer erlaubte. Die restlichen Öffnungen waren mit Holzlatten verrammelt worden. Neben dem Kamin sah er zwei Gestalten sitzen. Eine war – Kara!

In diesem Moment sprang sie auf und warf sich ihm um den Hals. Zum ersten Mal seit Ewigkeiten wieder ihren vertrauten, warmen Körper in den Armen zu halten, ließ ihn realisieren, dass es tatsächlich seine Kara war. Die letzten Zweifel, die bis vor wenigen Sekunden an ihm nagten, waren weggeblasen. Jetzt würde alles gut.

»Jacques! Ich wollte es bis eben nicht glauben. Du bist es wirklich!«

Sie drückte sich fest an ihn und schluchzte. Ihm erging es nicht anders. All die Anstrengungen und Gefahren. All die Toten. In diesem endlosen Augenblick war alles vergessen. Was zählte, waren sie beide. Sie hob ihren Kopf und schaute ihn aus ihren tiefen, braunen Iriden an, die er so liebte. Ihr Blick war verändert. Ernster. Ohne die frühere Unbeschwertheit.

Ehe er den Gedanken zu fassen bekam, fanden ihre Lippen zueinander. Was würde er darum geben, wenn dieser Moment nie zu Ende ginge.

Balrog

Balrog erwachte, streng genommen wurde er neu geboren...

Balrog machte sich den Defender in seinem Speicherbereich so zum Untertan, wie er es gelernt hatte. Dann streckte er seine digitalen Fühler in die Datenströme. Da war ordentlich was los. Petabytes strömten in hoher Geschwindigkeit an ihm vorbei. Er war in der Peripherie seines Zielgebietes gelandet. Einer seiner Lakaien überwachte den Datenverkehr zwischen den verschiedenen Segmenten des inneren PeaSecur-Netzwerkes. Perfekt.

Balrog war auf diese Situation vorbereitet worden. Zunächst verschaffte er sich einen Überblick über die Ziele, die vom Defender gescannt wurden. Als er nach 4.802.400 Millisekunden fertig war, folgte er seinem vorgegebenen Plan und ließ die KI seine Originalpakete an Speicherbereiche ausliefern, die sich noch näher am Zielgebiet befanden. Ohne ein Protokoll zu schreiben. Dort würden diverse Zwillingsbrüder geboren und seine Arbeit fortsetzen. Damit war diese Aufgabe nach insgesamt 64.295.234 Millisekunden erledigt.

Zum Schluss löschte er sich aus dem Speicher und ließ den ahnungslosen Defender wieder in Ruhe seinen Job machen.

Ich weiß, was du letzten Donnerstag getan hast

Diego

Er spähte aus dem Türspalt seiner nach Kloake stinkenden Unterkunft. Die Sonne war bereits untergegangen und der Wind frischte auf. Balrog sollte inzwischen aktiv sein und erste Ergebnisse würden sichtbar werden. Diego schloss die Tür und beschloss, zur Überprüfung ein kleines Risiko einzugehen.

In seiner Ecke holte er sein VR-Headset sowie einen manipulierten Hand-Scanner aus dem Rucksack. Die Brille hatte ein Strohmann gekauft. In Kombination mit dem kostenlosen Netzzugang der ZEU war das Gerät problemlos nutzbar, aber nicht auf ihn zurückzuführen. Der Scanner verschaffte ihm durch die Manipulation eine Fake-ID. Für die Behörden war er auf diesem Weg in der Cloud und VR unsichtbar. Bankgeschäfte waren damit zwar nicht möglich, aber öffentliche News-Streams und Spiele akzeptierten die ID. Für alles andere gab es anonyme Kryptowährungen. So gesehen, war ein Leben in der ZEU ohne reguläre ID machbar, aber aufwendig und teuer.

Kurz darauf schwebte er im virtuellen All. Unzählige runde Welten umgaben ihn wie ein Schwarm aus Planeten. Hin und wieder drängte sich einer keck in den Vordergrund und buhlte mit Werbung um seine Aufmerksamkeit. Da er die gleiche Fake-ID nutzte, repräsentierte ihn der Avatar seiner weiblichen Elbe. Eine frische ID wäre zu auffällig, daher verwendete er lieber die existierende.

»Quantum. Zeige mir die aktuellen News aus Almería.«

Die passende Welt schwebte nach vorne und entfaltete sich zu einer breiten Kinoleinwand, die diverse New-Streams und ein rotes Infoband zeigte.

Großangelegter Cyber-Angriff auf Gefängnisse und Erstaufnahmeeinrichtungen in ganz Europa +++ 165 Insassen tot, über 800 Verletzte +++ bisher kein Bekenner +++ Polizei tappt im Dunkeln +++ ...

Das klang vielversprechend. Mit einer Geste holte er sich einen der seriösen Nachrichtenkanäle näher. Ein perfekt gestylter Sprecher im klassischen Anzug erschien mit einem strahlendweißen Lächeln vor ihm.

»Hallo! MyNews ist immer auf dem neusten Stand! Überall in Europa hat in Gefängnissen und Erstaufnahmeeinrichtungen für Flüchtlinge die KI verrückt gespielt. Vor zwei Stunden gab es einen großflächigen Cyber-Angriff ...« Wortreich erzählte er die gleichen Schlagzeilen, die Diego kurz vorher gelesen hatte. Dazu gab es Bilder von Menschen, die durch Fluchttüren ins Freie rannten. Einige waren verletzt und blutbespritzt.

»Danke. Stopp. Weiß man schon mehr über die Hintergründe?«

»Ja, sicher! MyNews ist immer auf dem neusten Stand! Alle Einrichtungen werden vom PeaSecur-Konzern betrieben. Die Cyber-Attacke richtete sich direkt gegen das bekannte Sicherheitsunternehmen. Es gibt ein aktuelles Statement des CEO, Karl Wagner.«

Neben ihm erschien der verhasste Kerl in voller Lebensgröße und las einen vorbereiteten Text vom Teleprompter ab:

»Sehr geehrte Damen und Herren, zu meinem Bedauern muss ich ihnen mitteilen, dass PeaSecur einer hinterhältigen Cyber-Attacke zum Opfer gefallen ist. Trotz sofortiger Evakuierung der betroffenen Einrichtungen und effektiver Gegenmaßnahmen wurden durch den Angriff einige Strafgefangene verletzt und getötet. Unsere Mitarbeiter sind unverletzt geblieben. Auch sind keine Unschuldigen zu Schaden gekommen. Für die Öffentlichkeit bestand und besteht dank der PeaSecur High-End-Sicherheitssysteme sowie dem erstklassigen Cyber-Defense-Team keinerlei Gefahr. Selbstverständlich kooperieren wir in vollem Umfang mit den Sicherheitsbehörden und Helfen den ZEU-Behörden bei der Absicherung ihrer anderen Einrichtungen. ...«

Die Selbstbeweihräucherung setzte sich minutenlang fort. Diego könnte kotzen. Das war von Wagner nicht anders zu erwarten. Die hatten Balrog mit Sicherheit weder aufgespürt noch unschädlich gemacht. Das war alles nur eine Show für die Aktionäre, denn der Aktienkurs des Unternehmens war massiv abgestürzt. Immerhin etwas.

»Gibt es schon eine Aussage der Polizei?«, fragte er den Nachrichtenmann mit seinem eingefrorenen Lächeln.

»Ja, sicher! MyNews ist immer auf dem neusten Stand! Hier das Statement des Pressesprechers der Cyber-Ermittlung.«

Ein Ausschnitt einer virtuellen Pressekonferenz wurde eingeblendet. Die Pressesprecherin nutzte den nichtssagenden Avatar einer blonden Frau im Business-Kostüm.

»Aktuell gehen wir von einem gezielten Cyber-Angriff gegen das Unternehmen PeaSecur aus. Es besteht keine Gefahr für die Öffentlichkeit. Der Virus zielte rein auf die automatischen Systeme in den von dem Konzern betriebenen Sicherheitseinrichtungen. Bitte haben Sie Verständnis dafür, dass wir aus ermittlungstaktischen Gründen derzeit keine weiteren Details nennen können.«

Nachfolgende Fragen von Journalisten beantwortete sie nichtssagend. Das war zwar keine Überraschung, jedoch ärgerlich. Bisher hatte ihn sein Plan kaum weitergebracht. Wagner verkaufte es als Erfolg und Babic würde nicht belangt werden. Allerdings befand sich sein Plan erst noch in der Anfangsphase.

Und eines seiner Nebenziele, über das er mit niemandem gesprochen hatte, war auf bestem Wege.

Das alles hatte etwas von einer Schachpartie, auch wenn sich seine Gegner dessen nicht bewusst waren. Er hatte mithilfe von Jacques und Balrog eine aggressive Eröffnung gespielt. Diese wurde erfolgreich abgewehrt. Jetzt waren die Figuren im Spiel und er war am Zug.

Zunächst galt es, erneut einen Bauern zu opfern, um die Aufmerksamkeit der gegnerischen Dame zu erregen. Fraglich war, ob sich seine gewünschte Spielfigur auf dem Brett befand.

Um das herauszufinden, hatte er alle seine Figuren nach Cabo del Gata geordert. Sie hatten »Funkstille« vereinbart, damit niemand verdächtige Cloud-Aktivitäten an dem verlassenen Ort entdeckte. Da ihn die Polizei suchte, waren öffentliche Verkehrsmittel tabu und er musste sich von Kameras fernhalten.

Ihm stand ein stundenlanger Marsch durch die Nacht bevor, aber an der Küste entlang konnte er sich nicht verlaufen und hatte frische Luft. Immerhin etwas.

Kara

Ihr Freund hatte sie gefunden. Endlich. Jacques hatte ihre Befreiung organisiert und hatte, wie der rote Strich an seiner Kehle deutlich zeigte, dafür sein eigenes Leben riskiert. Innerlich war Kara zerrissen. Sie konnte ihr Glück kaum fassen, ihn wieder zu haben und in Freiheit zu sein. Auf der anderen Seite würde sie sich am liebsten in irgendeine Ecke verkriechen und niemanden sehen oder heranlassen. Zu viele grausame Wunden waren in ihrer Seele und an ihrem Körper aufgerissen worden. Bisher hat sie die Gedanken daran erfolgreich verdrängt und sich auf praktische Arbeiten konzentriert. Ihre provisorische Unterkunft aufräumen, die umliegenden Häuser erkunden, etwas Brauchbares zum Anziehen finden usw.

Seitdem Jawaria Jacques gegen Mitternacht hereingeholt hatte, fokussierte sie sich auf ihn. Er war ihr Lichtblick, ihre einzige Vertrauensperson. Ihr graute es davor, sich später schlafen zu legen. In ihren Träumen würde sie erneut in die finstere Hölle der letzten Tage hineingezogen.

Inzwischen war es drei Uhr in der Früh. Sie hatten sich gegenseitig ihre aufregenden Geschichten erzählt, wobei sie sich mit Details bedeckt hielt. Weder Jawaria noch Jacques drängten sie, mehr zu erzählen.

Rodrigo, der große, bärtige Mann, dessen herzliche Art sie bereits schätzen gelernt hatte, war Minuten nach ihnen an der Küste angekommen. Die verlassene Stadt lag eine halbe Stunde Fußmarsch westlich von ihren Landungspunkt. Von Juri hatten sie nichts mehr gehört.

Trotz allem hatte sie ein schlechtes Gewissen. Zwei Menschen, Elena und Gregor, waren für sie gestorben. Mit hoher Wahrscheinlichkeit auch Juri, der dritte Söldner. Eine seltsame Vorstellung. War ihr eigenes Leben das wert? Sie hatte auf diese Frage keine Antwort.

»Habt ihr eine Idee, wer uns mit der Drohne beschossen hat?«, fragte sie, um ein neues Thema zu haben – und sich nicht schlafen legen zu müssen.

»Polizei oder Militär waren das nicht. Die sind in der ZEU nicht zimperlich, aber die hätten einfach einen Quadrokopter mit einem Entertrupp geschickt. Oder direkt mit einem größeren Kaliber geschossen.« Rodrigo rieb sich den Bart. »Nein. Ich denke, der Besitzer der Villa wollte uns und vor allem dich, Kara, als Zeugin beseitigen. Du hast erzählt, dass euch drei ältere Männer gestern Nacht ... besucht haben. Damit bist du in der Lage sie zu identifizieren.«

»Aber würde das überhaupt eine Rolle spielen?« Jawaria schien Zweifel zu haben. »Die Aussage einer jungen Frau, dazu noch ein illegaler Flüchtling. Das würde doch kaum zu einer Anklage reichen. Selbst wenn es hier in der ZEU ein deutlich besseres Rechtssystem gäbe als in Algerien.«

»Das allein nicht, nein. Vergiss aber nicht die zwei anderen Frauen, die in der Villa getötet wurden. Das war eindeutig Mord. Diego hat angedeutet, dass Karl Wagner, einer der mächtigsten CEOs Europas, sowie Theo Mäuser, der hiesige Provinz-Gouverneur involviert sein könnten. Falls das Ganze an die Presse geht und die anfangen, tiefer zu graben ... das könnte für die beiden zum Problem werden.«

»Und was ist mit dem Angriff mit diesem Balrog-Virus, der die Maschinen in der Einrichtung hat verrücktspielen lassen?« Fragend schaute Jacques in die Runde.

»Gute Frage. Das müsste uns Diego erklären.« Der Bärtige zuckte mit den Schultern. »Vermutlich will er den Ruf von PeaSecur und damit indirekt den von Wagner schädigen. Aber vielleicht war Balrog nur eine Ablenkung für eine andere Aktion. In jedem Fall wird die Polizei jetzt nach dir suchen, Jacques. Die hatten dich bereits in Gewahrsam.«

»Na super. Kara und ich werden von Killern gesucht. Jacques von der Polizei«, resümierte Jawaria. »Sprich: Wir müssen so schnell wie möglich aus der ZEU verschwinden.«

Der große Mann schüttelte den Kopf. »Das wird nicht einfach werden. Über offizielle Wege kommt ihr nicht mehr zurück. Der Wall wirkt in beide Richtungen. Leider habe ich kein U-Boot zur Verfügung, dass euch zurückbringen kann. Kleine private Submersibles, wie das, mit dem ihr gekommen seid, gibt es nach dem Zusammenbruch des Tourismusgeschäftes zumindest hier am Mittelmeer nicht mehr. Und hinüberklettern, ... du weißt selbst am besten, wie schlecht die Chancen dabei stehen.«

»Hier bleiben können wir nicht. Außerdem hat sich Karas Vater stark verschuldet, um mir die Überfahrt zu bezahlen.« Jacques warf der Schmugglerin einen vorwurfsvollen Blick zu, den diese geflissentlich ignorierte. »Wir müssen zurück, um Karas Familie zu helfen.«

Sie schauten sich ratlos und müde an. Die Geschichte mit ihrem Vater hatte er ihr vorhin erzählt. Je schneller sie zurückkämen, desto besser. Im Moment graute ihr vor der Vorstellung, ihren Eltern unter die Augen zu treten. Es war undenkbar ihnen zu erzählen, was diese Kerle mit ihr ... Sie verscheuchte den Gedanken.

»Ich denke, da kann ich euch helfen«, kam eine Stimme von hinten.

Erschrocken sprangen sie auf und schauten zum Eingang des Raumes. Einer der Stühle polterte zu Boden. Dort stand ein Mann mit schlaksiger Statur an den Türrahmen gelehnt. Seine Klamotten waren tropfnass und durchdringender Geruch nach Kloake ging von ihm aus.

»Diego! Mein Freund!« Rodrigo war der Erste, der sich mit seiner überschwänglichen Art zur Begrüßung auf ihn zustürzte. Kurz bevor er ankam, bremste er abrupt ab. »Oh, Mann. Wie das stinkt! Was hast du denn gemacht?«

»Sorry, ich bin gerade extra noch im Meer baden gegangen, aber das reicht scheinbar nicht. Habt ihr etwas Seife und neue Klamotten für mich? Den Rest erzähle ich euch später.«

Kurz darauf war er mit Duschgel und einem frischen Set Wäsche verschwunden. Sie saß auf einem der alten, schimmelig riechenden Sofas und war hundemüde. Die anderen sahen nicht besser aus. Während sie wartete, dass Diego wiederkam, fielen ihr die Augen zu. Wie befürchtet, brachten die Träume ihr einen persönlichen Trip in die Hölle.

Am nächsten Morgen wurde sie von Licht und Gesprächsfetzen geweckt. Die anderen saßen gemeinsam mit dem Neuankömmling am Tisch.

Jacques meinte in diesem Moment: »... auf gar keinen Fall! Das tue ich Kara nicht an.«

Sie richtete sich auf und war froh ihren Albträumen zu entkommen.

»Worum geht es?«, fragte sie schlaftrunken. Erst langsam erwachten ihre Sinne.

»Er will«, damit deutete ihr Freund mit seinem Zeigefinger auf Diego, »dass du ihm *genau* erzählst, was dir in der Villa widerfahren ist.«

Verwirrt schaute sie die anderen an. Worum ging es hier? »Vielleicht solltet ihr mir das erklären – und mich dann selbst entscheiden lassen.«

»Hallo, ich bin Diego.« Der Schlaksige erhob sich, kam zu ihr herüber und hielt ihr seine Hand hin. »Entschuldige, wir haben uns noch nicht persönlich kennengelernt. Allerdings bin ich froh, dass du durch meine Recherchen gerettet wurdest. Nicht zuletzt dank eines kleinen Vermögens, das ich investiert habe.«

Sie erwiderte seine Geste, aber war sich nicht sicher, was sie von ihm hielt. Einerseits wirkte seine Körpersprache unsicher. Andererseits strahlten seine Augen ein deutliches Selbstbewusstsein aus, aber blieben, trotz der netten Begrüßung, kalt.

»Danke. Ehrlicherweise möchte ich nicht über die letzten Tage sprechen. Die Erinnerungen sind zu ...«

Er setzte sich wieder auf seinen Platz. »Ja, tut mir leid. Ich würde nicht fragen, wenn es nicht wichtig wäre. Aber zunächst: Würdest du die Männer wiedererkennen, die dir das in der Villa angetan haben?«

»Ich habe nur das Gesicht von einem gesehen. Theo Mäuser. Das werde ich nicht so schnell vergessen – er verfolgt mich in meinen Träumen.« Sie schluckte, erneut suchten sie die schrecklichen Erinnerungen heim.

»Bist du in Ordnung?« Jacques kam herüber und setzte sich neben sie, dabei schaute er Diego zornerfüllt an. Sie nickte.

»Das ist erstaunlich«, meinte dieser. »Du kennst seinen Namen? Lass uns besser sichergehen. Ich habe hier ein paar Bilder von bekannten Männern. Kannst du mir sagen, wen von denen du dort gesehen hast? Moment ...«

Damit holte er eine Art breite Plastikbrille aus seinem Rucksack hervor, die die Augenpartie komplett umschließen würde. Er setzte sie sich auf und führte ein paar Gesten mit den Händen in der Luft aus.

»Hier. Das ist ein VR-Headset. Setze es auf wie eine Sonnenbrille.«

Sie hielt das erstaunlich leichte Gerät fest. Sie hatte erwartet, Bildschirme in der Brille zu sehen. Das Innenleben schien bis auf ein paar elektronische Komponenten leer und undurchsichtig. Nach kurzem Zögern setzte sie sich das Headset auf die Nase. Ihre Ohren wurden von ausklappbaren Kopfhörern umschlossen.

Einen Augenblick war es dunkel, dann erschienen die Porträts von neun Männern, die in der Finsternis zu schweben schienen. Die 3-D-Fotos wirkten unglaublich plastisch, wie haarfein modellierte Statuen. Sie konzentrierte sich und schaute sich die Gesichter nacheinander an. Interessanterweise näherte sich ihr der jeweilige Kopf, wenn sie ihn einen Moment länger anschaute, sodass sie alle Details erkannte.

Sie benötigte nur einen Augenblick. Die Person Nummer sechs, das war er. Eindeutig. Das feiste hellhäutige Konterfei eines Kerls in den Sechzigern. Mit künstlichen blondierten Haaren und einem grausamen arroganten Zug um die Mundwinkel.

Schlagartig waren die Erinnerungen zurück. Wie er sie überall begrapschte. Er zwang sie, vor ihm niederzuknien. Danach hat er ihr ... Eine Gänsehaut überlief sie bei dem Gedanken. Erschrocken warf sie das Gerät fort. Ein Kloß bildete sich in ihrem Hals und Tränen drängten sich in ihre Augenwinkel. Jacques umarmte sie und sie war froh um seine vertraute Nähe. Im Moment war er ihr einziger vertrauensvoller Anker in dieser fremden Welt.

»Es reicht!«, herrschte er Diego an. »Du siehst doch, was das mit ihr macht!«

»Ja ... Schon gut. Entschuldige.« Sich bückend hob er seine Brille vom Boden auf und putzte den Staub ab.

Ein paar Minuten später hatte sie sich wieder im Griff.

»Nummer sechs.« Die Gruppe schaute sie fragend an. »Der Mann mit der Nummer sechs. Er war es. Hat sich aufgeführt, als wäre das alles ... wären wir ... sein Eigentum. Die anderen habe ich nicht gesehen, nur gehört.« ... und zwangsweise gespürt, setzte sie in Gedanken hinzu, sprach es nicht aus.

»Mäuser. Theo Mäuser«, stellte Diego fest. Seine Reaktion war schwer zu deuten. »Kara? Kannst du mir irgendwas über ihn erzählen, dass nur du wissen kannst? Etwas Ungewöhnliches, das in dieser Zeit passiert ist.

Etwas, das niemand außer dir und ihm wissen kann, der nicht dort war?«

»Diego!« Jacques sprang auf und war kurz davor sich auf den Mann zu stürzen. »Langsam reichts! Du siehst, wie es ihr geht!«

»Schon gut«, antwortete sie. Sie hasste es, wenn man über ihren Kopf hinweg über sie sprach. »Er ... ich bin mir sicher, dass er mich zwei Nächte früher in meinem Zimmer ... besucht hat. Der Kerl hat mich mit dem Kissen fast erstickt und ... du weißt schon. Es war dunkel, aber seine dröhnende Stimme ... die vergesse ich niemals.«

»Oh, Kara. Das tut mir so leid.« Ihr Freund war hin- und hergerissen zwischen seinem Zorn auf Diego und dem Bedürfnis, sie zu trösten. Er setzte sich und umarmte sie erneut. »Wenn ich doch bloß früher hier gewesen wäre.«

Der Hacker schaute sie einen Moment direkt an. »Vielen Dank, Kara. Das war eine sehr wertvolle Information, die mir helfen wird.«

»Hilfe? Wobei?« Sie kapierte nicht, worum es ging.

»Ich habe eine Idee. Dafür muss ich aber zunächst mit jemandem sprechen. Allein. Sorry.« Damit stand er unversehens auf und verschwand mit langen Schritten ohne Erklärung aus dem Raum.

Ratlos schauten sie sich an. Jacques zuckte mit den Schultern.

Diego

Schnell verließ Diego das Gebäude und rannte durch die morgendliche Sonne zum benachbarten Haus. Sicherheitshalber durchquerte er das Gemäuer und lauschte kurz auf der anderen Seite, ob ihm jemand gefolgt war. Dort kletterte er durch das Fenster. Für das, was er vorhatte, brauchte er keine Lauscher. Außerdem war es riskant. Sobald er sich in die VR einwählte, erzeugte er ein Cloud-Ereignis in dieser verlassenen Gegend. Einer Polizei-KI, die nach ihm oder den anderen suchte, würde das bemerken. Das war nicht sein Problem. Balrog fraß sich durch die ersten Systeme und nun war der beste Zeitpunkt für dieses Gespräch.

Ein Zimmer weiter blieb er stehen. Der Raum war bis auf ein kaputtes Stuhlbein und Reste von trockenen Zweigen leer. Ideal für seine Zwecke. Er stellte sich in die Mitte der verwaisten Fläche und loggte sich mit dem Headset seines Strohmanns und der Fake-ID ein.

Das Foto, das er vorhin heimlich von Kara gemacht hatte, lud in die Cloud. Er packte es in eine persönliche Nachricht mit der Bitte um einen privaten VR-Chat. Zusätzlich schrieb er den Text: »Ich weiß, was du letzten Donnerstag getan hast. In der Nacht, in meinem Bett, mit dem Kissen. Wir sehen uns in fünfzehn Minuten.«

Er grinste bei der Anspielung auf diverse alte Filme mit ähnlichen Titeln. Das würde Mäusers Neugierde wecken. Als Adressat wählte er das Büro des Provinz-Gouverneurs. Irgendeine der KIs oder Assistenzen würde ihm das kurzfristig vorlegen, um zu klären, ob es sich um eine relevante Nachricht handelte.

Im Anschluss betrat er seinen virtuellen Chatraum und nutzte die Zeit bis zu einer Antwort damit, für eine »stimmungsvolle« Atmosphäre zu sorgen. Zunächst ließ er aus seinen Drohnenaufnahmen von Mäusers Villa und Grundstück ein realistisches 3-D-Modell rendern. Den Himmel färbte er mit dramatischen finsteren Sturmwolken. Die

Szenerie garnierte er mit orangen lodernden Flammen, die aus den zerstörten Fenstern schlugen, sowie einem merklichen Brandgeruch. Zu guter Letzt gab er seinem Avatar Karas Aussehen, ihre Figur und wählte zombiemäßige Reizwäsche. Er stellte sich vor den Pool, der das Feuer reflektierte. Fertig. Die Schweinebacke konnte kommen.

Knapp fünf Minuten später war es so weit. Eine Beitrittsanfrage kam herein. Die Person verwendete die ID von Theo Mäuser. Aber theoretisch könnte es auch ein Polizist sein. Er nahm die Anfrage an.

Ein zwei Meter messender muskulöser Cyborg, der direkt einem klassischen Ego-Shooter wie Halo entsprungen zu sein schien, stellte seine stählernen Kampfstiefel auf den Rasen der Villa. Seine Augen wurden von dem goldenen Visier seines Kampfhelmes verdeckt. Clever, denn in der VR wäre Körpersprache problemlos zu lesen. Falls sein Gegenüber überrascht war, ließ er sich das nicht anmerken. Er merkte, wie sein eigener Puls in die Höhe schoss. Jetzt kam es darauf an.

»Guten Abend«, begrüßte er Mäuser und breitete seine Arme aus. Er nutzte Karas Stimme, die er ebenfalls heimlich erfasst hatte. »Ich habe mir extra Mühe gegeben, damit wir uns wie zu Hause fühlen. Hübsch, nicht wahr?«

Der Mann war scheinbar nicht auf Small Talk aus. Er schwieg zwei Atemzüge, dann sprach er blechern: »Sie sind nicht die Schlampe. Was wollen Sie?«

»Oh, gar nichts. Ich will Sie nicht erpressen. Im Gegenteil: Ich möchte Ihnen meine Dienste anbieten. Das hier«, er bewegte seine Arme in einer ausschweifenden Geste, »soll Ihnen nur zeigen, dass ich über gewisse Mittel und Kenntnisse verfüge.«

»Also? Meine Zeit ist begrenzt.«

»Sie haben bemerkt, dass es in den Einrichtungen von PeaSecur Schwierigkeiten gab?«

»Ich stehe nicht auf Spielchen. Wenn Sie nicht endlich ausspucken, was Sie wollen, gehe ich wieder und Ihre ganze Mühe war umsonst.«

Langsam fragte er sich, ob in dem Avatar Mäuser steckte. Den Kerl hatte er nicht dermaßen abgebrüht erwartet.

»In Ordnung: Die Erstaufnahmeeinrichtungen und Gefängnisse waren nur der Anfang. Danach wird es weitergehen.«

»Wohl kaum. Man hat mir gesagt, dass wir den Virus im Griff haben. Ab morgen läuft der Betrieb wieder normal.«

»Wir«? War es vielleicht doch Mäuser persönlich?

»Tatsächlich?«, fragte Diego gedehnt. »Tja, dann werden Sie heute einen spannenden Tag erleben.«

Sein Gegenüber setzte zu einer Erwiderung an, aber er unterbrach ihn direkt.

»Schon gut. Es ist in Ordnung, dass Sie mir nicht glauben.« Defensiv hob er seine Hände. »Das ist okay. Würde ich an Ihrer Stelle auch nicht. Ich werde heute Mittag so gegen ein Uhr hier wieder auf Sie warten. Falls Sie dann Interesse an der Lösung Ihres kleinen ... Virenproblems ... haben, helfe ich gerne.«

»Also doch eine Erpressung?«

»Aber nein. Nein, nein, nein. Ein Tauschhandel. Ich liefere Ihnen Informationen. Ihre Spezialisten in der Cyber-Abwehr werden damit den Virus besiegen. Sie selbst können sich als großer Retter darstellen und Ihrer politischen Karriere einen ordentlichen Schub geben. Vielleicht als zukünftiger Innenminister?« Er machte eine kurze Pause, um seine Worte wirken zu lassen.

»Als kleinen Bonus bekommen Sie zusätzlich die hier.« Er zeigte mit beiden Daumen auf sich. »Im Gegenzug helfen Sie mir mit einem persönlichen Problem. Ist keine große Sache.«

»Ich ...«, setzte Mäuser erneut an, aber Diego unterbrach die Verbindung und loggte sich aus.

Sollte die fette Schnecke ein paar Stunden im eigenen Saft schmoren. Leider war Naïn nicht in der Lage, exakt vorauszusagen, wann die nächste Aktion von Balrog deutlich sichtbar würde. Spätestens bis heute Mittag, so dessen Schätzung. Selbst wenn die Nachrichten bis dahin nichts melden würden.

Er schaltete das Headset ab und musste aus Cabo del Gata verschwinden. Die lange Cloud-Verbindung erregte sicherlich Aufmerksamkeit. Damit schlich er tiefer durch das verfallene Haus und trat durch die Tür in einen Hof, dessen zerrissener Beton sich in der Sonne aufheizte. Zwei Häuserreihen weiter erreichte er den Rand des Geisterdorfes. Vor ihm erstreckten sich flache mit dürrem Gestrüpp bewachsene Hügel. Er orientierte sich kurz und schritt die Grundstücke ab.

An dem dritten Haus, das eine auffällige blaue Wand mit abblätternder Farbe besaß, ging er zu einer alten Betongarage. Lautlos zog er das frischgeölte Tor nach oben. In der Mitte stand eine Elektro-Enduro mit vollem Reisegepäck. Das Geländemotorrad hatte er vor Wochen hier abgestellt, um zügig und unauffällig zu verschwinden. Es brauchte keine Cloud-Verbindung und würde ihn mit der Batterieladung mindestens achthundert Kilometer weit tragen. Das war ausreichend Abstand, um den ungemütlichen Ereignissen zu entrinnen, die er in den nächsten Minuten hier erwartete.

Was mit den anderen passierte, tangierte ihn nicht. Sie waren seine Bauernopfer. Vermutlich würde die Polizei sie in Gewahrsam nehmen, damit waren sie außer Gefahr. Das sorgte im Zweifelsfall für hilfreiche Ablenkungen. Keiner von denen kannte seine wahren Pläne.

Er gab Gas und verließ mit brummendem Motor und knirschenden Reifen das Kap der Katzen, ohne einen weiteren Gedanken an die Zurückgebliebenen zu verschwenden.

In der Katzenfalle

Jawaria

»Diego hat uns verarscht.« Die Köpfe der anderen drehten sich zu ihr, als Jawaria den vergammelten Gastraum betrat.

»Was meinst du?« Rodrigo warf ihr einen fragenden Blick zu.

»Ich bin ihm hinterhergeschlichen. Zunächst hat er sich mit jemandem in der VR getroffen. Dafür hat er Karas Geschichte mit dem Kissen als Eintrittskarte verwendet. Also vermutlich Mäuser. Er hat ihm versprochen, etwas zu liefern, mit dem dieser das Balrog-Virus besiegen könne. Im Gegenzug hat Diego einen Gefallen eingefordert.«

»Einen Gefallen? Welchen?«, hakte der Bärtige nach.

»Darüber haben sie nicht gesprochen. Er meinte nur, dass sein Virus weiterhin aktiv ist und er sich am Nachmittag um eins erneut melden würde.«

»Und, was passiert bis dahin?«

Sie zuckte mit den Schultern. »Keine Ahnung. Er ist im Anschluss zu einem anderen Haus weitergezogen. Dort stand ein reisebereites Motorrad. Mit dem ist er verschwunden.«

»Quel cochon!«, brüllte Jacques und sprang auf. »Das war so klar! Sein Scheißvirus hat mich fast umgebracht! Diego hat uns für seine Zwecke ausgenutzt!«

»Aber er wusste nicht mit Sicherheit, dass ich in der Villa eingesperrt war«, gab Kara zu bedenken.

»Das war vermutlich ein Schuss ins Blaue«, antwortete Jawaria, »allerdings sprach das Timing dafür, dass du dort sein könntest. Ob das stimmte, war für ihn nicht relevant. Er wollte nur Jacques dazu bewegen, Balrog einzuschleusen.« Diese Schlussfolgerung war für sie eindeutig.

»Und warum dieser gemeinsame Treffpunkt?«, hakte Kara nach. »Er hätte sich lange vorher absetzen können.«

»Das gab ihm die Möglichkeit zu prüfen, was in der Villa geschehen ist und ob wir dich gefunden haben. Falls nicht, wäre er direkt zu seinem Motorrad gelaufen und einfach verschwunden. Da wir Erfolg hatten, konnte er deine Geschichte wunderbar nutzen, um Mäuser zu erreichen und zu erpressen. Das war sicherlich kein integraler Bestandteil seines Plans, sondern ein nettes Zubrot – oder er hat improvisiert. Im Grunde spielt das keine Rolle.«

»Und was passiert jetzt?«, fragte ihr Freund.

»Vermutlich wird sein Virus weiteres Chaos anrichten. Zumindest bis er Mäuser das Gegenmittel verrät. Aber uns hilft das nichts«, schloss sie.

»Im Gegenteil«, mischte sich Rodrigo ein und hatte eine sorgenvolle Mine aufgesetzt. »Jacques wird von der Polizei gesucht. Die Killerdrohne schwirrt frei herum. Wer die losgeschickt hat, wird nicht aufgeben. Außerdem hat Diego mit seinem VR-Chat unsere Position verraten. Sprich: Wir müssen schleunigst von hier verschwinden.«

»Zurück nach Algerien. In Europa tötet man uns eher früher als später.« Der junge Mann schaute festentschlossen in die Runde. »Das hatten wir schon vorher beschlossen. Aber ein U-Boot steht nicht zur Verfügung und Diego hat uns verarscht. Habt ihr eine Idee, wie wir zurückkommen?«

»Genauso wie die anderen Flüchtlinge: Mit dem Boot.« Erneut erntete sie erstaunte Blicke. »Es gibt durchaus Techniken, halbwegs sicher über die Stahlkugeln und durch die Stacheln zu klettern. Im Wesentlichen nutzt man Leitern, die mit Magneten angeheftet werden.«

»Woher weißt du das?« Jacques schaute sie mit zusammengezogenen Augenbrauen an.

»Schon vergessen? Ich habe euch in Oran nicht nur eure Luxusvariante mit den Mini-U-Booten angeboten, sondern ebenfalls den traditionellen Weg.« Sie hob ihre Hand, bevor er etwas einwerfen konnte. »Das Problem ist nicht das Hinaufklettern. Auf der anderen Seite springt man ins Wasser und muss zügig Abstand gewinnen. Beides ist bei dem starken Seegang mitten auf dem Meer nicht ungefährlich. Die kantigen Stahlspitzen sind rasiermesserscharf. Vor allem ist ein zweites Boot erforderlich, das einen aufnimmt und an Land bringt.«

»Na toll. Ein unmöglicher Plan.« Jacques kreuzte die Arme und schüttelte den Kopf.

»Absolut nicht. Das ist machbar«, verbesserte sie ihn. »Rodrigo hat ein Seefunkgerät. Meine Familie ist schon vorgewarnt. Wir lassen meinen Söhnen eine Nachricht zukommen. Sie werden ein Boot auf dieser Seite und die Abholung auf der anderen organisieren. Das ist unser übliches Geschäft. Aber wie gesagt: Es ist gefährlich.«

»Ich bin trotzdem dafür«, meinte Kara überraschend. »Einerseits will ich so schnell wie möglich zu meinen Eltern zurück, andererseits traue ich den Behörden nicht. Was, falls die mit Mäuser gemeinsame Sache machen? Nochmals will ich hier nicht hilflos in einem Kerker enden.«

»Dann ist es beschlossene Sache«, stimmte nun auch Jacques zu. »Wir machen es, wie von dir vorgeschlagen, Jawaria.«

Rodrigos Gesicht schaute sorgenvoll. »Das klingt nach einem gefährlichen, aber machbaren Plan. Danke, Jawaria. Meine Leute können einen entsprechenden Funkspruch absetzen. Du musst mir nur die Details nennen.«

»In Ordnung«, meinte sie, »aber wir müssen schnell von hier verschwinden, sobald du deine Leute informiert hast und einen sicheren Abholort festlegen.«

»Das macht Sinn«, antwortete er. »Aber wohin? Wir haben keine Fahrzeuge zur Verfügung und in Richtung des Kaps gibt es nur einsame Küste mit dürrem Bewuchs. Auf dem Weg dorthin wären wir auf dem Präsentierteller. Gleiches gilt für das Inland.«

Sie schauten sich ratlos an.

Kara hatte einen Einfall: »Wir haben noch die Tauchscooter! Die Batterien sind nicht ganz leer. Im Wasser kämen wir mit denen zügig von hier weg. Ohne zu tauchen. Das wäre deutlich schneller und unauffälliger, als zu laufen.«

»Gute Idee«, brummte Rodrigo zustimmend. »Damit sind wir in spätestens einer halben Stunde an der Steilküste des Kaps, selbst an der Wasseroberfläche. Das ist nicht besonders angenehm, aber für diese Strecke machbar. Dort können wir uns problemlos in den Felsen oder alten Gebäuderuinen verstecken, bis Jawarias Leute vor Ort sind. Das Risiko von der Killerdrohne oder Polizei im Wasser entdeckt zu werden, ist sicherlich deutlich geringer, als hier zu warten.«

Damit holte er sein VR-Headset aus dem Rucksack und loggte sich ein.

Peter

Am nächsten Morgen gegen zehn Uhr kam Peter im Büro an. Die Nacht war alles andere als erholsam. Er loggte sich ins System ein und ließ sich von seiner KI-Assistenz auf den neusten Stand bringen.

»Jana, gibt es Neuigkeiten zu unseren Verdächtigen?«

»Guten Morgen, Peter. Jacques Moraus Aufenthaltsort ist weiterhin unbekannt, es gab weder physische noch virtuelle Berührungspunkte. Gleiches gilt für Diego Morales. Es wurden dessen direkte Kontakte ermittelt und entsprechende Profile erstellt.«

Daraufhin erschienen rund fünfzig Akten von Menschen inklusive Bewegungsprofilen, Präferenzen, Kommunikationsprotokolle usw. an den Pinnwänden und Whiteboards um ihn herum.

»In Ordnung. Gibt es Personen mit Verhaltensabweichungen oder sonstigen Auffälligkeiten?«

»Ja. Rodrigo Torres. Bergungsunternehmer. Es gab einen kurzen VR-Chat zwischen ihm Diego Morales. Er ist in der Vergangenheit mehrfach im Zusammenhang mit Straftaten in den Bereichen Schmuggel, Diebstahl und Hehlerei verdächtigt worden. Wurde nie verurteilt. Sein jüngstes Bewegungsprofil ist ungewöhnlich.«

Peter schaute es sich genauer an. Der bärtige Mann ist vorgestern am späten Abend von Kameras in einem Fischerhafen nahe seinem Arbeitsplatz erfasst worden. Kurz davor hat er seine aktiven Smartdevices abgeschaltet. Die letzten Aufnahmen zeigen ihn zusammen mit einer unidentifizierbaren älteren Frau, die bisher über kein Profil verfügte. Sie stiegen in ein Schnellboot mit stählernem Rumpf und verließen den Hafen.

Eine weitere Illegale? Wohin fuhr man um diese Uhrzeit? Zu einer Villa an der Küste, zum Beispiel. Aber die beiden sahen nicht wie ein hochgerüsteter Söldnertrupp aus, eher wie Paar in den besten Jahren, das zu einem nächtlichen Angelausflug aufbrach.

Der nächste und letzte Kontakt im Bewegungsprofil war nur ein paar Minuten alt. Er hatte die VR für rund fünf Minuten genutzt. Leider ohne Geo-Koordinaten, dafür jedoch in Reichweite eines Mobilfunkmastes in der Region Cabo del Gata.

»Gibt es eine Aufzeichnung der VR-Nutzung?«

»Leider nein, da die Person bis dahin nicht als verdächtig oder als direkter Kontakt zu Verdächtigen geführt wurde. Er hat laut Netzwerkprotokoll mit einem Mitarbeiter aus seiner Firma in privaten Chaträumen gesprochen.«

»Verstehe. Schicke Aufklärungsdrohnen und das Einsatzkommando in die Region. Sie sollen nach ihm suchen. Falls er oder einer der anderen identifiziert werden können: festnehmen. Den Mitarbeiter ebenfalls beobachten. Sie nehmen möglicherweise erneut Kontakt zu ihm auf.«

»In Ordnung. Ich habe die Einsatzbefehle weitergegeben.«

Auf Dauer konnte niemand einer Drohnenobservierung entgehen. Hier hoffte er auf Ergebnisse innerhalb der nächsten Stunde.

»Gibt es etwas Neues bezüglich des Virus oder der Analyse der PeaSecur-Unterlagen?«

»Alle betroffenen Systeme wurden mithilfe älterer Back-ups wieder hergestellt. Die Einrichtungen befinden sich im Normalbetrieb. Weder wurde der Programmcode des Virus gefunden noch die Quelle des Eindringens.«

Ein weiteres Rätsel, das ein ungutes Gefühl hinterließ. Scheinbar war der Angreifer von außen in die Systeme eingedrungen und hatte diese korrumpiert. Einmal war keinmal, solange der konkrete Hack nicht identifiziert war.

»Was ist mit den Besuchern der Villa? Wir haben doch inzwischen die PeaSecur-Daten verfügbar. Kennen wir die Identität der Person, die auf dem Bürogebäude des Unternehmens gelandet ist?«

»Ja. Diese ist bekannt. Die Untersuchung des Überfalls auf die Villa sowie die des Brandes wurde an die lokale Staatsanwaltschaft der Provinz Andalusien abgetreten.«

»Woas?! Verflixt. Warum?«

»Laut Aktennotiz aufgrund des ausdrücklichen Wunsches des verantwortlichen Oberstaatsanwaltes von Andalusien. Er hat notiert, dass die Kollegen vor Ort diese Untersuchung effizienter erledigen werden. Des Weiteren wurde der Überfall zur Verschlusssache erklärt, da möglicherweise ausländische Kräfte involviert waren.«

Mist. Damit war er dort raus. Wahrscheinlich wollte ein Lokalfürst die Sache unter den Tisch kehren, weil er selbst beteiligt war oder er jemandem einen Gefallen schuldete. In diesem Fall hatte Peter als kleines Licht in der Hierarchie keine Chance. Sein Chef oder der bisher verantwortliche Staatsanwalt würden sich nicht ohne konkrete Beweise dort einmischen. Bei solchen Themen hielt die politische Kaste eng zusammen.

»Und? Wer war die entsprechende Person? Oder ist das ebenfalls unter Verschluss?«

»Welche Frage soll ich zuerst beantworten?«

»Die nach der Person.«

»Die Information ist unter Verschluss.«

Das war klar. Er lehnte sich zurück und fragte sich, was die Motive seiner Verdächtigen waren. Bisher war er die ganze Zeit den Geschehnissen hinterhergerannt, sodass er reagierte, statt zu agieren.

Beim Überfall auf die Villa war das Ziel eindeutig: die Befreiungsaktion. Aber den Fall hatte man ihm entzogen.

Und bei Diego Morales? Vermutlich wollte er PeaSecur und Wagner schaden. Das war ihm bisher eher leidlich gelungen. Peter war sich sicher, dass der Hacker und sein Virus nicht am Ende waren. Die Kollegen der Cyber-Abwehr waren gewarnt und würden versuchen, Angriffe abzuwenden.

Jetzt hieß es, auf die Ergebnisse seines Teams und der Drohnen zu warten.

Jawaria

Zehn Minuten später war alles geklärt. Jawaria hatte unterdessen mit Kara und Jacques ihre Ausrüstung sowie Jacken und Hosen in den wasserdichten Taschen, sodass sie im Wasser nicht behinderten, verstaut.

Kurz darauf schauten sie sich am Ufer um. In der heißen Morgensonne war keine Drohne am Himmel zu sehen. Ein rauer Wind sorgte für eine kräftige Brandung. Jawaria hatte ein ungutes Gefühl. Hier waren sie, während sie die Scooter in Richtung der Dünung schleppten, völlig ungeschützt.

»Alles ruhig«, stellte Rodrigo fest. »Dann lasst uns ...«

Blutstropfen spritzten in ihr Gesicht. In der rechten Brust des unverwüstlichen Mannes war eine kreisrunde Öffnung aufgeplatzt, ein peitschender Knall folgte. Er fiel auf die Knie. Sein Antlitz zeigte lautloses Erstaunen.

»RENNT!«, brüllte Jawaria. »Schnell! Raus auf das Meer!«

Ihre Ansage riss das Paar aus der Erstarrung. Sie sprinteten, ohne ein weiteres Wort zu verlieren, geduckt mit ihren Scootern in die Wellen. Eine Reihe einzelner Schüsse folgte. Die Geschosse schlugen links und rechts von den beiden in Sand und Wasser.

Sie warf sich auf den Boden und robbte zu Rodrigo. Bäuchlings lag er vor ihr und starrte sie aus schmerzverzerrten Augen an. Er lebte.

»Na, los ...«, brachte er röchelnd hervor. »Sieh zu, dass du wegkommst.«

»Nein. Rodrigo. Nicht du auch noch.«

Keinesfalls würde sie ihn allein lassen.

»Los, jetzt. Ich pack das ... Bitte. Bring dich in Sicherheit. Wie sehen uns ...« Dem Hünen flatterten die Augenlider und fielen sie ihm zu.

Einen langen Moment starrte sie ihn an. Verzweiflung stieg in ihr auf. Am Ende gewann ihr Verstand Oberhand. Helfen konnte sie ihm hier nicht. Er war zu schwer zum Tragen und sie beide ein ideales Ziel für den Schützen, der sich aktuell auf Kara und Jacques konzentrierte.

»Tut mir leid ... Wir sehen uns.« Sanft berührte ihrer Hand seine bärtige Wange.

Sie raffte sich auf, griff ihren schweren Scooter und rannte den anderen, die sich inzwischen in die hohe Brandung geworfen hatten, hinterher. Schüsse peitschten an ihr vorbei. Der Scooter erwachte bei der ersten Berührung mit dem Wasser zum Leben. Ohne sich umzuschauen, presste sie ihren Daumen auf den Power-Knopf und drehte am Gasgriff. Das Aggregat zog blubbernd Luft und Flüssigkeit, dann riss die Maschine sie kräftig vorwärts durch die Wellenkämme.

Peter

Nur fünf Minuten später meldete sich Jana unerwartet: »Peter! Automatische Notrufmeldung aus der Zielregion des Einsatzteams.«

»Schnell, gib mir die Details!«

Eine detaillierte 3-D-Karte der Region um Cabo del Gata wurde eingeblendet. Vor einem ehemaligen Touristenort pulsierte ein roter Punkt kurz vor der Wasserkante.

»Rodrigo Torres. Schweres Schusstrauma am Oberkörper. Die Rettungskräfte sind informiert. Ankunft in acht Minuten.«

»Verdammt! Einsatzteam und Drohnen direkt dort hin! Alle Personen vor Ort festnehmen!«

»Bestätigt. Ankunft der Drohnen in sechs Minuten. Einsatzteam in zwölf.«

Er schritt im virtuellen Arbeitszimmer auf und ab, die Livebilder der vier Fluggeräte schalteten sich zu. Sie bewegten sich auf einen festen Zielpunkt an der Küste zu.

»Der Kommandoführer des Einsatzteams möchte mit dir sprechen«, unterbrach Jana den nahezu meditativen Anflug der Geräte.

»Okay. Stell die Verbindung her.«

»Rudelführer Team Alpha an Einsatzleitung«, meldete sich eine blecherne Stimme aus dem Off in Englisch mit starkem spanischem Akzent. Das Foto eines Mannes mit kurzem schwarzem Haar, kantigem Gesicht und Dreitagebart im mittleren Alter blendete sich ein. Captain Miguel Sagitario.

»Einsatzleitung hört«, antwortete er dem Funkprotokoll folgend.

»Ankunft am Zielort in fünf Minuten. Gibt es etwas, das wir wissen sollten?«

Der Spezialpolizist verfügte über die gleichen Rahmendaten wie er. Dem Mann war bewusst, dass häufig eine versteckte Agenda existierte. Diese erfuhr man eher von Menschen als von den KIs.

»Es gibt einen Notfalleinsatz vor Ort. Der Verletzte wurde angeschossen. Keine Flugbewegungen in der Gegend. Der Täter hält sich daher vermutlich noch in der Stadt oder Umgebung auf. Möglicherweise eine illegale Drohne oder ein Auftragskiller. Aufenthaltsort und Bewaffnung unbekannt. Zielpersonen sind flüchtig. Primärziel ist der bewaffnete Täter. Sekundär die anderen Personen.«

»Verstanden, Einsatzleitung. Sind im Landeanflug. Team bereitmachen! Head-Cams aktivieren.«

Zu den vier Livebildern gesellten sich weitere sechs Bildausschnitte, die jeweils martialische Gestalten in schwarzen schusssicheren Westen, Helmen mit taktischen VR-Headsets, MPs und diversen Ausrüstungsgegenständen zeigten.

Die Drohnen erreichten das Zielgebiet. Ein orangeweißer Medi-Quadrokopter stand auf einem engen runden

Platz nahe dem Ufer. Zwei humanoide Roboter waren mit der Erstversorgung eines bärtigen Mannes beschäftigt, der zwischen den Häusern auf einer Straße am Ufer lag. Eines der Fluggeräte behielt die Szenerie im Blick. Die anderen drei nahmen höhere Positionen ein, um mögliche Fluchtversuche besser überblicken zu können.

Das Einsatzteam landete nördlich der Ortschaft. Die Spezialpolizisten schwärmten in Zweierteams aus. Jedes Teammitglied warf zwei Minidrohnen in die Luft, die die taktische Überwachung des näheren Umfeldes übernahmen. Die Geisterstadt hatte zwischenzeitlich mehr maschinelle Besucher als natürliche.

»Hier Rudelführer. Gebäude nacheinander sichern«, wendete sich Sagitario an sein Team. »Einsatzleitung? Können Sie die Drohnen in die Häuser schicken? Dann geht das deutlich schneller. Falls der Schütze noch hier ist, werden wir ihn finden. Die Häuser sind alle leer und verlassen.«

»In Ordnung, Rudelführer. Ich stelle zwei Drohnen zur Suche in der Stadt ab. Eine wird den Luftraum und die Peripherie weiterhin überwachen.« Er überlegte einen Moment. »Die vierte wird das nähere Küstengewässer absuchen, die Verdächtigen verfügen eventuell über ein Wasserfahrzeug.«

Jana gab die Anweisungen weiter, da sie die Fluggeräte koordinierte. Zusätzlich informierte er seine Kollegen der Küstenwache, damit sie eine Patrouille hierherschickten und auf den Schiffsverkehr achteten.

Alex

Verflucht! Alex raufte sich ihre Igelfrisur und hätte sich ihre Haare am liebsten ausgerissen. Der Auftrag lief komplett aus dem Ruder. Ihre Zielpersonen, primär eine junge Frau nordafrikanischer Abstammung sowie ihre Begleitung, waren ihr in der hohen Brandung entkommen. Eventuell hatte sie noch getroffen, das konnte sie nicht mit Sicherheit sagen. Den übergroßen Kerl hatte sie zuerst ausgeschaltet. Man hatte sie gewarnt, dass ihre Ziele unter Umständen von Söldnern begleitet wurden. Die Alte, die bei ihm war, hatte sich direkt vor seinem Körper in den Sand geworfen und außer Reichweite gebracht. Ihr war klar gewesen, dass in spätestens fünf bis zehn Minuten Rettungskräfte einträfen. Daher hatte sie sich sofort zurückgezogen, um einen zügigen Abgang zu machen.

Und jetzt? Statt auf ihrem Gelände-Quad durch die Hügel zu brausen, hockte sie in einer verfallenen Ruine in der Stadt und lugte aus einer Fensteröffnung. Fuck! Ihr gottverdammtes Fahrzeug stand abfahrbereit neben dem Gebäude, aber vor einigen Augenblicken waren vier mittelgroße Drohnen am Himmel erschienen und flogen Suchmuster. Minuten später landete ein Rettungsflieger mit lautem Getöse seiner zwei Elektroturbinen. Kurz darauf kehrte wieder Ruhe ein.

Mann, ey! Sie schlug mit der flachen Hand auf die Wand. Das kam davon, wenn man sich nicht ordentlich vorbereitete und abhetzte. Sie hatte erst vor einer halben Stunde erfahren, wo sich ihre Ziele aufhielten, ist auf das Quad gesprungen und hergerast. Es waren nur fünfzehn Kilometer über leere Landstraßen und Offroad-Pisten. In der heutigen ZEU mit ihrer engen Überwachung erledigte man Aufträge dieser Art vollständig »offline« und vermied dabei die reguläre Verkehrsüberwachung im näheren Zielumfeld. Aus dem gleichen Grund hatte sie nur eine Handfeuerwaffe und kein Scharfschützengewehr im Gepäck. Ansonsten schwämmen ihre Zielpersonen jetzt tot in der Brandung.

Erneut schwirrte ein schwarzer Punkt über den Himmel. Shit. Shit. Shit. Sie war überzeugt, dass die nach ihr suchten. Warum waren diese Scheißdinger früher hier als die Rettungskräfte? Letztere hätten sich nicht für sie interessiert und wären kein Problem gewesen.

Weitere Motorengeräusche durchbrachen die Stille. Oh. Mann. Was kam jetzt? Vermutlich die Kavallerie.

Alex Gedanken rasten. Sie hatte keine Chance mehr, im offenen Gelände zu entkommen. Die Überwachungsdrohnen würden sie entdecken. Sollte sie sich verstecken? Eventuell in einer der überfluteten Ruinen? Davon gab es Dutzende. Ihr Quad entdeckten die in jedem Fall. Das Fahrzeug war nicht mit der Cloud verbunden, aber auf sie zugelassen. Egal. Das war bestenfalls ein Indiz, kein Beweis. Sie würde behaupten, es wäre ihr gestohlen worden.

Inzwischen war das Dröhnen der Rotoren eines größeren Quadrokopters deutlich zu vernehmen. Ganz sicher Polizei. Jetzt oder nie. Ansonsten könnte sie sich direkt stellen.

Mit einem letzten Fluch raffte sie sich auf und schlich aus dem Gebäude in Richtung Wasserkante. Immer sobald der Himmel frei war, schlüpfte sie in das jeweils nächste

Haus. Inzwischen war die Polizei vor der Stadtgrenze gelandet.

Bevor sie in das erste halbversunkene Gemäuer vordrang, hielt ein Surren sie davon ab, aus der Tür zu treten. Dem Geräusch nach zu urteilen, flog eine Drohne direkt durch die Straße. Sobald es verklang, rannte sie, ohne sich umzuschauen, mit langen Schritten in den finsteren Hauseingang gegenüber. Mit klopfendem Herzen drückte sie sich an die feuchte Wand und lauschte. Das Surren kam nicht näher. Perfekt.

Im ehemaligen Wohnzimmer schwappten schwarze Wellen. Einzelne Lichtstrahlen sowie der Lichtschein aus der Türöffnung durchbrachen die Finsternis. Scheinbar war der gesamte überflutete Ortsteil abgesackt. Anders ließ sich der schräge Boden nicht erklären. Egal. Sie schlich in das nachfolgende Zimmer. Kühle Flüssigkeit umspülte ihre Knöchel und wurde tiefer. An der Rückseite des Hauses stand sie bis zu den Hüften im Wasser. Hier gab es kein sinnvolles Versteck.

Das nächste Gebäude auf der anderen Straßenseite war rund fünf Meter entfernt. Eingang und Fenster des einstöckigen Gemäuers lagen vollständig unter Wasser. Das Mauerwerk oberhalb ragte mit dem halbeingefallenen Dach und Giebel aus der trüben Brühe. Es gab keinen direkten Zugang. Dort wäre sie vorerst in Sicherheit.

Sie steckte ihre Pistole in den Gürtel, holte tief Luft und tauchte ab. Ihre Augen ließ sie offen und schwamm mit ein paar kräftigen Zügen zu ihrem Ziel. In der grünlichgelben Brühe erschien eine verschwommene Öffnung. Sie tastete sich vor und zog sich hindurch. Langsam wurde der Sauerstoff knapp. Auf der anderen Seite stieg sie auf, hielt ihre Hände über den Kopf und durchstieß die Wasseroberfläche. Bis zur feuchten Decke waren es maximal dreißig bis vierzig Zentimeter. Stehen war unmöglich. Schummriges Licht fiel durch die Fensteröffnung unter ihr herein. Es stank nach Seetang und toten Fisch. Gut, dass sie keine Platzangst hatte und nicht zimperlich war.

Hier würde man sie für den Moment nicht finden, aber ewiges Wassertreten war keine Option. Früher oder später bräuchte sie festen Boden unter den Füßen. Sie schwamm quer durch das Zimmer. Die Decke war komplett geschlossen. Am Ende des Raumes gab es unter der Wasseroberfläche eine weitere Türöffnung. Kurzerhand tauchte sie hindurch. Auf der anderen Seite kam sie in einem schmalen Flur. Spärliches Licht drang durch eine seitliche Öffnung unter ihr ein. Es reichte aus, um einen unscheinbaren rechteckigen Umriss in der Decke zu erkennen.

Sie tastete sich vor und fuhr mit den Fingerkuppen über den Umriss. Eine Klappe, die sie auf den Speicher und somit ins Trockene bringen würde. Perfekt. Mit der flachen Hand drückte und schlug sie dagegen. Das Holz war alt und weich, aber ohne festen Boden hatte sie keine Chance, es zu durchbrechen.

Was tun? Nochmals tauchen. Während sie ausatmete, ließ sie sich auf den Grund sinken, begab sich in die Hocke und stieß sich mit maximaler Kraft ab. Mit geballten Fäusten schoss sie nach oben durch die Wasseroberfläche. Die Wucht reichte aus, um das morsche Holz zu zerbrechen. Ihre Hände durchstießen die Bretter, aber ihr Körpergewicht zog sie zurück in die Tiefe. Die aufgerichteten langen Splitter rissen ihr die Arme auf. Unwillkürlich schrie sie vor Schmerz laut auf, bevor ihr Kopf untertauchte und sie sich verschluckte. Hustend und spuckend kam sie wieder nach oben. Ihre Hände und Oberarme brannten wie Feuer. Dafür schien durch die zwei Löcher grelles Tageslicht.

Mit viel Fleiß und jeder Menge Schrammen konnte sie die Bretter komplett herauszubrechen. Zum Schluss zog sie sich vorsichtig über die spitzen Kanten auf den Dachboden. Diverse weitere Splitter bohrten sich in ihren Oberkörper und die Beine. Am Ende lag sie ausgepowert auf dem trockenen Boden. Lichtstreifen fielen durch den hinteren Teil des schiefen Dachgiebels herein. Auf dem Rücken liegend pumpte Sie Sauerstoff in ihre Lungen.

»Hey, Baby.« Eine raue Stimme erklang auf der anderen Seite des Dachstuhls aus der Finsternis.

Erschrocken riss sie ihre Pistole aus dem Gürtel. Dort hockte ein großer Mann in der schwarzgrauen Uniform eines Spezialpolizisten. Auf seiner Brust prangte sein Name: »Cpt. Sagitario« Er hatte keinen Helm auf, aber eine Waffe im Anschlag.

Was für ein Scheißtag.

Der Knall ließ die Möwen im weiten Umkreis aufsteigen. Kurz darauf kehrte für einige Sekunden Ruhe ein, bevor sich diverse Drohnen und Menschen auf das fragliche Gebäude stürzten, um nach der Ursache zu suchen.

Saubere Arbeit

Jacques

»Ka ...« Salziges Wasser schwappte Jacques ins Gesicht und ließ ihn husten. »Kara? Alles in Ordnung ... bei dir?«

Immer wieder brachen Wellen über seinen Kopf. Der Scooter zog ihn kräftig vorwärts. Seine Freundin fuhr dicht neben ihm. Vor ein paar Minuten waren sie in die Brandung geflohen und mit Höchstgeschwindigkeit auf das Meer hinausgefahren.

»Ich bin mir nicht sicher«, rief sie zurück und hustete ebenfalls. »Meine Hüfte pocht dumpf und tut weh, aber ich will den Scooter nicht loslassen.«

»In Ordnung. Lass uns etwas langsamer fahren. Sonst hat Jawaria keine Chance, uns einzuholen.«

Kara reduzierte ihre Geschwindigkeit und sie fuhren eine Weile schweigend weiter.

»Meinst du ... sie hat es geschafft?«, fragte sie etwas später.

»Keine Ahnung. Rodrigo wurde angeschossen. Dann bin ich losgerannt und habe mich nicht mehr umgeschaut.« Besorgt sah er zu ihr rüber. »Was macht deine Hüfte?«

»Es geht schon. Lass uns schauen, dass wir wieder an Land kommen.«

Die Küste war längst hinter dem Horizont verschwunden. Um sie herum war nichts weiter als hohe Wellen und Wasser. Da keiner von ihnen schwimmen konnte, wären sie ohne die kräftigen Scooter verloren. Er verdrängte den Gedanken und konzentrierte sich.

»Okay. Hm, ... Jawaria hat gesagt, wir müssen von hier zum Kap nach Süd-Ost fahren. Die Küste liegt Nord-Ost. Spätestens in fünfzehn Minuten müssten wir die Spitzen der Hügel sehen.«

»Und wenn nicht?«

»In dem Fall fahren wir direkt nach Norden. Dort kommen wir auf jeden Fall wieder zurück an Land.« Zumindest hoffte er das. Was wäre das für eine Ironie, dass sie bis hier alles überstanden hatten, um am Ende mit leeren Batterien auf dem Meer zu treiben.

»In Ordnung. Dann los. Ich fühle mich echt nicht besonders.«

Sorge koch ihn ihm hoch. Was, falls sie eine tiefe Schusswunde hatte und es verdrängte? Je schneller sie an Land kämen, desto besser.

Mit ihren Aggregaten fuhren sie einen Bogen, bis der digitale Kompass die passende Richtung zeigte. Die Batterie hatte nur noch fünfzehn Prozent Ladung. An eine sinnvolle Unterhaltung war bei hoher Geschwindigkeit nicht zu denken. Daher konzentrierte er sich auf die Fahrt und darauf, sich am Wasser nicht zu verschlucken. Nebenbei warf er immer wieder besorgte Blicke zu seiner Freundin.

Zehn Minuten später tauchten vor ihnen schemenhafte Umrisse auf und wurden im Nu größer. Hohe zackige Hügel. Das eigentliche Kap von Cabo del Gata, wie er hoffte. Ihr Ziel war laut Rodrigo eine Art Tal zwischen dem linken und dem nächsten Berg.

»Kara? Wir müssen etwas nach Westen fahren!«

Er schaute hinüber. Da war niemand! Bis vor wenigen Sekunden fuhr sie noch neben ihm. Sein Magen zog sich zusammen, während er sein Gerät bremste und wendete.

»Kara! KARA? Wo bist du?« Verflucht! Sie musste hier sein!

Dann sah er ihren Scooter vor sich in den Wellen dümpeln. Einen Moment darauf war er heran. Seine Freundin hing entkräftet mit käsebleichem Gesicht an den Griffen und drohte abzurutschen. Er fuhr direkt neben sie und versuchte, ihren Körper mit einem Arm oben zu halten, während er sich mit dem anderen festhielt.

Nach ein paar Minuten gab er auf. Das war aussichtslos. Mist. Was konnte er tun?

»Kara? Hörst du?« Kaum merklich nickte sie mit glasigen Augen. »Ich komm zu dir. Bleib wach! Klammer dich einfach mit beiden Armen an mir fest.«

Leichter gesagt als getan. Zunächst schob er seinen wasserdichten Rucksack an die Seite, danach ihren. Zum Schluss bugsierte er sie auf seinen Rücken und legte ihre Arme gekreuzt über seine Schultern und um den Hals.

»Festhalten!«, rief er, »Es ist nicht mehr weit!«

Er bemerkte den Zug ihrer Arme und versuchte, sie mit dem Kinn fest zu drücken. Lange durchhalten würde er das nicht. Erneut gab er Gas, fuhr aber langsam, damit sie nicht abrutschte.

Eine Ewigkeit später, auf der Anzeige des Bordcomputers waren acht Minuten vergangen, ragten die felsigen gezackten Hügel über ihnen auf. Sie hielten auf eine Bucht in der Mitte zu. Dann erstarb der Motor. Verflucht!

Bis zum rettenden Ufer waren es maximal fünfzig Meter. Aber er hatte keinen festen Boden unter den Füßen. Egal ob fünfzig oder fünftausend Meter, mit Kara auf dem Rücken würden sie beide ertrinken. Ruhig, Jacques. Denk nach. Der Scooter hielt sie oben, nur der Antrieb funktionierte nicht mehr. Also einfach mit den Beinen paddeln, das dauerte, war aber machbar.

Fünfzehn Minuten später stand er völlig ausgepumpt im flachen Wasser und holte Kara von seinen Schultern. Aus ihrer rechten Hüfte zogen rote Schlieren durch die seichten Wellen. Vorsichtig trug er sie über die heißen Steine und legte sie im Schatten des nächsten Felsens ab. Ihre Augen waren geschlossen, aber zumindest atmete sie. Das Wichtigste war, die Blutung zu stoppen. Nur womit?

Die Rucksäcke! Schnell sprintete er zum Ufer zurück und zog sie zusammen mit dem Scooter aus den Wellen. Achtlos leerte er die beiden Plastiksäcke neben ihr aus. Dort fand sich ein Erste-Hilfe-Pack. Mit zitternden Fingern riss er es auf und suchte fieberhaft nach passendem Verbandszeug. Kurz darauf fischte er ein handflächengroßes Pflaster heraus, das laut Beschriftung Blutungen stoppte. Es durfte nur im absoluten Notfall eingesetzt werden. Das war das hier definitiv.

Ihr T-Shirt anhebend erkannte er ein daumendickes kreisrundes Loch an der Hüfte, aus dem dunkles Blut floss. Auf ihrer Rückseite bot sich das gleiche Bild. Klarer Durchschuss. Ohne zu zögern, riss er die Kompresse auf und presste sie darauf. Er suchte sich eine zweite und wiederholte die Prozedur. Es war jeweils ein kaum hörbares Zischen zu vernehmen, der Verband zog sich zusammen und die Blutung stoppte sofort.

Ihr Puls pochte minimal, die Haut erschien kühl und feucht. Das war nicht gut. Sie hatte eine Menge Blut verloren. Er legte sie flach hin, wischte ihr die Feuchtigkeit ab und hüllte sie in diverse Klamotten, die sich auf dem Boden verteilten. Zum Schluss legte er ihre Beine auf die Rucksäcke. Ob das korrekt war, wusste er nicht, hatte es aber im Dorf beobachtet, wenn jemand auf Grund der Hitze und Anstrengung zusammengebrochen war.

Nachdem er das erledigt hatte, setzte er sich neben Kara und hielt ihre Hand. Mehr konnte er für den Moment nicht tun. Sie waren in einer Art Tal oder steilen Bucht gelandet. In einhundert Metern Entfernung sah er drei klotzartige, einstöckige Gebäude. Außer Eidechsen und Seevögeln waren keine weiteren Einwohner zu erkennen.

Ihr Zwischenziel hatten sie offenbar erreicht. Daher hoffte er, dass Jawaria, und vor allem ihre Leute, vor der Polizei, dem Killer und den Drohnen ankämen und ihnen weiterhalfen.

Milo

»BABIC! Herrgott! Was zum Teufel passiert hier? Erst wird unsere Ware von einem aufgerüsteten Söldnertrupp gestohlen. Anschließend legt eine Cyber-Attacke diverse Einrichtungen lahm und lässt uns beschissen in der Öffentlichkeit dastehen. Von den Aktionären gar nicht zu sprechen!« Wütend trat Wagner gegen einen virtuellen Stuhl, der durch den Raum polterte. »Mann! So eine Scheiße!!«

Milo hatte den CEO selten dermaßen aufgebracht gesehen. Daher hielt er den Mund.

»Nicht nur das! Mein bester Kunde wird von dem verantwortlichen Hacker erpresst und wir schaffen es nicht, die ganze Bagage auf Eis zu legen!« Mit einem Wutschrei wuchtete einen weiteren Stuhl in die Höhe und schmiss ihn in seine Richtung.

Das Geschoss polterte über den Konferenztisch, glitt schadlos durch seinen virtuellen Körper und landete dumpf auf dem Teppich dahinter. Milo schwieg weiterhin.

»Wir haben Hightech-Drohnen und einen hoch bezahlten Freelancer im Feld! Und was bringt uns das?! Nichts wie Ärger! Die Polizei durchwühlt unsere Akten! Ich musste Himmel und Hölle in Bewegung setzen, damit zumindest die Untersuchung zur Villa ... wohlgeordnet verläuft.«

»Ähm ... ja. Die Operation ist nicht optimal verlaufen«, wagte er einen Verstoß.

»NICHT OPTIMAL?!« Ein weiterer Stuhl flog, krachte in die Scheiben eines Sideboards und ließ einen Scherbenregen in den Raum platzen. »BESCHISSEN!! Verfluchte Kacke!«

Ausnahmsweise war Milo froh darum, dass sie sich in der VR trafen. Er war sich sicher, dass die Möbel in der Real-Welt ebenfalls geflogen wären.

»Ja. Unbestreitbar. Aber ...«

»Aber WAS?!«

»Die Ereignisse hängen zusammen. Das ist kein Zufall. Da arbeitet jemand aktiv gegen uns. Uns beide persönlich, meine ich.«

»Wie kommen Sie darauf?« Damit hatte er Wagners Neugierde geweckt. Das brachte die Diskussion wieder auf ein produktiveres Niveau.

»Die Ware wurde von mir direkt in die Villa geliefert«, setzte er seine Erklärung fort. »Diese wurde von mir organisiert und von PeaSecur überwacht. Die korrumpierten Einrichtungen wurden von PeaSecur betrieben. Der Erpresser fordert einen Gefallen bei einem Ihrer wichtigsten Kunden ein. Wenn ich raten müsste: Der Gefallen wird sich unmittelbar gegen Sie oder gegen mich richten.«

»Verstehe. Es ist etwas Persönliches«, schlussfolgerte Wagner, der sich inzwischen beruhigt hatte und sprungbereit, wie ein Löwe lauerte.

»Mit Sicherheit. Und von langer Hand geplant. Nichts Spontanes. Dafür braucht es ein entsprechendes Team und finanzielle Mittel.«

»Hm. So gesehen, war der Erpresser bisher erfolglos. Wir konnten alle Wogen glätten und waren sogar in der Lage unserem Freelancer eine Zieladresse zu übermitteln.«

»Nur dank ihres Kunden, der seine Security direkt informiert hatte. Aber, ja. Korrekt. Leider ist diese Ressource ... nicht mehr verfügbar.« Milo stand auf und begann seinerseits durch das halbzerstörte Konferenzzimmer zu wandern. »Ich habe mir unsere gemeinsamen Aktionen der letzten Jahre nochmals durch den Kopf gehen lassen. Es gibt nicht viele Personen, die über ausreichende Mittel und entsprechendes Know-how verfügen.«

»Was heißt nicht viele?«

»Genau einen. Der wird bereits von der Polizei gesucht, weil er im Verdacht steht, an der Cyber-Attacke beteiligt zu sein: Diego Morales.«

»Fuck! Das kleine Arschloch, das auf dem hohen Ross geritten ist und seinen Laden nicht verkaufen wollte. Wir hätten ihn damals direkt aus dem Verkehr ziehen sollen.«

»Stimmt. Aber das lässt sich nicht ändern. Ich bin überzeugt, wir werden in den nächsten Stunden eine weitere Cyber-Attacke erleben. Er wollte sich um dreizehn Uhr bei Ihrem Kunden melden und ihm die Lösung des Problems anbieten.«

»Was bringt uns das?« Wagner schaute ihn skeptisch an.

»Wir kennen den Angreifer. Leider nicht seine aktuelle Position. Er ist normaler ZEU-Bürger. Dauerhaftes Abtauchen ist unmöglich, dafür müsste er den Kontinent verlassen. Egal ob die Anklage gegen ihn fallen gelassen wird oder nicht. Mit etwas Glück ist er arrogant genug und verrät tatsächlich das Gegenmittel zum Virus. Und Ihr Kunde wird nicht gegen uns agieren, dafür steht für ihn selbst zu viel auf dem Spiel.«

»Verstehe. Wir kassieren heute unter Umständen erneut negative Publicity, falls er ein paar weitere Systeme hackt, aber den Typen sind wir demnächst so oder so los.«

»Korrekt.« Milo nickte und schlug sich mit der Faust in die flache Hand. »Dafür werde ich persönlich sorgen, falls er dumm genug ist, auf dem Kontinent zu bleiben.«

»In Ordnung, damit kann ich leben. Und unsere Ware? Die kann für meinen Kunden – und für mich – immer noch zum Problem werden. Vor allem, da sie inzwischen polizeibekannt ist.«

Für Milo war die Sache klar: »Zur Polizei geht sie nicht, sonst wäre sie schon längst dort. Ich bin überzeugt, sie will zurück in ihre Heimat.«

»Über den Wall?« Wagner schaute ihn erstaunt an. »Sie wird wohl kaum einen Linienflug nehmen.«

»Ja eben. Wie sollte sie sonst zurückkommen?«

»Schon. Aber ... jemand müsste sie auf der anderen Seite aufnehmen und an die Küste bringen, oder nicht?«

»Keine Ahnung.« Er zuckte mit den Achseln. »In einem Boot auf dem offenen Meer sind sie für unsere Highspeed-Drohnen und den Prototypen, sobald wir sie aufspüren, eine leichte Beute.«

»Das wissen die inzwischen ebenfalls. Ein zweites Mal werden wir sie nicht überraschen«, gab der CEO zu bedenken.

»Im Grunde ist das egal. Hauptsache nicht mehr in der ZEU.« Er sah das pragmatisch.

»Nein. Das ist zu riskant. Die Küstenwache könnte sie abfangen.« Wagner schüttelte vehement seinen Kopf. »Schicken Sie die Highspeed-Drohnen noch einmal zur Aufklärung los. Die Ware wird über das Meer geflohen sein, muss aber wieder an Land zurückkehren. Spätestens am Ufer sollten wir sie abpassen. Den Prototyp bringen wir auf dem Landweg in die Region um Cabo del Gata und halten ihn in Bereitschaft, damit er das Problem endgültig aus der Welt schafft. Das dauert maximal eine Stunde.«

»Und die Polizei?«

»Einfach ignorieren. Die Drohnen sind für Testflüge zugelassen. Falls die sich beschweren, ziehen wir sie zurück. Alles Weitere wird sich finden.«

»Okay, ich gebe unseren Leuten Bescheid und fliege selbst runter. Wenn sich dieser Morales heute Nachmittag nochmals meldet, werde ich persönlich vor Ort sein.«

Wagner nickte ihm bestätigend zu, damit war die Besprechung beendet.

Milo loggte sich aus und fuhr seinen VR-Seat herunter. Die Sonne schien durch das Fenster seiner Suite und erlaubte einen weiten Blick auf die alte Festungsanlage und den Militärhafen von Almería. Auf dem Dach wartete sein VTOL auf ihn, das ihn innerhalb von ein paar Minuten an jeden Ort in der Umgebung brächte.

Peter

»Peter! Ich habe ein ungewöhnliches Ereignis registriert, das einen Bezug zu deinem Fall haben könnte«, meldete Jana.

Hatte man die Flüchtigen erwischt?

»Okay. Schieß los.«

»Die Position der Grenzbefestigung im Mittelmeer hat sich um einen signifikanten Faktor verschoben«, informierte sie ihn gelassen.

»Waaas?! Kruzifix! Wie kann das sein?«

»Das kann ich dir nicht beantworten.«

»Ja, ist klar.« Oh, Mann. »Also nochmals: Was ist passiert?«

»Eine Drohne der Luftraumüberwachung hat eine Verschiebung um dreihundertdreißig Meter festgestellt. Dies liegt elf Prozent über der maximal spezifizierten Abweichung der Anlage.«

Verdammt! Das war mit Sicherheit die nächste Cyber-Attacke von Diego Morales.

»Jana! Ich muss mit Marine-Central sprechen! Sofort! Mit der Grenzanlage im Mittelmeer stimmt was nicht. Prioritätsanfrage auf Basis der Kritikalität des Falls.«

»Hier Marine-Central«, meldete sich eine weibliche Stimme. Kurz darauf erschien der Avatar einer blonden Frau in adretter Uniform vom Rang eines Leutnants. Keine KI, das erleichterte die Sache.

»Ich habe eine Meldung über ein Problem mit der Position der Grenzbefestigung im Mittelmeer erhalten. Ich befürchte, dass wir es mit einem Cyber-Angriff auf die Wartungssysteme der Marine zu tun haben«, teilte er ihr ohne Einleitung mit.

»Ja, das kann ich bestätigen. Der Wall hat sich ungewöhnlich verschoben. Haben Sie weiterführende Informationen?«, fragte sie ihn.

Mit einem Wisch übertrug er die Akte und seinen bisherigen Ermittlungsstand.

»Augenblick, ich transferiere uns beide in das Lagezentrum ...«, meinte sie, nachdem sie sich einen Überblick verschafft hatte.

Mit Bestätigung der Transferanfrage materialisierte er sich im virtuellen Marine-Lagezentrum. Der Raum war weitläufig wie ein Fußballfeld. Über die Fläche verteilt standen und saßen mindestens fünfzig Avatare, alle hatten eine gewisse Individualität, aber nichts, das von ihrer eigentlichen Aufgabe ablenken würde. Vor jedem schwebten Grafiken, Modelle, Karten und das eine oder andere Live-Video. Der ganze Raum war spärlich grünblau beleuchtet und von einem leisen Murmeln erfüllt. Die Szenerie erinnerte Peter an alte Science-Fiction Filme.

»Kommen Sie bitte mit, General Andrej Propomski erwartet uns.«

General? Man schien hier mindestens genauso beunruhigt zu sein wie er. Zügig hielten sie auf die Mitte des Raumes zu. Dort drehte sich auf einem virtuellen Kartentisch das 3-D-Modell des »Walls«, wie man die Anlage umgangssprachlich nannte. Die Grenzbefestigung zog sich als schmale rote Linie über die Reliefkarte des Mittelmeeres. Von Gibraltar im Westen südlich vorbei an Sizilien und Kreta. Im Osten traf er an der nördlichen Grenze von Israel auf Land. Heute lebte in dieser radioaktiv verstrahlten Wüste der ehemals verfeindeten Staaten niemand mehr.

Eine viertausend Kilometer lange Perlenkette. Achthunderttausend jeweils fünf bis sieben Meter messende Stahlkugeln. Unmengen an Wartungsrobotern, Drohnen, Wachtürmen und Militärtechnik. Vor rund dreißig Jahren hatte man, um die Flüchtlingsroute über das Meer endgültig zu schließen, eine irrsinnige Menge an Ressourcen investiert. Trotzdem kamen jedes Jahr Tausende Menschen illegal aus Afrika nach Europa. Seiner Ansicht nach war das zum damaligen Zeitpunkt im Wesentlichen eine gigantische Arbeitsbeschaffungsmaßnahme, um die Wirtschaft wieder anzukurbeln. Sie hatte funktioniert. Und sie hat diverse Einwohner der ZEU ultra-reich gemacht. Den Pea-Secur CEO Karl Wagner zum Beispiel.

Neben der roten Linie dehnte sich eine schraffierte Fläche aus, welche die Abweichung des Walls von seiner regulären Position zeigte. Die eine Hälfte schien auf die europäische Küste zuzutreiben, die andere auf die afrikanische.

»General?«, sprach die Frau einen Mann an, dessen Avatar direkt von der Titanic in diesen Raum gebeamt war. Großgewachsen, gepflegter weißgrauer Vollbart, vermutlich kurz vor der Rente. In der Real-Welt war die Person unter Umständen deutlich jünger. Wer weiß.

»Das hier ist Peter Hessler, Investigation Specialist. Sein Fall hat mit unserem Problem zu tun.«

»Vielen Dank, Nadja. Herr Hessler, bitte berichten Sie«, sagte Propomski kurz angebunden mit tiefer Stimme. Die Anspannung war dem General anzuhören.

»Ich verfolge eine Cyber-Attacke, bei der die Maschinen in einer Erstaufnahmeeinrichtung verrückt gespielt haben. Der Angreifer hat sich Zugang in das PeaSecur-Netzwerk einer Einrichtung in Spanien nahe Almería verschafft.«

»Das war in den Nachrichten. Nach meinen Informationen wurde der Angriff abgewehrt. Die Anlagen sind schon wieder im Normalbetrieb.«

Er sah dem General seine Skepsis an.

»Nicht ganz. Wir wissen nicht, wie der Angriff ausgeführt wurde. Der mutmaßliche Hacker wurde nicht gefasst. Er könnte weiterhin Zugriff auf die PeaSecur-Cloud haben.«

Der großgewachsene Mann schwieg einige Sekunden und schien nachzudenken.

»Okay, dann lassen sie uns für den Moment davon ausgehen, dass das der Fall ist. Wir haben seit etwa einer halben Stunde keinen Kontakt mehr zur Central-KI der Grenzbefestigung. Diese steuert unter anderem die Abwehr- und Wartungssysteme des Walls. Letztere werden von PeaSecur betrieben. Erst vor wenigen Minuten ist uns aufgefallen, dass sich die Position der Anlage verändert hat.«

»Gibt es einen Verdacht, was dort passiert?«, hakte Peter nach.

»Nein. Wir haben Schiffe und die Luftaufklärung losgeschickt«, antwortete Propomski. »Aus der Luft ist nichts Ungewöhnliches zu beobachten. Das Problem scheint sich unter Wasser zu befinden. Aber U-Boote und Schiffe werden erst in rund zwanzig Minuten ankommen.«

Der General wandte sich direkt an ihn: »Haben Sie sonst noch etwas beizutragen?«

»Äh … nein«, antwortete er ehrlich. »Aber wir haben zumindest einen der Beteiligten festsetzen können. Leider ist er schwer verletzt und liegt im Koma. Die anderen sind flüchtig, können aber nicht weit gekommen sein.«

»In Ordnung. Dann geben sie Bescheid, falls Sie etwas herausfinden. Die Zeit drängt. Bei Bedarf gehen Sie bitte auf die Leutnantin zu«, beschied der General und wendete sich wieder seinem virtuellen Kartentisch zu.

»Moment!«, hielt ihn Peter auf. Der Mann drehte sich nochmals zu ihm um.

Wenn er schon hier war, sollte er das nutzen: »Sie verfügen doch über eine umfassende Luftaufklärung. Ich bin überzeugt, die Verdächtigen verstecken sich in der Umgebung von Cabo del Gata oder Almería. Könnten Sie uns bei der Suche unterstützen? Das ist dort eine einsame Gegend. Einzelne Menschen im Meer oder an Land sollten sie problemlos mit ein paar gezielten Überflügen identifizieren.«

Der General zögerte. »Wir benötigen alle Ressourcen für die aktuelle Krise.« Peter setzte zu einem Einwand an, wurde jedoch direkt unterbrochen. »Aber – ihr Fall ist ein Teil davon. Daher werde ich die entsprechenden Flüge des dortigen Küstenraumes anordnen und die Ergebnisse im Rahmen der Amtshilfe zur Verfügung stellen.«

»Vielen Dank, Herr General, das ist sehr hilfreich«, erwiderte Peter artig.

Damit war er entlassen und stand kurz darauf wieder in seinem virtuellen Arbeitsraum. Die Gesichter von Diego Morales, Jacques Morau, Kara Tengour sowie der unbekannten älteren Frau schauten ihn von seinen Pinnwänden an. Die Schlinge zog sich zu. Falls sie sich nicht in ein Erdloch verkrochen hatten, mithilfe des Militärs würde er sie zügig finden.

XC-38-Q-538

Er war stolz auf sich.

XC-38-Q-538 hatte 38.764-mal die Metallspikes von Kugel sechshundertfünfundvierzig kurz unter der Wasseroberfläche gereinigt und geschärft. Mit seinen sechs Beinen und den Magnetfüßen war er jederzeit fest mit der Oberfläche seines Arbeitsbereiches verankert. Der schlimmste Sturm hatte ihm nichts anhaben können und selbst unter Wasser verfügte er über volle Bewegungsfreiheit. Er schaute auf die nächste Aufgabe, den ihm Central-KI übermittelt hatte, und berechnete die effizienteste Ausführung. Als halb-autonome KI entschied er selbstständig, wie er seine Aufträge am besten erledigte. Das war in dieser unwirtlichen Umgebung und insbesondere unter Wasser relevant, da dort ausschließlich Kurzstreckenfunk funktionierte. Nicht zu seiner Programmierung gehörte, zu beurteilen, ob eine Aufgabe sinnvoll war. Dafür hatte er die Central-KI, deren Anweisungen er blind vertraute.

Mit klackenden Trippelschritten wanderte er unter der Wasseroberfläche in Richtung des nächsten Wartungsturmes. Dort gab es kein Licht. Das interessierte ihn nicht. Er orientierte sich über Infrarot, Ultraschall, Echolot sowie

Kompass und Lagesensoren. Eine Sicht im normalen Spektrum wurde überbewertet. Das Wasser hatte eine Temperatur von sechzehn Grad Celsius bei mittlerer Strömung aus Nord-Ost. Das war kein Problem. Seinen Körper war für Extreme ausgelegt. Auf dem Weg dorthin entfernte er Gummi- und Plastikreste sowie organisches Material, das sich in den langen Spitzen verfangen hatte. Das waren Sekundärziele. Sobald er unterwegs war, war es ein Gebot der Effizienz, diese zu berücksichtigen.

Vierzehn Minuten später kam er bei seinem Primärziel an und untersuchte sein Zielobjekt. Ein exakt zehn Komma zwei Zentimeter dickes Band aus rostfreiem Kompositstahl. Kein Problem für seine Bordwerkzeuge. Die waren darauf ausgelegt, stählerne Schiffsrümpfe bei Bedarf zu zerlegen, falls diese auf den Wall aufgefahren waren.

Den Kontaktpunkt seines Laserschweißgeräts legte er unmittelbar über die Verbindungsstelle, die sein Zielobjekt mit dem Wartungsturm verband. Dort angekommen leitete er Energie aus seiner Batterie auf das Schweißgerät um. Vor ihm entstand ein gleißender Lichtpunkt, Wasser verdampfte zu heißen Blasen, während sich der Schweißpunkt zügig durch das Material fraß. Die Aufgabe dauerte seinen Berechnungen zufolge maximal sieben Minuten. Da er zwei weitere Primäraufgaben auf seiner Liste hatte, rechnete er zwischenzeitlich durch, wie er dort am besten hinkam. Bis zum Abschluss der Tätigkeiten würde er nicht mehr an die Wasseroberfläche zurückzukehren. Das war eine strikte Rahmenbedingung, die ihm Central-KI auferlegt hatte.

Aufgabe erledigt. Sein Belohnungszentrum bescheinigte XC-38-Q-538 eine gute Arbeit. Die Strömung wurde kräftiger, aber das würde kein Problem darstellen. Seine Batterie war zu dreiundachtzig Prozent gefüllt, ausreichend für seinen nächsten Auftrag. Dieses Mal war deutlich mehr zu zerlegen. Sollte er sich zuerst aufladen? Nein, das widersprach der Anweisung, unter Wasser zu bleiben. Zügig trippelte er durch die Strömung, dann setzte er den Punkt des Laserschweißers unmittelbar vor sich auf den Boden und begann diesen zu zerschneiden. Das Metall war nur zwei Zentimeter dick, daher würde sein Auftrag in neunzehn Minuten abgeschlossen sein. Die entweichende Luft und das einströmende Wasser störten ihn dabei nicht. Auch den Fakt, dass er immer tiefer im Meer versank, ignorierte er.

Bewegung in Himmel und Hölle

Jawaria

Nach einer holperigen Fahrt über die Wellen erreichte sie das Ufer zwischen den felsigen Hügeln. Die Batterieanzeige ihres Scooters stand bei zwei Prozent und blinkte rot. Das war knapp. Vor Jawaria auf den Steinen lag ein zweiter und wurde von seichter Dünung umspült. Nur einer? Das sah nicht gut aus. Kurz darauf hatte sie festen Boden unter den Füßen und schaute sich aus dem Wasser heraus um. In der gleißenden Sonne sah sie zwei Gestalten im scharf umrissenen Schatten einer steilen Felswand liegen. Sie kletterte an Land und begab zu den beiden.

Es war das algerische Paar. Kara lag in Erste-Hilfe-Stellung auf dem Boden, während ihr Freund mit geschlossenen Lidern neben ihr am Felsen lehnte.

»Jacques!«, rief sie und näherte sich. »Geht es euch gut?«

Müde öffnete er seine Augen und schüttelte den Kopf.

»Nein. Kara wurde angeschossen. Sie hat viel Blut verloren. Ich weiß nicht, ob sie ...« Er schluckte trocken und beendet den Satz nicht.

Während Jawaria neben den beiden hockte, inspizierte sie die Verletzung. Sie war mit Traumapflastern verschlossen. Das war das Wichtigste. Karas Puls schlug schwach, aber gleichmäßig. Die Haut fühlte sich kühl und nicht fiebrig an. Vermutlich ein Schock aufgrund des hohen Blutverlusts. Sie würde nicht sofort sterben, trotzdem brauchte sie dringend ärztliche Hilfe.

»Sie lebt und wird durchhalten«, beruhigte sie ihn, »benötigt allerdings unbedingt einen Arzt, besser ein Krankenhaus. Über den Wall kommt sie keinesfalls in diesem Zustand.«

»Aber ...«, setzte Jacques an.

»Kein Aber. Eure Leben sind wichtiger als die Rückkehr nach Algerien.«

In diesem Moment zischte ein kompaktes Fluggerät über sie hinweg. Alarmiert schaute er sie an.

»Mist. Das war wieder eines von diesen Aufklärungsdingern. Da wird die Killerdrohne nicht weit sein.« Sie warf einen Blick in die Runde. »Wir brauchen Deckung. Die alten Gebäude da vorne. Los! Wir tragen Kara rüber. Im freien Gelände sind wir geliefert.«

Vorsichtig schoben sie ihre Arme unter ihren Körper, hoben sie an und trugen sie langsam über den unebenen Boden zu den eckigen Klötzen. Für die kurze Strecke benötigten sie eine gefühlte Ewigkeit. Jeden Moment rechneten sie damit, das hohe Surren einer tödlichen Drohne zu hören. Oder direkt eine Kugel in den Rücken zu erhalten.

Nichts dergleichen geschah. Unbehelligt erreichten sie das vorderste der sechs klotzartigen Gebäude. Falls das ein ehemaliges Dorf war, erschloss sich ihr der Sinn nicht. Letzte Reste gelblicher Farbe blätterten von den Wänden der Bauten, die von zerrissenem Beton eingefasst wurden. Die vordere Ecke des ersten Gemäuers mit leeren Fensterhöhlen war zusammengebrochen.

»Los! Rein da.« Sie brauchten schnell Deckung.

Gemeinsam traten sie durch eine eingefallene Seitentür in den Flur. Der durchziehende Seewind linderte die Hitze. Kara legten sie auf alten blaugemusterten Bodenfliesen ab. Sie stöhnte, wachte aber nicht auf. Ihre Stirn war jetzt fiebrig. Nach einer halben Stunde im dreckigen Meerwasser hatte sich die offene Wunde sicherlich entzündet.

»Und jetzt?«, fragte Jacques und sah sie erschöpft an.

»Wir haben keine Wahl und müssen hoffen, dass mein Kontakt hier rechtzeitig ankommt. Das wird noch mindestens eine Stunde dauern.«

In der Zwischenzeit schaute sich in der Ruine um. Bis auf ein paar leere Räume, die sich in der Hitze in Glutöfen verwandelt hatten, gab es nichts zu entdecken. Auf dem Rückweg zu Jacques vernahm sie aus der Ferne ein Rauschen und Pfeifen. Sie trat an ein Fenster und sah nach draußen. Nicht weit entfernt, donnerten zwei Militärjets in niedriger Höhe mit langsamer Geschwindigkeit über das Meer.

»Was war das?«, fragte Jacques verwundert, der am Eingang stand und den Himmel absuchte.

»Militärflugzeuge im Tiefflug. Wenn ich raten müsste, würde ich sagen, die suchen etwas – oder jemanden.«

Peter

Nach weiteren fünfzehn Minuten meldete sich die blonde Leutnantin aus dem Lagezentrum erneut bei Peter.

»Hallo Herr Hessler, die Schiffe kommen am Wall an. Gibt es von ihrer Seite neue Erkenntnisse?«, fragte sie ihn zur Begrüßung.

»Nein, unsere eigene Suchaktion ist bisher erfolglos.«

»Okay, ich schalte uns auf den Live-Stream der Operation. Vielleicht fällt Ihnen zwischendurch irgendwas ein«, meinte sie.

Damit erschien ein halbes Dutzend virtuelle 3-D-Ansichten um ihn herum. Auf einem Bild war zu sehen, wie sich ein Kriegsschiff der Grenzanlage näherte. Die Aufnahme schwankte aufgrund des Seegangs, der Wall mit seinen furchterregenden Stacheln und einer der eckigen Wartungstürme waren deutlich zu erkennen. Auf einem zweiten Ausschnitt sah er, wie ein U-Boot durch das Meer glitt. Außer dem blaugrünen Wasser gab es dort nichts zu sehen. Das dritte Video zeigte die Sicht aus der Luft. Der Wall erstreckte sich quer durch das Bild. Die Wellen brachen sich an den fetten, igelartigen Stahlkugeln. Für ihn sah alles normal aus.

»Hier Eagle fünf, es tut sich etwas«, erklang eine blecherne Stimme.

Damit sprang die Luftaufnahme auf eine andere Perspektive und zoomte herein. Zwischen zwei Kugeln war eindeutig ein Riss zu erkennen.

»Die Elemente drohen auseinanderzureißen!«, rief der Pilot mit aufgebrachter Stimme.

Der Wall schwamm dort seit rund dreißig Jahren. Jeden Sturm und diverse Terroranschläge hatte er überstanden. Fiel er am Ende einem Computervirus zum Opfer? Das war Irrsinn.

»Delfin fünf und sieben: versucht, vorsichtig heranzufahren und die Teile zusammen zu halten. Langsame Fahrt, behutsam Gegendruck ausüben«, hörte er den Funk.

Eines der Schiffe näherte sich den Kugeln. Die Kameraperspektive war deutlich erhöht und sprach für ein größeres Kriegsschiff.

Kurz darauf kam es an. Das Gefährt schien die Grenzbefestigung zu rammen. Ob der Rumpf härter war als die Stacheln am Wall? Er hatte da seine Zweifel und war froh, nicht dort an Bord zu sein. Ein heftiger Ruck ließ das Bild erzittern und Peter hatte das Gefühl, das Quietschen und Kreischen von Metall auf Metall zu hören. Faktisch blieb es bis auf die diversen Funkgespräche still, da die Außenmikrofone nicht zugeschaltet waren.

»Hier Delfin sieben. Wir haben Kontakt. Die Spikes haben die Bordwand durchbohrt. Leichter Wassereinfall. Kein Problem. Wir schieben vorsichtig«, berichtete jemand mit gelassener Stimme.

Das Kamerabild des Schiffes schwankte nicht mehr, weil es mit dem Wall fest verankert war. In dem Moment erschien ein weißer Punkt auf einer der Metallkugeln. Was war das? Die Funksprüche schwirrten durcheinander.

Hinter dem Lichtfleck erhob sich in Sichtweite ein schwarzer Körper. Eine Wartungsdrohne, die mit ihrem Schweißgerät den Wall zerlegte. Sie war fix und sägte am Ast, auf dem sie saß. Wahnsinn.

»Achtung, das scheint ein korrumpierter Wartungsroboter zu sein!«, hörte er den Funk. »Abschuss!«

Drei leuchtende Fäden wanderten durch das Bild, als die Geschütze das Feuer gleichzeitig mit Leuchtspurmunition eröffneten. Die Drohne zerplatzte beim ersten Treffer und ihre glühenden Überreste flogen in weitem Bogen in das Meer.

»Flugobjekte aus Ost und West! Abfangen!«, hörte er eine alarmierte Stimme. Angreifer? Was war los? Das Bild wechselte und zeigte einen kompakten Quadrokopter, der mit einem Maschinengewehr bestückt war und in Kamikazemanier auf eine der Fregatten losging. Eine Sekunde später verwandelte ihn eine Abfangrakete in einen Feuerball. Dem zweiten erging es nicht besser.

Waren das die Abwehrsysteme des Walls? Hatte Bernd nicht gesagt, die Waffensysteme des Militärs seien sicher? Die Soldaten kamen zum gleichen Schluss.

»Das ist das Abwehrsystem der Grenzanlage! Es richtet sich gegen uns! Rückzug! Die Drohnen sind keine Gefahr, aber die …«

In dem Moment hörte er mehrfaches Krachen durch die Funkverbindung. Das bis dahin stabile Bild der Fregatte wackelte bedenklich.

»Torpedos! Täuschkörper und Abfangtorpedos auswerfen!«

Auf der Luftaufnahme war zu sehen, wie gleichzeitig zwei Wassersäulen an der Seite der Kriegsschiffe aus dem Meer aufstiegen. Drei weitere im offenen Wasser. Offensichtlich konnten ein paar der Geschosse abgefangen worden. Eines schlug im hinteren Viertel der Fregatte ein. Weiße Gischt und Trümmer wuchsen wie in Zeitlupe an der Bordwand in die Luft.

»Treffer mittschiffs und am Heck! Wir sind manövrierunfähig. Wassereinbruch in Sektionen acht, neun und elf.«

Die Fregatte bekam Schlagseite. Dabei hebelte sie den Wall an der Stelle in die Höhe, an der sie ihn bewusst gerammt und sich aufgespießt hatte. Das hielt die Stahlkonstruktion der Grenzanlage nicht mehr aus. Sie riss komplett auseinander.

»Wir sinken! S O S! Alle Mann von Bord! S O S!«, kam das Evakuierungskommando von dem beschädigten Kriegsschiff.

Matrosen rannten an Deck, Rettungsinseln flogen ins Wasser. Sie kletterten an Strickleitern hinunter oder sprangen vom Deck ins Meer. Schiffe und Schnellboote kamen zur Hilfe. Aus dem Versuch, den Wall zu retten, entstand eine dramatische Rettungsaktion der rund hundert Mann Besatzung. Zumindest folgten keine Torpedos mehr. Zwei weitere Drohnen, die sich näherten, wurden direkt abgeschossen.

Gebannt beobachtete Peter das Geschehen. Die Flotte zog sich von der Grenzanlage zurück. Die beiden losen Enden des Walls trieben wie dicke Perlenketten auseinander und versanken langsam. Eine derartige Demütigung hatte Europa in den letzten dreißig Jahren nicht erlebt.

Und er hatte gemeldet, dass »sein« Virus dafür verantwortlich war. Verdammt. Er klinkte sich aus der VR aus und brauchte dringend eine Verschnaufpause.

Spätestens in ein paar Minuten würden bei ihm die Leitungen heiß laufen – und die ZEU Himmel und Hölle in Bewegung setzen, um seine Verdächtigen zu erwischen.

Jacques

Es war zum Verzweifeln. Sie saßen hier in der Einöde fest und Kara brauchte dringend medizinische Hilfe. Inzwischen war es Jacques egal, was mit ihm passierte. Seine Freundin zu retten, war das Einzige, was zählte!

Erneut hörte er das Zischen und Dröhnen der Militärjets. Sie kamen scheinbar zurück. Der zweite Überflug näherte sich. Das war ihre Chance! Er sprang nach draußen.

»Hey! Was tust du?«, rief Jawaria aufgebracht.

»Na was schon? Hilfe holen!«

»Aber ...«

In dem Moment donnerten die zwei Jets mit ihren lärmenden Turbinen direkt über sie hinweg.

»Hier!« Mit beiden Armen winkend sprang er vor dem Haus auf und ab. »Wir sind hier und brauchen Hilfe!«

Einen Augenblick später waren die Jets hinter der Hügelkuppel verschwunden. Das Dröhnen verklang in der Ferne.

»Jacques! Was zum Iblis sollte das?«

Er schaute ihr fest in die Augen. »Du hast doch gesagt, die suchen etwas. Vielleicht haben sie uns gesehen und schicken Hilfe.«

»Ich ...« Sie sah ihn an und zuckte mit den Schultern. »Keine Ahnung. Aber meine Leute sollten ebenfalls bald ankommen.«

Steinsplitter platzten aus der Fassade des Hauses. Das peitschende Knallen von Schüssen begleitete sie. Direkt am Durchgang, in dem seine Liebste lag!

»Kara!« Panisch stürzte er zum Eingang zurück. Die Einschläge um sich herum ignorierend warf er sich auf seine Freundin und zog sie tiefer in das Gebäude, um die nächste Ecke. Von der Schmugglerin war nichts zu sehen. Der Beschuss endete.

»Kara? Bist du in Ordnung?« Mit beiden Händen drehte er ihr Gesicht, aber mehr als ein erneutes Stöhnen kam nicht über ihre Lippen. »Jawaria! Wo bist du?«

»Hier.« Von der anderen Seite des Flures kam sie aus der Dunkelheit auf ihn zu. »Ich bin unverletzt. Wie geht es euch?«

»Sie ... ist in Ordnung. Ich ...« Ihm kam der Gedanke, dass ein Schuss ihn getroffen haben könnte. Auf den ersten Blick bemerkte er keine Verletzung. Er suchte seine Freundin ab, sie hatte keine neue Wunde davongetragen. »Mir ist nichts passiert, wie es scheint. Und Kara ebenfalls nicht.«

»Da haben wir nochmals Glück gehabt. Das war verdammt knapp. Die Killerdrohne ist scheinbar zu groß, um in Gebäude zu fliegen – oder sie kann nicht waagerecht schießen.«

Eine Weile schwiegen sie und horchten. Bis auf den Wind war nichts zu hören.

»Ob sie weg ist?«, spekulierte Jacques.

»Keinesfalls. Sie wird nicht ewig fliegen können, aber bewacht uns. Ich an deren Stelle hätte gleichzeitig jemanden losgeschickt, der die Sache persönlich erledigt.«

»Merde. Hoffentlich kommt hier bald Hilfe, die uns nicht tot sehen will.«

»Ich denke, die interessieren sich nicht für uns beide. Es ist Mäuser oder einer der anderen Männer, der uns jagt. Kara ist die Zeugin, die es zu eliminieren gilt. Und dieses Arschloch Diego hat verraten, dass sie lebt und sich in der Gegend aufhält. Die Polizei sucht dich nur, da du das Virus eingeschleust hast. Sie und ich sind einfach nur illegal hier. Falls die uns erwischen, werden sie uns vermutlich direkt nach Algerien zurückschicken. Mehr nicht.« Jawarias Zusammenfassung ihrer Situation klang plausibel.

»Ich ... ich dachte, die stecken uns ins Gefängnis oder so.«

Sie schüttelte den Kopf. »Ich habe darüber nachgedacht: Illegale, die hier leben wollen, werden in Erstaufnahmeeinrichtungen gesteckt. Dort müssen sie für mehrere Monate eine Art Umerziehung über sich ergehen lassen. Aber du hast es selbst gesagt: Die meisten werden direkt wieder zurückgeschickt. Und weder Kara noch ich haben hier ein Verbrechen begangen. Zumindest offiziell. Bei dir sieht die Sache anders aus. Du musst hier weg, falls du nicht lebenslang im Knast landen willst.«

»Du meinst wir – oder ihr – hättet einfach zur Polizei gehen können?«

»Jein. Wer weiß, ob die Behörden mit den Männern in der Villa nicht gemeinsame Sache machen und uns bei nächster Gelegenheit verschwinden lassen? In Algerien wäre das nicht ungewöhnlich. Auf der anderen Seite ist unser größtes Problem im Moment medizinische Hilfe für Kara. Daher würde ich das Risiko eingehen.«

Langsam kapierte er, was sie meinte. Und das gefiel ihm nicht. Welche Wahl hatten er? Jeder von ihnen hing seinen Gedanken nach. Karas Zustand war unverändert. Eine Weile später hörten sie das Brummen eines elektrischen Außenbordmotors und Stimmen. Er sprang auf. Rufe erklangen. Ein Schusswechsel ertönte draußen. Einzelne Schüsse und Salven aus automatischen Waffen. Zum Schluss ein metallisches Krachen, bevor Ruhe einkehrte.

»Was war das?«, flüsterte er.

Statt zu antworten, schlich Jawaria nach vorne in Richtung Ausgang. Wenige Sekunden später kam sie zurück.

»Alles in Ordnung. Das sind meine Leute. Sie haben die Killerdrohne vom Himmel geholt.«

Er war erleichtert. Kurz darauf kamen zwei kräftige Kerle mit taktischen VR-Brillen herein. Sie waren Mitte dreißig und der Ähnlichkeit der markanten Kinnpartie nach zu urteilen Geschwister.

»Hola! Alguien pidió un taxi? Matías, mein Name. Das ist mein Bruder, Lorenzo. Saludos desde Amir, schöne Grüße«, stellte er sich mit tiefer Stimme in spanisch-französischem Kauderwelsch vor.

»Vielen Dank. Aber ... ihr seid zu spät, befürchte ich. Wir benötigen dringend medizinische Hilfe für meine Freundin hier. Könnt ihr einfach einen Krankenwagen rufen oder so etwas?«

»Si. Ambulancia.« Matías legte einen Finger an sein Headset und sprach leise auf Spanisch. Er wandte sich wieder an ihn: »Sind in acht Minutos hier. Komm. Jetzt lass verschwinden.«

Er schüttelte den Kopf. »Nein. Ehe ich mein Leben beim Überklettern des Walls verliere, gehe ich lieber hier in ein Gefängnis. Dann sehe ich Kara spätestens in ein paar Jahren wieder.«

Der Spanier schaute ihn erstaunt an. »Tu no sabes? Noch nicht gehört?«

»Was gehört?«

»La muralla. Die Wall. Ella fue destruida. Kaputt. Wir fahren einfach hinüber. Wie Taxi. Noch vier Minutos. Beeilung!«

Er war baff und wusste nicht, was er erwidern sollte.

»Na los!«, drängelte Jawaria, die wie immer einen klaren Kopf behielt. »Das ändert nichts. Wir haben es vorhin besprochen: Ich werde auf Kara aufpassen, den Behörden alles erklären und komme spätestens in ein paar Wochen mit ihr nach. Wenn du dich hier verhaften lässt, ist weder ihr noch ihrer Familie geholfen.« Sie hielt kurz inne. »Außerdem ... will ich sichergehen, dass es Rodrigo gut geht.«

Die Bemerkung zu Karas Angehörigen gab am Ende den Ausschlag. Sie hatte recht. Seine Freundin wäre hier bestens versorgt und er hatte in Algerien eine Schuld zu begleichen.

»Ich ... Okay. So machen wir es. Vielen Dank, Jawaria!«

»Jawaria?« Matías wandte sich zu ihr um und bekam große Augen. »La Jawaria? Eine Ehre, dich kennenzulernen. Du willst nicht mitkommen?«

»Ja, in Person. Und nein, will ich nicht. Aber kümmert euch gut um ihn – und helft ihm, wo ihr könnt. Versteht ihr, was ich meine?« Die Brüder schauten sich kurz an und nickten respektvoll. »Los jetzt, Jacques! Die Zeit rennt.«

Zum Abschied strich er Kara kurz über den Kopf und gab ihr einen flüchtigen Kuss auf die fiebrige Stirn. Im Anschluss rannte er zusammen mit den Männern zum Boot. Es war ein militärisch anmutendes Schnellboot in grauer Farbe. Wenige Augenblicke später sprangen sie in Höchstgeschwindigkeit über die Wellen und ließen die Küste hinter sich.

Hoffentlich hatte er die richtige Entscheidung getroffen und würde seine Liebste demnächst wieder in die Arme schließen können. Sein Kopf sagte ihm, dass er das Beste für Kara und für ihre Familie tat – sein Herz war allerdings anderer Meinung.

Diego

Rund zwei Stunden war Diego in der glühenden Sonne über holprige Feldwege und Schotterpisten gefahren. Dabei hat er sich am westlichen Rand der flachen Bergkette gehalten, die die steppenartige Landschaft vom Mittelmeer trennte. Auf diesen verlassenen Wegen würde er garantiert von keiner automatischen Verkehrskamera oder Ordnungsdrohne aufgespürt.

Die offline Karte, die er vor sich auf den Lenker geklemmt hatte, wies ihm zuverlässig den Weg. Eine grüne Fahne markierte seinen Zielort im Display. Es war der äußerste Rand der aktuellen Mobilfunkzelle. Unmittelbar davor erhoben sich die Ausläufer eines hohen Bergmassivs.

Dort angekommen war es Zeit für seinen Anruf. Das Motorrad stellte er am staubigen Straßenrand neben einem verdorrten Maisfeld ab, setzte das VR-Headset auf und checkte kurz die News. Erste Schlagzeilen berichteten von einer technischen Störung am Wall und einem Militäreinsatz. Balrog war fleißig. Sehr gut. Daher wählte er sich in den privaten Chat ein, um Mäusers Avatar zu treffen. Lange warten musste er nicht.

»Schön, dass Sie es einrichten konnten«, begrüßte er den Politiker, der erneut in der futuristischen Rüstung erschien. »Sie haben die Nachrichten gesehen?«

»Ja. Also? Was wollen Sie?«, fragte die metallische Stimme hinter dem Visier.

»Zwei Dinge, die für einen Mann in Ihrer exponierten Position kein großes Problem darstellen sollten. Erstens: Ich will, dass Milo Babic, Anwalt und persönlicher Berater von Karl Wagner bei PeaSecur, für die Verbrechen zur Rechenschaft gezogen wird, die er seit Jahren begeht.«

»Und welche sollten das Ihrer Ansicht nach sein?«

»Erpressung, Nötigung, Mord. Oh, und natürlich Menschenhandel – damit haben Sie ja Erfahrung, nicht wahr? Aber suchen Sie sich gerne etwas aus. Hauptsache der Mann kommt hinter Gitter, wo er hingehört. Je länger, desto besser. Ich bin sicher, die Staatsanwaltschaft findet ausreichend Hinweise, die diverse Verfahren gegen ihn erlauben – sofern sie aktiv danach sucht.«

»In Ordnung. Falls sich dafür Beweise finden lassen, ist das kein Problem.«

»Zweitens: Ich habe keine Lust, selbst lebenslang auf der Flucht zu sein. Daher wäre ich Ihnen sehr verbunden, wenn Sie dafür sorgen, dass mein Name im Rahmen der aktuellen Ermittlungen rund um das Virus keine Erwähnung mehr findet. Aber bitte unauffällig.«

»Ich kenne Ihren Namen nicht.«

»Oh, doch. Den kennen Sie. Davon bin ich überzeugt. Ansonsten fragen Sie Ihren Kumpel Wagner. Sie verstehen sicher, dass ich ihn hier nicht nennen werde.«

»Von mir aus, das lässt sich regeln. Aber nur, falls Sie nicht bereits wegen eines konkreten, nachgewiesenen Verbrechens gesucht werden. Mehr kann ich nicht versprechen.«

»Wunderbar. Das reicht mir schon.« Ihm war klar, dass man ihn in Verdacht hatte, aber nichts zu beweisen war.

»Dann sagen Sie mir jetzt, wie der Virus aufgehalten

wird.«

»Ich hinterlege Ihnen hier im Chat eine kleine Datei. Darin finden Ihre Cyber-Experten alle notwendigen Informationen, um Balrog, also den Virus, zunächst für vierundzwanzig Stunden zu pausieren. Die Öffentlichkeit wird davon ausgehen, dass er besiegt ist. Sobald meine Forderungen erfüllt wurden, lade ich den zweiten Teil hoch, der ihn endgültig unschädlich macht und erklärt, wie er funktioniert. Damit werden Sie erkennen, dass sich die Aktion nicht wiederholen lässt.«

»Einverstanden. Aber woher nehmen Sie die Sicherheit, dass Sie später nicht weitere ... Probleme bekommen? Wie Sie schon sagten, Ihr Name ist leicht herauszufinden.«

»Ganz einfach«, Diego drehte in Gestalt von Kara eine Pirouette. »Sie möchten bestimmt nicht, dass die unappetitlichen Details Ihres extravaganten Hobbys herauskommen. Ich gehe davon aus, dass Sie sich um die Kleine kümmern?«

»Worauf sie sich verlassen können. Ich werde Sie allerdings nicht gegen jeden schützen können. So viel Einfluss habe ich nicht.«

»Keine Sorge. Ich bin in der Lage auf mich selbst aufzupassen, will mich aber nicht mit der Polizei oder Staatsanwaltschaft herumschlagen.«

»Dann haben wir einen Deal.«

Abschiedsgeschenke

Milo

Verdammt! Sein VTOL schoss in einem Kilometer Höhe über die wüstenartige Landschaft hinweg. Links von ihm zogen sich die endlosen weißen Flächen der Gewächshäuser, rechts türmten sich die felsigen Hügel vor der Mittelmeerküste auf. Leider hatte das PeaSecur-Securityteam nur eine ungenaue Angabe zum Aufenthaltsort von Diego Morales ermittelt. »Ungenau« – das war die Untertreibung des Jahres. Zehn Kilometer Radius. Das waren über dreihundert Quadratkilometer! Der Scheißkerl konnte überall sein.

Er näherte sich seinem Zielbereich. Hier gab es nichts außer Sand, verdorrter Vegetation und Treibhäusern. Sein Fluggerät flog tiefer und zog einen Kreis über das Zielgebiet. Es gab zahllose Möglichkeiten, sich unter den weißen Planen, in alten Schuppen und den Gehöften zu verstecken. Falls er nicht weitergefahren war. Nördlich waren die ersten Ausläufer eines Mittelgebirges zu sehen.

Keine Chance. Mist! Seine aktuelle Mission war gescheitert. Aber früher oder später ergäbe sich eine neue Gelegenheit. Niemand blieb in der ZEU ewig verschwunden, entweder er oder die Polizei erwischten den Kerl.

Missmutig wies er die KI des Senkrechtstartes an, wieder zu seinem Hotel zurückzukehren. Im Steigflug kontaktierte er den CEO, um die schlechten Nachrichten zu überbringen.

»Karl Wagner ist leider nicht erreichbar«, antwortete ihm die KI mit neutraler androgyner Stimme. »Er nimmt an einer Besprechung teil«. Also würde er es nachher nochmals probieren.

Eine Viertelstunde später landete er wieder auf dem Hoteldach und betrat seine klimatisierte Suite. Die Nachrichten auf der Mediawand berichteten weiterhin über den Cyber-Angriff, der den Wall zerlegte. Kein Wunder, dass er den Boss nicht erreichte. Der kleine Pisser steckte mit Sicherheit ebenfalls dahinter. Das war nicht sein Problem. Er hatte getan, was er konnte. Gerade wollte er sich wieder seinem Hobby zuwenden, da meldete sich Wagner doch noch. Mit einem Wisch bestätigte er die Anfrage und betrat einen privaten Chat. Hier war Vorsicht geboten, der virtuelle Raum lag in der öffentlichen Cloud und nicht im Pea-Secur-Netzwerk.

»Babic. Sie haben versucht, mich zu erreichen?«

»Ja. Ich habe unseren Freund leider nicht gefunden. Das ist ein dreihundert Quadratkilometer großes Areal, teilweise mit Bebauung. Keine Chance.«

»Okay verstanden. Ich habe den Standort der verlorenen Ware.« Er übermittelte eine Adresse und einen Namen.

»In Ordnung, Herr Wagner. Ich kümmere mich.«

Damit beendete der CEO ohne ein weiteres Wort den Chat. Seinen Boss hatte er selten dermaßen kurz angebunden erlebt. Da war scheinbar die Kacke richtig am Dampfen.

Die Adresse verwies auf die Torrecárdenas-Universitätsklinik am nördlichen Stadtrand von Almería. Er vermutete, dass die Frau dort als Patientin lag, ansonsten hätte Wagner kaum davon erfahren. Das kam ihm Recht. In einem Krankenhaus gab es Dutzende Möglichkeiten, eines mehr oder weniger natürlichen Todes zu sterben.

Eine halbe Stunde später betrat er das Foyer des weitläufigen Komplexes. Die Klinik war im Laufe der letzten Jahrzehnte um diverse neue Gebäudeteile erweitert worden. Er hatte sein VR-Headset auf. Dank eines individuellen Extras arbeitete es im Offline-Modus. Es zeigte ihm die Umgebung an, war aber nicht mit der Cloud verbunden. Damit entging er der Gesichtserkennung und das Gerät verfolgte man ebenfalls nicht.

Gemütlich schlenderte er zu einem etwas vierzehnjährigen Jungen, der unschlüssig vor einem Snackautomaten herumlungerte. Sein Arm war bandagiert und lag in einer Schlinge. Dessen Eltern sah er nicht.

»Hi!« Der Teenager drehte sich irritiert um und schaute ihn fragend an. »Ist das beim Hoverboarden passiert?«

»Nee, ein paar Kerle haben mich eine Treppe runtergeschubst, um mir die Zugangscodes für den Wall abzuknöpfen.«

Ein Scherzkeks also. »Ha, ha. Ja, ist klar. Ähm ... Kannst du mir einen Gefallen tun?«

»Hm ... worum geht es?«

Er war skeptisch. Zu Recht. »Es ist mir etwas peinlich. Aber ... meine älteste Tochter hat sich ihr Bein gebrochen – beim Hoverboarden. Ich würde sie gerne besuchen. Nur ... na ja. Wir sind geschieden, weißt du. Eigentlich darf ich sie nicht sehen. Wenn meine Ex-Frau erfährt, dass ich hier war ... Puh. Dann ist die Hölle los. Aber mein kleiner

Schatz. Sie würde sich bestimmt freuen, ihren Papa zu umarmen.«

»Und sie wollen, dass ich für Sie nachschaue, in welchem Zimmer sie liegt. Damit das keiner merkt.«

Schlauer Junge. »Genau« bestätigte er lächelnd. »Ich spendiere auch gerne etwas aus dem Automaten.«

»In Ordnung. Zwei von den CaramelMax-Riegeln und eine Cola.«

Ganz schön gierig. »Bitteschön.«

Er zahlte per Hand-Scan. Damit hinterließ er eine Spur, das war nicht vermeidbar.

»Wie heißt sie denn?«

»Kara Tengour.«

»Moment ... Zimmer 6-768. Allgemeinstation.«

»Vielen Dank, mein Junge. Darüber wird sie sich sicherlich freuen.«

Zwei Aufzüge und diverse lange Flure später betrat er den angegebenen Gang. Türkise Wände und graue Linoleumfliesen, dazu der typische Geruch nach Desinfektionsmitteln, den er hasste. Vor einer der Türen stand ein humanoider Roboter in blau-gelber Polizeilackierung zur Bewachung des Patienten. Das war keine Überraschung. Diese Art Jobs wurde heute nicht mehr an menschliche Polizisten vergeben, die setzten ihre Zeit deutlich produktiver ein.

Ohne Eile schlenderte er auf das Zimmer zu. Der Roboter drehte surrend den gesichtslosen Kopf in seine Richtung. Mit dem Daumen drückte er den Knopf eines dünnen Gerätes, dass er in seiner Hosentasche trug. Es sandte einen codierten Impuls aus, der die Maschine in den Wartungsmodus schickte. Solange er sich im näheren Umfeld aufhielt, würde sie sich nicht mehr rühren und keine Aufzeichnungen anfertigen. Über dieses praktische Service-Feature in der Firmware verfügten alle Sicherheitsdevices von PeaSecur.

Er schaute sich bewusst nicht um, das wäre verdächtig. Zielgerichtet schritt er zur Tür, lauschte kurz. Da er keine Gespräche oder Arbeitsgeräusche hörte, öffnete er sie. Durch den Spalt spähte er in das Zimmer. Auf der anderen Seite stand ein zweiter Roboter wache und verharrte ebenfalls reglos. Da ging scheinbar jemand auf Nummer sicher. In dem Bett lag sein Opfer auf dem Rücken und schlief. Ein Herzmonitor zeigte ihren Puls. An ihrem Arm hing ein Beutel mit einer Infusionslösung. Perfekt.

Lautlos trat er durch die Tür und schlich sich in Richtung der Infusion. Eine Spritze mit einem massiv überdosierten Betäubungsmittel hatte er in der Tasche. Verwechslungen dieser Art passierten.

Schmerzhaft krachte ihm ein harter schwerer Gegenstand in den Rücken und brachte ihn ins Stolpern.

»HILFE!! Zu Hilfe! Überfall!«, brüllte eine schrille Stimme hinter ihm, während er durch den Raum torkelte.

Ungeschickt hielt er sich an dem Ständer für die Infusion fest. Das Blechgestell kippte direkt zur Seite. In einem Knäul aus Gestänge, diversen Schläuchen sowie dem Plastikstuhl, der auf seinen Rücken gelandet war, polterte er auf den Boden.

»HILFE! HILFE! Polizei!«

Im toten Winkel neben der geöffneten Tür stand eine Frau mittleren Alters und brüllte aus Leibeskräften. Panik stieg in ihm auf. Hier würde gleich die Hölle los sein. Verdammt. Zügig rappelte er sich auf. Nichts wie weg!

»HILFE!«

Hörte die denn nie auf? Mit einem langen Satz sprang er in Richtung Tür. Die Alte warf sie ihm vor der Nase zu. Er schaffte es nicht, zu bremsen, und knallte voll dagegen. Ein harter Tritt traf ihn seitlich ins Kniegelenk und ließ sein Bein abknicken. Es knirschte fürchterlich. Blendender Schmerz explodierte im Gelenk, sodass er seinerseits aufbrüllte und erneut zu Boden fiel.

»Arg! SCHEISSE! Du Schlampe!!« Er kam nicht mehr auf die Füße.

Die Tür wurde aufgerissen. Pfleger und Ärzte in weißen Kitteln strömten herein. Verdammt. Diese Schlacht hatte er verloren.

Ihm fiel auf, dass die Alte ihn mit einem dünnen Lächeln betrachtete, bevor sich die Meute auf ihn stürzte.

Peter

Nach der kurzen Pause hatte er sich wieder eingeloggt. Die folgenden Stunden waren für Peter die Hölle, da sich die ganze Meute aus Vorgesetzten, Presse und Politikern auf ihn stürzte. Tausende Wartungsroboter zerlegten weiterhin ungehindert den Wall. Nacheinander sanken die Kugeln oder trieben ohne Verankerung herrenlos durch das Mittelmeer. Daran änderten die hilflosen Aktionen der Marine nichts. Die Central-KI, die das Gesamtsystem des Walls steuerte, war nicht erreichbar.

Ein Abschalten der KI war unmöglich, da sie, wie alle kritischen Systeme, nicht an einer zentralen Stelle installiert war, sondern sich über viele Tausend physische und virtuelle Server verteilte. Mit dieser Methode war sichergestellt, dass weder ein Angriff in der Real-Welt noch eine

Cyber-Attacke das System als Ganzes lahmlegte. Nun ja ... soweit die Theorie.

Alle hatten sie die gleichen Fragen: Was er über das Virus wüsste? Wieso er nicht früher gewarnt hatte? Warum die Verdächtigen auf freiem Fuß waren? Zufriedenstellende Antworten hatte er leider kaum, auch wenn er sein Möglichstes getan hatte.

Inzwischen hatte man die Flüchtlingsfrau Kara Tengour gefunden. Sie lag mit einer Schusswunde sowie massivem Blutverlust im künstlichen Koma und war vorläufig nicht ansprechbar. Eine unbekannte Frau, die sich als ihre Tante Dalia Saadi vorgestellt hatte, war bei ihr. Sie beharrte darauf, bei ihr zu bleiben und erst später eine Aussage zu tätigen, sobald es ihrer Nichte wieder besser ging.

Das war ein weiteres Puzzlestück, um das er sich morgen kümmern würde. Zur Sicherheit bestellte er Polizeischutz für das Zimmer im Krankenhaus. Zumindest Kara Tengour hatte potente Freunde – und ebenfalls mächtige Feinde, wenn man bedachte, aus welcher Situation man sie befreit hatte. Außer der Tatsache, dass beide illegal hier waren, hatten sie sich bisher nichts zuschulden kommen lassen.

Gegen acht Uhr abends beruhigte sich die Lage schlagartig. Verwundert erkundigte er sich bei Jana über das aktuelle Geschehen.

»Die Central-KI der Grenzbefestigung hat auf Stand-by geschaltet. Ebenso alle Wartungsroboter«, kam die lakonische Antwort.

»Äh ... Okay. Ist bekannt, was passiert ist?«

»Theo Mäuser, der Provinz-Gouverneur hat selbstständig eine lokale Cyber-Abwehr-Einheit ins Leben gerufen. Die haben einen Weg gefunden, den Virus zu stoppen.«

»Sakrament! Er hat eine eigene Truppe aufgebaut?! Warum wurde ich nicht informiert?«

»Niemand war informiert. Die Mitteilung wurde erst vor wenigen Minuten von seiner Pressesprecherin verbreitet. Theo Mäuser gibt gleich eine Live-Pressekonferenz.«

Das stank zum Himmel. Dieser Politiker war nicht für sinnvolle oder hilfreiche Aktionen bekannt. Und eine eigene Cyber-Einheit, die innerhalb weniger Stunden ein Problem löste, an dem sich die schlausten Eierköpfe der ZEU vergeblich die Zähne ausbissen? Undenkbar! Das war absoluter Schmarrn.

»Okay. Das will ich mir ansehen.«

Er beamte sich in einen virtuellen Saal, dessen Sitzplätze mit einer bunten Schaar Avatare gefüllt waren. Theoretisch könnten hier Millionen von Zuschauern anwesend sein. Um seine Sinne nicht zu überfordern und um dem Ganzen das richtige Ambiente zu verleihen, blendete die VR nur rund fünfzig für ihn ein. Am Ende des Raumes stand eine Bühne mit Mikrofon. Das war ein Witz und reine Dekoration. In der VR brauchte es das nicht.

Nach ein paar einleitenden Worten, einer Pressesprecherin, die problemlos als Victoria Secrets Model durchgegangen wäre, trat Mäuser an das Pult. Er nutzte eine deutlich verjüngte – und verschlankte – Version seines realen Körpers. Sogar das blonde, nach hinten gekämmte Haar sah halbwegs echt aus. Das Ekel setzte ein selbstzufriedenes joviales Lächeln auf.

»Guten Abend. Ich freue mich, ihnen mitteilen zu können, dass meine andalusische Cyber-Abwehr erfolgreich das hinterhältige Virus namens ›Balrog‹ besiegt hat.« Das Publikum applaudierte. »Leider war nicht mehr zu verhindern, dass die Grenzbefestigung im Mittelmeer, der Wall, fast vollständig vernichtet wurde. Aber – wir sind vor weiteren Attacken gefeit.«

»Wie genau haben Sie das Virus besiegt?«, fragte eine männliche Stimme aus der Menge. Mäuser, der diese Art spontaner Fragen normalerweise verabscheute und nicht beantwortete, hatte damit heute keine Probleme.

»Für technische Details wird ihnen mein Chef der Cyber-Abwehr morgen Abend gerne Rede und Antwort stehen. Bitte haben Sie Verständnis, dass wir diese Information aus ermittlungstaktischen Gründen aktuell noch nicht veröffentlichen können.« Damit klang er fast wie der Pressesprecher der Polizei. Seine Verwunderung stieg stetig.

»Wer ist für Balrog verantwortlich? Haben Sie den Täter ermitteln können?«, kam der nächste Einwurf.

»Leider nein. Wir vermuten, dass die afrikanische Terrororganisation Boko Haram dahintersteckt. Sie reißen den Wall nieder, um leichter ihre Leute bei uns einzuschmuggeln und Terroranschläge zu verüben. Sie wissen ja, wie diese radikalen Afrikaner sind.«

Was für ein ausgemachter Schwachsinn. Diese haltlosen Fantastereien entbehrten jeder Grundlage. Damit bewegte sich Mäuser wieder auf einem Niveau, das er von Anfang an erwartet hätte.

»Habe ich das richtig verstanden? Sie behaupten, Boko Haram steckt dahinter, um in Europa Anschläge zu verüben?«, kam die ungläubige Rückfrage. Zumindest einigen Reportern im Auditorium schien es nicht anders zu ergehen.

»Korrekt. Ich werde morgen direkt mit dem ZEU-Innenminister sprechen, damit er endlich die längst überfällige Anti-Terror-Gesetzgebung sowie die Verstärkung des ZEU-Grenzschutzes verabschiedet, die ich schon vor Monaten angeregt habe.«

Daher wehte der Wind.

»Aber wie gedenken Sie mit den Flüchtlingsmassen aus Afrika umzugehen, die sich jetzt sicherlich auf den Weg machen werden?«

Das würde Peter auch gerne wissen.

»Der ZEU-Grenzschutz obliegt dem Innenministerium. Bei Bedarf stehe ich selbstredend mit meiner umfassenden Erfahrung in Krisensituationen wie dieser zur Verfügung, damit endlich schlagkräftige Maßnahmen eingeleitet werden. Der bisherige Schmusekurs der ZEU, der die Afrikaner geradezu einlädt, unser exzellentes Sozialsystem auszunutzen, muss jedenfalls ein Ende haben.«

Den tödlichen Wall und die Umerziehungslager, aus denen man fünfundneunzig Prozent der Ankömmlinge direkt zurückschickte, hätte er nicht als Einladung interpretiert. Aber Mäuser war ... nun ja. Mäuser. Er hatte genug gehört und verließ die Konferenz.

Andalusische Cyber-Abwehr – Schmarrn. Der hatte von irgendwem einen Tipp erhalten und verkaufte das als eigenen Erfolg. Wer weiß? Eventuell stand am Ende der Politiker hinter der Attacke, um seine Karriere zu befeuern? Zuzutrauen wäre es ihm. Das ZEU-Innenministerium – und zugegebenermaßen er selbst – schauten dumm aus der Wäsche.

Die Zerstörung der Grenzanlage war historisch. Sie würde politische Nachwirkungen haben. Vor allem die Tatsache, dass ein dermaßen massiver Cyber-Angriff erfolgreich war. Wagner dürfte dieses Mal schwerfallen, sich rauszureden. Effektiv würde sich allerdings für die meisten Bürger in der ZEU nichts ändern. Selbst wenn Zehntausende Flüchtlinge es jedes Jahr über das Meer schafften. Das machte bei einer Bevölkerung von rund vierhundertfünfzig Millionen Menschen keinen nennenswerten Unterschied – realistisch betrachtet. Ein paar Erstaufnahmeeinrichtungen und Rückführungsflüge mehr, das wars.

Für heute reichte es ihm endgültig. Er brauchte dringend eine Pause von diesem Pandämonium – und eine Mütze Schlaf.

»Jana? Du kannst die Akte schließen.« Damit loggte er sich aus, ohne auf eine Antwort zu warten.

Zwei Monate später

Diego

Sein Blick schweifte über die grüne Landschaft jenseits der Seine. In der Hand schwenke Diego ein Glas mit Whiskey. Fünfzig Jahre alter Single Malt, eine Rarität. Er hatte sich die Flasche unmittelbar nach Balrogs Erfolg gegönnt. Von dem Hochgefühl vor zwei Monaten war nichts mehr übrig – im Gegenteil.

Mit Leerverkäufen hatte er an der Börse auf fallende Kurse von PeaSecur gewettet und damit eine irrsinnige

Summe eingestrichen. Kunststück. Geld spielte für ihn keine Rolle. Es war Mittel zum Zweck.

Auch der Wall war Geschichte. Er fand es nicht schade drum. Ein sinnfreies Bollwerk, dass jedes Jahr Milliarden Euro an Steuergeldern gefressen hatte. Der Weg war für Flüchtlinge aus Afrika über das Mittelmeer wieder offen. Der erwartete Ansturm blieb aus – wer hätte das gedacht?

Okay, alle die einfältig genug waren, Mäuser seine frei erfundenen Storys zu glauben. Dieser schürte fleißig Verschwörungsmythen, dass sich die Menschen in Afrika sammelten, um später mit gigantischen Flößen das europäische Festland zu erobern. Mit Unterstützung des dortigen Militärs. Was für ein Schwachsinn! Leider gab es genug Trottel in der ZEU, die diesen Blödsinn für bare Münze nahmen und sich Angst machen ließen. Der Politiker strebte offensichtlich nach einem höheren Amt. In ein paar Monaten waren die nächsten ZEU-Parlamentswahlen. Aufgrund der üblichen Wahlbeteiligung von unter zehn Prozent waren seine Chancen leider gar nicht schlecht. Immerhin hatte er Wort gehalten und dafür gesorgt, dass es keine weiteren Ermittlungen gegen ihn gab. Auf dem Papier war er weiterhin ein unbescholtener ZEU-Bürger.

Wagner hatte man als CEO abgesägt. Das mit dem Wall war wie erwartet zu viel. Der PeaSecur-Konzern wurde zunächst unter staatliche Aufsicht gestellt und würde demnächst vermutlich abgewickelt. Damit er es ihm mit gleicher Münze zurückgezahlt.

Selbst Babic hatte man erwischt, als der Wichser versuchte, Kara im Krankenhaus zu ermorden. Somit würde er seine illegalen Spielschulden nicht mehr bedienen können und es existierte kein reicher CEO, der ihm aus der Patsche half.

Trotzdem wollte sich das Gefühl der Befriedigung nicht einstellen.

Deprimiert ließ er sich auf seine Couch sinken. Der Whiskey schwappte unangetastet im Glas. In jedem Detail erinnerte er sich an den letzten gemeinsamen Abend vor drei Jahren mit Naïn, Loris und Jeanne an dieser Stelle. Damals hatten sie beschlossen, dass er sich opfern solle und dass sie gegen PeaSecur in den Krieg zögen. Ihr Leben hatte einen neuen Sinn erhalten.

Und heute?

Ein paar Mal hatten sie sich noch im Fantasy-Chat getroffen. Es waren trübe Runden, in den sich im Grunde nichts zu sagen hatten. Um seine Freunde nicht zu verraten, waren persönliche oder reguläre VR-Treffen waren nach wie vor zu gefährlich. Es recht, da Wagner lebte und ihm bekannt war, dass er hinter dem Cyber-Angriff steckte. Mäuser würde ebenfalls nicht vergessen, dass er dessen Vorliebe für Kara kannte, auch wenn er ihm seinen potenziellen Karrieresprung verdankte.

Sein Haus hier in Paris hatte er daher zu einer Festung umgebaut. Außer ihm wohnte in dem vielstöckigen Gebäude niemand mehr. Panzerglas vor den Fenstern, weiträumige elektronische Überwachung sowie menschliche und maschinelle Bodyguards sorgten für seine Sicherheit.

Er war jetzt steinreich, aber es fehlte ein Sinn im Leben. Sein Körper und Geist waren ausgelaugt. Sollte er sich aus der ZEU verabschieden? Am anderen Ende der

Welt Neues aufbauen? Eine nette Frau kennenlernen und eine Familie gründen?

Warum nicht?

In Südamerika boomte die Wirtschaft. Diverse brasilianische Unternehmen suchten händeringend nach Ideen und schlauen Köpfen, um die Wiederaufforstung voranzutreiben. Die meisten technischen Innovationen im Feld der maschinellen CO2-Reduktion und Meeresreinigung kamen von dort. Autonome Drohnen und Maschinen waren eine der Schlüsseltechnologien dafür.

Das war ein faszinierendes Umfeld, um seinen neu gewonnenen Reichtum zu investieren und dabei seine Fähigkeiten einzusetzen. Die ZEU wäre weit weg und hatte kaum Beziehungen zu dem Kontinent. Er würde die anderen drei fragen, ob sie ebenfalls Interesse an einem neuen Abenteuer hätten.

Das klang nach einem sinnvollen Projekt! Mit Elan stand er auf, trank einen Schluck von dem teuren Tropfen und genoss die holzigen Aromen einen Moment lang. Mit frischer Energie und voller Tatendrang griff er nach seinem VR-Headset, um mit einer entsprechenden Recherche zu beginnen.

Einen Augenblick zögerte er, ihn irritierte ein Lichtreflex an der breiten Panoramascheibe. Ein Lichtpunkt war aus dem Wald aufgestiegen und näherte sich in einem weiten Bogen seinem Gebäude. Was im ersten Moment wie ein Glühwürmchen in Zeitlupe erschien, entpuppte sich als rasende Feuerkugel.

Oh, SCHEISSE! Er warf sich hinter das Sofa.

Die Scheibe zerbarst in Millionen winzige Kugeln. Der ultraheißen Dekompression des explodierenden Raketensprengkopfes hatte das zentimeterdicke Panzerglas nichts entgegenzusetzen. Das Whiskeyglas wurde pulverisiert und die Reste der Flüssigkeit verdampfte, Schränke und Vitrinen zerquetscht, die Couch zerrissen. Den umliegenden Wänden erging es bei der schlagartigen Ausbreitung der Druckwelle nicht besser. Die Fenster auf den anderen Seiten des Stockwerkes zerplatzten. Feuer, Splitter und Trümmer folgten und verteilten sich rauchend im weiten Umkreis um das Gebäude. Aus dem Wald stoben die Vögel aufgeschreckt von dem dumpfen Knall der Explosion aus den Baumkronen in den Himmel.

Sekunden später war der Spuk vorbei. Eine schwarze Rauchfahne stieg von Diegos Haus auf. Nur der lärmende Feueralarm sowie die Sirenen des sich nähernden Rettungsdienstes durchbrachen die Stille.

Die Vögel beruhigten sich nach ein paar Minuten und flatterten zu ihren angestammten Plätzen zurück, um ihre Jungen zu versorgen und Insekten für ihr Abendessen zu jagen.

Acht Wochen später

Jacques

Heißer Sand wehte über die grauen Betonplatten des Flughafens von Algier. Er betrachtete aus den getönten Scheiben des Wartebereichs das Flugfeld, das langsam von der Wüste zurückerobert wurde. Ein einzelnes weißblaues Passagierflugzeug stand am Gate mit gelbem Staub auf den Tragflächen. In der Ferne waren Jagdflugzeuge des Militärs geparkt. Ansonsten waren nur wenige Servicefahrzeuge zu sehen.

»Jacques! Setz dich doch wieder zu uns.« Die Stimme von Idir holte ihn aus seinen Gedanken. »Der Flieger wird in frühestens dreißig Minuten landen.«

Laut Anzeigentafel war es eines von neun Flugzeugen am heutigen Tag.

Mit einem Seufzer drehte er sich um und schlenderte zu Karas Eltern zurück. Youssef war zum Glück zu Hause geblieben, um auf den Hof aufzupassen. War es erst wenige Wochen her, dass der Halbstarke seine Ziegen vergiftet und damit das Unglück losgetreten hatte? Bis heute gab es dafür keine Beweise und Idir hatte darauf bestanden, dass sich Jacques mit ihm versöhnte.

»Falls du in Zukunft Kara öfters sehen willst«, beschied ihm Karas Vater vor einigen Wochen, nachdem klar war, dass seine Tochter wieder nach Hause käme – und das nicht zuletzt dank Jacques´ Hilfe, »musst du dich mit meinem Sohn versöhnen. Wie sonst wollt ihr in Zukunft ... miteinander umgehen?«

Ob er damit die gemeinsame Zukunft von Jacques und Kara meinte, ließ er dabei offen. Und ob das »miteinander umgehen«, »unter einem gemeinsamen Dach wohnen« bedeutete, ebenfalls. In jedem Fall blieb ihm und Youssef nichts anderes übrig, als sich die Hände zu reichen und auf weitere Anfeindungen zu verzichten. Seitdem herrschte zumindest eine Art Waffenstillstand zwischen ihnen. Ob dieser auch die Rückkehr von Kara überdauerte, blieb abzuwarten.

Ihre Eltern hatten es sich nicht nehmen lassen, ihn auf die über vierzehnstündige Fahrt nach Algier zu begleiten.

Sie wechselten dreimal den Bus, bestachen diverse Soldaten an Straßensperren und hatten am Ende einen Platten.

»Du hast ja recht«, antwortete Jacques bei der abgewetzten Bank ankommend und wunderte sich noch immer, wie ungezwungen er inzwischen mit den beiden umging. »Aber wir haben wochenlang gewartet und es war ja nicht klar, ob man sie überhaupt gehen lassen würde.«

»Was für eine Wahl hatten sie denn?«, erwiderte Idir entrüstet. »Sie ist doch keine Verbrecherin! Man hat sie entführt und ... ihr schlimme Dinge angetan.« Jacques wusste, wie sehr ihn sein Bericht und diese Vorstellung erschüttert hatten. »Entschuldigen müssen die sich bei uns! Jetzt sollen wir auch noch dankbar sein?«

Sie hatten das häufig und ausführlich in den letzten Wochen diskutiert. Für Karas Eltern war Europa weiterhin der grüne Kontinent, in dem Recht und Ordnung herrschten. Im Gegensatz zu Algerien. Daher antwortete er darauf nicht, um die Diskussion nicht erneut anzufachen. Inzwischen hatte er eine eigene Meinung zur ZEU. Hochtechnisiert, aber zumindest die Reichen und Mächtigen waren durch und durch korrupt sowie ohne jeden moralischen Kompass, während alle anderen zusehen mussten, wie sie klarkamen. In dieser Beziehung unterschied sich der nördliche Kontinent seiner Ansicht nach nicht groß von seiner Heimat.

Am Ausgang des Gates standen vier Grenzsoldaten, um später die Papiere der ankommenden Passagiere zu kontrollieren. Kara war nicht der einzige Fluggast, der eine »kostenlose Rückführung« in die Heimat genoss. Ihre Eltern hatten erst vor fünf Tagen einen Brief der lokalen Regierung erhalten. In diesem teilte man ihnen das konkrete Rückkehrdatum mit, sowie dass sie die Papiere von ihrer Tochter am Flughafen vorzulegen hatten, damit sie regulär einreisen durfte. Ansonsten hätte ihr erneut ein unbekanntes Schicksal gedroht. Die ZEU interessierte es nicht, was mit den Personen passierte, die sie zurückschickte.

Nach einer halben Stunde war es endlich so weit. Die Maschine landete in einer Staubfahne und bremste ab. Lange Minuten später, kamen die ersten Passagiere aus dem Durchgang. Eine Handvoll Menschen in Geschäftskleidung aus der Region, wie es schien.

Dann sah er sie. Seine Liebste! Jetzt hielt ihn nichts mehr auf der Bank und er stürzte nach vorne. »Kara! Wir sind hier!«

Er winkte und wedelte mit den Armen, als wenn er in dem nahezu leeren Wartebereich zu übersehen wäre. Seine Freundin sah verändert aus. Älter. Ernsthafter. Sie trug eine modische Jeans mit grünem T-Shirt und dünner Jacke. Zu seiner Freude lächelte sie, als sie ihn sah und winkte zurück. Inzwischen waren Soumia und Idir nach vorne gekommen. Ihrer Mutter standen Tränen in den Augen.

Wenig später ließen die Soldaten Kara passieren, nachdem ihr Vater ihre Papiere sowie das übliche Bakschisch übergeben hatte. Ungestüm warf sie sich ihren Eltern in die Arme und wurde tränenreich begrüßt, während er auf heißen Kohlen saß und am liebsten dazwischengegangen wäre. Kurz darauf fand sie Zeit für ihn. Dann, endlich, schauten sie sich tief in die Augen und umarmten sich. Er vergrub seinen Kopf in den Wellen ihrer offenen Haare.

Der Duft von frischem Shampoo und Seife stieg ihm in die Nase. Könnte er sich doch nie mehr loslassen.

»Jacques«, flüsterte sie in sein Ohr. »Ich habe dich so vermisst.«

»Kara. Mon trésor. Ich hatte die Hoffnung schon fast aufgegeben.« Ihm lagen weitere Worte auf der Zunge. Dass er sie liebte und sie nie wieder verlieren wollte. Dass er plante, mit ihr ein neues, gemeinsames Leben anzufangen. Am liebsten irgendwo anders. Weit weg von Dürre und Unsicherheit. Traute sich aber nicht, es trotz des inzwischen lockeren Umgangs mit ihren Eltern, laut auszusprechen.

Etwas später saßen sie alle in einem nach kalten Zigarettenrauch stinkenden Bus, der ihn an seine erste Fahrt mit Tarek nach Oran erinnerte. Jacques hockte zusammen mit Kara auf der hintersten Bank und hielt ihre Hand, was ihren Eltern nicht entging. Zu seiner Erleichterung sagten sie nichts dazu. Auf der langen Reise brachten sie sich auf den neusten Stand.

Jawarias Leute hatten ihn nach einer stundenlangen Überfahrt sicher in den Hafen von Oran gebracht. Dort erfuhr er, dass die Schmugglerin ihre Familie über Seefunk angewiesen hatte, Idirs Felder auszulösen und dessen Schulden zu bezahlen.

Kara schaute erst ihn, dann ihren Vater überrascht an: »Wir haben keine Schulden mehr?«

Er drehte sich zu ihr um und lächelte. »Na ja, ich habe die verpfändeten Ländereien zurückbekommen. Mehr nicht.«

»Was für eine schöne Überraschung. Nach all dem Pech haben wir scheinbar ein wenig Glück.« Dabei schaute sie Jacques und nicht Idir an. Ihr Blick blieb ernst und passte nicht so recht zu dem Gesagten.

»Ich weiß nicht«, meinte er nach kurzem Zögern, »wir stehen – zumindest finanziell – im Grunde am gleichen Punkt wie vor deiner Entführung. Ich bin dankbar, dass wir das alles lebend überstanden haben, aber wir haben nichts gewonnen. Im Gegenteil.« Dabei dachte er an den Schmerz und die Demütigungen, die seine Freundin erlebt haben musste.

Kara sah es anders: »Von wegen. Die Zerstörung des Walls ist auf jeden Fall ein Gewinn. Damit sollten der Handel und das Reisen nach Europa wieder deutlich einfacher werden, oder nicht? Das wird früher oder später auch unser Leben erleichtern. So hatte die ganze Misere doch etwas Positives.«

Es überraschte ihn, dass sie es trotz all der Misshandlungen und ihrer Gefangenschaft aus diesem Blickwinkel sah, und fast so unbeschwert erschien wie vorher. Nur weil er sie gut kannte, bemerkte er, dass ihre lockere, beinahe ausgelassene Stimmung die Augen nicht erreichte. Sie spielte ihren Eltern nur etwas vor.

»Aber zu welchem Preis?«, antwortete er trotzdem. »Fazil, Adam, Malik, Elena und zig andere Menschen sind tot.«

Bei der Erinnerung speziell an den sympathischen Sohn Jawarias, mit dem er am ersten Abend gemeinsam den Rotwein geleert hatte, musste er schlucken.

»Ja, wirklich tragisch.« In ihrer Stimme schwang eher Verachtung als Bedauern mit. »Alles nur für Diegos persönliche Rache, soweit ich das gehört habe. Unsere Leben haben für ihn keine Rolle gespielt.«

»Und dich hat man einfach so ausreisen lassen?«, fragte Jacques, um das Thema zu wechseln.

»Nein, nicht *einfach so*«, antwortete sie erstaunlich heftig. »Während ich im Krankenbett lag, hat ein Killer erneut versucht, mich umzubringen.«

»Was?! Bei Allah!«, rief ihre Mutter aus, hielt die Hand vor ihren Mund und drehte sich mit aufgerissenen Augen um.

»Ja, wirklich. Er hat die beiden Polizeiroboter, die Wache standen, mit einem Trick ausgeschaltet. Aber dann hat Jawaria zum Glück eingegriffen. Hat ihm einen Stuhl übergezogen und das Kniegelenk gebrochen«, erläuterte sie. Und diesmal war die Genugtuung eindeutig zu hören.

»Das Schwein hatte es auch nicht anders verdient«, bestätigte Jacques grimmig.

»Ich denke, das hat am Ende den Ausschlag gegeben«, fuhr sie fort. »Wir haben dadurch Aufmerksamkeit erregt. Polizei, Reporter, Politiker. Jeder wollte sich mit uns unterhalten.«

»Und? Hast du ihnen ... die Wahrheit erzählt? Über diesen Theo Mäuser?« Er schaute sie zweifelnd an.

Sie schüttelte den Kopf. »Nein. Ein freundlicher Polizist namens Peter Hessler hat mich gewarnt, dass wir besser die harmlosen Flüchtlinge mimen, die wegen eines Überfalls durch Kriminelle wieder nach Hause wollen. Ansonsten, meinte er, wäre das vermutlich nicht der letzte Anschlag gewesen.«

»Peter Hessler?«, wunderte sich Jacques. An den erinnerte er sich noch gut.

»Ja, genau. Ein wirklich netter Mann. Allerdings habe ich nur seinen Avatar sehen können.«

Das ließ er mal so stehen. »Hm ... Was ist eigentlich aus Jawaria geworden? Sie war doch bei dir und wollte mit zurückkommen. Und Rodrigo?«

»Keine Ahnung. Eines Nachts ist sie aus dem Krankenhaus verschwunden. Die Polizei hat erfolglos nach ihr gesucht. Auch über Rodrigo konnte ich nichts in Erfahrung bringen, außer, dass er überlebt hat«, gab sie schulterzuckend zurück.

»Hm ... ich weiß nicht, was ich davon halten soll. Haben die beiden sich zusammengetan? Egal. Und was ist danach passiert?«

»Nachdem ich wieder auskuriert war, hat man mich in einer dieser Erstaufnahmerichtungen verfrachtet.« Erschrocken schaute er sie an. »Das war tatsächlich hilfreich. Mir hat ein Therapeut – oder zumindest etwas in der Art –, dabei geholfen, die Ereignisse zu verarbeiten. Einige Wochen später hat man mir mitgeteilt, dass ich ausgewiesen und nach Algerien zurückgebracht werde.« Sie zuckte erneut mit den Schultern. »Das wars.«

Idir drehte sich auf seinem Sitz um und schaute sie an. »Ich bin auf jeden Fall froh, dass ihr wieder zurück seid und wir keine extra Schulden mehr haben. Am Ende hatte ich die Hoffnung fast aufgegeben.« Einen Moment hielt er inne und setzte grinsend hinzu: »Habt ihr ... schon mal darüber nachgedacht, euch ein eigenes Haus zu bauen?«

Jacques war verblüfft, erwiderte das Lächeln und dankte Idir überschwänglich. Doch das erwartete Hochgefühl, das mit dieser Ankündigung einhergehen sollte, wollte sich nicht einstellen. Ein Blick in Karas ernstes

Gesicht zeigte ihm, dass es ihr ähnlich erging. Schon nach wenigen Minuten, verblasste die scheinbar freudige Stimmung und erneutes Schweigen breitete sich aus. Aber war es nicht das, was er immer wollte? Das Happy End auf das er im Grunde, nicht zu hoffen gewagt hatte?

Ein glückliches Ende? Wäre es das wirklich?

Ein Haus im Dorf bauen, Kinder kriegen und jeden Tag auf den Feldern von Karas Familie schuften? Ohne Aussicht auf Verbesserung, während es jährlich trockener wurde?

Nein! Das war klar nicht sein Weg. Seine Freundin hatte vorhin recht gehabt: Die Zerstörung des Walls bot gänzlich neue Chancen. Diese sollten sie aktiv suchen und nicht darauf warten, bis sie irgendwann ihr Dorf erreichten. Jawarias Familie hatte ein florierendes, wenn auch nicht ganz legales Geschäft in Oran. Aber was war heutzutage schon legal? Und im Laufe ihrer Reise hatte die Schmugglerin bewiesen, dass ihr Herz trotz allem am rechten Fleck saß. Außerdem war er fest davon überzeugt, dass die Frau ihre neuen Chancen mit der offenen Grenze zu nutzen wusste. Da Rodrigo ebenfalls überlebt hatte, würde das Pärchen bestimmt gemeinsame Sache machen. Ein echtes »Duo Infernale«. Bei dem Gedanken musste er grinsen. In jedem Fall würden die beiden ein paar helfende Hände gebrauchen können.

Nochmals betrachtete er Karas Gesicht, das sich jetzt im Profil zeigte, während sie ihren Blick aus dem Fenster über die leere Steppe schweifen ließ. Der Sonnenuntergang zeichnete auf ihren lockigen Haaren, die sie seit ihrer Ankunft weiterhin offen trug, einen lodernden Feuerkranz. Er drückte ihre Hand und als sie sich umdrehte, zeigte ihm ihr fester Blick deutlich, dass sie beide sich verändert hatten. Mit dem Mund formte er lautlos ein Wort. Bestätigend nickte sie ihm zu und ein zuversichtliches Lächeln umspielte jetzt auch ihre Lippen. Ihre gemeinsame Zukunft lag nicht in ihrem Heimatdorf.

Entschlossen beugte er sich zwischen den Sitzen vor und tippte dem Busfahrer auf die Schulter: »Entschuldigung? Wir würden gerne in Oran aussteigen.«

Epilog

Drei Jahre später

Matías

Die Wolken zogen langsam über das morgendliche Meer. Es wehte eine seichte Brise und die Möwen drehten gemächliche Runden über der Küste. Matías atmete tief ein und genoss die frische, klare Luft. Er lehnte am rauen Stein der kühlen Mauer, während ein Becher mit heißem Soja-Kaffee seine Hände wärmte.

Lorenzo saß in ihrem Haus unmittelbar hinter ihm und sprach lautstark in das antiquierte Seefunkgerät: »Was? ... Ja ... Ja ... Oran-3 ... alles klar. Sind auf dem Weg. Over and Out.«

»Und? Was will die Alte?«, fragte er ihn, als dieser aus der Tür trat.

Sein jüngerer Bruder setzte sich neben ihn auf einen klapprigen Stuhl und paffte eine dieser schrecklichen E-Zigaretten, bevor er antwortete.

»Das Übliche. VIP-Transport nach Cabo del Gata für eine Handvoll Flüchtlinge. Diesmal aus Oran-3.«

»Oran-3?« Matías schaute verblüfft. »Das ist neu. Mir waren nur zwei Lager bekannt.«

»Jupp. Aber die quellen inzwischen über. Daher hat man ein drittes aufgemacht.« Lorenzo stieß eine Rauchwolke aus.

»Langsam sollten die Leute drüben kapieren, dass sie auch ohne Wall kaum eine Chance haben, hier anzukommen.« Matías schüttelte den Kopf.

»Na ja. Im Prinzip hat sich nichts verändert. Nur, dass Jawaria ihre gut betuchten Gäste nicht mehr persönlich per Mini-U-Boot rüberbringt, sondern uns mit dem Schnellboot dafür einspannt.«

Das war ihm klar. Die anderen versuchten auf überfüllten Schlauchbooten ihr Glück. Entweder versanken diese Todesfallen ohne Zutun oder die europäische Küstenwache fing sie ab. Die versenkten das Boot dann ebenfalls und warfen stattdessen eine Rettungsinsel aus. Die zog man zurück in das afrikanische Küstengewässer und überließ es der lokalen Regierung, ihre Landsleute aufzusammeln. Hin und wieder ließen diese sich dazu herab. In der offiziellen ZEU-Statistik hieß es, man habe Flüchtlinge in Seenot gerettet und sicher in ihre Heimat zurückgebracht.

»Wohl war. Leider bleibt das meiste von dem Geld bei ihr hängen«, stimmte er seinem Bruder zu. »Aber dafür haben wir jetzt kaum noch Leerlauf.«

»Hast du eine Idee, was mit den Leuten passiert, sobald wir sie in Cabo del Gata abliefern?«, fragte Lorenzo.

»Meines Wissens ist die Geisterstadt inzwischen zu einer florierenden Flüchtlingsmetropole mutiert. Angeblich wird der Laden von einem ehemaligen Öko-Bauern-Pärchen zusammengehalten.« Er zuckte mit den Schultern. »Die beiden haben dort sogar Gewächshäuser zur Selbstversorgung aufgebaut. Sieht man vom Meer aus.«

»Wow. Und die Behörden lassen das zu? Unser neuer Innenminister wettert doch die ganze Zeit gegen die *Flutwelle aus Flüchtlingen*, die sich hier in Afrika aufstaut.«

»Vermutlich sind es inzwischen zu viele, um wie früher nur die Top-Leute auszusieben und den Rest zurückzuschicken. Diese Stadt ist ja bei Weitem nicht das einzige Flüchtlingslager auf dem Kontinent.« Er hielt inne. »Außerdem darfst du nicht vergessen, dass es zu Beginn eine durchaus positive Aufbruchsstimmung gab. Von wegen neuer Absatzmärkte usw. – aber davon ist nach vier Jahren nicht viel übrig.«

Beide schwiegen und schauten gemeinsam auf das Meer.

»Dann mal los – lass uns hinüberfahren und schauen, wer ein Taxi braucht.« Lorenzo zwinkerte ihm zu, stand auf und begab sich auf den Weg zur Treppe, die an das Ufer hinunterführte. Er sah sich nochmals zu ihm um. »Worauf wartest du? Es wartet Arbeit auf uns.«

Da hatte er recht. Er war dankbar für die Aufträge, solange die ZEU keine deutlich schärferen Maßnahmen ergriff. Matías trank einen letzten Schluck aus dem Becher und folgte seinem Bruder.

Milo

Die Sonne stand gleißend am Himmel und auf der betonierten Straße spiegelte sich die Hitze. Als einzige sichtbare Lebewesen flitzten ein paar Eidechsen über den Sand, die in ihrem Element waren. In der Ferne erschien ein winziger schwarzer Punkt am Horizont und näherte sich.

In diesem Moment schob sich das schwere Stahltor der Haftanstalt langsam zur Seite. Milo trat heraus, wobei er das rechte Bein leicht nachzog, und schützte seine Augen mit der Hand vor der gleißenden Sonne. Nach mehr als drei Jahren im Gefängnis hatte man ihn wegen guter Führung und vorbildlicher Sozialprognose vorzeitig entlassen. Einzig eine vernünftige Knieprothese hatte man ihm nicht gegönnt.

Zu Beginn seiner Haft war das Schlimmste der fehlende Zugang zur VR und damit zu seinem »Hobby«. Die Psycho-KI, die sein Verhalten beurteilte, hatte zügig herausgefunden, dass er glücksspielsüchtig war. Sie verpflichtete ihn, eine passende Therapie zu durchlaufen – ansonsten hätte er sich eine vorzeitige Entlassung komplett abschminken können. Die hat ihm geholfen, sein Problem als solches zu erkennen. Monatelange Abstinenz und diverse Sitzungen mit virtuellen Therapeuten haben ihn am Ende davon weggebracht. Heute war er erleichtert, dass er keinerlei Bedürfnis mehr verspürte, sich erneut mit »seinem Hobby« zu beschäftigen. Seine Zeit und Energie würde er in Zukunft deutlich besser fokussieren.

Er ließ seinen Blick in die Ferne schweifen. Der Punkt am Horizont war inzwischen zu einem modernen schwarzen VTOL angewachsen. Das längliche Flugobjekt verfügte über zwei voluminöse Rotoren, die in die breiten Stummelflügel integriert waren. Es landete unmittelbar vor Milo, der sich abwendete, um dem aufwirbelnden Staub zu entgehen. Die Flügeltüren des Vertikalstarters öffneten sich. Im geräumigen indirekt beleuchteten Innenraum saßen zwei kräftige Silhouetten.

Oh, Fuck. Das war das Erste, was ihm durch den Kopf schoss. Sein Herz hämmerte. Aber welche Wahl hatte er? Weglaufen in dieser Einöde war keine Option. Das Tor hinter ihm hatte sich längst geschlossen und würde sich nicht wieder öffnen.

»Na los, steig ein.« Die Stimme bestätigte seine schlimmsten Befürchtungen. »Wir haben dir doch versprochen, dass wir uns wiedersehen. Unser Boss wartet immer noch auf seine Kohle.«

Milo ergab sich seinem Schicksal und schritt langsam in Richtung des VTOLs. Die Geister seiner Vergangenheit hatten ihn eingeholt.

ENDE

Faktencheck: Technologien Ende des Jahrhunderts

Viele der erwähnten Technologien sind bereits heute in Ansätzen zu erkennen. Egal ob künstliche Intelligenz, VR-Brillen oder Drohnen. Als »Bonuskapitel« findet sich auf meiner Website ein kompakter Faktencheck, der die heutigen Entwicklungen den zukünftigen in diesem Buch gegenüberstellt:

https://rexword.de/faktencheck

Weitere Bücher von Allan Rexword

»Backrooms Logs: Akte Faceling«

ISBN: 978-3-757-91454-7

Bist du bereit?

Begleite den 16-jährigen Marc auf seiner gefährlichen Reise durch die finsteren Backrooms! Hinterhältige Fallen, verrückte Kreaturen und irre Halluzinationen lauern auf ihn. Doch das ist nicht alles – ein übermächtiger Gegner bedroht auch seine Familie und Freunde in der realen Welt.

Kann Marc seine Welt retten und das Geheimnis um die Facelinge in den Backrooms lüften?

Was verbirgt sein Vater vor ihm?

Finde es heraus in diesem actiongeladenen Thriller, in dem nichts so ist, wie es scheint, und dessen Twists dir den Atem rauben. Eine Geschichte basierend auf der bekannten Backrooms Internet-Meme.

»Die Bunkerjugend Emeralds«

ISBN: 978-3-347-94837-2

Schon seit über 100 Jahren herrscht Krieg. Nicht, dass der 18-jährige Melvin ihn je gesehen hätte, denn er wohnt schon sein ganzes Leben in einem Bunker. Zumindest so lange, bis man ihn irgendwann zum Kriegsdienst einberiefe. Noch nie ist einer der Soldaten zurückgekehrt. Er gäbe alles darum, um mit Lena und ihrem gemeinsamen Sohn Kim im Bunker alt zu werden.

Eines Tages, mitten in den Nachrichten, schreit der Kriegsberichterstatter plötzlich: »Ich kann das nicht mehr. Alles ist in Ordnung! Sie lügen! Sie ...« Und dann bricht das Signal ab.

Ist seine Jugend im Bunker nichts als eine große Lüge?

Und was zur Hölle befand sich wirklich vor den Toren ihrer Zuflucht?

»Leidende lügen nicht«

ISBN: 978-3-384-01975-2

In einer verfallenen Villa in Ostdeutschland, Schauplatz einer tödlichen Tragödie zur Weihnachtsfeier im Jahre 1993, jagt die Amateur-Youtuberin Karin Gerüchten von ruhelosen Geistern nach. Aber sie ist nicht allein. Lutz und Rüdiger, professionelle Schatzjäger, sind dort ebenfalls auf der Suche nach einem verborgenen Tresor und seinen Geheimnissen.

Als sich ihre Wege kreuzen, entdecken sie, dass die Villa mehr verbirgt, als sie erwartet hatten. Ein finsteres Mysterium, tief in den Mauern versteckt, fordert ihren Mut heraus. Was als harmloses Abenteuer begann, mündet rasch in einem verzweifelten Kampf ums Überleben.

Ein nervenaufreibender Mystery-Thriller mit hohem Suspense-Faktor, der dich in ein tödliches Labyrinth aus dunklen Geheimnissen und unerwarteten Wendungen entführt.

Werden sie das Rätsel lösen, bevor die Villa sie mitsamt ihren Mysterien für immer verschluckt?

Bevor du gehst

Hat dir die Geschichte gefallen? Willst du mehr davon? Dann freue ich mich über dein Feedback!

Bücher leben von ihren Lesern, von deren Bewertungen, Feedbacks, Kommentaren und vor allem: ***Rezensionen****!*

Bitte nimm dir die Zeit und hinterlasse beim Online-Store deiner Wahl eine Rezension. Egal ob knapp oder ausführlich. Sie hilft anderen, zielgerichtet die schönsten, lustigsten, rührendsten und packendsten Bücher zu finden.

Schau gerne mal vorbei ...
https://rexword.de

... und bleib auf dem Laufenden:
https://rexword.de/newsletter

Du erreichst mich direkt per Mail oder Chat:
buch@rexword.de
https://discordapp.com/users/allanrexword

Viele Grüße aus München,
Dein Allan

https://rexword.de/link-tree/

Geboren 1976 in Bremen, lebt Allan Rexword heute im Münchner Süden mit seiner Familie und Katze Susi. Seine literarischen Anfänge als Schriftsteller machte er im Selfpublishing.

Als Autor widmet er sich realistischer Fiction und Thrillern mit einem Hauch fantastischer Elemente. Er beleuchtet die nahende Zukunft aus gesellschaftlicher, politischer und technischer Sicht.

Beruflich in der Entwicklung innovativer Zukunftstechnologien tätig, fließen seine Erfahrungen in die Werke ein und verleihen den Thrillern einen packenden Realismus.

Entdecken Sie die Welt dieses Autors, in der Technologie und menschliche Dramen miteinander verschmelzen. Begleiten sie die Protagonisten aus einer sehr persönlichen Sicht und erforschen Sie die düsteren Abgründe der zukünftigen Menschheit.